green Building Solutions.

Ihr Weg zu mehr Gebäudeeffizienz

- Gebäudeautomation
- Gesundes Raumklima
- Natürliche Baustoffe und Recycling
- Energie und Klimaschutz
- Wassereffizienz
- Standortverträglichkeit

Schritt für Schritt hin zu mehr Effizienz:
mit Gebäudeautomation von Kieback&Peter.
Für Sie. Für die Umwelt.

Technologie für Gebäude-Automation

Kieback&Peter GmbH & Co. KG, 65428 Rüsselsheim, Tel.: 06142 20800-0, E-Mail: nl-rheinmain@kieback-peter.de, www.kieback-peter.de

Unsere Stärken:

- Baukranmontage
- modernster Kranfuhrpark
- erfahrenes Personal
- CAD-Einsatzplanung
- Full-Service Leistungen
- höchste Präzision
- europaweite Tätigkeit

EISELE
AG
CRANE & ENGINEERING GROUP

... „höchste" Präzision!

Bauen + Wirtschaft®
Architektur der Region im Spiegel

RHEIN-MAIN
2012

Wirtschafts- und
Verlagsgesellschaft
mbH

ISBN 978-3-939824-85-5

12 Stadtteil „Gateway Gardens", Frankfurt
Beitrag: „Im Blickpunkt"

Bildnachweise siehe Redaktionsbeiträge

12 Stadtquartier Hafen Offenbach
Beitrag: „Im Blickpunkt"

46 Grundschule Harheim, Frankfurt
Beitrag: Hochbauamt Frankfurt am Main

STANDPUNKTE

6

Es geht um die gebaute Realität
Von Peter Feldmann
Oberbürgermeister der Stadt Frankfurt am Main

7

Nachhaltige Stadtentwicklung in Frankfurt am Main
Von Olaf Cunitz
Bürgermeister und Planungsdezernent der Stadt Frankfurt am Main

8

**Ingenieur-Know-how für Rhein-Main –
Unabhängige Planungsbüros setzen weiterhin Maßstäbe**
Von Dipl.-Ing. Jochen Ludewig
Vorsitzender des VBI-Landesverbandes Hessen

IM BLICKPUNKT

9

Per Mausklick Überblick über Baubranche
Ausgaben der Architekturtitel des WV-Verlages unter www.bauenundwirtschaft.com als Vollversion im Internet. Wir stellen auch Ihr Angebot mit vielen Serviceleistungen ins Netz

12

Großbauprojekte und sehenswerte Architektur in Rhein-Main
Neuer Stadtteil „Gateway Gardens" in der Airport City Frankfurt / MainTor – The Riverside Financial District, Frankfurt / Europäische Zentralbank, Frankfurt / ONE Goetheplaza, Frankfurt / Westend Ensemble: Westend Palais und Senckenberg Carré, Frankfurt / Modernisierung WestendGate, Frankfurt / Rekonstruktion Haupttribüne, Frankfurter Volksbank Stadion / Gebäude für Straßenbahnendhaltestelle, Frankfurt / Leben am Main – Stadtquartier Hafen Offenbach / Neubau Grundschule, Kindertagesstätte und Sporthalle, Hafen Offenbach / Sparda-Bank-Hessen-Stadion, Offenbach / Neubau „KITA auf dem LuO Campus", Darmstadt / Wettbewerb Stadtbücherei/Stadtarchiv, Hofheim am Taunus

63

Online-Dienst für Bauen und Architektur
www.bauinsel.com – die Internet-Insel für alle Bauinteressierten / Unabhängiger, überregionaler Online-Dienst der Insel online GmbH, der Partnerfirma des WV-Verlages

121/177

Bauvertrag: Auf was sollte der Handwerker achten?
Von Bernd Ebers
Rechtsanwalt und Notar in Limburg/Lahn

ÖFFENTLICHE BAUTEN / SANIERUNG

46
Konjunkturpaket II: Förderung von Zukunftsinvestitionen
Das Hochbauamt der Stadt Frankfurt am Main zieht Bilanz zum Konjunkturprogramm: Schulen, Sport und Kindertagesstätten profitieren von zahlreichen Neubauten

ÖFFENTLICHE BAUTEN

178
Standortneuordnung der Goethe-Universität Frankfurt am Main
Campus Westend – zweite Ausbaustufe: Fachcluster Gesellschafts- und Erziehungswissenschaften, Humangeographie und Psychologie einschließlich einer Bereichsbibliothek und die zentrale Verwaltung mit Hochschulrechenzentrum / Neubau Exzellenzcluster „Normative Ordnungen" / Neubau Instituts- Und Bibliotheksgebäude Max-Planck-Institut für Europäische Rechtsgeschichte

196
Die Technische Universität Darmstadt baut für Lehre und Forschung
Neubau der Universitäts- und Landesbibliothek respektiert unter Denkmalschutz stehende Nachbargebäude / Hörsaal- und Medienzentrum bildet ersehnte Campusmitte / Vorlesungen statt Kraftwerksarbeit / Forschungsneubau als Brutstätte für neue Technologien

ÖFFENTLICHE BAUTEN / WOHNUNGSBAU

64
Frankfurts größte Erweiterung heißt Riedberg
Im Frankfurter Nordwesten entsteht mit 267 ha eines der größten städtebaulichen Projekte Deutschlands und die größte Erweiterungsfläche der Stadt Frankfurt am Main

ÖFFENTLICHE BAUTEN / SANIERUNG / WOHN- UND GESCHÄFTSBAUTEN / GEWERBEBAUTEN

72
Viel Neues im Rhein-Main-Gebiet
Supermoderner Schulpalast in Friedrichsdorf / Ausbruch aus der JVA Preungesheim nicht vorgesehen / Family Housing WAAF-South Wiesbaden / Siebtes NH Hotel eröffnet in Frankfurt am Main / Wohn- und Geschäftshaus in Dreieich / Dienstleistungszentrum Eschborn / DORMERO-Hotel hat nun auch eine Frankfurter Adresse / Erweiterung der Feldbergschule in Oberursel / Betriebsgebäude Mainova AG / Sanierung der Hallendächer des Wiesbadener Hauptbahnhofes / Der Europagarten wird in Frankfurt am Main angelegt

196 Hörsaal- und Medienzentrum, TU Darmstadt
Beitrag: Dezernat V Bau und Immobilien, TU Darmstadt

72 Feldbergschule Oberursel
Beitrag: Ed. Züblin AG, Direktion Mitte

148 Neubau Friedensplatz, Darmstadt
Beitrag: Biskupek-Scheinert Investorengruppe

186 Tower 185, Frankfurt
Beitrag: Prof. Christoph Mäckler Architekten

190 Konzernzentrale Fraport AG, Frankfurt
Beitrag: AS&P – Albert Speer und Partner GmbH

124 Sanierung Silberturm, Frankfurt
Beitrag: schneider + schumacher Bau- und Projektmanagement GmbH

WOHNUNGSBAU

212
Riedberg „Living Affairs"
Moderne Eigentumswohnungen in eleganten Stadtvillen in Frankfurt-Riedberg

215
Von der Terrasse Aussicht auf die Frankfurter Skyline
Auf Bad Sodens Wilhelmshöhe wohnt man so idyllisch wie in manch einem Urlaubsort

216
Energieeffizient wohnen in Frankfurt und Darmstadt
Stadtwohnungen im Grünen im Frankfurter Mertonviertel / 24 Hochenergieeffiziente Neubauwohnungen in Kalbach / Effizienzhaus 70 folgt in guter Tradition dem energiesparenden Bauen in Darmstadt-Kranichstein

220
Name ist Programm
Beim mit dem Deutschen Bauherrenpreis ausgezeichneten „Haus der Senioren" in Wiesbaden steht neben der guten städtebaulichen Einbindung auch eine klare Formensprache im Vordergrund

WOHNUNGSBAU / GEWERBEBAUTEN

148
Ganzheitliche Lösungen am Immobilienmarkt
Citynahes Wohnen im Frankfurter Nordend / 7.000 m² für die Gesundheit im ersten Anlauf, der zweite folgt direkt / Das historische Waschhaus am Rand der Darmstädter Fußgängerzone bekam neue Nachbarn / Rund 7.800 m² neue vermietbare Fläche an der Friedberger Landstraße in Frankfurt bis 2013

170
Hervorragende Wohn- und Pflegegebäude für Senioren
Betreutes Wohnen in der Rhein-Main-Residenz Frankfurt/Main-Riedberg / Senioren Pflegeheim in Riedberg

206
Innovationskraft und Tradition
Seit 2007 ist die PORR Deutschland GmbH auch im Rhein-Main-Gebiet vertreten. Mit dem Umzug in das neue Bürogebäude sind die Weichen für die weitere Expansion gestellt

GEWERBEBAUTEN

136
Repräsentative Adressen, schlüsselfertig
Condor-Firmenzentrale in Gateway Gardens, Frankfurt Airport City / Evonik Firmensitz im Industriepark Wolfgang, Hanau / Einkaufszentrum Postcarré, Hanau

160

Immobilien- und Flächenentwicklung am Frankfurt Airport

Das Mönchhof-Gelände im Nordwesten des Flughafens Frankfurt ist mit 110 ha das größte in Entwicklung befindliche Gewerbegebiet der Region

186

Tower 185

Das Tor zum neu entstehenden Europaviertel ist ein neues Wahrzeichen der Frankfurter Skyline

SANIERUNG / WOHNUNGSBAU

190

Innovativ und der Nachhaltigkeit verpflichtet

Neue Konzernzentrale der Fraport AG, Frankfurt / Wohnbau Riedberg Allee 1, Frankfurt (230 WE) / Sanierung und Arrondierung der Heinrich-Lübke-Siedlung, Frankfurt

SANIERUNG / WOHN- UND GESCHÄFTSBAUTEN

202

Good Bye Army – willkommen naturnahes Wohnen

Zwei Beispiele für gelungene Konversion: „colemanpark" in Gelnhausen und „argonnerpark" in Hanau

SANIERUNG / RESTAURIERUNG

124

Generalsanierung Silberturm

Die ehemalige Zentrale der Dresdner Bank AG in Frankfurt wurde auf den neuesten technischen Stand gebracht

SERVICE

222

Die Bauspezialisten – Branchenverzeichnis

240

Impressum

Bau ist wirtschaftliches Schwergewicht der Region

Die Region Frankfurt/Rhein-Main ist geografisches Zentrum in Europa und Mittelpunkt der europäischen Entwicklungsachse. Mit rund 5,52 Millionen Einwohnern, rund 2,87 Millionen Erwerbstätigen und einem Bruttoinlandsprodukt von rund 205 Mrd. Euro ist sie eine der bedeutendsten deutschen Metropolregionen. Grund hierfür ist die international herausragende Stellung als Verkehrs- und Datendrehscheibe, Messe- und Finanzplatz sowie Wissenschafts- und Dienstleistungsstandort.

Die Metropolregion FrankfurtRheinMain erstreckt sich vom Kreis Gießen im Norden bis zum Kreis Bergstraße im Süden, vom Kreis Mainz-Bingen im Westen bis zum Kreis Aschaffenburg im Osten. Die Region umfasst Teile von drei Bundesländern, sieben kreisfreie Städte, 18 Landkreise und 468 Städte und Gemeinden.

Die zentrale und verkehrsgünstige Lage in Südwestdeutschland förderte schon Mitte des 19. Jh. die Industrialisierung der Region. Unternehmen aus vielen Branchen haben hier ihren Sitz. In der Frankfurter Innenstadt überwiegen Banken und Investmentgesellschaften. Im Umfeld haben sich weitere Dienstleistungen etabliert, wobei die Automobilindustrie eine Schlüsselrolle einnimmt. Viele davon haben eine Europa- oder Deutschlandzentrale, oft mit Forschungs- und Designzentren. Als Wissenschaftsstadt hat sich Darmstadt etabliert – und Wiesbaden als Sitz von Versicherungsunternehmen und Bundesbehörden. Auch die Bau- und Immobilien-Wirtschaft zählt mit einem Anteil von 18 Prozent an der regionalen Bruttowertschöpfung zu den wirtschaftlichen Schwergewichten der Region.

Wir haben uns mit dieser Ausgabe die Aufgabe gestellt, anhand ausgewählter Bauprojekte die vielfältige Bandbreite architektonischer Kreativität und intelligenter Lösungskonzepte im Rhein-Main-Gebiet aufzuzeigen. „Bauen + Wirtschaft, Architektur der Region im Spiegel – Rhein-Main 2012" ist eine Publikation über die baulichen Aktivitäten in dieser Metropolregion und zugleich ein nützliches Nachschlagewerk. Die vorgestellten und im Branchenverzeichnis „Die Bauspezialisten" am Ende der Ausgabe aufgeführten Firmen wurden von unseren Redakteuren befragt. Die beteiligten Firmen präsentierten sich als leistungsstarke Baupartner, die durch Kompetenz, Flexibilität und Innovationsbereitschaft überzeugten.

Ihre WV Chefredaktion

Diese Ausgabe finden Sie auch im Internet unter
www.bauenundwirtschaft.com
mit vielen Suchfunktionen und mehr!

Es geht um die gebaute Realität

Von Peter Feldmann
Oberbürgermeister der Stadt Frankfurt am Main

Allein die nackten Zahlen beeindrucken: Frankfurt am Main wächst – und zwar in nie gekanntem Ausmaß. Die Grenze von 700.000 Einwohnern dürfte in diesen Tagen überschritten werden, und unsere Stadt damit einen historischen Höchststand der Einwohnerzahl erreichen. Allein in den Jahren seit 2005 ist die Einwohnerzahl um beinahe 50.000 angewachsen. Diese Zahlen belegen eindrücklich die hohe Anziehungskraft unserer Stadt.

Zugleich bedeuten sie aber auch, dass die Bereitstellung von Wohnraum, Arbeitsplätzen und der dazugehörigen Infrastruktur gewährleistet sein muss und weiter mitwächst. Auch wenn man auf diese Daten und Fakten schaut, kann Frankfurt am Main mit Höchstleistungen glänzen: So betrug die genehmigte Bausumme im Jahr 2011 rund 1,5 Mrd. Euro. Das ist in etwa auch der Durchschnitt der letzten zehn Jahre – so viel wie in keiner anderen deutschen Stadt!

Aus den Zahlen zur Frankfurter Baukonjunktur lässt sich aber noch einiges Andere herauslesen. Sie bedeuten nämlich Veränderung, ob im Erscheinungsbild, in der Bevölkerungsstruktur oder im Gefüge der Stadt. Diese Veränderungen sind freilich auch ernstzunehmende Herausforderungen für die Stadtpolitik. Es sind aber immer in erster Linie die sichtbaren Veränderungen im äußeren Erscheinungsbild einer Stadt, die von innen wie von außen gleichermaßen als prägend wahrgenommen werden: Wenn etwa ein neues Hochhaus die Frankfurter Skyline ergänzt – und bei uns sind derzeit gleich mehrere im Bau! –, dann blicken beispielsweise in den Fernsehnachrichten nicht nur die Frankfurter und die Hessen, sondern ganz Deutschland oder sogar Europa auf eine veränderte Stadtsilhouette.

Was ich damit zum Ausdruck bringen will, ist die Tatsache, dass Bauen in einer Stadt wie Frankfurt am Main nicht nur im kommunalen oder regionalen Umfeld wahrgenommen wird, sondern dass sie weit über die Stadtgrenzen hinaus Beachtung findet. Daher freue ich mich auch außerordentlich, dass Frankfurt wieder viel Raum in der vorliegenden Ausgabe von „Bauen + Wirtschaft Rhein-Main 2012" einnimmt. Denn ich bin überzeugt, dass das Interesse an den Bauvorhaben in Frankfurt am Main bei den Lesern ebenfalls nicht an unseren Stadtgrenzen endet. Und zahlreiche Projekte verdienen es, ausführlich vorgestellt zu werden. Denn auch wenn es zunächst die Zahlen sind, die beeindrucken: Es ist die gebaute Realität, um die es geht.

Nachhaltige Stadtentwicklung in Frankfurt am Main

Von Olaf Cunitz
Bürgermeister und Planungsdezernent der Stadt Frankfurt am Main

„Nachhaltigkeit" und „nachhaltige Stadtentwicklung" – diese Begriffe sind längst sprachlicher Mainstream. Doch ist „nachhaltige Stadtentwicklung" nicht ein Widerspruch in sich? Umweltbelastungen, Ressourcen- und Energieverbrauch, soziale Konflikte – sie alle kumulieren in den Städten.

Städte waren aber stets auch Zukunftslabore für die Lösung der geschilderten Probleme. Städte sind traditionell Motoren der gesellschaftlichen Entwicklung. Sie sind Orte der Innovation, experimenteller neuer Lebensstile, kreativer Milieus. Orte an denen Trends entstehen. Wo, wenn nicht hier, sollen Lösungen für eine nachhaltige Entwicklung entstehen?

Als wachsende Stadt steht Frankfurt am Main vor der Herausforderung, eine große Wohnraumnachfrage befriedigen zu müssen und die begrenzte Ressource Fläche zu schonen. Unsere bisherigen Überlegungen zur Siedlungsentwicklung basieren auf der Umstrukturierung von minder genutzten gewerblichen Bauflächen und Wohnbaulandpotenzialen, die aus der Verdichtung und Arrondierung bestehender Siedlungsteile gewonnen werden könnten. Diese Ansätze werden wir durch eine flächendeckende Betrachtung der Möglichkeit der qualifizierten Verdichtung in allen Siedlungsstrukturtypen weiter ausbauen.

Allen Anstrengungen der Stadtplanung sind aber auch klare Grenzen gesetzt. Schon heute ist es schwierig Nutzungskonflikte, die sich aus einem teilweise sehr engen Nebeneinander von Wohnen und Gewerbe ergeben, einvernehmlich zu lösen. Wohnstadt und Wirtschaftsstandort stehen hier in einem Spannungsverhältnis. Störfallbetriebe, aber auch andere Faktoren wie zum Beispiel Fluglärm schränken die bebaubaren Wohnflächen weiter ein.

Auch die Anforderungen an das Stadtklima, an ökologische Belange und das Erholungsbedürfnis der Einwohner setzen dem Wachstum notwendige Grenzen.

Langfristig kann dies nur bedeuten, dass nicht der gesamte Flächenbedarf, der sich aus dem Wachstum für Frankfurt abzeichnet, auch in Frankfurt gedeckt werden kann. Frankfurt und das Rhein-Main-Gebiet müssen sich als eine Wachstumsregion begreifen und entsprechend danach handeln.

Frankfurt als Wohnstandort zu stärken, bedeutet regional zu handeln. Und es bedeutet eine Wohnungspolitik zu verfolgen, unter Berücksichtigung der Sicherung, Entwicklung und Vernetzung von Grün- und Freiflächen mit ihrer ökologischen Funktion. Nur so können wir auch die hohe Lebensqualität der Stadt Frankfurt bewahren.

Ingenieur-Know-how für Rhein-Main – Unabhängige Planungsbüros setzen weiterhin Maßstäbe

Von Dipl.-Ing. Jochen Ludewig
Vorsitzender des VBI-Landesverbandes Hessen

Die Bautätigkeit in einer Region ist ein wichtiges Barometer für die Wirtschaftsleistung. Nur wo gebaut wird, zeigen sich Wachstum, Innovation und Erneuerungsbereitschaft. Die Experten des Verbandes Beratender Ingenieure sind in Rhein-Main an diesem Prozess derzeit mit zahlreichen Bauprojekten maßgeblich beteiligt und haben, wie in dieser Publikation zu sehen ist, viele Projekte zu Erfolgen gemacht.

Denn alle Bauprojekte leben von den vielfältigen Ideen der beteiligten Planer. Den Ingenieuren kommt eine Schlüsselrolle zu. Ihre Fähigkeiten führen dazu, dass Visionen der Bauherren und ambitionierte gestalterische Entwürfe der Architekten Wirklichkeit werden können. Denn mit der Arbeit der Ingenieure beginnen die Bauwerke erst richtig zu funktionieren und damit zu leben. Erst ein stabiles Tragwerk, das auch gewagte Architektur stützt, oder ausgeklügelte Energie- und Heizkonzepte, die den Energieverbrauch minimieren und Menschen behaglich wohnen lassen, machen aus einem Projekt ein überzeugendes Bauwerk. Aber auch viele andere Qualitäten, die nicht sofort zu sehen sind, beruhen auf Ingenieur-Know-how: Jede innere oder äußere Erschließung aber auch Infrastruktur bedarf angepasster intelligenter Konzepte. Von der Autobahn bis zum Fahrstuhl, vom intelligenten Wasserhahn bis zum Großklärwerk, von der Gebäudeautomation bis zum Kraftwerk: Ingenieure sorgen dafür, dass alles funktioniert.

Das Fundament, auf dem VBI-Ingenieure ihre Leistungen erbringen, ist die Unabhängigkeit von Hersteller- und Lieferinteressen. Dies bedeutet, dass die Planer nur ihrem Auftraggeber verpflichtet sind. Die Trennung von Planung und Ausführung ist die Voraussetzung, um die im Sinne des Bauherren optimale Lösung erzielen zu können – sowohl bei der Qualität als auch bei den Kosten.

Optimale Beratung und Planung haben aber ihren Preis. Sie sind ebenso wenig zum Null-Tarif zu haben wie gute Bauqualität. Beratende Ingenieure sind auf auskömmliche Honorare angewiesen, denn in der intensiven Planungsphase werden die entscheidenden Weichen für die Gesamtkosten eines Bauwerks und seine späteren Betriebs- und Unterhaltungskosten gestellt. An dieser sensiblen Stelle lohnt es sich, durch eine gute Planung den Grundstein für den späteren Gesamterfolg eines Projektes zu legen.

Mit rund 3.000 Mitgliedern und etwa 40.000 Beschäftigten ist der VBI die berufspolitische und wirtschaftliche Interessenvertretung der planenden und beratenden Ingenieure in Deutschland. Seine Mitglieder sind als Planer, Berater, Prüfer und Sachverständige auf allen Gebieten des technischen, naturwissenschaftlichen und technisch-wirtschaftlichen Consulting tätig. Der Landesverband Hessen zählt insgesamt rund 250 hoch qualifizierte Mitgliedsunternehmen, die das besondere Qualitätsmerkmal „VBI" mit Überzeugung tragen. Die Adressen unserer Planer finden Sie unter www.vbi.de in der VBI-Planerdatenbank.

Per Mausklick Überblick über Baubranche

Ausgaben der Architekturtitel des WV-Verlages unter **www.bauenundwirtschaft.com** als Vollversion im Internet. Wir stellen auch Ihr Angebot mit vielen Serviceleistungen ins Netz

Heute ist das Internet längst dabei, zum Massenmedium zu werden. Mit der Zahl der Zugriffe steigt auch die Bedeutung des Internet – egal ob es sich um die Informationsbeschaffung und Präsentation, elektronische Post (E-Mail), Videokonferenzen oder virtuelles Einkaufen (E-Commerce) handelt. Dieses neueste Medium der Kommunikation verändert die Welt wie einst Telefon oder Fax.

ARCHITEKTURTITEL IM INTERNET

Eine Internet-Version aktueller Publikationen bieten inzwischen viele Verlage an – doch Internet-Präsentation ist nicht gleich Internet-Präsentation.

Der WV-Verlag, u.a. Herausgeber von Architekturfachbüchern, wartet im Internet unter www.bauenundwirtschaft.com mit einigen Details auf, die bisher nur wenige Internet-Auftritte in diesem Umfang bieten.

Sie wollen sich schnell über neue Architekturprojekte und/oder Handwerksfirmen informieren? Hier finden Sie Projekte, Architekten, Baugesellschaften, öffentliche Einrichtungen, ausführende Firmen und vieles mehr. Den Gesamtüberblick bieten Ihnen die Branchenverzeichnisse „Die Bauspezialisten" unserer Ausgaben, von dort erhalten Sie nach einem Mausklick auf die Adresse den entsprechenden Beitrag oder das gewünschte Firmenprofil angezeigt. Wurde in der Papierversion eine Homepage- oder E-Mail-Adresse gedruckt, so sind Sie durch die von uns als Service gesetzte Verlinkung wiederum nur einen Mausklick von der gewünschten Firmenhomepage bzw. der Kontaktaufnahme per E-Mail entfernt.

Auch ein Überblick über ausländische Bauprojekte und Architekturszene ist auf der Seite www.bauenundwirtschaft.com möglich: Die Ausgaben des WV-Verlages erscheinen mit regionalem Bezug in Deutschland, Österreich, der Schweiz und Liechtenstein. Und wenn Sie uns mal in Deutschland besuchen möchten – unsere Wegbeschreibung via Kartenausschnitt hilft Ihnen, den Weg nach Worms zu finden.

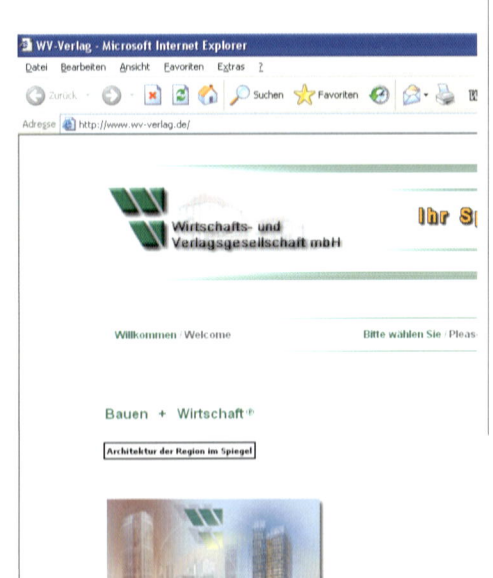

Dass sich auch die elektronische Version unserer Architektur-Publikationen großer Beliebtheit erfreut, zeigt auch die hohe Listung in externen Suchmaschinen.

WIR GESTALTEN AUCH IHREN PROFESSIONELLEN INTERNET-AUFTRITT

Große Firmen haben längst die neue Internet-Plattform für sich entdeckt.

Die Unternehmen werben für sich (Imageaufbau), ihre Produkte und Dienstleistungen. Gleichzeitig haben sie per E-Mail den schnellen und direkten Kontakt zu ihren Kunden.

Auch für kleinere Unternehmen ist der Internetauftritt interessant. Die Seite im Netz schafft Raum, die Firmenphilosophie, Angebote, Leistungen und Referenzen vorzustellen.

Die eigene Homepage kann alle Produkte mit Bild und Beschreibung präsentieren, eine gelungene, stets aktuelle Werbung mit geringem Aufwand – auch finanziell. Die eigene Firmen-Homepage ohne spezielles Fachwissen über Kommunikation und Programmierung zu erstellen, führt durch die unprofessionelle Außendarstellung unweigerlich zu Negativ-Werbung.

Wir beraten Sie gerne und gestalten Ihren Internet-Auftritt auf Ihr Unternehmen zugeschnitten mit vielen Serviceleistungen wie Anmeldung in Suchmaschinen oder regelmäßiger Aktualisierungen – zu günstigem Preis. Angebote erhalten Sie unter www.bauenundwirtschaft.com oder telefonisch unter Tel. 0 62 47/9 08 90-0, Fax 9 08 90-10. Testen Sie uns!

Weitere Infos unter:
www.wv-verlag.de
www.bauenundwirtschaft.com

DEKRA Industrial – Grünes Licht für Sicherheit und Qualität

Bau- und Immobiliensicherheit hat zahlreiche Facetten. Von möglichen Altlasten über Gefahren auf der Baustelle bis hin zum Anlagen- und Brandschutz in der Nutzungsphase reicht die Bandbreite der Risiken, die es zu erkennen gilt. Die Sachverständigen von DEKRA bieten dazu das umfassende Know-how und helfen so, Menschen, Gebäude und Investitionen zu schützen.

„Alle sprechen über Sicherheit. Wir tun was dafür." Mit diesem Selbstverständnis betreuen die erfahrenen DEKRA Experten Kunden und Objekte in ganz Deutschland. Individuelle Unterstützung und flächendeckende Präsenz vor Ort sind dabei selbstverständlich. Am Standort Frankfurt sitzt eines der größten DEKRA Bausachverständigen-Teams, mit zusätzlichen Regionalbüros in Gießen, Koblenz und Kassel. Hier steht das gesamte Dienstleistungsspektrum von DEKRA Industrial zur Verfügung (siehe Kasten).

GUTACHTEN RUND UM BAU UND IMMOBILIEN

Ob im Neu- oder Altbau: Wenn Schäden auftreten, stellt sich die Schuld- und damit auch die Kostenfrage. Ein Gutachten von DEKRA bringt Klarheit, egal ob es um Baumängel, Schadstoffe, Wärme- oder Schallschutz geht. Noch besser ist es, bereits vorsorglich die Kompetenz der Fachleute in Grün zu nutzen. Zum Beispiel durch baubegleitende Prüfungen bei neuen und Immobilienprüfungen bei bestehenden Objekten.

Die Experten von DEKRA beraten Sie ebenso bei Fragestellungen in der Bewertung von Immobiliaren- und Grundstückswerten.

TECHNISCHER SACHVERSTAND AUS EINER HAND

Die Sicherheit eines Gebäudes und seiner Nutzer hängt heute in hohem Maße von der technischen Ausstattung ab. Aufzüge, Brandschutzanlagen, Elektrotechnik und Versorgungseinrichtungen müssen nicht nur die gesetzlichen Anforderungen erfüllen, sie müssen auch im Alltag funktionieren. Die DEKRA Sachverständigen stellen das sicher: durch Erstabnahmen und wiederkehrende Prüfungen. Dabei können weitere technische Anlagen, etwa bei Ingenieurbauwerken oder Industriebetrieben, jederzeit mit einbezogen werden.

BRANDSCHUTZ – OHNE DASS DIE KOSTEN ANBRENNEN

Je größer und komplexer ein Gebäude, desto höher sind die Anforderungen an den baulichen, technischen und betrieblichen Brandschutz. Der Gesetzgeber wacht sehr genau über die Einhaltung der vorgeschriebenen Standards. Als Planungspartner bietet DEKRA Unterstützung bei der Entwicklung geeigneter Brandschutzkonzepte, damit teure Nachbesserungen vermieden werden können. Für Sicherheit in der Betriebsphase sorgen Überwachungsprüfungen, bei Bedarf ein individuelles Brandschutzgutachten. Auch die Erstellung von Feuerwehr-, Flucht- und Rettungsplänen gehört zum Kompetenzbereich der DEKRA Brandschutzexperten.

SCHUTZ VOR UNERWÜNSCHTEN SCHADSTOFFEN

Jedes Gebäude, jedes Baugrundstück hat seine eigene Geschichte – zu deren unerfreulichen Kapiteln die Gefahr möglicher Altlasten zählt. Meist sind Schadstoffe im Boden und in der Gebäudesubstanz ohne fachmännische Untersuchung nicht zu erkennen. DEKRA Industrial ermittelt durch Analysen und Katasterprüfungen das tatsächliche Belastungsrisiko sowie den eventuellen Sanierungsbedarf. So lassen sich Schäden durch nachträgliche Sanierungen oder bleibenden Wertverlust sicher vermeiden

Auch Luft und Trinkwasser können im eigenen Labor analysiert werden.

ARBEITSSICHERHEIT AM BAU UND IM BETRIEB

Unfälle am Bau sind keine Seltenheit. Viele davon lassen sich jedoch durch sorgfältige Planung und gezielte Unterweisung verhindern. Dazu stellt DEKRA Fachkräfte für Arbeitssicherheit, geschulte Arbeitsmediziner und übernimmt auf Wunsch die Sicherheits- und Gesundheitsschutzkoordination (SiGeKo) auf der Baustelle. Dort wie auch in der anschließenden Betriebsphase des Gebäudes dient DEKRA als neutraler Partner bei der Umsetzung der gesetzlichen Vorschriften: zum Beispiel mit Gefährdungsbeurteilungen nach der BetrSichV, beim Explosionsschutz und beim Umgang mit Gefahrstoffen.

Die große Leistungsvielfalt von DEKRA Industrial ermöglicht Ihnen eine ebenso professionelle wie persönliche Betreuung, die weit über die hier genannten Bereiche hinausgeht. Viele führende Unternehmen aus Bau, Industrie und Dienstleistung nutzen diesen individuellen Service rund um Sicherheit und Qualität – im Rhein-Main-Gebiet und bundesweit.

DEKRA Industrial Services auf einen Blick

Bausachverständigen-Dienstleistungen

- Mängelfeststellung vor Abnahme
- Bauberatung
- Baubegleitende Prüfung
- Immobilienprüfung von Bestandsgebäuden
- Brückenprüfungen
- Technical Due Diligence
- Energieausweise
- Energieeffizienzberatung
- Instandhaltungsmanagement
- Kostenprüfungen
- Luftdichtigkeitsprüfungen
- Mängelfeststellung
- Bau- und Raumakustik, Schallschutz
- Schadengutachten
- Standsicherheitsprüfungen
- Thermografie
- Wertermittlung
- Zustandsprüfung und -erfassung

Ergänzende technische Dienstleistungen

- Alarmierungstechnik
- Anlagenprüfungen
- Arbeitssicherheit
- Aufzugsprüfungen
- Betrieblicher Umweltschutz
- Brand- und Blitzschutz
- Druckgeräte
- Elektrotechnik
- Explosionsschutz
- Gefährdungsbeurteilung (BetrSichV)
- Gewässerschutz
- Sicherheits- und Gesundheitsschutzkoordination (SiGeKo)
- Raumluft- und Klimatechnik
- Sanierungsberatung
- Schadstofferkundung
- Tankanlagen
- Umweltanalytik

Machen Sie sich selbst ein Bild von unserem Dienstleistungsangebot oder sprechen Sie gleich persönlich mit uns. Wir freuen uns auf den Dialog mit Ihnen.

DEKRA Industrial GmbH
Borsigallee 24b • 60388 Frankfurt
Telefon +49.69.42083-300 • Telefax +49.69.42083-400
industrial.mitte@dekra.com

www.dekra-industrial-mitte.de

Großbauprojekte und sehenswerte Architektur in Rhein-Main

Neuer Stadtteil „Gateway Gardens" in der Airport City Frankfurt / MainTor – The Riverside Financial District, Frankfurt / Europäische Zentralbank, Frankfurt / ONE Goetheplaza, Frankfurt / Westend Ensemble: Westend Palais und Senckenberg Carré, Frankfurt / Modernisierung WestendGate, Frankfurt / Rekonstruktion Haupttribüne, Frankfurter Volksbank Stadion / Gebäude für Straßenbahnendhaltestelle, Frankfurt / Leben am Main – Stadtquartier Hafen Offenbach / Neubau Grundschule, Kindertagesstätte und Sporthalle, Hafen Offenbach / Sparda-Bank-Hessen-Stadion, Offenbach / Neubau „KITA auf dem LuO Campus", Darmstadt / Wettbewerb Stadtbücherei/Stadtarchiv, Hofheim am Taunus

NEUER STADTTEIL „GATEWAY GARDENS" IN DER AIRPORT CITY FRANKFURT

Trotz mobiler Kommunikation, ständiger Erreichbarkeit und Highspeed-Datenübertragung kommt Standorten eine wichtige Bedeutung im Kontext des globalen Wirtschaftslebens zu. Denn bei aller Virtualität von Geschäftsvorgängen gilt unverändert, dass Innovation, der Austausch von Ideen und die tägliche Zusammenarbeit eine besonders hohe Qualität haben, wenn die Beteiligten Akteure sich treffen und miteinander von Angesicht zu Angesicht arbeiten und kommunizieren.

Frankfurts neuer Stadtteil Gateway Gardens in Nachbarschaft zum internationalen Flughafen Frankfurt ist ein solcher Standort. Das 35 ha große Areal bietet mit Grundstücken zwischen 1.200 m² und 25.000 m² individuelle Entwicklungsmöglichkeiten für Unternehmen sowie Institutionen und punktet durch seine hervorragende intermodale Verkehrsanbindung: Autobahn A3 und A5, Flughafen mit ICE-Fernbahnhof sowie Nahverkehrsverbindungen in die Rhein-Main-Region.

Namhafte Unternehmen haben sich bereits für den attraktiven Business-Hub und seinen vielfältigen Nutzungsmöglichkeiten entschieden. Beispiele dafür sind die im März dieses Jahres eröffneten Unternehmenssitze der Fluggesellschaft Condor und des technischen Gebäudeausstatters Imtech. Zudem hat sich das global tätige Unternehmen DB Schenker, das Ressort Transport und Logistik der Deutschen Bahn, entschieden, seine weltweite

„Gateway Gardens", Frankfurt: Im Rahmen eines Masterplans wurden sechs Quartiere definiert, die das Gesamtareal strukturieren und den jeweils eigenen Charakter von Grundstücken und Nutzungen clustern
Abb.: Grundstücksgesellschaft Gateway Gardens GmbH

Managementzentrale nach Gateway Gardens zu verlagern. Ab Frühjahr 2013 wird das Unternehmen rund 12.000 m² im zukünftig höchsten Bürogebäude am Flughafen beziehen, dem 68 m hohen Alpha Rotex. Die Bauarbeiten für das architektonisch ungewöhnliche Gebäude aus der Feder von Jo. Franzke Architekten haben im Februar 2012 begonnen. Bislang zwei Hotels profitieren darüber hinaus von der Nachbarschaft zum Flughafen und der Nähe zur Frankfurter Innenstadt: das Meininger Hotel sowie das Park Inn Frankfurt Airport.

"Gateway Gardens", Frankfurt: Quartier Mondo
Abb.: Grundstücksgesellschaft Gateway Gardens GmbH

"Gateway Gardens", Frankfurt: Platz in Quartier Alpha, mit Blick auf Alpha Rotex, das mit 68 m zukünftig höchste Bürogebäude am Flughafen
Abb.: Grundstücksgesellschaft Gateway Gardens GmbH

All dies sind Beispiele für die hohe Relevanz von Standorten mit guter Verkehrsanbindung für unternehmerische Aktivitäten. Doch auch wissenschaftliche Einrichtungen und Institutionen profitieren von den Qualitäten, die Gateway Gardens mit seiner Anbindungsqualität und starken Vernetzungsdichte bietet. Hierzu zählt das House of Logistics and Mobility (HOLM) eine interdisziplinäre Lehr- und Forschungseinrichtung die sich mit Themen des Logistik- und Mobilitätsmanagements beschäftigt. Derzeit haben die Wissenschaftler Interimsräumlichkeiten in Gateway Gardens bezogen, bis das neue HOLM-Gebäude mit 20.000 m² Bruttogrundfläche direkt am zentralen Park im nächsten Jahr fertiggestellt ist.

Insgesamt hat die Grundstücksgesellschaft Gateway Gardens GmbH bereits 28 Prozent des Vermarktungsvolumens am Markt platziert, was neben der Lage und hervorragenden Anbindung auf die städtebauliche Qualität rückzuführen ist. Im Rahmen eines Masterplans wurden sechs Quartiere definiert, die das Gesamtareal strukturieren und den jeweils eigenen Charakter von Grundstücken und Nutzungen clustern. Somit entsteht eine strukturierte Entwicklung, die eine hohe städtebauliche Qualität entfaltet und Investoren sowie Nutzern Gewissheit über das nachbarschaftliche Umfeld gibt. Hinzu kommt der bereits erwähnte zentrale Park, der mit seinem alten Baumbestand einen Ruhepunkt bildet und zum Verweilen in der Mittagspause einlädt oder für ein Brainstorming außerhalb der Büroräume – ganz im Sinne der persönlichen Begegnung.

DAS MAINTOR QUARTIER

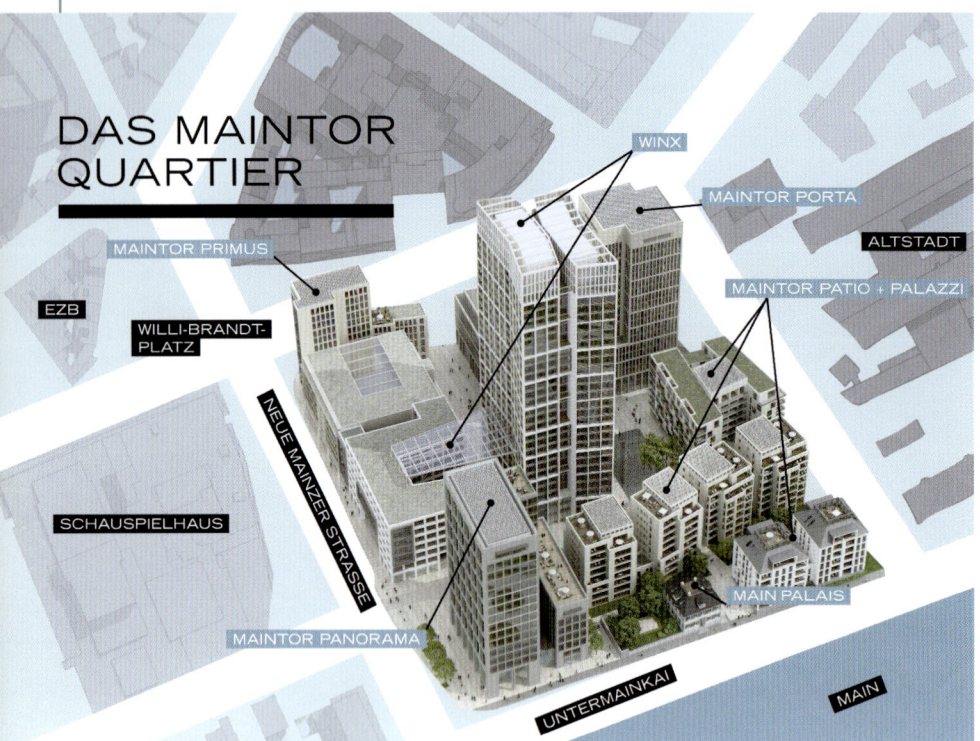

MainTor – The Riverside Financial District, Frankfurt: Unter dem Projektnamen „MainTor" wird das Areal zwischen Untermainkai und Weißfrauenstraße in Frankfurt neu gestaltet. Dabei wird das bislang geschlossene Gelände nicht nur neu bebaut, sondern auch wieder zu einem öffentlichen Raum, der sich mit Wegen und Straßen in die umliegenden Stadtviertel fest integriert

bzw. im Bau. Das Büroprojekt „MainTor Panorama" wurde über einen bestehenden aktiv gemanagten Spezialfonds der IVG Institutional Funds erworben. Das Wohnobjekt „MainTor Patio" hat ein Spezialfonds der PATRIZIA WohnInvest KAG gekauft. Die Transaktionen wurden von GSK, Valteq sowie Bögner Hensel & Partner beratend begleitet. Die DIC bleibt verantwortlich für die gesamte Projektentwicklung, Baurealisierung und Fertigstellung sowie für die Vermietung der Objekte.

Überblick über die einzelnen Gebäude:
- MainTor Primus
  - Office, Retail, Gastronomie
  - Architekt: KSP Jürgen Engel Architekten
  - 5.555 m² Gesamtfläche
- MainTor Panorama
  - Office, Retail, Gastronomie
  - Architekt: Prof. Christoph Mäckler Architekten
  - 13.300 m² Gesamtfläche
- WinX
  - Office, Retail, Gastronomie
  - Architekt: KSP Jürgen Engel Architekten
  - 34.850 m² Gesamtfläche
- MainTor Porta
  - Office, Retail, Gastronomie
  - Architekt: KSP Jürgen Engel Architekten
  - 20.333 m² Gesamtfläche
- MainTor Patio und Palazzi (insgesamt sechs Gebäude)
  - ca. 200 Premium-Wohnungen (Patio: Miete; Palazzi: Eigentum)
  - Architekten: KSP Jürgen Engel Architekten (Patio), Jo. Franzke Architekten (zwei Palazzi), Braun Canton Volleth Architekten (vier Palazzi)
  - 6.000 m² Mietfläche im Patio, 9.796 m² Mietfläche in den Palazzi
- Main Palais (Baujahr 1823):
  - Begegnungsstätte für Wirtschaft und Kultur

MAINTOR – THE RIVERSIDE FINANCIAL DISTRICT, FRANKFURT

Mit dem Projekt „MainTor" gestaltet die DIC-Gruppe in Frankfurt das Areal zwischen Untermainkai und Weißfrauenstraße neu. Dabei wird das bislang geschlossene Gelände nicht nur neu bebaut, sondern auch wieder zu einem öffentlichen Raum, der sich mit Wegen und Straßen in die umliegenden Stadtviertel fest integriert. The Riverside Financial District – mit dem MainTor Quartier wird das Mainufer des Frankfurter Bankenviertels architektonisch aufgewertet und städtebaulich vollendet.

Geplant ist ein offenes, multifunktionales Quartier verschieden genutzter Einzelgebäude mit einem kommunikativen Netz aus Wegen, Grünanlagen, Plätzen und Terrassen. Die historischen Wegebeziehungen zwischen Main, Bankenviertel und Innenstadt werden neu hergestellt. Im Zentrum des Quartiers ist ein großzügiger und öffentlicher Platz vorgesehen, um den herum sich Gastronomie mit innovativen Konzepten gruppieren wird. Die denkmalgeschützte Villa „Main Palais" auf dem Gelände am Untermainkai wird erhalten und über eine grüne Terrasse und einen Kunstgarten harmonisch in das Gesamtensemble integriert. Darüber hinaus entstehen 21.000 m² Wohnraum in wertvoller und prominenter Lage am Main, was 20 Prozent der gesamten neu geschaffenen Fläche entspricht.

Essenzieller Bestandteil der Planungen ist das zentrale Hochhaus „WinX", dessen filigrane Architektur die Frankfurter Skyline ergänzt und Frankfurts Metropol-Charakter stärkt. Das Hochhaus ermöglicht die gewünschte Auflockerung des Areals mit großzügiger Platzgestaltung, neu auflebenden Wegebeziehungen und Sichtachsen, und schafft damit erst die Voraussetzungen, ein bis dato abgeschlossenes Areal auf dem Logenplatz am Main neu zu präsentieren.

Im Südwesten des Geländes wird mit einem weiteren Hochhaus die eigentliche MainTor-Situation geschaffen: Zusammen mit dem Haus der Nürnberger Versicherung (ehemals Nationale Suisse) wird das „MainTor Panorama"-Gebäude das südliche Eingangstor zum Bankenviertel bilden. An dem Gesamtprojekt ist die DIC-Gruppe zu 60 Prozent beteiligt, die DIC Asset AG zu 40 Prozent.

Die DIC hat die Gebäudekomplexe „MainTor Panorama" (Büroflächen) und „MainTor Patio" (Mietwohnungen) des künftigen MainTor-Quartiers im Rahmen eines Forward-Deals bereits vor Baubeginn an Spezialfonds der Ärzteversorgung Westfalen-Lippe (ÄVWL) veräußert. Das Gesamtinvestitionsvolumen beträgt insgesamt rund 150 Mio. Euro. Der Baubeginn ist für beide Projekte im ersten Halbjahr 2013 vorgesehen. Mit dieser Transaktion treibt die DIC die Entwicklung des MainTor-Quartiers deutlich schneller als geplant voran: mit rund 340 Mio. Euro sind bereits über 50 Prozent des Projektvolumens vermarktet

Die Entwicklung des MainTor-Projekts schreitet etwas schneller als ursprünglich geplant voran, die Abbrucharbeiten sind beendet und die Bauarbeiten haben begonnen. Der Masterplan für die Quartierentwicklung wurde von Jürgen Engel erarbeitet. Die Architekten

MainTor – The Riverside Financial District, Frankfurt: Blick vom Mainufer bzw. Panorama Terrasse

für die beiden zentralen Hochhäuser wurden basierend auf den Empfehlungen eines Gutachterverfahrens (Dezember 2009) im März 2010 ausgewählt (WinX: KSP Jürgen Engel Architekten GmbH; MainTor Panorama: Prof. Christoph Mäckler Architekten). Die Gutachter-Jury sieht in den beiden ausgewählten Entwürfen die harmonischste Verbindung – und gleichzeitig die beste städtebauliche Lösung. Neben Architektur und Nutzungsqualität wurde bei der Auswahl ein besonderes Augenmerk auf die Nachhaltigkeit der Konzepte gelegt: Für beide Bürotürme wird eine LEED-, Green Building bzw. DGNB-Zertifizierung angestrebt, wofür besonders strenge Energieeffizienz-, Ökologie- und Wirtschaftlichkeitskriterien gelten.

Die Qualität der Entwürfe für das MainTor ist allgemein anerkannt: Auf der internationalen Immobilienmesse MIPIM in Cannes wurde das MainTor-Projekt 2012 mit dem Sonderpreis für das beste deutsche Projekt ausgezeichnet.

Erstes Teilprojekt (MainTor Primus): Zwischen August 2011 und Dezember 2012 wurden alle bestehenden Gebäude abgebrochen und das Gelände für die folgenden Bauarbeiten hergerichtet. Um einen reibungslosen Ablauf zu sichern, der Anrainer, Passanten und den Verkehr in der Innenstadt möglichst schont, folgen alle Arbeiten einem umfassenden Baubegleit-Konzept. Das im Juni 2011 bereits vor Baubeginn verkaufte Gebäude MainTor Primus wird derzeit vollständig entkernt und mit neuer Fassade und neuer Haustechnik nach den höchsten Nachhaltigkeitsstandards der Deutschen Gesellschaft für nachhaltiges Bauen (DGNB) modern gestaltet. Das Büroobjekt wird bis Mitte 2013 fertiggestellt sein; die DIC wird dort ihr Headquarter beziehen. Das Primus-Gebäude liegt an der Neuen Mainzer Straße 20 und damit verkehrsgünstig direkt am U-Bahn-Knotenpunkt Willy-Brandt-Platz. Die knapp 5.550 m² Gewerbemietflächen verteilen sich auf die zwölf Geschosse des 46 m hohen Gebäudes. Primus zeichnet sich durch einen Arkadengang sowie eine Dachterrasse mit einmaligem Altstadt- und Skyline-Blick aus. Das Gesamtinvestitionsvolumen des 1. Bauabschnitts (entspricht Abbruch, Herrichtarbeiten sowie der Bau des Primus-Gebäudes) beläuft sich auf rund 50 Mio. Euro.

Zweites Teilprojekt (MainTor Porta): Bereits am 20. Februar 2012 haben die Baumaßnahmen für MainTor Porta begonnen; die Fertigstellung ist nach einer zweijährigen Bauzeit im ersten Quartal 2014 geplant. Die Architektur des neu zu bauenden Komplexes stammt aus dem renommierten Büro KSP Jürgen Engel Architekten. Rund 70 Prozent (14.000 m²) des Gebäudes sind bereits an Union Investment vermietet. Die Grundsteinlegung ist am 29. August 2012 erfolgt. Das Bürogebäude liegt in einer prominenten Ecklage mit Vorplatz an der Weißfrauenstraße und damit verkehrsgünstig sowohl am Hotel Frankfurter Hof als auch nahe am U-Bahn-Knotenpunkt Willy-Brandt-Platz. Die insgesamt rund 20.000 m² Gewerbemietflächen verteilen sich auf die 19 Geschosse des 70 m hohen Gebäudes. Porta zeichnet sich durch eine repräsentative, dreigeschossige Lobby, einen begrünten und begehbaren Innenhof sowie mehrere Dachterrassen mit spektakulären Ausblicken aus. MainTor Porta integriert sich mit seiner Lage und Gestaltung nahtlos in das Frankfurter Bankenviertel, was für dortige Mieter aus der Finanzbranche mit kurzen Wegen und schneller Kommunikation in das Bankenzentrum verbunden ist. Das Investitionsvolumen des 2. Bauabschnitts beläuft sich auf rund 140 Mio. Euro.

Wie geht's weiter? Das „MainTor – The Riverside Financial District" im Frankfurter Bankenviertel entsteht in insgesamt fünf einzelnen Teilprojekten mit unterschiedlichen Größenordnungen, die sukzessive einzeln und unabhängig voneinander realisiert werden. Die Baustarts folgen dem jeweiligen Vermarktungsfortschritt. Die Fertigstellung der Gewerbe- und Wohnungsbauten sowie der

Europäische Zentralbank, Frankfurt: Der Neubau der EZB wird auf dem Gelände der ehemaligen Großmarkthalle im Frankfurter Ostend errichtet
Abb.: Christian Heinz

Freiflächen ist im Wesentlichen gegen Ende 2015 abgeschlossen.

Der Immobilien-Investor DIC verfügt über eine langjährige Expertise auf dem Immobilienmarkt der Mainmetropole und hat an der Entwicklung der Frankfurter Stadtarchitektur bei zahlreichen Projekten mitgewirkt. 2004 hatte die DIC beispielsweise die 57 Filialen der Frankfurter Sparkasse erworben und zum Teil neuen Bestimmungen zugeführt. Zu den DIC-Projekten der vergangenen Jahre gehören in Frankfurt so renommierte Projekte wie die Stadtbibliothek, das Bienenkorbhaus, das Nespresso-Haus in der Goethestraße oder der Grünhof.

EUROPÄISCHE ZENTRALBANK, FRANKFURT

Derzeit sind die Mitarbeiterinnen und Mitarbeiter der Europäischen Zentralbank auf drei Standorte in Frankfurt am Main verteilt; nach Fertigstellung des neuen Gebäudes Ende 2013 werden sie ab 2014 alle an einem Ort arbeiten.

Der Neubau der Europäischen Zentralbank (EZB) wird mit seinem charakteristischen Doppelturm die Skyline von Frankfurt am Main ergänzen. Der Neubau besteht aus drei Elementen: der ehemaligen Großmarkthalle aus dem Jahr 1928, einem 185 m hohen Nord- und einem 165 m hohen Südturm, die zusammen mit einer Antenne eine Gesamthöhe von 220 m erreichen, sowie einem Eingangsbauwerk, das die Halle und die Türme verbinden wird.

Die zwei durch ein transparentes Atrium miteinander verbundenen Bürotürme sind als monolithische Glaskörper konzipiert. Die aus drei Fassadenschichten bestehende energieeffiziente sogenannte „Schild-Hybrid-Fassade" der Bürotürme bietet alle energetischen Vorteile einer konventionellen Doppelfensterfassade und ermöglicht gleichzeitig eine direkte Belüftung der Räume von außen über vertikale, raumhohe Lüftungselemente. Die Hochhausfassade besteht aus nicht spiegelnden Wärme- und Sonnenschutzgläsern und ist in einem neutralen Farbton gehalten.

Der Doppel-Büroturm sowie das Eingangsbauwerk mit ihren Glas- und Metallfassaden werden klar als Neubauten zu erkennen sein, während die ehemalige Großmarkthalle durch Betonraster- und Klinkerfassaden geprägt ist. Durch die Einbeziehung und Umnutzung der Großmarkthalle wird ein einzigartiges Ensemble entstehen.

ONE GOETHEPLAZA, FRANKFURT

Frankfurt bekommt eine neue Topadresse mit einer Auswahl renommierter Trend-Marken und Luxus-Labels: die ONE Goetheplaza. Im Februar 2012 haben die Bauarbeiten für das neue Luxus-Einkaufszentrum begonnen; am 23. August war Grundsteinlegung. Unmittelbar am Goetheplatz – und damit direkt am

ONE Goetheplaza, Frankfurt: Unmittelbar am Goetheplatz gelegen, ist das Innenstadtprojekt zugleich das neue, weithin sichtbare Entrée zur Luxus-Shoppingmeile Goethestraße

ONE Goetheplaza, Frankfurt: Shop und Skybar

Zugang zum Geschäfts- und Bankenviertel – gelegen, ist das Innenstadtprojekt zugleich das neue, weithin sichtbare Entrée zur Luxus-Shoppingmeile Goethestraße.

Der Frankfurter Architekt Prof. Christoph Mäckler hat den Neubau – versehen mit einem kleinen Eckturm mit Glasdach – entworfen, der Trendmarken und Luxus-Labels beheimaten soll. 4.900 m² Einzelhandels- und 6.700 m² Bürofläche werden gebaut. Weichen mussten dafür mehrere Bauten aus den 1950er Jahren. Bereits im Sommer 2013 soll das neue Shoppingparadies für Reiche fertig sein.

Ralph Wagner, Geschäftsführer der FREO Financial & Real Estate Operations GmbH, ist überzeugt: „Für die Stadt Frankfurt und insbesondere den Goetheplatz selbst ist ONE Goetheplaza ein großer Gewinn, weil wir mit guter, zeitloser Architektur und einem nachhaltigen Nutzungskonzept zur Aufwertung der Innenstadt und des Goetheplatzes spürbar beitragen". Die Luxusmarke Louis Vuitton konnte bereits als Ankermieter gewonnen werden.

„Neben einem erstklassigen Shopping-Erlebnis in den ONE Stores werden auch die Büroflächen durch ihre hohe Qualität und die hervorragende Lage überzeugen", so José Martínez von BNP Paribas Real Estate.

Das Projekt ist ein Joint Venture aus einem Fonds des luxemburgischen Private Equity Unternehmens FREO und des US-amerikanischen AREA Fonds. Die deutsche FREO Financial & Real Estate Operations GmbH entwickelt das Projekt als Dienstleister. Die luxemburgische FREO hatte das Projekt Anfang des Jahres 2011 von einem internationalen Privatinvestor erworben. Die Gesamtinvestitionskosten liegen im dreistelligen Millionenbereich, die Frankfurter Helaba („Landesbank Hessen-Thüringen") und die Landesbank Berlin finanzieren das Projekt.

Westend Ensemble, Frankfurt: Westend Palais und Senckenberg Carré im Herzen Frankfurts werden gerade einem umfassenden Facelifting unterzogen

WESTEND ENSEMBLE: WESTEND PALAIS UND SENCKENBERG CARRÉ, FRANKFURT

Ein schmucker Palast, mitten in der Stadt: Das ist das Westend Palais im Herzen Frankfurts. Der repräsentative Prachtbau, der zwischen 1907 und 1912 als Oberpostdirektion errichtet wurde, ist ein neoklassizistisches Unikat auf dem Frankfurter Büromarkt. Das Westend Palais bildet gemeinsam mit dem Senckenberg Carré, einem modernen Bürogebäude in der Ludwig-Erhard-Anlage, das Westend Ensemble.

Beide Immobilien unterziehen sich gerade einem umfassenden Facelifting: Aktuell wird nutzerbezogen umgebaut, die öffentlichen Bereiche des Ensembles werden komplett neu gestaltet. Für die Umbauplanung zeichnet sich das Architekturbüro msm Architekten Meyer Schmitz Morkramer verantwortlich. Wenn das Refurbishment bis Ende 2013 abgeschlossen ist, bieten Westend Palais und Senckenberg Carré zusammen 34.100 m² Bürofläche für anspruchsvolle Unternehmen und eine besondere Adresse.

Das Westend Ensemble zeichnet sich nicht nur durch einen gelungenen architektonischen Dialog zwischen Historie und Moderne aus. Seine erstklassige Lage zwischen Westend, Europaviertel und der Messe Frankfurt macht das Ensemble zusätzlich attraktiv. Verkehrsanbindung, Visibilität und Repräsentativität... So befinden sich in direkter Nachbarschaft die Deutschlandzentralen großer international tätiger Finanzdienstleister, Investmentbanken und Beratungsunternehmen.

„Für uns ist das Grund genug, an diesem attraktiven Standort mit hervorragender Infrastruktur eines unserer bisher größten Refurbishment-Projekte durchzuführen. Das Westend Ensemble bietet Businesskomfort in einer neuen Dimension", sagt Claus Hermuth, Vorstandsvorsitzender der Prime Office REIT-AG aus München, die das Ensemble entwickelt und ihm neuen Glanz verleiht. „Es ist in dieser Form und Dimension einzigartig auf dem Frankfurter Büromarkt." Die Immobilien, die zuvor an die Deutsche Post und die Deutsche Postbank vermietet waren, werden nun erstmalig dem Frankfurter Mietmarkt zugänglich gemacht.

Die beeindruckende Fassade mit vielen historischen Details dazu eine repräsentative Vorfahrt: Wer im Westend Palais arbeitet, kommt sich wie ein kleiner König vor. Im Inneren glänzt das in den vergangenen Jahren aufwendig sanierte imposante Bauwerk mit Großzügigkeit und Eleganz. „Es verbindet damit den neuklassizistischen Anspruch mit repräsentativer, moderner Innenarchitektur", so Claus Hermuth. Eine repräsentative Halle, flexible Büroflächen und attraktive Einzelbüros lassen Arbeitsträume wahr werden.

Das benachbarte Senckenberg Carré punktet hingegen mit zeitloser Eleganz und nachhaltiger Qualität. In punkto Flächeneffizienz wird diese First-Class-Immobilie den Ansprüchen einer internationalen Klientel gerecht. Eine eigene Vorfahrt, ein beeindruckender Haupteingang mit Galerie, ein zweiter Eingang an der Westendstraße sowie ein repräsentativer Empfang mit Natursteinboden lassen auch in punkto Eleganz keine Wünsche offen. Die Büroflächen ermöglichen eine flexible Raumaufteilung: Ruhige Einzelbüros lassen sich hier ebenso effizient umsetzen wie funktionale Gruppenbüros.

Eine Verbindung der beiden einzigartigen Gebäude des Westend Ensembles ist in den

Westend Ensemble, Frankfurt: Wenn das Refurbishment bis Ende 2013 abgeschlossen ist, bieten Westend Palais und Senckenberg Carré zusammen 34.100 m² Bürofläche für anspruchsvolle Unternehmen

Obergeschossen bereits vorhanden. Ein großes Kasino und eine Coffee Lounge im Senckenberg-Carré sorgen für zusätzlichen Komfort. Großzügige, moderne und repräsentative Konferenzräume, teilweise mit raumakustischer Wandbekleidung, dazu Kühldecken in den Bürobereichen, hochwertige Teppichböden, neue, modern ausgestattete Sanitäranlagen und Teeküchen mit hochwertigen Einbauküchen – dort wird an nichts gespart. Für Pkw-Nutzer stehen 400 Stellplätze zur Verfügung, davon 361 als Tiefgaragen-Stellplätze. Für Nutzer der öffentlichen Verkehrsmittel stehen U-Bahn und Straßenbahn vor der Tür bereit.

MODERNISIERUNG WESTENDGATE, FRANKFURT

Das WestendGate, bekannt als Marriott Hotel, wurde von Just/Burgeff Architekten in Zusammenarbeit mit a3lab, asterios agkathidis architecture laboratory for architecture and design umfangreich modernisiert. Bauherr des Ende 2010 abgeschlossenen Modernisierungsprojekts in der Hamburger-Allee war die Aberdeen GmbH, Frankfurt am Main.

1976 von dem Architekten Richard Heil im Westend von Frankfurt am Main errichtet, war der Ursprungsbau mit seinen 159 m und 47 Stockwerken für kurze Zeit das höchste Hochhaus Deutschlands und diente als Initialzündung für den Hochhausbau im gesamten Stadtquartier und ganz Frankfurt. Mit dem Einzug der Marriott-Hotelgruppe 1989 ist es noch heute das höchste Hotel Europas. Das Hotel belegt die oberen 18 der 46 Stockwerke des aus drei Flügeln bestehenden Baukörpers, wird über eine eigene Lobby im Erdgeschoss erschlossen und nutzt zudem das erste Obergeschoss für einen Ballsaal. Alle übrigen Etagen, die durch eine zweite Lobby erschlossen werden, stehen für Büronutzung und Technik zur Verfügung.

Die Sanierungen umfassten u.a. eine architektonische und energieeffiziente Neugestaltung der Büroetagen einschließlich Lobby und einer Konferenz-Etage für das Hotel sowie einer Neugestaltung und Sanierung der kompletten Fassade, die Neuinstallation von Solarfassadenmodulen, die Erneuerung der Gebäudeklimatisierung und Optimierung der Beleuchtung. Zusätzlich wurden die Außenbereiche neu gegliedert und gestaltet sowie ein neues Vordach geplant.

Nach Abschluss der Arbeiten wurde eine Reduzierung des Energieverbrauchs sowie der CO_2-Emissionen um rund 36 Prozent erzielt. Dafür wurde das WestendGate mit dem Green-Building-Zertifikat der Europäischen Kommission ausgezeichnet.

Außenbereich und Vordach: Das Hochhaus liegt im Schnittpunkt öffentlicher Grünräume, die durch die neu entstandenen Außenanlagen nun fortgeführt werden. Mit der Verlegung der Tiefgaragenausfahrt wurde ein großer urbaner Platz mit Aufenthaltsqualität geschaffen. 1.500 m² Basaltpflaster gehen schwellenlos in den städtischen Raum über; der Platz öffnet sich zur Stadt und bildet mit seinem neuen Dach gleichzeitig auch ein neues Tor zum Westend.

Das skulpturale Dach ist mit seiner organischen Baumstruktur schon von weitem er-

Modernisierung WestendGate, Frankfurt: Die bestehende Fassade wurde nicht nur komplett saniert, sondern auch neu gestaltet und changiert nun im Sonnenlicht. Das skulpturale Vordach ist mit seiner organischen Baumstruktur schon von weitem erkennbar Abb.: eibefotografie, Eibe Sönnecken, Darmstadt

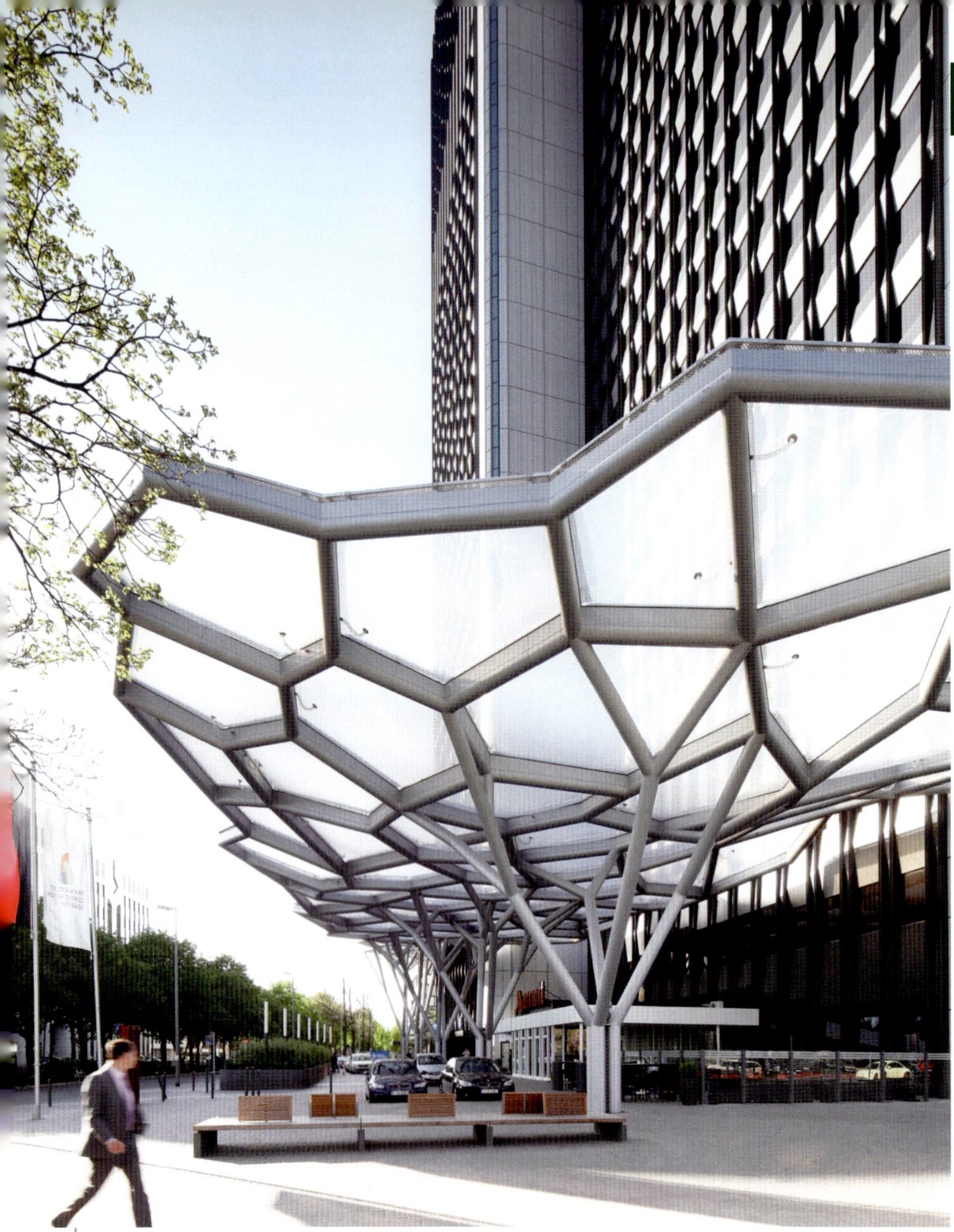

Modernisierung WestendGate, Frankfurt
Abb.: eibefotografie, Eibe Sönnecken, Darmstadt

kennbar. 1.000 m² Dachfläche erstrecken sich in bis zu 14 m Höhe zonierend über den Platz; transluzente Luftkissen verschließen zu großen Teilen die Konstruktion und bieten Büromietern und Hotelgästen Schutz vor Regen.

Fassade: Die bestehende Fassade wurde komplett saniert und neu gestaltet, die Lisenen wurden aufgedoppelt, die neuen Fassadenpaneele mit einer zusätzlichen Dämmung versehen, um heutigen Energiestandards zu entsprechen. Zusätzlich wurden in den Stirnseiten vertikal angeordnete Solarfassadenmodule integriert. Bei der Entwicklung der Fassade wurde darauf geachtet, dass das alte Erscheinungsbild – dunkle Fassadenflächen und helle Giebelseiten – erhalten bleibt, jedoch die alte statische und flache Anmutung durch eine dynamische Gliederung einen plastischen Effekt erfährt, der zugleich eine Maßstäblichkeit erzeugt und sich dem Betrachter bei Annäherung an das Gebäude erschließt. Die Fassade wurde aus dreidimensionalen Elementen errichtet, die im Vertikalschnitt jeweils einen Knick bilden, wobei sich der Knickverlauf von Paneel zu Paneel verschiebt. Je nach Sonnenstand variiert der Schattenwurf und die Lichtreflexionen auf den Elementen; die Fassade changiert im Sonnenlicht.

REKONSTRUKTION HAUPTTRIBÜNE, FRANKFURTER VOLKSBANK STADION

Der FSV Frankfurt trägt seine Heimspiele im Frankfurter Volksbank Stadion aus, das im Juli 2009 nach einer fast anderthalbjährigen Umbauphase wiedereröffnet wurde und im Frankfurter Stadtteil Bornheim zu finden ist. Nach dem Umbau des „Stadion am Bornheimer Hang" ist das Frankfurter Volksbank Stadion ein reines Fußballstadion. Das Fassungsvermögen beträgt 10.470 Zuschauer.

Seit Ende des Jahres 2011 wird die Haupttribüne des Frankfurter Volksbank Stadion rekonstruiert. Nach Fertigstellung voraussichtlich im September 2012 wird das Gebäude in neuem Glanz erstrahlen und den Zuschauern und VIP-Gästen hochwertigen Komfort bieten. Die Gesamtkapazität wird dann auf 12.542 Plätze steigen. Zu Anfang der Spielzeit 2012/13 soll die neue Haupttribüne, auf der ca. 1.856 Sitzplätze vorhanden sein werden, einsatzbereit sein. Nach Fertigstellung befinden sich darüber hinaus zehn Logen und 580 Business-Seats auf dem Vorzeigeobjekt.

Die Sportanlage am Bornheimer Hang („Frankfurter Volksbank Stadion") wird den Anforderungen an den Spielbetrieb des FSV Frankfurt nicht mehr gerecht. Nach der in den letzten Jahren bereits erfolgten Sanierung bzw. Neuerrichtung der Nebentribünen kann nur der zurzeit ausgeführte Neubau der Haupttribüne sowie weitere Arrondierungsmaßnahmen die Konkurrenzfähigkeit des Vereins für die Zukunft sichern.

Der durch die Assmann Architekten GmbH

(früher: ar.te.plan GmbH) im Zusammenwirken mit der Firma HELLMICH Unternehmensgruppe erstellte Entwurf berücksichtigt alle relevanten Nutzeranforderungen. Die rekonstruierte Haupttribüne bindet sich gestalterisch eng in die vorhandene Baustruktur ein. Insbesondere werden wesentliche Materialien und Proportionen aus dem Bestand übernommen und so zu einem homogenen Ganzen weiterentwickelt.

Die VIP-Besucher erreichen ihre Plätze in Zukunft auf repräsentative Weise über das zentral angeordnete Foyer. Nach einem kurzen, interessanten Blick in die in Sichtachse befindliche Mixed-Zone gelangen die Gäste über eine großzügige Freitreppe oder aber über einen Aufzug in die oberen Ebenen. Die Besucher betreten den Businessclub in der Ebene 1 an zentraler Stelle. Von hier aus sind die Größe und die Attraktivität des Raumes besonders gut erlebbar. Die zehn Logen, davon zwei Doppellogen, befinden sich in der Ebene 2 in exklusiver Lage. Über einen Cateringstützpunkt im Norden neben dem Cateringaufzug wird die gastronomische Versorgung sichergestellt. Im nördlichen Bereich der Logenebene wird ferner die Sicherheitszentrale angeordnet, die einen freien Blick auf die Zuschauerränge hat.

Die übrigen Besucher der Haupttribüne gelangen über die nördlich bzw. südlich des eigentlichen Tribünenbauwerks angeordneten bzw. bereits vorhandenen Durchgänge direkt zu ihren Tribünenplätzen. Sowohl für die Sportler, als auch für das Küchenpersonal und die Sicherheitskräfte werden separate Zugänge angeboten.

Die Anordnung der Räumlichkeiten für Mannschaften und Offizielle entspricht den einschlägigen Anforderungen. Insgesamt vier Umkleidebereiche sichern die erforderliche Flexibilität während des Spiel- bzw. Trainingsbetriebs.

Die Nutzung der Geschäftsstelle in Ebene 2 wird überwiegend außerhalb der Großveranstaltungen im Stadion erfolgen. Aus wirtschaftlichen Gründen ist daher die gemeinsame, jedoch überwiegend zeitversetzte Nutzung des Erschließungsbereichs Foyer, Freitreppe, Aufzug und Lounge ebenso vorgesehen, wie die „gemeinsame" Nutzung der WC-Anlagen.

Das Farbkonzept für die Rekonstruktion der Haupttribüne orientiert sich an der Bestandssituation der Nebentribünen. Als einziger äußerer „Farbakzent" wird in untergeordneten Bereichen die Vereinsfarbe „Blau" verwendet. Alle weiteren Oberflächen mit Außenwirkung werden in der Farbskala Weiß – Grau – Schwarz belegt. Es dominiert das Betongrau der Fassadenflächen.

Frankfurter Volksbank Stadion: Seit Ende des Jahres 2011 wird die Haupttribüne rekonstruiert. Nach Fertigstellung wird das Gebäude in neuem Glanz erstrahlen und den Zuschauern und VIP-Gästen hochwertigen Komfort bieten
Abb.: Quelle Assmann Gruppe

Gebäude für Straßenbahnendhaltestelle, Frankfurt: Für die neue Straßenbahnlinie 18 in das Neubaugebiet Frankfurter Bogen wurde ein Gebäude für Betriebstechnik mit Toiletten für das Fahrpersonal errichtet
Abb.: Hans-Jürgen Herrmann, Photographische Gestaltung, Offenbach

GEBÄUDE FÜR STRASSENBAHNENDHALTESTELLE, FRANKFURT

Für die neue Straßenbahnlinie 18 in das Neubaugebiet Frankfurter Bogen war es erforderlich, ein Gebäude für Betriebstechnik mit Toiletten für das Fahrpersonal an der Endhaltestelle Gravensteiner Platz zu planen und zu errichten. Die Lage an der Schnittstelle von benachbartem Schulgelände, Straßenbahnlinienendpunkt und zentralem Quartiersplatz machte die Gestaltung des kleinen Gebäudes zu einer anspruchsvollen Aufgabe.

Als Eckstein mit einem „Gesicht" zum neuen Platz übernimmt das 2011 fertiggestellte Technikgebäude die städtebauliche Eckausbildung zwischen diesem Platz und der Haltestelle.

Das Entwurfskonzept lautet Sichtbetonkörper im Gabionenmantel. Ein Grundquader wird durch horizontale Schiebungen (Gabionen) und vertikale Aufklappungen (Sichtbetondach und -türgewände) skulptural gestaltet.

Warum Gabionen und Sichtbetondach? Gabionen sind vandalismusresistent, da die Materialästhetik nicht zur Zerstörung verleitet und keine lesbaren Tags aufgebracht werden können, die Dolomitbefüllung ist dauerhaft und altert in Schönheit. Es handelt sich dabei um ein wandhängendes System auf Stahlunterkonstruktion, hinterlüftet, vor einer Mineralwolledämmung.

Die skulpturale Erscheinung des Sichtbetondaches lässt sich beim Rundgang um das Gebäude erfassen: von Tiefpunkt zu Hochpunkt zu Tiefpunkt usw. mit einer einfachen Dachentwässerung in der Kehle zwischen den aufgeklappten Dachflächen. Durch saubere Schalarbeit ließ sich eine scharfe und schmale Dachkante erreichen.

Technische Elemente wurden in die Fassade integriert: Hinter den klappbaren Gitterrostelementen befinden sich Klimagerät und Netzverteilerschrank sowie Platz für weitere Technik.

An die Gebäudehülle bestanden erhöhte Brandschutzanforderungen, da das Technikgebäude direkt an der Grundstücksgrenze liegt: Außenwand und Dach haben Brandwandqualität, sind ohne brennbare Materialien bekleidet, und Durchbrüche durch die Gebäudehülle sind brandgeschottet.

Bis heute weist das Technikgebäude am Gravensteiner Platz keinerlei Vandalismusschäden auf.

LEBEN AM MAIN – STADTQUARTIER HAFEN OFFENBACH

Im ehemaligen Industriehafen am Main entsteht auf einer Gesamtfläche von etwa 256.000 m² das neue Stadtquartier Hafen Offenbach. Das größte am Wasser gelegene Entwicklungsareal im Rhein-Main-Gebiet bietet Raum für ein attraktives Wohn- und Arbeitsumfeld, für Ausgeh- und Einkaufsmöglich-

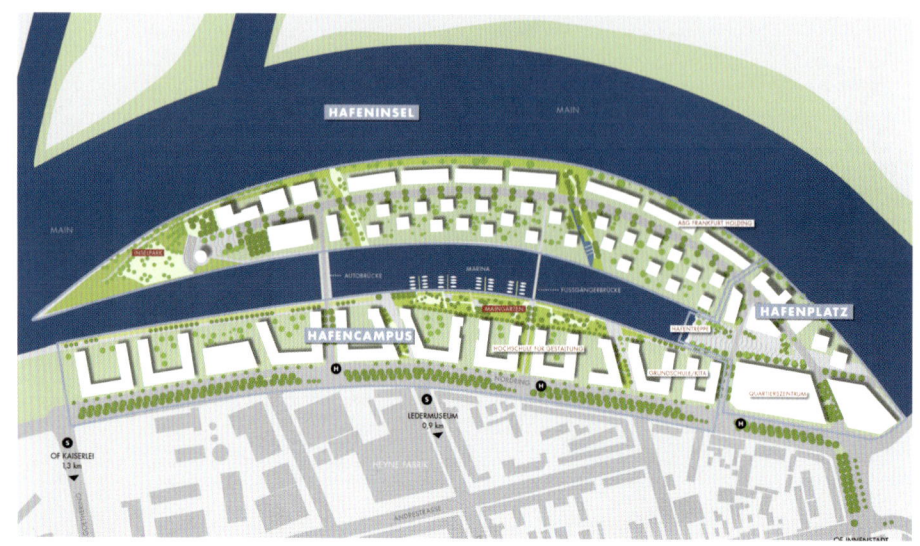

Stadtquartier Hafen Offenbach: Im ehemaligen Industriehafen am Main entsteht auf einer Gesamtfläche von etwa 256.000 m² das neue Stadtquartier Hafen Offenbach. Das größte am Wasser gelegene Entwicklungsareal im Rhein-Main-Gebiet bietet Raum für ein attraktives Wohn- und Arbeitsumfeld, für Ausgeh- und Einkaufsmöglichkeiten sowie naturnahe Erholungsräume
Abb.: Quelle Hafen Offenbach

keiten sowie naturnahe Erholungsräume. Damit hat das Stadtquartier Hafen Offenbach alles, was modernes urbanes Leben ausmacht.

Verantwortlich für Entwicklung und Vermarktung ist die OPG Offenbacher Projektentwicklungsgesellschaft mbH (OPG), eine 100-prozentige Tochter der Stadtwerke Offenbach Holding. Sie entwickelt das Quartier nach einem zukunftsfähigen Konzept, das nachhaltigen ökonomischen wie ökologischen Gesichtspunkten Rechnung trägt.

Die Deutsche Gesellschaft für Nachhaltiges Bauen hat dem Hafen Offenbach – als einem der ersten Quartiere überhaupt – Gold der Kategorie Stadtquartier Neubau verliehen. Die Auszeichnung wurde im Rahmen der Messe EXPO REAL im Oktober 2011 in München verliehen.

Das Quartier wird in drei Bauabschnitten verwirklicht; dabei wird das Areal von Ost nach West erschlossen. Um dauerhaft nachhaltige Strukturen zu schaffen, ist eine Vielzahl an Nutzungen vorgesehen: ein Quartierszentrum am zentralen Hafenplatz, die Hafeninsel mit Wohnungen, Büroflächen und Dienstleistungen sowie der Mainkai mit einem Bildungscampus, Büros und weiteren Dienstleistungen. In der Vermarktung spricht die OPG Investoren, Projektentwickler und Unternehmen an, die die Standortvorteile für eine Ansiedlung in einer der dynamischsten Wirtschaftsregionen Europas nutzen wollen.

Im August 2011 hat der Bau der ersten Wohnungen begonnen. Auf der Hafeninsel errichtet der Investor ABG Frankfurt Holding mehr als 170 Wohnungen. Sie entstehen als energiesparende Passivhäuser, die 2013 bezugsfertig sein werden.

Die Firma Prime Properties, die zur Immobiliengruppe Lyson gehört, wird das neue Quartierszentrum bauen. Die Gesellschaft, die für anspruchsvolle Planung und Bauausführung bekannt ist, hat dazu das Grundstück in prominenter Lage direkt am Hafeneingang im Südosten des Hafenareals erworben. Vorgesehen ist auf dem 7.226 m² großen Grundstück ein mehrgeschossiges Gebäude. Im Erdgeschoss entstehen Handelsflächen mit einer Rolltreppe zur Tiefgarage. Ankermieter wird ein moderner REWE-Markt sowie eine dm-Drogerie sein. Über den Handelsflächen entstehen ca. 100 Wohnungen und eine große begrünte Dachfläche. Baubeginn wird voraussichtlich Ende 2012/Anfang 2013 sein.

Im 2. Quartal 2012 konnten zwei weitere Investoren für den 1. Bauabschnitt gewonnen werden. Die Deutsche Wohnwerte GmbH & Co. KG wird mehrere, voraussichtlich sechsgeschossige Mehrfamilienhäuser mit insge-

Stadtquartier Hafen Offenbach: großer Ausschnitt aus der Gesamtansicht Hafen Offenbach mit Blickrichtung Westen/Frankfurt am Main. Im Bildvordergrund ist die Hafentreppe zu erkennen, dahinter das Hafenbecken. Rechter Hand des Hafenbeckens ist die Hafeninsel erkennbar mit der Mainzeilen-Bebauung und dem Oberen Molenpark   Abb.: Quelle Hafen Offenbach

samt etwa 140 Eigentumswohnungen auf dem 11.382 m² großen Grundstück am Hafenbecken errichten. Geplanter Baubeginn ist im ersten Halbjahr 2013.

Parallel wird die Stadt Offenbach eine Grundschule, eine Kindertagesstätte und eine Sporthalle bauen. Der Architektenwettbewerb wurde im August 2011 abgeschlossen; die Realisierung ist bis 2014/15 geplant. Gewinner des Wettbewerbs sind die Architekten waechter & waechter aus Darmstadt. Die Schule bildet den Auftakt des Hafencampus, auf dem auch die Ansiedlung der in Offenbach ansässigen, international renommierten Hochschule für Gestaltung geplant ist.

Die genannten Bauvorhaben werden im Verlauf des Beitrags noch etwas ausführlicher vorgestellt.

Die OPG entwickelt das Gesamtareal mit der Perspektive 2020+. Die Erschließungsarbeiten für den 1. Bauabschnitt laufen, bis 2014 soll dieser Abschnitt realisiert sein. Derzeit sind im

Stadtquartier Hafen Offenbach: Zu sehen sind das Hafenbecken mit Hafeninsel und Hafentreppe in Blickrichtung Offenbach   Abb.: Quelle Hafen Offenbach

1. Bauabschnitt bereits rund 80 Prozent der verfügbaren Flächen vergeben.

Stadtquartier Hafen Offenbach: Das Quartier wird in drei Bauabschnitten verwirklicht. Um dauerhaft nachhaltige Strukturen zu schaffen, ist eine Vielzahl an Nutzungen vorgesehen: ein Quartierszentrum (s. Abb.) am zentralen Hafenplatz, die Hafeninsel mit Wohnungen, Büroflächen und Dienstleistungen sowie der Mainkai mit einem Bildungscampus, Büros und weiteren Dienstleistungen
Abb.: Quelle Hafen Offenbach

STADTQUARTIER HAFEN OFFENBACH: VIEL FREIRAUM AM WASSER

Die Freiraumplanung ist ein wesentlicher Bestandteil der Gesamtplanung des Stadtquartiers Hafen Offenbach. Die Freiraumplanung öffnet das neue Quartier zum bestehenden Stadtraum hin, trägt dazu bei, dass Offenbach seine Lage am Main wiederentdeckt und vermittelt den Bewohnern das Gefühl, urbanen aber naturnahen Lebens.

Die Planung verbindet Freiflächen und am Fluss verlaufende Wege zu einem Netzwerk, das von großzügigen Grünanlagen ergänzt wird. An der Spitze der Halbinsel, im Westen des Hafenareals, entsteht ein großzügiger öffentlicher Park. Vor dort öffnet sich der Blick dem Fluss entlang und in Richtung der berühmten Frankfurter Skyline. Auf der Landseite bieten Hafenpromenade und Maingärten weitere attraktive Perspektiven.

Im Frühjahr 2012 wurde der „Obere Molenpark" fertiggestellt. Ein wesentlicher Teil des Konzeptes ist nun damit bereits umgesetzt. Der Molenpark erstreckt sich vom Main bis zum Hafenbecken, er ist Wegeverbindung zwischen Fluss und Hafen und gleichzeitig Sichtachse bis in die Offenbacher Innenstadt. Die Freiflächenkonzeption stammt vom Architekturbüro Dreiseitl aus Überlingen am Bodensee. Bei der Planung des Oberen Molenparks standen Aspekte der gestalterischen Qualität, der Nachhaltigkeit und der Erlebbarkeit des Wassers besonders im Fokus. Zentral sind auf der Fläche des Molenparks die drei Absetzbecken, die in Charakter und Art eines Biotops realisiert sind. Über die Becken wird Oberflächen- und Regenwasser von Sedimenten (wie beispielsweise Sand) auf natürliche Weise durch Versickerung gereinigt, bevor das Wasser ins Hafenbecken fließt. Neben der nachhaltigen Wirkung durch die angelegten Absetzbecken wird durch das in Stufen abfließende Wasser im Molenpark sowohl das Element Wasser auch auf der Hafeninsel selbst erlebbar gemacht als auch Lebendigkeit in den Park gebracht. Die großzügige Fläche des Molenparks mit rund 3.200 m² bietet reichlich Raum für Freizeit und Erholung direkt am Wasser. An der Nordseite grenzt der Molenpark direkt an die Uferpromenade und damit an den Main. An der Südseite schließt sich der „Sonnenweg" – die Promenade entlang des Hafenbeckens bis zur Hafentreppe – an den Molenpark an.

Im Osten des Areals stellt der Hafenplatz einen prominenten Treffpunkt dar. Mit seiner großzügigen, zum Wasser hin abfallenden Freitreppe, den Grünflächen und Sitzstufen lädt der Hafenplatz zum Verweilen und Entspannen ein. Das Wasser ist dort so unmittelbar erlebbar, wie an keinem anderen urbanen Ort in der Region. Rund um den gesäumten Hafenplatz gibt es vielfältige

Stadtquartier Hafen Offenbach, Hafentreppe: reichlich Raum für Freizeit und Erholung direkt am Wasser
Abb.: Quelle Hafen Offenbach

Stadtquartier Hafen Offenbach: Der Obere Molenpark ist die erste fertige Freifläche im Hafenviertel. Hier darf entspannt werden   Abb.: Quelle Hafen Offenbach

Angebote: von Ruhezonen und Rückzugspunkten über Restaurants, Cafés und Bars bis hin zu Einkaufsmöglichkeiten.

Eine gute Anbindung an den öffentlichen Nahverkehr, Car-Sharing-Angebote, Radweg- und Fußwege sowie Stellplätze für Pedelecs stellten optimale Erreichbarkeit und Mobilität sicher.

STADTQUARTIER HAFEN OFFENBACH: NACHHALTIGE LÖSUNGEN

Der Hafen Offenbach setzt Maßstäbe, auch im klima- und ressourcenschonenden Umgang mit Energie. Gemeinsam mit der örtlichen Energieversorgung Offenbach AG hat die OPG ein Energiekonzept entwickelt, das das Stadtquartier als Ganzes betrachtet. Vorgesehen ist, das Quartier mit regenerativer, CO_2-neutraler Fernwärme aus Biomasse und mit Ökostrom zu versorgen. Darüber hinaus kann Solarenergie zur weiteren Reduktion der CO_2-Emissionen genutzt werden. Die Jahresbilanz für das Gesamtgebiet geht insgesamt von CO_2-Emissionen unter 5.200 t aus. Der Primärenergiebedarf wird mit weniger als 22.000 Megawattstunden kalkuliert.

Zugunsten eines niedrigen Energieverbrauchs entstehen die Wohngebäude nach erhöhten Energiestandards oder im Passivhausstandard. Für öffentliche und gewerbliche Immobilien sind erhöhte energetische Standards vorgesehen. Für Bürogebäude ist ein Standard von 20 Prozent unterhalb der EnEV 2009 vorgegeben, für Wohngebäude KfW-Effizienzhaus 55.

Das innovative Entwässerungssystem des neuen Stadtquartiers hilft, die Kanalisationen möglichst wenig zu belasten. Regenwasser und Schmutzwasser werden getrennt behandelt. Zusätzliche, mit Gräsern und Stauden bepflanzte Reinigungsbiotope filtern das Regenwasser auf natürliche Weise und sorgen anschließend im Hafenbecken für Frischwasser.

STADTQUARTIER HAFEN OFFENBACH: LEBENDIGE ZWISCHENNUTZUNG

Neben zahlreichen Informationsmöglichkeiten für die Bürger bietet der Hafen Offenbach

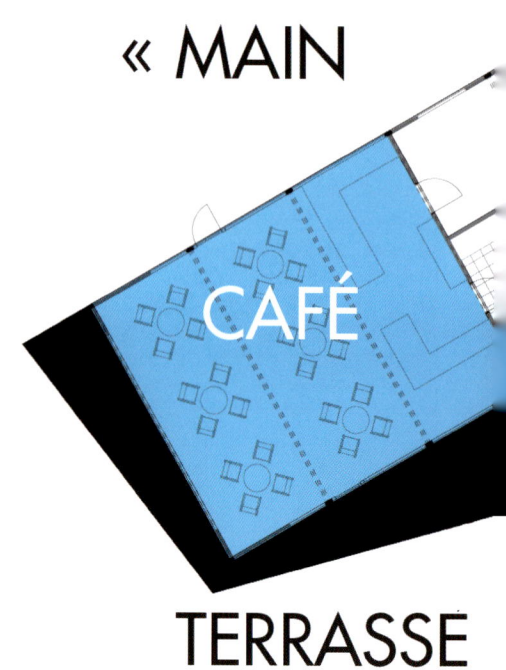

in der Übergangszeit zwischen industrieller Vergangenheit und urbaner Zukunft attraktive Zwischennutzungen. Dazu gehört ein überregional bekannter Beach Club auf der Hafeninsel, am künftigen Mainkai hat sich das quirlige Kulturzentrum Hafen 2 etabliert. Im Zuge der weiteren Erschließung ist geplant, dass der Hafen 2 im letzten Quartal 2012 an einen neuen Standort am Rande des neuen Stadtquartiers umzieht. Der Baubeginn des neuen Kulturzentrums ist im Sommer 2012 erfolgt. Auf dem jetzigen Gelände wird die Grundschule entstehen. Der Neubau des Kultur- und Veranstaltungszentrums wird an der südöstlichen Ecke des Grundstücks Nordring 129 mit Ausrichtung in Richtung Nordring erstellt. Durch diese Platzierung ist das neue Kulturzentrum gut aus allen Richtungen sichtbar. Der Neubau gliedert sich in zwei hauptsächliche Nutzungsbereiche, die leicht abgeschrägt nebeneinander Platz finden. Zum einen entsteht die Veranstaltungshalle, unmittelbar daneben der Café-Flügel. Getrennt und doch verbunden sind die beiden Bauteile durch ein Foyer, das als umbauter Außenraum konzipiert ist. Denn durch das Foyer erhält man Einlass in den Veranstaltungsraum und auch in das Café. Während die Halle inklusive Bühne eine Fläche von etwa 280 m² haben wird, ist das Café ein ca. 65 m² großer Gastraum. In diesem Bereich werden zusätzlich ein Vorbereitungsraum für Speisen und die Sanitäranlagen entstehen.

Schlagfertig im wahren Sinne des Wortes geht es im Boxclub Nordend e.V. zu, der ebenfalls im Hafen Offenbach angesiedelt ist. Neben sportlichen Erfolgen ist der Club durch sein mehrfach ausgezeichnetes Konzept zur präventiven Jugendarbeit überregional bekannt geworden.

Eine fachliche Auseinandersetzung mit der Umsetzung des Projekts Hafen Offenbach findet in regelmäßigen und interdisziplinären Symposien statt. In diesem Rahmen kommen internationale Experten wie Städtebauer, Architekten, Unternehmer, Markenexperten und Lichtplaner zusammen und bringen ihre Erfahrungen aus der Planung und Realisierung erfolgreicher Projekte in Europa ein.

Für Kreative bildet das Areal des ehemaligen Industriehafens eine vielgenutzte Kulisse, um Installationen und Kunstprojekte umzusetzen und den Wandel mitzugestalten. Kunstprojekte und Ausstellungen finden in der von der Hochschule für Gestaltung temporär genutzten ehemaligen Ölhalle eine Bühne. Darüber hinaus ist der Hafen Schauplatz von Veranstaltungen, beispielsweise des weltweit größten Licht-Kunst-Festivals „Luminale".

Kunst stellt einen wichtigen, integralen Teil des Konzepts Wohnen, Arbeiten und Freizeit am Fluss dar. So ist seit dem Frühjahr 2012 die renommierte Künstlerin Anja Czioska für die künstlerische Gesamtausrichtung des Hafen Offenbach verantwortlich. Das kreative Potenzial der zahlreichen Agenturen, Designer und Gründer sowie der Hochschule für Gestaltung wird die OPG nutzen, um am Hafen Offenbach mit seinem Umfeld verstärkt Firmen der Kultur- und Kreativwirtschaft anzusiedeln. Sie findet eine entsprechende Infrastruktur; die attraktive Lage in der Wirtschaftsregion Rhein-Main schafft Nähe zu zahlreichen potenziellen Auftraggebern.

STADTQUARTIER HAFEN OFFENBACH: AUFBRUCH IN EINE SPANNENDE ZUKUNFT

Der Hafen Offenbach ist das wichtigste Stadtentwicklungsprojekt in der Stadt. Das wachsende Quartier holt den Fluss zurück in die Stadt. Es bringt die Ansprüche moderner Menschen an Wohnen und Freizeit in Einklang. Zugleich nimmt es in gesellschaftlicher Verantwortung Rücksicht auf die nachfolgenden Generationen. Es ist ein Ort, an dem Menschen gerne sein werden. Jeder ist eingeladen, an Bord zu kommen und Wandel und Fortschritt kreativ mitzugestalten.

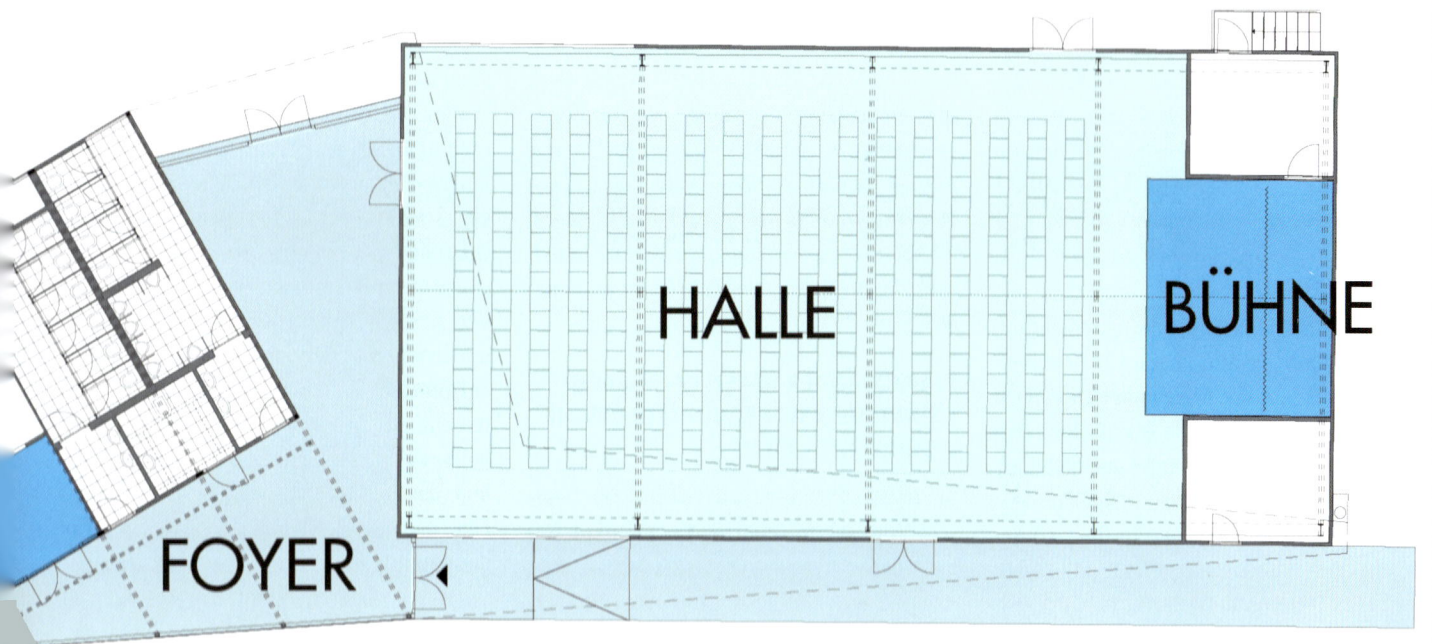

Stadtquartier Hafen Offenbach: Im Zuge der weiteren Erschließung ist geplant, dass der Hafen 2 im letzten Quartal 2012 an einen neuen Standort am Rande des neuen Stadtquartiers umzieht. Der Baubeginn des neuen Kulturzentrums ist im Sommer 2012 erfolgt

Abb.: Quelle Hafen Offenbach

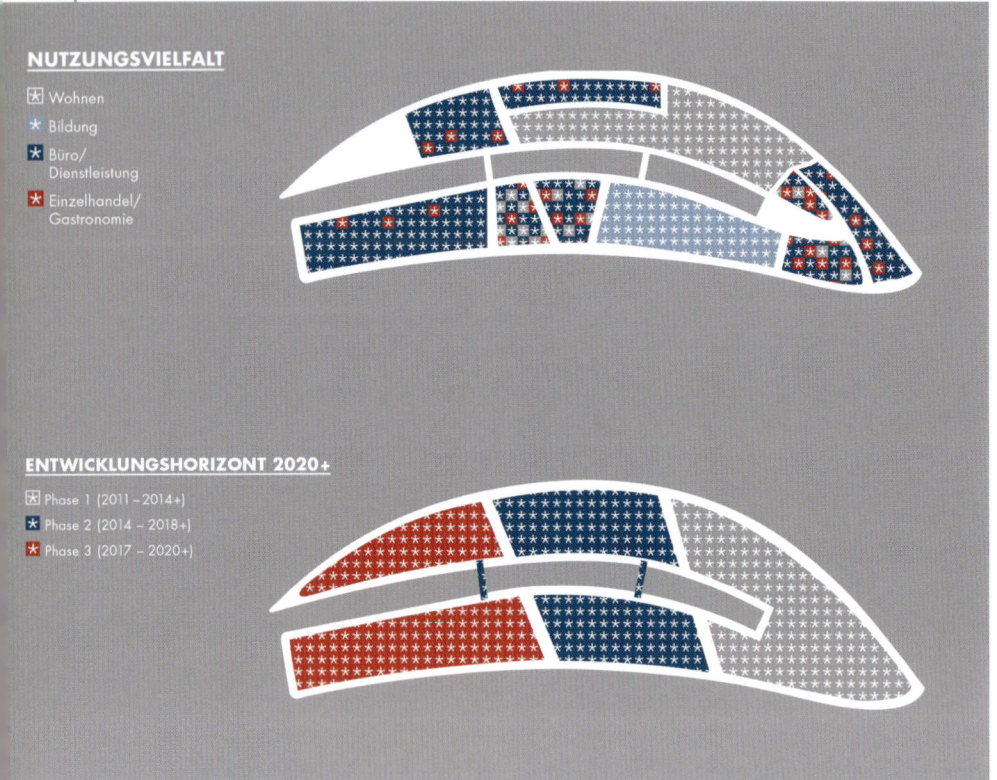

Stadtquartier Hafen Offenbach: Der Hafen ermöglicht eine Vielfalt an Nutzungen. Konzipiert ist ein ausgewogener Mix: Auf der Hafeninsel liegt der Schwerpunkt auf Wohnen und Arbeiten, die Inselspitze bietet Raum für Erholung und Business. Handel, Dienstleistung und Gastronomie konzentrieren sich um den zentralen Hafenplatz. Er bildet zugleich den markanten Auftakt des Quartiers. Entlang des Mainkais gehen Bildung, Büronutzer und Dienstleister an Land Abb.: Quelle Hafen Offenbach

STADTQUARTIER HAFEN OFFENBACH: PIONIERPROJEKT – ABG BAUT 178 WOHNUNGEN

Die Bauarbeiten für das Wohnungsbauprojekt „Mainzeile Offenbach" auf der Hafeninsel haben begonnen. Den ersten Spatenstich setzten am 15. August 2011, die damalige Frankfurter Oberbürgermeisterin Petra Roth und der Offenbacher Oberbürgermeister Horst Schneider gemeinsam mit Frank Junker, dem Vorsitzenden der Geschäftsführung der ABG Frankfurt Holding, und Daniela Matha, der Geschäftsführerin der Mainviertel Offenbach GmbH & Co. KG. Mit dem Projekt realisiert die ABG auf einer Bruttogeschossfläche von 22.000 m² 178 Passivhauswohnungen im Offenbacher Hafen.

Das 7.020 m² große Areal am nordöstlichen Mainufer hatte die ABG im April 2010 als erster Investor von der Mainviertel Offenbach GmbH & Co. KG, die für die Erschließung und Vermarktung der Grundstücke zuständig ist, erworben. Nach Plänen des Architekten Stefan Forster werden hier nun in drei achtgeschossigen Gebäuden insgesamt 178 frei finanzierte Mietwohnungen mit Tiefgarage in der besonders energiesparenden Passivhausbauweise errichtet. Das Investitionsvolumen beträgt rund 50 Mio. Euro, die Fertigstellung der Wohnungen mit zwei bis fünf Zimmern ist für das Jahr 2013 geplant.

Neben der Passivhausbauweise wird die ABG

Stadtquartier Hafen Offenbach: Die OPG steuert die Entwicklung des Hafens Offenbach mit der Perspektive 2020+. Die Erschließung läuft; die erste Realisierungsphase hat begonnen. Sie startete 2011 mit der Wohnbebauung Mainzeile auf der Hafeninsel. Die Grundschule wird folgen. Parallel hat die Vermarktung der Flächen rund um den Hafenplatz Fahrt aufgenommen. Die Umsetzung der Projekte am Hafenplatz wird bis 2014 angepeilt Abb.: Quelle Hafen Offenbach

gemeinsam mit der Stadt Offenbach und der Mainviertel Offenbach GmbH & Co. KG auch durch ein neues Mobilitätskonzept einen Beitrag zum Klimaschutz in der Region leisten. Den zukünftigen Bewohnern werden Angebote gemacht, mit denen sie auf ein eigenes Auto verzichten können. Dafür wurden Kooperationsvereinbarung mit dem Carsharing Anbieter book-n-drive geschaffen. Zudem sind 356 Stellplätze für Fahrräder und Pedelecs geplant.

STADTQUARTIER HAFEN OFFENBACH: GRUNDSTÜCKSVERKAUF AN DEUTSCHE WOHNWERTE GMBH

Am Hafen Offenbach wird die Firma DIH Deutsche Wohnwerte GmbH & Co. KG rund 140 Eigentumswohnungen errichten. Das Unternehmen, welches für anspruchsvolle Projektentwicklung und Bauausführung bekannt ist, hat dazu ein Grundstück auf der Hafeninsel direkt am Hafenbecken gekauft.

Vorgesehen sind auf dem 11.382 m² großen Grundstück mehrere voraussichtlich sechsgeschossige Mehrfamilienhäuser, die insgesamt etwa 140 Eigentumswohnungen Raum geben werden. So entstehen rund 13.000 m² neue Wohnfläche in bester Lage.

Die Deutsche Wohnwerte hat insgesamt vier Architekturbüros – Franken Architekten, Frankfurt a.M., Böge Lindner K2 Architekten, Hamburg, Fischer Architekten, Mannheim, und Rübsamen und Partner, Bochum – eingeladen, sich an einem Auswahlverfahren für die Planung der Wohngebäude zu beteiligen. Gemeinsam mit dem Hafen Offenbach wird nach Einreichen der Vorschlags-Entwürfe entschieden, welches Architekturbüro den Zuschlag für die weitere Planung erhält. Bei der Auswahl legen beide Partner großen Wert auf die städtebauliche Konzeption und die Quartiersgestaltung ebenso wie auf Wohn- und Ausstattungsqualitäten. Die Vermarktung der Wohnungen im Teileigentum soll noch in diesem Jahr beginnen. Baubeginn kann dann voraussichtlich im ersten Halbjahr 2013 sein.

Die Bebauung des Grundstücks mit der Nummer 552, Flur 4 wird in gewohnt hochwertiger Ausführung erfolgen und muss dem Anspruch des Hafen Offenbach genügen.

Eine der Kernkompetenzen der Deutschen Wohnwerte GmbH & Co. KG liegt in der vermarktungsfähigen Projektentwicklung von hochwertigen Wohnimmobilien. Dabei liegt ein Schwerpunkt auf wohnwirtschaftliche Quartiersentwicklungen in Süddeutschland sowie in der Rhein-Main-Region. Hierfür werden spezielle Nutzungskonzepte entwickelt, die dem Bedarf der potenziellen Zielgruppen entsprechen. Zum Selbstverständnis des Unternehmens gehört es, hohe Anforderungen an die Architektursprache, die Bauqualitäten und die Ausstattungsmerkmale zu stellen. Eine ökologische, wohngesunde und energiesparende Bauweise zu vernünftigen Preisen ist ein weiterer wesentlicher Anspruch an die Projektentwicklungen der Deutsche Wohnwerte GmbH & Co. KG.

Das Unternehmen mit Sitz in Heidelberg ist ein Beteiligungsunternehmen der Zech Group aus Bremen und Mitglied bei der Deutschen Gesellschaft für Nachhaltiges Bauen (DGNB).

Stadtquartier Hafen Offenbach – Neubau Grundschule, Kindertagesstätte und Sporthalle: Siegerentwurf des beschränkten Realisierungswettbewerbs der Stadt Offenbach für eine Grundschule, eine Kindertagesstätte und eine Sporthalle. Sie sollen den Auftakt des neuen Stadtquartiers bilden und bis 2014/15 fertiggestellt werden
Abb.: waechter + waechter architekten bda

STADTQUARTIER HAFEN OFFENBACH: NEUBAU GRUNDSCHULE, KINDERTAGESSTÄTTE UND SPORTHALLE

Die Stadt Offenbach hatte einen beschränkten Realisierungswettbewerb für eine vierzügige Grundschule, eine Kindertagesstätte und eine Sporthalle ausgeschrieben, die den Auftakt des neuen Stadtquartiers am Hafen bilden und bis 2014/15 fertiggestellt werden sollen. Der hier vorgestellte Entwurf von waechter + waechter architekten bda wurde im August 2011 mit dem 1. Preis ausgezeichnet.

Das städtebauliche Konzept („harte Schale, weicher Kern") wird in dem Entwurf der Architekten aufgenommen und auf das Baufeld übertragen – wie ein Schutzgürtel umschließen Grundschule, Kindergarten und Sporthalle einen großen Hof, der als grüne Mitte das Herz der beiden Einrichtungen bildet und als Spiel- und Lernbereich genutzt wird.

Der fünfgeschossige Fachklassentrakt und die übereinander angeordneten Sporthallen bilden die städtebaulich gewünschte kraftvolle, fünfgeschossige Raumkante zum Nordring. Die Ecke Nordring/Planstraße wird mit der Sporthalle als Quartierseingang besonders markiert. Die Klassen- und Gruppentrakte der Grundschule und der Kindertagesstätte fahren die Blockkanten nach, sodass auch der neue Quartiersplatz mit einer Platzwand einen eindeutigen Abschluss findet.

Grundschule: Das vorgeschlagene Konzept ermöglicht sämtliche Klassenbereiche der Grundschule zweigeschossig zu organisieren; nur die Fachklassen sind in den oberen Geschossen des Riegels am Nordring angeordnet. Die Geschossigkeit bzw. Nutzungsverteilung entspricht in der kindgerechten Maßstäblichkeit den pädagogischen Anforderungen. Zur optimalen natürlichen Belichtung der kompletten Raumtiefe, d.h. aller Schülerarbeitsplätze, sind die Klassenräume zweiseitig in den ruhigen Innenhof belichtet. Idealtypisch sind zwischen zwei Klassenräumen jeweils die Gruppenräume angeordnet. Da die Erschließung der Gruppenräume von der Stirnseite (=Lehrerseite) erfolgt, können

die Lehrer die Differenzierungsbereiche gut einsehen. Jeweils vier Klassenräume mit zwei Gruppenräumen und einem Vorbereitungsbereich werden zu klar ablesbaren Jahrgangsstufenbereichen zusammengefasst.

Zum Innenhof entsteht aus den wechselnden Nutzungsbereichen eine „weiche", feingliedrige und klein-maßstäbliche Struktur mit einzelnen, sehr gut ablesbaren „Klassenhäusern". Diese Klassenhäuser werden durch eine ringförmige, promenadenartige Schulstraße zusammengebunden und erschlossen. Rücksprünge, Aufweitungen vor den Klassenräumen dienen als gut nutzbare Garderobenbereiche. Der räumliche Wechsel zwischen Enge und Weite wird durch den Wechsel der geschlossenen und transparenten Fassadenflächen unterstrichen, sodass ein vielfach gegliederter, räumlich abwechslungsreicher, lichtdurchfluteter Flur mit Sitz- und Spielbereichen, Lufträumen etc. als kommunikative Erschließungsfläche entsteht. Die ringförmige Wegeführung ermöglicht kurze Wege und eine einfache und übersichtliche Orientierung. In den Wegering eingestreut sind zweiläufige Treppen die einen direkten Zugang in bzw. aus dem Freibereich ermöglichen.

Der Hauptzugang liegt gut auffindbar zwischen dem Klassenring und dem Fachklassenriegel; der anschließende Grünstreifen dient als Vorfeld. An der großzügigen, offenen Eingangshalle schließen im Erdgeschoss die auch extern vom Nordring zu erschließenden Nutzungen wie Jugendzentrum und Betreuung an; die Verwaltung liegt im 1. Obergeschoss und ist über einen Luftraum bzw. eine einladende Freitreppe räumlich und funktional direkt an den Haupteingang angebunden.

Die Fachklassen im Obergeschoss sind ebenfalls nach Süden ausgerichtet, sodass im Gesamtensemble keine Unterrichtsräume ohne direktes Sonnenlicht nach Norden liegen. Da aufgrund des gewünschten Passivhausstandards alle Bereiche mechanisch be- und entlüftet werden, kann in den Fachklassen auf Fensterflügel verzichtet und so die erforderlichen Schallschutzmaßnahmen zum Nordring einfach ohne besonderen technischen Aufwand umgesetzt werden.

Die Gemeinschaftsbereiche mit den von beiden Einrichtungen zu nutzenden Räumen (Cafeteria, Mehrzweckraum, Bibliothek) sind zentral in der Hofmitte in einem eingestellten Riegel angeordnet, der zugleich die Freibereiche der Einrichtungen trennt, sodass gegenseitige Störungen auszuschließen sind. Die offene Konzeption dieser Bereiche mit entsprechenden Falt-/Schiebewänden ermöglicht vielfältige kreative Aktivitäten, wobei die Hofflächen durch die großen Öffnungen in die

Nutzung eingebunden werden können.

Kindertagesstätte: Die Räume der Krippe sind ebenerdig zum Innenhof im Erdgeschoss, die Räume des Kindergartens im 1. Obergeschoss angeordnet. Analog zu den „Klassenhäusern" umschließen die jeweils beidseitig belichteten Gruppenräume den ruhigen Innenhof. Zwischen den Gruppenräumen liegen die Intensivräume. Die räumliche Zonierung und Ausgestaltung ermöglichen sowohl Transparenz und Offenheit aber auch Rückzug. Den ebenerdigen Krippenräumen sind jeweils eigene Terrassen und Gartenräume zum Lernen und Spielen zugeordnet. Für jede Gruppe sind im Eingangsbereich der Gruppenräume die erforderlichen Nassbereiche vorgesehen. Davor liegen die Garderobenbereiche – die Erschließung ist mit schönem Blick nach außen als vielgestaltiger Spielflur konzipiert. Der Eingang erfolgt deutlich von der Kreuzung eingerückt aus der Planstraße, zwischen Gruppenbereichen und dem Riegel mit der Sporthalle. Mit Längsseite zum Innenhof belichtet, schließt der Mehrzweckraum unmittelbar an die Eingangshalle an und kann über die Stirnseite direkt aus der Küche versorgt werden.

Sporthalle: Die Spielfelder der Sporthalle sind übereinander angeordnet. Die erforderlichen Nebenräume mit Umkleiden und Geräteräumen sind jeweils stirnseitig vorgelagert. Durch die Lage der Treppenhäuser ist eine separate Erschließung der Sporthallen vom Nordring außerhalb der Unterrichtszeiten möglich. Zugleich sind die Sporthallen an das ringförmige Wegenetz der Schule angebunden, sodass diese auch von den Klassen direkt erreicht werden können. Durch das „Flechtmauerwerk" der Fassaden werden die Spielfelder gleichmäßig mit Tageslicht belichtet und zugleich störende Blendungen ausgeschlossen.

Freibereich: Allseitig umschlossen ist der so geschützte Freibereich der Grundschule und des

Stadtquartier Hafen Offenbach – Neubau Grundschule, Kindertagesstätte und Sporthalle: Modellfoto
Abb.: waechter + waechter architekten bda

Kindergartens als grüne Mitte naturnah gestaltet, mit größtmöglich unversiegelten Flächen, die durch Höhenmodulation in unterschiedliche Teilbereiche gegliedert werden. Die an die Klassenhäuser der Grundschule und Gruppenbereiche des Kindergartens angrenzenden Flächen können als Gärten von den Klassen/Gruppen bespielt, gestaltet und im Zuge des Unterrichts bzw. der Betreuung genutzt werden.

Konstruktion/Gestaltung: Durch die zurückhaltende, der Bauaufgabe angemessenen Architektursprache fügt sich der Baukörper sehr gut in den heterogenen Kontext mit dem gründerzeitlich geprägten Nordend und dem neuen Entwicklungsgebiet ein. Die klare Konstruktion mit geringen Spannweiten ermöglicht eine sehr wirtschaftliche Konstruktion. Das massive Sichtmauerwerk aus kleinformatigen (DF), hellen, farblich changierenden Steinen unterstreicht den gewünschten urbanen Charakter, ist zugleich lebendig und bei der großen Belastung entlang der Straße wirtschaftlich im Unterhalt. Im Inneren ist das Sichtmauerwerk weiß geschlämmt, sodass freundliche aber zugleich in ihrer Struktur lebendige Oberflächen entstehen. Auch die weiteren vorgeschlagenen Materialien wie das helle Stirnholzparkett der Fußböden charakterisieren die bergende und zugleich heitere Atmosphäre, sind jedoch zugleich robust und strapazierfähig und damit im besten Sinn nachhaltig. Es ist ein in der Herstellung und im Betrieb wirtschaftliches Haustechnikkonzept mit allen verfügbaren Komponenten vorgesehen, um den gewünschten Passivhausstandard zu erreichen. Dabei werden die optimal ausgerichteten Dächer vollflächig zur Nutzung von Photovoltaik herangezogen.

SPARDA-BANK-HESSEN-STADION, OFFENBACH

Am 30. Juni 2012 war der Bau des Sparda-Bank-Hessen-Stadions in Offenbach am Main offiziell abgeschlossen worden. Und mit der Partie der Offenbacher Kickers gegen Bayer Leverkusen am 18. Juli 2012 erlebte das fertiggestellte Stadion dann seine sportliche Taufe.

In eineinhalb Jahren Bauzeit und exakt im Zeit- und Kostenplan ist auf dem Fußabdruck des alten Stadions am Bieberer Berg ein zukunftsfähiges, modernes, architektonisch ansprechendes Vier-Tribünen-Stadion im englischen Stil entstanden. Es bietet Platz für etwa 20.500 Zuschauer und wurde somit größer als ursprünglich geplant. Die kompakte Bauweise des Stadions ermöglichte den Bau von besonders steilen Tribünen. Das fördert nicht nur die Akustik, sondern macht den Stadionbesuch zu einem unvergesslichen Erlebnis. Für deutsche Stadien einmalig ist der hohe Anteil an Stehplätzen in Höhe der Mittellinie.

Die Kosten für den Bau des Stadions lagen bei 25 Mio. Euro. Hiervon wurden 10 Mio. Euro aus Mitteln des Landesausgleichstocks des Landes Hessen, 5 Mio. Euro aus dem Haushalt der Stadt Offenbach sowie 5 Mio. Euro von der Stadtwerke Offenbach Holding GmbH finan-

Sparda-Bank-Hessen-Stadion, Offenbach
Abb.: Georg-Foto, Offenbach am Main

Sparda-Bank-Hessen-Stadion, Offenbach: In eineinhalb Jahren Bauzeit und exakt im Zeit- und Kostenplan ist auf dem Fußabdruck des alten Stadions am Bieberer Berg ein zukunftsfähiges, modernes, architektonisch ansprechendes Vier-Tribünen-Stadion im englischen Stil entstanden
Abb.: Georg-Foto, Offenbach am Main

ziert. Mit den weiteren 5 Mio. Euro der Sparda-Bank Hessen eG für die Namensrechte waren damit die Gesamtkosten gedeckt.

Der Abriss des alten Stadions und der Bau des neuen erfolgte während des laufenden Spielbetriebs durch den Totalübernehmer Bremer AG aus Paderborn. Das Planungskonzept der Baufirma bot dem OFC, den Fans und allen Offenbachern laut einer vorangegangen europaweiten Ausschreibung das beste Stadion für das vorgegebene Budget. Für den Bau und Betrieb des neuen Stadions wurde unter dem Dach der Stadtwerke Offenbach Holding GmbH die Betreibergesellschaft SBB Stadiongesellschaft Bieberer Berg mbH Offenbach gegründet. Hauptmieter des Sparda-Bank-Hessen-Stadions ist die OFC Profisport GmbH. Darüber hinaus ist das neue Stadion als multifunktionaler Veranstaltungsort auch für Veranstaltungen und Feiern jenseits des Fußballs ausgelegt.

Die neue Haupttribüne ist direkt von der Bieberer Straße aus zugänglich. In sie integriert sind neben einem 1.200 m² großen Businessbereich die Geschäftsräume des OFC und der SBB, eine Polizeiwache und Räume für Feuerwehr und Stadionregie sowie eine Ladengalerie, in der sich u.a. die Filiale der Sparda-Bank Hessen eG befindet. Dadurch ist das Sparda-Bank-Hessen-Stadion auch außerhalb der Fußballspiele mit Leben gefüllt und spürbar näher zu den Menschen und an die Stadt gerückt. Bereits während des Baus hat das neue Stadion sehr große Akzeptanz bei Fans, Sportinteressierten und Bürgern erfahren. Mit den steilen Tribünen, deren Abstand zum Spielfeldrand auf 14 m verkürzt wurde, dem englischen Stil und einem außergewöhnlich hohen Stehplatzanteil von ca. 10.000 Plätzen konnten im neuen Stadion die zentralen Wünsche der Fans verwirklicht werden.

NEUBAU „KITA AUF DEM LUO CAMPUS", DARMSTADT

Der im Januar 2011 bezogene Neubau der Kindertagesstätte in der Ludwigshöhstraße 107 ist der erste Erweiterungs-Bauabschnitt des Darmstädter Lichtenberg Gymnasiums auf seinem Weg zu einer Internationalen Begegnungsschule (IBS) mit einer zweisprachigen deutsch-englischen Bildung vom Kindergarten bis zum Abitur. Bauherr war die Stiftung „Sag' Ja zum Kind" e.V., Darmstadt; die Planung stammt von der Darmstädter Architektin Nicole Pfoser. Die Gesamtkosten einschließlich Ausstattung, Betriebsmaterialien und Freianlage betrugen brutto 3,9 Mio. Euro.

Für den Neubau mit einer Nutzfläche von 1.220 m² und einem Brutto-Rauminhalt von 5.627 m³ hatte ein Geländestreifen von 19 m Breite und 125 m Länge zur Verfügung gestanden. Dieser ungewöhnliche Zuschnitt verlangte als Gebäudekonzeption eine lineare Reihung der Funktionen. Es entstand ein Baukörper von 13,50 m Breite und 65 m Länge, an den ein Garten von 60 m Länge anschließt.

Nach Süden hin liegen in beiden Etagen die Gruppenwohnungen, bestehend jeweils aus Gruppenraum, Lager, Schlafraum und eigenem Bad/WC. Der Bund an der Nordfassade bildet direkt vor den Gruppenwohnungen eine 6 m

KITA auf dem LuO Campus, Darmstadt: Ansicht der beiden Aktionshallen mit Rank-Gerüsten in Deckung mit den Fassadenstützen
Abb.: Nicole Pfoser

Spiel- und Aktionshalle EG
Abb.: Michael Bender

breite, übersichtliche Spiel- und Aktionshalle, die zugleich alle Funktionen erschließt und in den Spielgarten überleitet. Dank ihrer stetigen unmittelbaren Präsenz und ihrem hohen Anspruch an eine gute Raumakustik eignen sich diese preiswerten und doch ungewöhnlich großzügigen Hallen in beiden Etagen als helle, flexible Spiel- und Bewegungsflächen zu allen Jahreszeiten, bei jedem Wetter.

Die Hallen unterstützen die Gemeinschaftlichkeit aller Kinder als Abwechslung zur Gruppenbildung. Durch ihre spontane Veränderbarkeit (Schiebe-Garderoben, Mobiliar, Stoffrahmen) unterstützen die Hallen Funktionsraum-Konzepte, ohne Gruppenräume ummöblieren zu müssen. Die Gruppenräume können durch verglaste Schiebeelemente auf ganze Breite direkt an die Halle angeschlossen werden. Sie können aber auch mit wenigen Handgriffen durch Schließen dieser Elemente und des blickdichten Vorhanges als Rückzugsort für ruhigere, introvertierte Beschäftigungen völlig von der Spielhalle abgeschirmt werden.

Ein peripher angeordneter, schallgeschützter Sport- und Veranstaltungsraum im OG mit eigenem Lager und Nassräumen ermöglicht eine unabhängige Nutzung auch in den Ruhephasen des Hauses oder bei witterungsbedingtem Ausfall der Freiflächennutzung. Die Schließung lässt Zweitnutzungen oder Abendnutzungen z.B. durch die benachbarte Schule zu.

Die Stahlbeton-Geschossdecken bieten einen guten Luftschallschutz; ihre Akustik-Unterseiten steuern den Raumschall und sorgen für eine Nachhallzeit von deutlich unter einer Sekunde an jedem Ort. Die Außenfassaden sind dreifach verglast (Innenscheibe generell ballwurfsicher); geschlossene Fassaden sind 25 cm dick gedämmt und mit gefrästen Bohlen aus sibirischer Lärche bekleidet. Der Heizwärmebedarf liegt bei 40 kWh/m^{2}a.

Die Hallenfassade mit ihren schräg gestellten „laufenden" Stahlstützen symbolisiert im Innenraum Bewegungs-Dynamik und bietet nach Außen hin mit ihren schrägen Holzlamellen-Paketen zugleich Wuchshilfe für die Rankgewächse und eine natürliche Regensteuerung zu den Pflanzorten. Die Kletterpflanzen sind auch vom Innenraum her sichtbar und mildern den Ausblick auf den vorgelagerten Schulparkplatz. Das Gebäude ist barrierefrei, verfügt über Behinderten-Toiletten und einen behindertengerechten Aufzug.

Der Innenausbau folgt dem Ziel einer frühkindlichen Geschmacksbildung, wie dies seit langem in niederländischen, schwedischen und schweizerischen Kindergärten der Fall ist. Ein „unbunter Kindergarten" wurde an den Betreiber übergeben – die 90 Kinder des Hauses produzieren die Buntheit täglich selbst.

WETTBEWERB STADTBÜCHEREI/STADTARCHIV, HOFHEIM AM TAUNUS

Der Realisierungswettbewerb der Stadt Hofheim am Taunus für eine neue Stadtbücherei mit Archiv, das sogenannte „Stadtarchiv Taunus", ist seit August 2011 entschieden. Den 1. Preis erhielten Henchion Reuter Architekten zusammen mit Bernard und Sattler Landschaftsarchitekten, beide Berlin. Für den 4,8 Mio. Euro teuren Bibliothekskomplex gibt es bisher noch keine Weiterbeauftragung, welche jedoch noch erfolgen soll.

Erläuterungstext des Siegerentwurfs: Der Neubau der Stadtbücherei und des Stadtarchivs am Kellereiplatz versteht sich als Gebäude außerhalb der historischen Stadtmauer bzw. des historischen Stadtkerns. Folglich orientiert er sich in seiner Maßstäblichkeit und in seiner gestalterischen Ausprägung an den Neubauten der Elisabethenstraße und dem Kellereiplatz. Darüber hinaus nimmt er deutlich Bezüge zu seinem historischen Umfeld auf. Die Gebäudegliederung der Südfassade zum Kellereiplatz greift die Traufhöhe des Kellereigebäudes auf. Auch die Materialität der Fassade mit geschlemmten Ziegeln, Holzfenstern und Holzverschalungen orientiert sich an traditionellen Bauweisen und Materialien.

Pfarrgasse 24: Auf dem Grundstück Pfarrgasse 24 sehen die Architekten als Pendant zur Stadtbücherei/Stadtarchiv einen schlichten Baukörper vor, welcher zum einen die Straßenflucht an der Pfarrgasse aufnimmt und zum anderen die Straße/Gasse Am Schießberg verlängert und auf den Kellereiplatz führt. Der Neubau ist gut für eine Gewerbenutzung Ga-

Wettbewerb Neubau Stadtbücherei/Stadtarchiv, Hofheim am Taunus: Beim Entwurf für den Neubau Stadtbücherei mit Stadtarchiv handelt es sich um ein selbstbewusstes, zeitgenössisches Gebäude mit sensiblen Bezügen auf seine historische Umgebung sowie das städtebauliche Umfeld

Abb.: Henchion Reuter Architekten, Berlin

stronomie/Café mit Freisitz im EG und Büro/Praxis etc. im OG geeignet. Langfristig ist auch eine Erweiterung der Stadtbücherei/Stadtarchiv in dieses Gebäude vorstellbar (z.B. Brückenverbindung im OG).

Bärengasse 17: Das unter Denkmalschutz stehende Haus Bärengasse 17 sollte behutsam saniert und im Idealfall z.B. dem Heimatverein oder etwas vergleichbarem zur Verfügung gestellt oder aber als Wohngebäude genutzt werden.

Bärengasse 15: Auf dem Grundstück Bärengasse 15 wird ein moderner Neubau in den Abmessungen des Vorgängerbaus als Wohngebäude oder als Ergänzungsbau/-nutzung zum Haus Bärengasse 17 vorgeschlagen.

Für eine Erweiterung der Stadtbücherei und des Stadtarchivs Hofheim gibt es verschiedenen Möglichkeiten. Eine Variante (Variante A) wäre die Erweiterung in Richtung Norden bis an die Pfarrgasse zu Lasten der bestehenden Platanen. Eine weitere, die Nutzung des Neubaus Pfarrgasse 24 gegebenenfalls durch eine Brückenverbindung im ersten OG (Variante B). Es könnte das gesamte Gebäude oder auch nur das erste OG Bestandteil eines Erweiterungskonzepts werden.

Die Haupterschließung für Stadtbücherei und Stadtarchiv erfolgt über einen großzügigen Eingangsbereich von der Südseite über den Kellereiplatz. Ein weiterer Zugang von der Nordseite über die Pfarrgasse bzw. Elisabethenstraße ist ausschließlich dem Personal sowie der Ver- und Entsorgung vorbehalten. Die innere Erschließung über den Hauptzugang und das Foyer mit einer Treppenanlage in einem großzügigen Luftraum über alle öffentlich genutzten Geschosse bietet den Besuchern eine optimale Orientierung. Über das Foyer sowie über den Personalzugang von der Pfarrgasse aus erreicht man den internen Bereich mit Archiv-, Arbeits-, und Büroräumen, welche über eine separates Treppenhaus sowie den Aufzug miteinander verbunden sind. Sämtliche Bereiche sind barrierefrei erreichbar.

Die innere Struktur gliedert sich klar in einen umlaufenden Hauptnutzungsbereich sowie einen Kernbereich mit Nebennutzungen, Erschließung sowie einem Lufttraum. Die Hauptnutzflächen können flexibel möbliert und die Nutzungszuordnungen leicht verschoben bzw. bei Bedarf angepasst werden. Im Erdgeschoss sind neben dem Foyer die AV-Medien, das Zeitungsarchiv mit Besucherraum und der Arbeits- und Technikraum vorgesehen. Im ersten

Wettbewerb Neubau Stadtbücherei/Stadtarchiv, Hofheim am Taunus: Der Platzierung der Neubauten wird im Siegerentwurf eine spannungsvolle Freiraumstruktur mit den Typen Gasse, Garten und Platz gegenübergestellt. Die Baumstandorte der Platanen an der Pfarrgasse und Buchen im Lesegarten stehen im Wechsel zu den zwei neuen Baukörpern.
Abb.: Henchion Reuter Architekten, Berlin

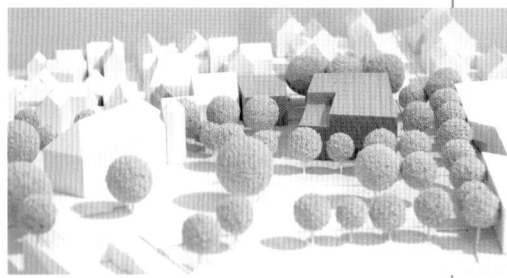

OG ist der komplette Kinder-, Sach- und Jugendbuchbereich untergebracht. Im zweiten OG befinden sich Belletristik, die Verwaltung und eine große Dachterrasse. Der Büroraum zum Kinder- und Jugendbuchbereich ist im zweiten OG neben den übrigen Verwaltungsräumen untergebracht, könnte gegebenenfalls jedoch auch im ersten OG vorgesehen werden. Im KG befinden sich der Depotraum für das Archiv sowie Räume für die Haustechnik und Lagerräume.

Architektur: Bei dem Neubau für die Stadtbücherei mit Stadtarchiv handelt es sich um ein selbstbewusstes, zeitgenössisches Gebäude mit sensiblen Bezügen auf seine historische Umgebung sowie das städtebauliche Umfeld. Die Fassade ist als zweischalige Fassade aus Beton/Kalksandstein mit Gipsputz und Holzverschalung, Wärmedämmung und einer geschlämmten Ziegelschale und Holzpaneelen nach außen geplant. Fenster, Holzpaneele, Bodenbeläge etc. sind aus geöltem Eichenholz vorgesehen und geben einen warmen, gediegenen Charakter. An Süd- West und Ostfassade wird ein außenliegender Sonnenschutz als Jalousie vorgeschlagen.

Wirtschaftlichkeit: Die Gebäudegrundstruktur basiert auf einer konventionellen Massivbauweise aus Stahlbeton/Kalksandsteinmauerwerk mit tragendem Kern und Fassaden und einer Deckenspannweite von ca. 6,5 m. Somit ist eine kompakte und wirtschaftliche Bauweise gewährleistet.

Freiraumkonzept: Der Platzierung der Neubauten wird eine spannungsvolle Freiraumstruktur mit den Typen Gasse, Garten und Platz gegenübergestellt. Die Baumstandorte der Platanen an der Pfarrgasse und Buchen im Lesegarten stehen im Wechsel zu den zwei neuen Baukörpern. Das Kellereigebäude wird, mit Bezug auf die ursprüngliche Gartenseite, vom Kellereiplatz aus gesehen, rechts und links mit Bäumen und Grün gefasst. Die „Neue Gasse", als verkehrsfreie Fortsetzung der Straße Am Schießberg, verbindet den Kellereiplatz mit der Pfarrgasse und weitet sich vor dem Haus Pfarrgasse 24 zu einer Terrasse auf. Der Lesegarten liegt zurückgenommen von der Umgebung hinter der Mauer zum Kellereiplatz. Das Bestandsniveau wird von der „Neuen Gasse" aus über drei Stufen erschlossen. Trotz der unmittelbaren Nähe zum Chinon-Center, dem Kellereiplatz und der Elisabethenstraße erlebt man einen ruhigen grünen Ort zum Verweilen, Ruhen und Lesen. Die Terrasse kann als Freisitz genutzt werden. Die bestehenden Tannen werden durch Buchen ersetzt. Der Platz an der Pfarrgasse ist maßgeblich durch die bestehenden Platanen geprägt. Das spannungsvolle Spiel von Enge und Weite bildet räumlich einen attraktiven Auftakt für die Besucher der Altstadt. Die straßenbegleitenden Freiräume werden für den ruhenden Verkehr genutzt. An der Pfarrgasse sind zehn Pkw-Stellplätze vorgesehen, an der Elisabethenstraße 20 Stellplätze für Fahrräder. Weitere Fahrradstellplätze sowie die Aufstellflächen für Motorräder befinden sich vor dem Nebeneingang des Neubaus an der Pfarrgasse. Die befestigten Flächen im Planungsgebiet werden mit Ausnahme der Tennenfläche unter den Platanen in einem ungerichteten Kleinsteinpflaster hergestellt, das sich farblich an dem Belag des Kellereiplatzes orientiert. Stufen und Mauern im Garten werden analog zur bestehenden Einfriedung in einer hochwertigen Betonqualität hergestellt. Mauern sowie die Fassaden der Bestandsgebäude werden mit wildem Wein berankt. Mobile Liege- und Sitzelemente laden zum Verweilen ein.

> **Besten Dank für die freundliche Unterstützung an:**
> BCC Business Communications Consulting GmbH, Frankfurt a.M.
> Just/Burgeff Architekten GmbH, Frankfurt a.M.
> Assmann Gruppe, Dortmund
> Werksaal ROT Architekten, Frankfurt a.M.
> Stadtwerke Offenbach Holding GmbH, Offenbach a.M.
> waechter + waechter architekten bda, Darmstadt
> Dipl.-Ing. Nicole Pfoser, Architektin MLA, Darmstadt
> Henchion Reuter Architekten, Berlin

Wir geben Räumen Ihr Gesicht

Maßgeschneiderte Lösungen

R&M Ausbau bietet innovative Lösungen z.B. im Flughafen- oder Hotelausbau. Egal, ob Individuelle Metalldecke, Glaswand oder Schwerlastdoppelboden – **wir übernehmen das Projektmanagement und kümmern uns um jedes Detail.**

Komplettausbau

Ob für Verwaltung, Verkauf oder Sport – jedes Bauprojekt hat sein eigenes Gesicht. R&M Ausbau bietet als Generalunternehmer „Ausbau aus einer Hand". **Von uns erhalten Sie optimale Termin- und Budgetsicherheit.**

Revitalisierung

R&M Ausbau GmbH hat die richtigen **Konzepte vom Rückbau bis hin zur Neugestaltung**, um alle Möglichkeiten bei der Erneuerung von Decke, Wand und Boden voll ausschöpfen zu können.

Brandschutzlösungen

Vorbeugender Brandschutz ist Vertrauenssache. Die R&M Ausbau hat mit ihren Brandschutzfachleuten Erfahrung im Einsatz von Lösungen, die optisch nicht sichtbar sind und trotzdem ihre wichtige Aufgabe erfüllen.

Standardisierte Komponentensysteme

Der Markt an Ausbau-Produkten und -Systemen ist äußerst vielfältig. Die **Experten von R&M Ausbau beraten Sie mit langjähriger Erfahrung** und vor allem **herstellerneutral**, mit welchem Produkt sich Ihre Vorstellungen am besten erfüllen lassen.

R&M Ausbau

Die R&M Ausbau GmbH mit Hauptsitz in München zählt zu den führenden Ausbauunternehmen und Baudienstleistern in Deutschland.

Mit europaweit mehr als 180 Mitarbeitern an 15 Standorten und einem Gesamtumsatz von ca. 80 Mio. Euro bieten wir Ihnen ein Leistungsspektrum, das von der Ausführung einzelner Teilleistungen des raumbildenden Ausbaus bis hin zur Kombination ganzer Leistungspakete in Form eines schlüsselfertigen Komplettausbaus reicht.

Nutzen Sie die Erfahrung eines international tätigen Unternehmens und vertrauen Sie einem Partner, der Ihre Vorstellungen termingerecht und kostengünstig realisiert.

R&M Ausbau Frankfurt GmbH
Carl-Zeiss-Straße 10/3
63322 Rödermark
Telefon: +49 (60 74) 92 00-42
Telefax: +49 (60 74) 92 00-44
E-Mail: ausbau.frankfurt@rum-ausbau.de

www.rum-ausbau.de

Anzeige

Brandschutz auf höchstem Niveau!

Minimax Region Mitte, Büro Frankfurt

Minimax steht für sicheren und umfangreichen Brandschutz für sämtliche Risiken. Deshalb vertrauen auch im Raum Rhein-Main zahlreiche Bauunternehmen und Architekturbüros der Kompetenz von Minimax. Spezialisten wie Minimax bringen Erfahrungen aus verschiedensten Projekten mit und können sich dadurch auf Besonderheiten bei spezifischen Objekten professionell einstellen. So wird die Brandschutzlösung optimal an den jeweiligen Bedürfnissen ausgerichtet.

REFERENZ: TOWER 185

Der Tower 185 wurde nach 33-monatiger Bauphase erfolgreich abgeschlossen. Ein besonderes Kennzeichen solcher Objekte ist die möglichst flexible Gestaltung der Büroflächen. Damit der Brandschutz dieser Anforderung gerecht werden kann, entwickelte Minimax hierfür eine spezielle Sprinkleraufteilung, die es erlaubt, auf jedem Stockwerk die Wände jederzeit zu verändern, ohne Sprinkler nachrüsten zu müssen. Insgesamt 100.000 m² Bürofläche werden mit über 20.000 Minimax-Sprinklern geschützt. Die Pumpenanlage für die Sprinkleranlage besteht aus insgesamt neun Sprinklerpumpen – je drei pro Druckstufe (Kaskadierung 12 bar/22 bar/26 bar). Das Hydrantensystem wird über zwei frequenzgeregelte Hydrantenhochdruckdoppelpumpen gespeist. Außerdem wurden insgesamt sechs Minimax-Zentralen FMZ 5000 (mod 12) in das Gebäude installiert und mit über 3 km Kabel über 150 Meldepunkte vernetzt. Hierzu gehören u.a. auch drei Löschbereiche, die mit einer Kompaktlöschanlage Minimax MX 1230 ausgestattet sind. Minimax Mobile Services steuerte zudem 275 Wandhydranten und 775 Minimax Feuerlöscher bei.

REFERENZ: REVITALISIERUNG FRANKFURTER SILVERTOWER

Auch an der Revitalisierung des 164 m hohen Frankfurter SilverTower war Minimax be-

Für den Tower 185 entwickelte Minimax eine spezielle Sprinkleraufteilung, die es erlaubt, auf jedem Stockwerk die Wände jederzeit zu verändern, ohne Sprinkler nachrüsten zu müssen Foto: Markus Diekow

Auch im Raum Rhein-Main vertrauen zahlreiche Bauunternehmen und Architekturbüros der Kompetenz von Minimax Abb.: Quelle Fotolia

teilt. Hier kommt die Neuentwicklung Minifog EconAqua auf Basis der klassischen Sprinkleranlagentechnik zum Einsatz. Die innovative Niederdruck-Feinsprühtechnik (< PN16) bietet einen effizienten Gebäudeschutz durch geringere Rohrquerschnitte und dadurch geringerem Platzbedarf. Im Brandfall öffnen k-Wert reduzierte Feinsprühsprinkler in unmittelbarer Nähe des Brandherds und bekämpfen den Brand mit 60 Prozent weniger Wassermenge als bei klassischen Sprinkleranlagen. Löschwasserschäden werden so auf ein Minimum reduziert. In 18 Monaten wurden 17.000 Feinsprühsprinkler zum Schutz der 55.000 m² Bürofläche in zwei Druckzonen eingerichtet.

REFERENZ: BIBLIOTHEK DER TU DARMSTADT

Ebenfalls brandsicher durch Minimax geschützt ist die Bibliothek der TU Darmstadt. Minimax baute hier insgesamt 4.600 klassische Sprinkler ein. Der besonders sensible Bereich der Bibliothek wird dabei von einer vorgesteuerten Sprinkleranlage geschützt.

REFERENZ: HOCHREGALLAGER FÜR GRIES DECO COMPANY

Minimax ist jedoch nicht nur führend im Brandschutz für Büro- und Verwaltungsgebäude (Hochhäuser) im Rhein-Main-Gebiet: Ein aktuelles Projekt in Niedernberg bei Frankfurt wird gerade mit dem komplexen 40 m hohen Hochregallager für Gries Deco Company realisiert. Insgesamt 100.000 Sprinkler schützen die Deko-Accessoires aus unterschiedlichsten Materialien. In nur sechs Monaten Bauzeit konnten alleine rund 80.000 Sprinkler im Hochregal durch ein spezielles höhentaugliches Montageteam installiert werden.

> Brandschutz:
> Minimax GmbH & Co. KG, Dreieich

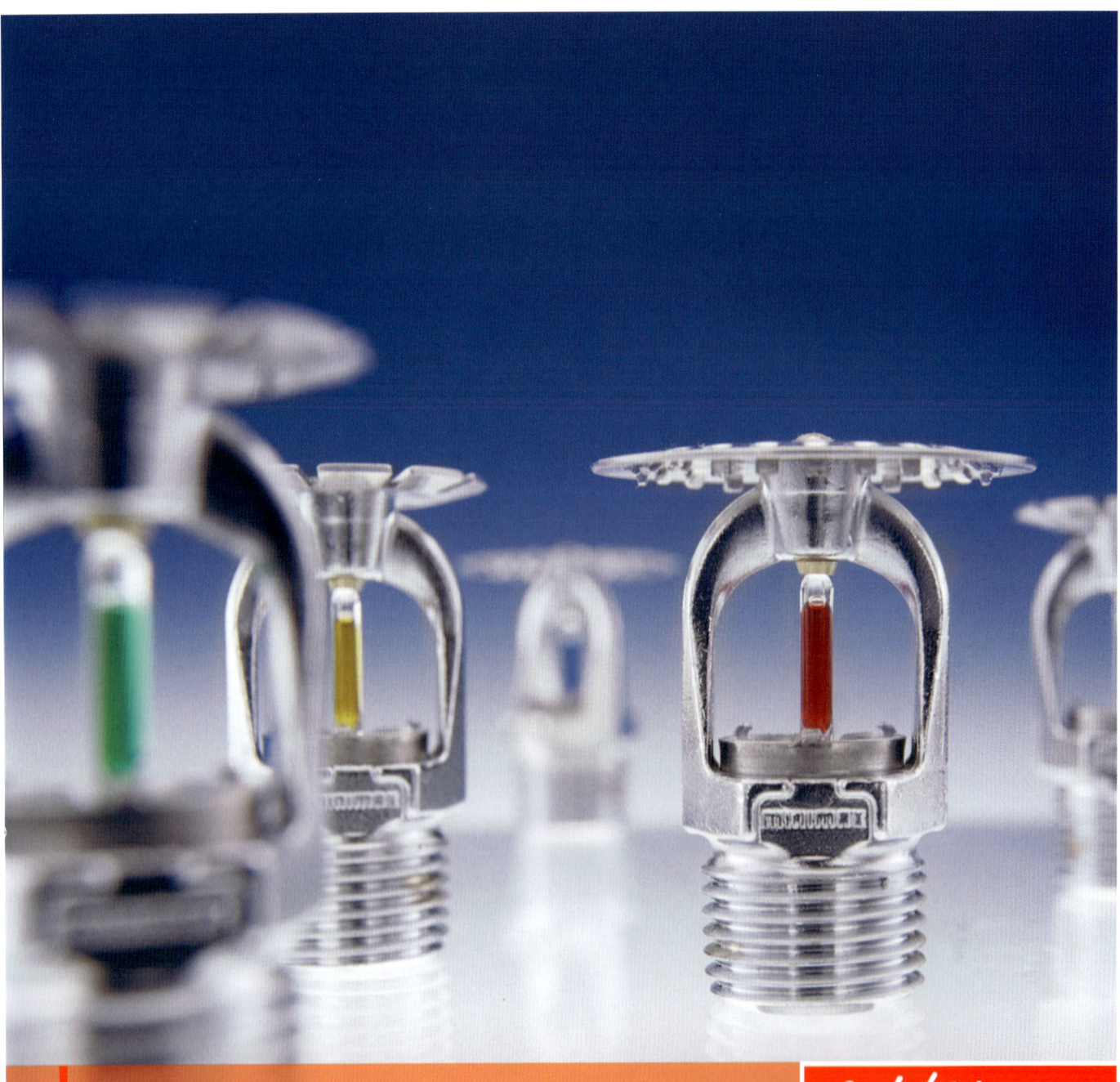

Brandschutz aus einer Hand!

Cool down. Fire Protection by

minimax

Komplexe Gebäude verlangen intelligenten, schnell wirksamen Brandschutz. Mit über 100 Jahren Erfahrung entwickelt Minimax für alle Brandrisiken und Einsatzbereiche objektbezogene Komplettlösungen, die alle gesetzlichen Auflagen erfüllen. Profitieren Sie von der Kompetenz, die uns zum führenden Anbieter in Europa gemacht hat.

Minimax GmbH & Co. KG
Region Mitte, Büro Frankfurt
Heinrich-Hertz-Straße 1
63303 Dreieich
Telefon +49 6103 5880 -0
Fax +49 6103 5880-180

Wir liefern, wenn's drauf ankommt.

Wetterauer Lieferbeton

Wetterauer Lieferbeton · GmbH & Co. KG · Frankfurter Landstr. 153-155 · 61231 Bad Nauheim
Telefon 0 60 32-93 06-0 · Telefax 0 60 32-93 06-25 · www.wl-beton.de

Anzeige

TÜV Rheinland: Für Qualität am Bau

Bauträger und Bauunternehmer können die umfassende Kompetenz des TÜV Rheinland auf dem Gebiet der Bautechnik nutzen

Sicherheit und Qualität von Produkten, Prozessen und technischen Anlagen – zum Nutzen von Mensch und Umwelt. Dafür steht TÜV Rheinland für seine Kunden seit 140 Jahren. Von seinem Stammsitz in Köln aus arbeitet das Prüfunternehmen mit über 16.000 Mitarbeitern an 500 Standorten in 61 Ländern. TÜV Rheinland ist ein idealer Partner für den Hoch-, Industrie- und Ingenieurbau.

Das Unternehmen sichert Erfolge mit umfassender Unterstützung von der Planungs- und Genehmigungsphase bis zur Überwachung von Arbeitssicherheit und Ausführungsqualität am Bau. Dazu gehört auch die Beratung und Prozessbegleitung zur Nachhaltigkeit von Gebäuden auf dem Weg zum Green Building. TÜV Rheinland räumt als Gründungsmitglied der Deutschen Gesellschaft für Nachhaltiges Bauen (DGNB) dem Nachhaltigkeitsaspekt einen besonderen Stellenwert ein. Als etablierter Prüf- und Zertifizierungsdienstleister verfügt das Unternehmen über alle in der Immobilienbranche gängigen Akkreditierungen und ausgezeichnet ausgebildetes und erfahrenes Personal sowie einer hohen Anzahl von Sachverständigen mit allen relevanten Befugnissen.

TÜV Rheinland bietet ein breites Spektrum an Dienstleistungen, die praktisch den gesamten Immobilienlebenszyklus von Planung, Bau, Betrieb, Rückbau und Sanierung abdecken.

Trotz der internationalen Ausrichtung des Prüfunternehmens ist die Region Rhein-Main ein wesentliches Standbein des TÜV Rheinland geblieben. Kunden profitieren von der räumlichen Nähe des TÜV Rheinland, aber auch von der großen Bandbreite und dem global vernetzten Know-how, das die Experten gewinnbringend einsetzen können.

TÜV Rheinland Services von A bis Z:

- Abnahme und wiederkehrende Prüfungen
- Arbeitssicherheit
- Baugrunduntersuchungen
- Bauschadengutachten
- Betonuntersuchungen
- Blower-Door-Test
- Brandschutz
- Energieeffizienz
- Gebäudesimulation und Ökobilanz
- Genehmigungsberatung
- Geotechnik
- Gewährleistungsmanagement
- Gutachten
- Historische Bauten und Denkmalschutz
- Hygieneinspektionen / Mikrobiologie
- Immobilien Due Diligence
- Messtechnik
- Nachhaltiges Bauen (DGNB, LEED und BREEAM)
- Prüfung, Bewertung und Zertifizierung von Bauprodukten
- Prüfstatik
- Qualitätsüberwachung und -Sicherung
- Sanierungskonzepte
- Schadstoffprüfungen
- Schall- und Lärmschutzuntersuchungen
- SiGeKo-Dienstleistungen
- Statik
- Thermografie
- Untersuchungen von Böden, Baustoffen und Bauwerken
- Vorplanprüfung
- Wertgutachten für bebaute und unbebaute Gebäude
- Zertifizierungen

Weitere Informationen und Kontakt:
TÜV Rheinland Industrie Service GmbH
Tel. +49 6131 4654 203
immobilien@de.tuv.com
www.tuv.com

(s. auch Nachsatzseite 1)

Anzeige

Energiesparen macht Schule

Gebäudeautomation von Kieback&Peter spart Energie bei Schulen und Sportstätten im gesamten Rhein-Main-Gebiet

Immer den Überblick behalten: Moderne Gebäudemanagementsysteme von Kieback&Peter (oben und rechts) helfen beim Energiesparen und verringern den Arbeitsaufwand für Überwachung und Wartung
Abb.: Kieback&Peter

Weniger Energieverbrauch, weniger Umweltbelastung, weniger Kosten, mehr Komfort und bessere Lehr- und Lernbedingungen für Schüler und Lehrer: Diverse Landkreise im Rhein-Main Gebiet investieren schon seit Jahren in die Modernisierung und energetische Sanierung der kreiseigenen Schulen – und das mit Erfolg. Mehrere Millionen Euro sparen die Kreise bei der Bewirtschaftung Jahr für Jahr ein durch eine deutliche Minimierung des Energieverbrauchs der kreiseigenen Schulen und Sporthallen.

Eine wesentliche Rolle beim Energiesparkonzept der Kreise spielt die Gebäudeautomation und das Energiemanagement von Kieback & Peter. Mehr Transparenz beim Energieverbrauch, eine exakte und effiziente Steuerung und Regelung der gebäudetechnischen Anlagen und eine einfache und übersichtliche Bedienung tragen maßgeblich zur Minimierung des Energieverbrauchs bei.

In den weit über 100 Schulen der von Kieback&Peter betreuten Landkreise im Rhein-Main-Gebiet konnten so erhebliche Einsparpotenziale realisiert werden.

Durch zusätzliche Wartungsverträge ergänzt um „Continuous Commissioning" – die ständige Anpassung der Anlagen an sich ändernde Bedingungen – können diese Einsparpotenziale nachhaltig gesichert werden.

GIGANTISCHE NETZWERKE

Mehr als 250.000 Datenpunkte, über 400 Automationsstationen und über 70 Gebäudemanagementsysteme: Im Laufe der Jahre sind die Energieeffizienznetzwerke der von Kieback&Peter betreuten Landkreise immer weiter angewachsen.

Alle Informationen aus diesen gigantischen Netzwerken laufen schlussendlich in den Kreishäusern auf und werden auf Gebäudemanagementsystemen der Klasse Neutrino GLT von Kieback&Peter in mehr als 4.000 Anlagenbildern und rund 7.000 Trendkurven übersichtlich dargestellt. So sehen die Mitarbeiter der Kreisverwaltungen auf einen Blick, wann und wo wie viel Strom, Wärme oder Wasser verbraucht wird und können so weitere Einsparpotenziale aufdecken und entsprechende Maßnahmen entwickeln. In den einzelnen Schulen vor Ort sind ebenfalls Gebäudemanagementsysteme installiert, über die die Hausmeister die gebäudetechnischen Anlagen überwachen und bedienen können.

AUTOMATISCHE ABSCHALTUNG

Besonders viel Energie und damit Kosten werden dadurch eingespart, dass Räume nur dann beheizt und beleuchtet werden, wenn sie auch genutzt werden. Über sogenannte Wochenprogramme werden die Nutzungszeiten für alle Räume im Gebäudemanagementsystem vorgegeben. Außerhalb dieser Nutzungszeiten werden Heizung und Beleuchtung automatisch ausgeschaltet bzw. heruntergefahren. So wird zum Beispiel zu Beginn der großen Pausen in allen Klassenräumen das Licht ausgeschaltet.

Aber nicht nur durch einen geringeren Energieverbrauch sparen die Landkreise viel Geld ein. Auch durch die Möglichkeit, dass sowohl die Hausmeister in den Schulen vor Ort als auch die Mitarbeiter in den zentralen Gebäudeverwaltungen über das Gebäudemanagement auf das System zugreifen können, wird der Arbeitsaufwand erheblich reduziert. Störungen können oft schon über Einstellungen am Gebäudemanagementsystem aus der Ferne behoben werden, ohne dass ein Mitarbeiter vor Ort sein muss. Zudem ist der Wartungsaufwand durch die stetige Überwachung aller Komponenten wesentlich geringer und die Anlagen arbeiten zuverlässiger.

Gebäudeautomation:
Kieback & Peter GmbH & Co. KG,
Niederlassung Rhein-Main,
Rüsselsheim
(s. auch Vorsatzseite 3)

Anzeige

Schneller besser bauen

Raab Karcher liefert für große Bauvorhaben die nötigen Materialien schnell und zuverlässig

Die Metropolregion Frankfurt/Rhein-Main pulsiert und wächst dynamisch. Mit dieser Entwicklung Schritt halten muss die Infrastruktur: Neue Verkehrswege verbinden Menschen, faszinierende Bürogebäude prägen die Arbeitswelt und privater Wohnraum entsteht neu oder wird energetisch modernisiert. Immer mit dabei und immer auf Ballhöhe: Der Baufachhändler Raab Karcher, der bei jedem Bauvorhaben fachkundig berät und die passenden Bauprodukte und -systeme empfiehlt sowie durch modernste Lagerhaltung und Logistik die unterschiedlichsten Baustellen taktgenau „just in time" beliefert.

NEUE START- UND LANDEBAHN NORDWEST

2.800 Meter lang und 45 Meter breit ist die neue Start- und Landebahn Nordwest am Frankfurter Flughafen. Allein 15 Kilometer Stahlbetonrohre lieferte die Raab Karcher Niederlassung, Eyssenstraße 14, bis hin zum mannshohen Durchmesser von 2,60 Meter. „Gemeinsam mit dem Hersteller reichten wir einen Sondervorschlag ein", berichtet der Frankfurter Niederlassungsleiter Karl Becker stolz. „Tiefbau ist eine unserer Spezialitäten. Wir lösen auch knifflige Bauaufgaben unter der Erde". So fanden weitere 17 Kilometer Entwässerungsrinnen, rund 1.000 Kabel- und Entwässerungsschächte, eine Vielzahl an Betonfundamenten sowie 50 Kilometer Erdungsband aus Edelstahl über Raab Karcher den zeitgenauen Weg zur Großbaustelle.

NEUE ARBEITSWELT AM FRANKFURTER FLUGHAFEN

Auf 86 Säulen ruht das faszinierende 660 Meter lange, 45 Meter breite und 65 Meter hohe „The Squaire" Gebäude, das unten sicheres und günstiges Parken ermöglicht und oben auf 140.000 m² Fläche eine ganze Stadt aus Büros, Hotels und Einzelhandel beherbergt. „Von der Ausrüstung der Rohbaufirmen mit Baustelleneinrichtungen, Werkzeugen und Maschinen über die Lieferung von Brandschutzdecken bis hin zu Ausbauprodukten zur Erfüllung der Raumkonzepte – unsere Profikunden wollen gerade bei Großprojekten mit engem Terminplan einen verlässlichen Partner an ihrer Seite, der auch mal das Unmögliche möglich macht", bekräftigt Karl Becker.

PRIVATKUNDEN

Privatkunden sind in der Eyssenstraße 14 ebenfalls herzlich willkommen. Einladend präsentiert sich die Raab Karcher Niederlassung dem Besucher. War eben noch Tiefbau oder das Liefern von Ausbauprodukten per LKW und Hochkran auf bis zu 27 Meter Höhe das Thema, begeistert die Besucher auf 2.000 m² Verkaufs- und Ausstellungsfläche unter anderem die faszinierende Raab Karcher Fliesenwelt.

> Baustoffe: Raab Karcher, Niederlassung Eyssenstraße, Frankfurt/Main (s. auch Umschlagseite 4)

Die neue Landebahn Nordwest im Bau (unten links) und das Gebäude „The Squaire" (oben, beide Fotos: Fraport AG). Die Baustellen werden von der Raab Karcher Niederlassung Eyssenstraße beliefert (unten, Foto: Saint-Gobain Building Distribution Deutschland GmbH, Frankfurt/Main)

Anzeige

Lösungen mit Augenmaß bei hochexplosiver Arbeit

Wer unter der Domain „munition" im Internet unterwegs ist, hat vermutlich in der realen Welt auch einen hochexplosiven Job. Für die rund 40 Mitarbeiter von Tauber Explosive Management aus Weiterstadt trifft es jedenfalls zu.

Ursprung des Unternehmens war die Firma Tauber Spezialbau Würzburg, die sich seit 1964 mit der geophysikalischen Erkundung von Kriegslasten, der fotogrammetrischen Auswertung von Kriegsluftbildern und der Bergung dieser Objekte für deutsche Behörden beschäftigte. Seit dem Jahr 1991 arbeitet das Unternehmen auch im europäischen und außereuropäischen Ausland, so z.B. auf den Minenfeldern in Nordafrika, in Mozambique, Angola und in Ostanatolien an der Grenze Türkei/Syrien. Im Grunde sind die Fachkräfte immer im „Untergrund" tätig. Neben den Bereichen Gewässersanierung und Minitunnelbau liegt das Augenmaß besonders auf dem Hauptaufgabengebiet, der Kampfmittelräumung. Neben geophysikalischen Flächen- und Bohrlochdetektionen sind es vor allem historische Aufnahmen, die den Mitarbeitern von Tauber die notwendigen Hinweise auf noch „tickende Bomben im Untergrund" liefern. Stecknadelgroße Bombenblindgänger in Luftbildern geben, neben anderen markanten Punkten wie Bombentrichtern oder zerstörten Gebäuden, Auskunft über die kriegerischen Hinterlassenschaften. Die Luftbilder stammen aus Archiven der US Air Force in Washington und der Royal Air Force in Keele, England, und sind z.B. für das Land Hessen fast lückenlos erfasst. Für Tauber beginnt immer dann die Arbeit, wenn Bombenblindgänger oder Munition Bauvorhaben gefährden können. Mittels verschiedener geophysikalischer Messsysteme, wie Geomagnetik, Elektromagnetik oder Georadar, erfolgt zunächst eine Detektion von Baufeldern, Verbauachsen und Bohrpositionen. Dabei festgestellte kampfmittelrelevante Anomalien müssen anschließend freigelegt, identifiziert und geborgen werden. Im Falle erforderlicher Bombenbergungen erfolgt die fachgerechte Herstellung von Bergungsgruben. Lage- und bodenabhängig sind kombinierte mechanisch/manuelle Bergungen notwendig. In Abhängigkeit vom Baugrund, der statischen Auslegung, der Bebauung und der Verkehrslage wird das geeignete mechanisch/manuelle Verfahren ausgewählt, mit oder ohne Wasserhaltung. Falls das aufgefundene Kampfmittel nicht handhabungsfähig ist, muss es „entschärft" oder falls notwendig, noch an der Fundstelle durch eine gezielte Sprengung zerstört oder unschädlich gemacht werden. Anschließend erfolgen ein fachgerechter Abtransport sowie die endgültige Vernichtung. Für das Land Hessen ist Tauber als Vertragsunternehmen immer dann zur Stelle, wenn Kampfmittel abtransportiert oder unschädlich gemacht werden müssen. Pro Jahr bearbeitet Tauber außerdem rund 400 Aufträge im gesamten südwestdeutschen Raum im Auftrag des Bundes, der Länder Hessen, Baden-Württemberg, Rheinland-Pfalz, dem Saarland und Bayern sowie von Städten/Kommunen/Gemeinden, Bauunternehmungen und privaten Bauherren bzw. Investoren.

Tauber Explosive Management GmbH & Co. KG
Riedstraße 36, 64331 Weiterstadt
Tel. 06151/39727-0, Fax 06151/39727-30
www.munition.de, tex@munition.de

GPS

GESELLSCHAFT für PROJEKTMANAGEMENT + SANIERUNG mbH

GPS mbH
Moselstraße 15
60329 Frankfurt am Main

fon 069 401 587 51
fax 069 401 587 53
mobil 0172 666 06 35
email info@gps-abbruch.de

Ihr leistungsstarker Ansprechpartner für die Umsetzung anspruchsvoller Baumaßnahmen im Bereich:

Abbruch *1
Konstruktiver Abbruch, Betonabbruch, Komplett- oder Teilabbruch

Entkernungen *2
Entkernungen und Komplettentkernungen jeder Größenordnung

Schadstoffsanierung *2
Asbest, KMF, PAK, PCB, PCP Schimmel etc.

Spezielle Sanierungen *4
Brandschadensanierung
Taubenkotsanierung

www.gps-abbruch.de

Zugelassenes Unternehmen nach § Anhang III, Nr. 2.4.2 Abs. 4 der Gefahrstoffverordnung

Mitglied im Deutschen Abbruchverband

Die Gesellschaft für Projektmanagement und Sanierung mbH GPS hat sich auf Abbruch, Entkernung und Schadstoffsanierung spezialisiert. Besonderes Metier des Frankfurter Unternehmens sind komplexere Baumaßnahmen. Das motivierte Team führt auch unangenehmere Arbeiten wie Brandschäden sowie Schimmel- oder Taubenkotsanierung durch. Mit seinen reichhaltigen Erfahrungen wickelt GPS sehr flexibel, leistungsstark und kostengünstig bundesweit umfangreiche Abbruchmaßnahmen ab.

Dabei sind vorausgehende gründliche Planungen und eine straffe Organisation notwendig, um auch so sensible Projekte wie z.B. den Teilabbruch des Isenburg Zentrums erfolgreich abzuwickeln.

Zwischen dem Abbruchobjekt und dem angrenzenden Hochhaus lag nur ein minimaler Luftzwischenraum von ca. 10 cm. Der selektive Rückbau des Isenburg Zentrums erfolgte deshalb mit Kleingeräten. Ein Autokran beförderte Material und Maschinen auf das Dach des Gebäudes. Wöchentlich wurde eine Etage abgebrochen. Am Ende kamen so für 13 Etagen rund 10.000 Tonnen Betonbruch zusammen. Der Abtransport gestaltete sich aufgrund der engen Zufahrt als logistische Meisterleistung und forderte einmal mehr die Kreativität des GPS-Teams heraus. Nach Beendigung der Arbeiten war Platz für das neue geplante Einkaufszentrum geschaffen.

Unsere fachkundigen, motivierten und freundlichen Mitarbeiter erledigen auch unangenehme Arbeiten. *5

Anzeige

R&P RUFFERT Ingenieurgesellschaft mbH

Einige Projekte in Frankfurt und Umgebung

- 2. Erweiterungsstufe am Campus Westend der Uni Frankfurt (GEP-Gebäude)
- House of Finance der Uni Frankfurt
- Hochhaus Romeo & Julia, Frankfurt
- KfW Senckenberganlage, Frankfurt
- Bürogebäude Westend Windows, Frankfurt
- Fraport Bürogebäude Unternehmenszentrale
- Statistisches Bundesamt Wiesbaden
- Hessischer Landtag, Wiesbaden
- Justiz- und Verwaltungszentrum, Wiesbaden
- Main Office 2, Offenbach
- Bürogebäude Trio, Offenbach

R&P RUFFERT
Ingenieurgesellschaft mbH
Beratende Ingenieure

- Tragwerksplanung
- Bauphysik
- Objektplanung Brückenbau
- Instandsetzungsplanung
- Bauwerksprüfungen

65549 Limburg, Parkstraße 14-16, info@ruffert-ingenieure.de, www.ruffert-ingenieure.de
Weitere Standorte: Berlin – Düsseldorf – Erfurt – Halle – Konstanz – Leipzig – Nürnberg

▶ Produktinfo

Tapeten verhelfen zu einem neuen Wohngefühl

(epr) Die Gestaltung der eigenen vier Wände wird immer wichtiger. Besonders Bad und Küche kann man mit wenig Aufwand und geringen Kosten mit Tapete unkompliziert verschönern: In hellen und freundlichen Farben, mit Motiven oder uni, lässt sich die Stimmung eines Raumes positiv beeinflussen.

In der Küche findet der Großteil des Familienlebens statt. Da kochen und backen Spuren hinterlassen, sind besonders Vinyltapeten geeignet, da sie unempfindlich und scheuerbeständig sind. Spritzer und Schmutz können Hobbyköche daher einfach abwischen.

Auch dem Badezimmer verhilft Tapete zu einem neuen Look. Auffällige Muster wie Ornamente machen kleine Bäder edel, Wände in Stein- und Schieferoptik verwandeln das Bad in eine Wellness-Oase. Mit farblich passenden Handtüchern und Accessoires ist die richtige Atmosphäre geschaffen, um sich zu entspannen. Vliestapeten sind dampfdurchlässig und eignen sich daher besonders für das Bad. Bei richtiger Untergrundbehandlung lassen sie sich schnell und rückstandslos entfernen. So kann man regelmäßig einen neuen Stil in Bad und Küche bringen.

Neu sind keramische Wandbeläge, die die positiven Eigenschaften von Kacheln haben, beispielsweise besondere Säure- und Laugenbeständigkeit, aber wie Tapete als Rolle erhältlich sind. Mehr unter www.tapeten.de.

Muster an den Wänden werten Küchenfronten optisch auf. Resistent gegen Spritzer und Co erfreuen Vinyltapeten, unempfindlich und scheuerbeständig, jeden Hobbykoch (Foto: epr/Deutsches Tapeten-Institut)

Zu schön, um die Augen beim Entspannen zu schließen: Tapeten in verschiedensten Optiken verwandeln jedes Bad in ein hauseigenes Spa (Foto: epr/Deutsches Tapeten-Institut)

Wohlfühlräume im Untergeschoss

Gedämmte Keller steigern den Wohnwert erheblich

Dämmplatten an den Kellerwänden sorgen im Innern für ein gesundes Wohlfühlklima
Foto: djd/Pro Keller e.V.

(djd/pt) Im Laufe eines Familienlebens erfährt ein Eigenheim vielfache Veränderungen. Der Hausrat vergrößert sich, die älter werdenden Kinder beanspruchen mehr Platz, und auch die persönlichen Ansprüche wandeln sich mit den Jahren. Während sich der Familiennachwuchs einen Spiel- und Partyraum zum ungestörten Feiern und Toben wünscht, möchten sich die Erwachsenen im eigenen Wellnessrefugium mit Sauna oder Fitnessraum erholen.

NÜTZLICHE ZUSATZRÄUME

Wohl dem, der nun auf wertvolle Zusatzflächen im eigenen Untergeschoss zurückgreifen kann. Nach Angaben der Initiative Pro Keller e.V. werden heute auch nur noch 25 Prozent aller Ein- und Zweifamilienhäuser ohne Keller gebaut. Denn das triste und feuchte Dasein der Räume im Souterrain ist endgültig vorbei, wenn sie gut gedämmt sind und als trockene und warme Nebenzimmer wesentlich zum Wohnwert eines Hauses beitragen.

Nach der verschärften neuen Energieeinsparverordnung müssen neue Keller seit 2009 sogar die erhöhten Anforderungen der Wärmedämmung erfüllen (weitere Infos unter www.prokeller.de). Dadurch werden nicht nur kostspielige Energieverluste begrenzt, sondern es wird gleichzeitig auch die lästige Schimmelbildung verhindert. Auf kalten Kellerwänden kann sich nämlich der in der Raumluft enthaltene Wasserdampf niederschlagen und dem Schimmelbefall Vorschub leisten.

INNEN- ODER AUSSENDÄMMUNG

Bestehen die Wände des Untergeschosses nicht bereits aus gedämmten Mauerelementen wie Leichtziegeln oder Leichtbetonsteinen, dann können von außen befestigte Platten die Räume ausreichend warm halten. Wird der Keller nur zur Lagerung und Vorratshaltung genutzt, sollte die Dämmstoffdicke mindestens 6 cm, in beheizten Zimmern mindestens 8 cm dick sein. Auch Isolierverglasungen der Fenster beugen Wärmeverlusten vor. Bei Bestandsgebäuden geht die Innendämmung problemloser von der Hand, da entsprechende Hartschaumplatten aus Polystyrol mit einem Spezialkleber direkt auf den Innenwänden angebracht werden können. Eine Dampfbremse verhindert dabei, dass sich Feuchtigkeit zwischen dem Dämmstoff und den Wänden anreichert.

DIESE KOSTEN LOHNEN SICH

Berechnungen der Initiative Pro Keller e.V. zeigen, dass für 40 Prozent mehr Wohnraum im Untergeschoss nur rund zehn Prozent höhere Baukosten anfallen. Häuslebauer dürfen nämlich nicht vergessen, den Investitionen für den Kellerbau die Kosten für die Bodenplatte und die zusätzlichen oberirdischen Abstellräume gegenüberzustellen. Zudem steigert das Souterrain den Marktwert eines Eigenheims. Bei Reihen- und Doppelhäusern erhöht die Unterkellerung sogar den Schallschutz der Haustrennwände.

Ungedämmter Keller: Gefahr von Tauwasser

Gedämmter Keller: keine Tauwasserbildung

Auch nachträglich lohnt sich die Wärmedämmung im Untergeschoss, um mehr Raum für die Freizeitgestaltung zu erhalten
Foto: djd/Pro Keller e.V.

Jeder Häuslebauer sollte genau überlegen, ob er tatsächlich auf ein Kellergeschoss verzichten will
Foto: djd/Pro Keller e.V.

Konjunkturpaket II: Förderung von Zukunftsinvestitionen

Das Hochbauamt der Stadt Frankfurt am Main zieht Bilanz zum Konjunkturprogramm: Schulen, Sport und Kindertagesstätten profitieren von zahlreichen Neubauten

Im November 2008 hatte die Bundesregierung ein Maßnahmenpaket mit Fördermitteln von rund 50 Mrd. Euro beschlossen, dem am 14. Januar 2009 das Konjunkturpaket II des Landes mit weiteren 50 Mrd. Euro folgte. Ziel der Konjunkturprogramme von Bund und Land war die Förderung von Zukunftsinvestitionen der öffentlichen Hand. Die Stadt Frankfurt am Main hat im März 2009 auf der Basis dieser Zuschüsse Baumaßnahmen im Umfang von knapp 170 Mio. Euro beschlossen, wovon knapp 115 Mio. Euro in den kommunalen Hochbau flossen. Damit hat das Frankfurter Hochbauamt, neben den ohnehin anstehenden Maßnahmen des Investitions- und Ergebnishaushaltes in Höhe von jährlich 150 Mio. Euro, ein umfangreiches zusätzliches Paket von insgesamt 54 Bauvorhaben gesteuert. Von den Bundeszuschüssen und den Darlehen des Landes Hessen gingen alleine 107 Mio. Euro in den Schul- und Kindertagesstättenbau, sodass über 90 Prozent der Projekte im Auftrag des Bildungsdezernates entstanden. Die restlichen 8 Mio. Euro kamen der Förderung der übrigen kommunalen Infrastruktur im Hochbau zugute und waren vor allem im Sport und Sozialwesen angesiedelt.

Dabei waren die Rahmenbedingungen für das Konjunkturprogramm, das eine sehr schnelle Realisierung bei verkürzter Planungsphase vorsah, für alle Beteiligten eine enorme Herausforderung.

Die Zeit für die Umsetzung war von den Geldgebern außerordentlich knapp bemessen, das Verfahren komplex. In der knappen Zeit zwischen Magistrats-Beschluss im März 2009 und den notwendigen Auftragsvergaben Ende 2009 waren viele Einzelschritte in der Planung, der Erstellung von Bauanträgen und Bau- und Finanzierungsvorlagen sowie teilweise europaweite Ausschreibungen von VOB-Leistungen zu erarbeiten, zum Teil mit noch vorgeschalteten Wettbewerbs-Verfahren. Kleinmaßnahmen, die sogenannten Pauschalmittelmaßnahmen, die eine Förderung durch das Land erhielten, mussten bis Mitte Mai 2010 abgeschlossen und schlussgerechnet werden. Die größeren Landesmaßnahmen mussten bis Ende 2009 begonnen und bis Ende 2011 in Betrieb genommen werden, um die Förderkriterien einzuhalten. Die durch den Bund geförderten Maßnahmen waren bis Ende 2010 zu beginnen, deren Fertigstellung und Bauübergabe hatte zwingend bis 31. Dezember 2011 zu erfolgen. In 2012 folgte nur noch die Phase der Abrechnungs- und Verwendungsnachweisführung.

Damit das Frankfurter Hochbauamt diese zusätzlichen Bauvorhaben ergänzend zu den ohnehin jährlich betreuten Maßnahmen abwickeln konnte, war neben einer personellen Verstärkung von nur zehn zusätzlichen befristeten Kräften vor allem ein hoher Einsatz der Projektleitungen des Hochbauamtes erforderlich. Die Begleitung des Maßnahmen-

Konjunkturpaket-II-Projekt Wöhlerschule, Frankfurt-Dornbusch: Abbruch und Neubau einer Sport- und Schwimmhalle Abb. (2): Lumen Photo

paketes erfolgte über eine ämterübergreifende Arbeitsgruppe unter Beteiligung von externen Büros unter Leitung des Hochbauamtes. Um schnell auf Projektveränderungen reagieren zu können, wurde eine regelmäßige Kosten- und Terminsteuerung sowie Berichterstattung an eine externe Projektsteuerung in Auftrag gegeben. Als hilfreich und unterstützend haben sich im Rahmen der Abwicklung des KII-Paketes der Vergabebeschleunigungserlass sowie die Erhöhung der Wertgrenzen der Magistratsvergabekommission der Stadt Frankfurt am Main erwiesen.

AUSWAHL UND ANZAHL DER FÖRDERMASSNAHMEN

Unter dem knappen Zeitrahmen unmittelbar nach Auflage des Konjunkturprogrammes musste es darum gehen, möglichst rasch Projekte auszuwählen, für die bereits eine Planung vorlag, um zügig den ersten Auftrag zum Stichtag erteilen zu können. Einvernehmen bestand im Frankfurter Magistrat, dass vor allem Infrastruktur aus dem Schulumfeld gefördert werden sollte. Die Besonderheit in

46 Öffentliche Bauten / Sanierung

Konjunkturpaket-II-Projekt Rathaus Römer, Frankfurt-Altstadt: Sanierung Neugotisches Treppenhaus
Abb.: Stefan Marquardt

Frankfurt am Main, im Vergleich zu anderen bundesdeutschen Kommunen, war die hohe Anzahl sehr großer und komplexer Schulbaumaßnahmen, aber auch eine Vielzahl von Kleinmaßnahmen wie zum Beispiel die Sanierung maroder Sanitäranlagen in Schulbauten. Allein sieben Turnhallen, eine kombinierte Turn- und Schwimmhalle, fünf Sanierungen von Schultoilettenanlagen, zahlreiche Cafeteria-Neubauten und Schulhauserweiterungen standen auf dem Programm. Aber auch Sportvereine haben mit Neubauten oder Sanierungen ihrer Umkleidegebäude profitiert. Neben der energetischen Ertüchtigung und dem Brandschutz wurde auch eine größere Anzahl städtischer Gebäude bautechnisch optimiert. Die Spanne reicht von der Einrichtung einer Bibliothek in der Integrierten Gesamtschule Herder (Kosten rund 50.000 Euro) bis hin zur Erweiterung der Hellerhofschule und der neuen Sport- und Schwimmhalle für die Woehlerschule (Kosten jeweils rund 11 Mio. Euro).

Ungeachtet der komplexen Aufgabe wurden die 54 Hochbaumaßnahmen erfolgreich innerhalb der engen Vorgaben des Konjunkturpaketes umgesetzt. Hierbei wurde nicht nur auf einem qualitativ sehr hohen Niveau, sondern auch sehr kostenbewusst gebaut. Mit dem erfolgreich gemeisterten Bauprogramm hat die Stadt Frankfurt am Main damit innerhalb kurzer Frist sehr viel für Erziehung und Sport der Frankfurter Kinder erreichen können. Auch die beabsichtigte Konjunkturbelebung trat ein. Die wirtschaftliche Bilanz besagt, dass mehr als die Hälfte der Aufträge an Firmen aus dem Rhein-Main-Gebiet erteilt wurde. Ein Indiz für die wieder anziehende Konjunktur war, dass Auftragnehmer im Verlauf des Konjunkturprogramms dank guter Auftragslage eine hohe Auslastung erzielten und auf Ausschreibungen deutlich weniger Angebotseingänge zu verzeichnen waren, teilweise sogar erneut ausgeschrieben werden musste.

In gelungener guter Architektur präsentieren sich nun 54 neue, erweiterte oder sanierte öffentliche Bauten. Für ein energetisches und zugleich wirtschaftliches Optimum sorgen dabei die „Leitlinien des Hochbauamtes für wirtschaftliches Bauen", die für alle städtischen Bauvorhaben gelten. Wie bei allen öffentlichen Neubau- und Sanierungsvorhaben der Stadt Frankfurt am Main wurde ein Lebenszyklusansatz verfolgt, der die Errichtungs- und Nutzungsdauer in seiner Gesamtheit betrachtet. Die Summe aus Baukosten, Betriebskosten und Umwelt-Folgekosten wird von Planung, Bau und Betrieb, bis hin zu Abriss und Entsorgung in den Blick genommen. Dazu definiert die Stadt Nachhaltigkeitskriterien – wie die Minimierung des Materialeinsatzes, den Primärenergiebedarf der Baustoffe, die Dauerhaftigkeit und Rückbaufähigkeit der Bauteile und den lokalen Beitrag zum globalen Klimaschutz. Insgesamt wurde nicht nur auf einem qualitativ sehr nachhaltigen Niveau, sondern auch im Ergebnis kostengünstig gebaut, denn auch finanziell ist die Abwicklung des Konjunkturpakets eine Punktlandung geworden. Alles in allem ein sehr gutes Ergebnis für die Stadt Frankfurt am Main!

Das Frankfurter Hochbauamt berichtet in der Broschüre „Konjunkturprogramm II 2009 – 2011" über die Abwicklung des bundesweit größten Konjunkturprogrammes und stellt die Einzelmaßnahmen vor. Nähere Informationen gibt es unter www.hochbauamt.stadt-frankfurt.de.

WÖHLERSCHULE, FRANKFURT-DORNBUSCH: ABBRUCH UND NEUBAU EINER SPORT- UND SCHWIMMHALLE

Die Wöhlerschule in der Mierendorffstraße 6 steht als Ensemble unter Denkmalschutz. Das neue Gebäude stellt sich als homogener langgestreckter Baukörper dar, mit ebenerdiger barrierefrei erschlossener Schwimmhalle und einer um ca. 3 ins Erdreich eingesenkten Einfeld-Sporthalle. Beide Hallen werden über ein umlaufendes Glasband blendungsfrei natürlich belichtet und bieten vielfältige Sichtbeziehungen nach außen. Im Gegensatz zur bisherigen Situation entstanden zwei nebeneinander angeordnete helle, freundliche und lichtdurchflutete Hallen, in denen es wieder Freude macht, schwimmen zu lernen und Sport zu treiben. Zwischen beiden ist der Umkleidetrakt angeordnet, im Erdgeschoss für die Schwimmhalle und im Untergeschoss für die Sporthalle. Die notwendigen Technikräume sind teilweise unter dem Schwimmbecken angeordnet. Der Neubau nimmt sowohl in seiner ruhigen Formensprache als auch in der Materialwahl Bezug auf die Struktur der klar geordneten Klassentrakte und fügt sich in das Ensemble des qualitätsvollen vorhandenen Bestandes aus den 1950er Jahren geschickt ein. Die formalen Prinzipien der 1950er Jahre wie Leichtigkeit und Transparenz wurden aufgegriffen und geschickt weiterentwickelt. Das filigrane Dach schwebt durch eine Lichtfuge getrennt über dem massiven Sockelbaukörper und lässt einen reizvoll natürlich beleuchteten Innenraum entstehen. Das Gebäude der Wöhlerschule wird ganz wesentlich durch sein Klinkermauerwerk geprägt. Für die Sport- und Schwimmhalle wurde das gleiche Material verwendet.

RATHAUS RÖMER, FRANKFURT-ALTSTADT, BETHMANNSTRASSE 3 / LIMPURGER GASSE: SANIERUNG NEUGOTISCHES TREPPENHAUS

Die Sanierung des neugotischen Treppenhauses im Rathaus Römer vom Erdgeschoss bis zum zweiten Obergeschoss beinhaltete die denkmalgerechte Restaurierung der Sandstein-und Putzflächen an Boden, Wänden und Decken, den Austausch der Beleuchtung und die brandschutztechnische Ertüchtigung von Türen. Im Zuge der weiteren Planung wurde die Maßnahme um zwei Bereiche erweitert, so dass auch das Nebentreppenhaus eine neue Beleuchtung und einen neuen Anstrich erhielt. Auch die Brücke vom Südbau zum Nordbau wurde mit einer

Konjunkturpaket-II-Projekt Grundschule Harheim, Frankfurt-Harheim: Erweiterung
Abb. (2): Christoph Kraneburg

Sandsteinreinigung mittels Partikelstrahlverfahren und diversen Malerarbeiten in die Maßnahme integriert. Die Putzflächen sind nach der Erstfassung neu angelegt. Im Bereich des Treppenhauses sind vorhandene Türen ohne Brandschutzqualitäten gegen T30-Holztüren ausgetauscht worden, die Lagerräume haben Metallrahmentüren in Brandschutzqualität erhalten. Die historischen Metallornamentrahmentüren sind durch einen Glasaustausch ertüchtigt worden. Alle neuen Leuchten weisen eine Notbeleuchtung auf, um im historischen Umfeld den Einbau von Rettungswegpiktogrammen zu vermeiden. Die zentrale Erschließung des Römers mit ihren Sandsteinbögen, historischen Rankenmalereien, Figuren und Reliefs erstrahlt in neuem Glanz.

GRUNDSCHULE HARHEIM, FRANKFURT-HARHEIM: ERWEITERUNG

Die grün schimmernde Mensa mit ihrer Kupferfassade gliedert, als Kontrapunkt zum klaren Erweiterungsbau, den Schulhof in unterschiedliche Bereiche. Die Sitzmulde am großen Bestandsbaum bildet nun das neue Herz des Schulhofes. Die Klassenräume sind in Richtung des Naturraums am Eschbach orientiert, während sich die Erschließungszone dem belebten Schulhof zuwendet.

Die bestehende Grundschule mit der Adresse In den Schafgärten 25 ist als klassischer Schuster-Typ mit mehreren Eingängen versehen, die jeweils direkt vom Schulhof erschlossen werden. Der Erweiterungsbau wurde daher ebenfalls als frei stehender, direkt vom Schulhof erschlossener Baukörper entwickelt. Durch seine Ausbildung als langgezogener Einspänner wird der derzeit undefinierte Schulhof räumlich gefasst und zum Zentrum der gesamten Schule. Der Baukörper ist in massiver Ausführung erstellt und hat im Bereich der auf der Eingangsseite angeordneten Flure eine großzügige Verglasung erhalten. Im Inneren sind die Räume durch die warmen Farben in den Türleibungen ge-

Konjunkturpaket-II-Projekt Louise-von-Rothschild-Schule, Frankfurt-Bornheim: Bau einer Cafeteria mit fünf Klassenräumen in Passivhausbauweise
Abb. (2): Christoph Kraneburg

kennzeichnet, die mit denen des Fußbodens korrespondieren. Die Mensa wurde als vom Schulbau abgelöster Solitär mit einer an den Schiffsbau entlehnten Form entwickelt und gibt der Schule ihren unverwechselbaren Charakter. Das Gebäude erfüllt den Standard eines Passivhauses und wurde barrierefrei errichtet.

LOUISE-VON-ROTHSCHILD-SCHULE, FRANKFURT-BORNHEIM: BAU EINER CAFETERIA MIT FÜNF KLASSENRÄUMEN IN PASSIVHAUSBAUWEISE

Der Cafeteria-Neubau für den Ganztagsbetrieb der Louise-von-Rothschild-Schule in der Usinger Straße 24 beherbergt die Mischkostküche mit ihren differenzierten Funktionsabläufen von Anlieferung, Lagerung und Herstellung des Essens, Ausgabe, Spülen bis hin zur Abfallbeseitigung, die Gebäudetechnik und einen vielseitig nutzbaren Speisesaal mit 60 Sitz-/Essplätzen. Die Außenanlagen mit Schulhof und Schulhofumfassung wurden im Zuge der Maßnahme vollständig überarbeitet. Der eingeschossige Neubaukörper wurde an die Grundstücks- und Geländekante parallel zur Weidenbornstraße eingebettet.

Hierdurch macht sich das Gebäude den Geländesprung zu Nutze, in dem es straßenseitig gering mächtig, aber eindeutig, als geschlossene Schulhofbegrenzung gelesen wird, während es schulseitig die volle Gebäudehöhe zeigt und sich vor dem dominanten und zentralen Schulaltbau behaupten kann.

Der Speisesaal öffnet sich in Richtung Süden und bietet mit seiner vorgelagerten, überdachten Terrasse als Zwischenzone eine vielseitige Nutzung in Verbindung mit dem Schulhof. Der Haupterschließung, direkt dem Eingang des Hauptgebäudes gegenüber folgend, gelangen die Schüler in eine dem Speisesaal vorgelagerte Zone mit Handwaschmöglichkeit und Tablett-/Besteckausgabe. Über die Essensausgabe gelangen die Schüler in den Speisesaal. Die Rückgabe des Tabletts wird wieder in der Erschließungszone organisiert, die deshalb über eine direkte Verbindung zur Spülküche verfügt. Die Gestaltung der Schulhofeinfriedung nimmt das wiederkehrende Gestaltungsthema der Fassade des Neubaus in Materialität und Form auf und schafft so eine identitätsstiftende Geste für das gesamte Areal.

Das Gebäude ist als teilunterkellerter Massivbau mit Flachgründung und bekiestem Flachdach als Foliendach realisiert worden. Die reliefierte Klinkerfassade verleiht dem Gebäude Struktur; die Dreifachverglasung der Fenster und Pfostenriegelfassade sorgt für die Einhaltung des Passivhausstandards.

JUGENDHAUS, FRANKFURT-KALBACH: NEUBAU JUGENDHAUS KALBACH

Am nördlichen Ortsrand von Kalbach, Am Brunnengarten 19, befindet sich das neue Jugendhaus. Es soll einerseits allen Nutzern offen stehen, auf der anderen Seite aber auch einen geschützten Freiraum schaffen, der den Außenbereich von der Straße und von einem Großmarkt auf der gegenüberliegenden Straße abschirmt. Das Raumprogramm ist, gemessen an der Grundstücksgröße, vom Raumbedarf relativ klein und in einem eingeschossigen Baukörper leicht unterzubringen. Die benachbarte Wohnbebauung kann in Art und Größe kaum als Anknüpfungspunkt für die städtebauliche Einbindung dienen, sodass sich die Frage nach dem architektonischen Ausdruck eines Jugendhauses als öffentlichem Gebäude in dieser Umgebung stellte. Das Gebäudekonzept des neuen Jugendhauses orientiert sich daher am Leitbild eines Hofhauses. Das Jugendhaus weist nach Norden hin bis auf einen baumumstandenen Eingangshof einen geschlossenen Charakter auf. Die Straßenfassade besteht aus einer Gabbionenwand, die über die gesamte Grundstückslänge verlängert ist. Im Hofinneren ist das eigentliche Haus so eingefügt, dass sich ein kleiner Eingangshof und ein großer Gartenhof ergeben. Innenraum und Außenraum sind untrennbar miteinander verbunden und bilden eine Einheit. Die Umfriedungsmauer gewährt Schallschutz zur benachbarten Wohnbebauung, bietet Schutz vor Einbrüchen und verleiht der gesamten Anlage eine optische Präsenz, die ein Einzelkörper von relativ geringer Größe nicht leisten kann. Hoher alltäglicher Gebrauchswert, Robustheit und eine gewisse Rustikalität im äußeren Erscheinungsbild prägen die architektonische Gestaltung dieses Jugendhauses. Das Gebäude ist als eingeschossiger Massivbau in Passivhausbauweise mit extensiver Dachbegrünung und Lüftungsanlage mit Wärmerückgewinnung entstanden.

Konjunkturpaket-II-Projekt Jugendhaus, Frankfurt-Kalbach: Neubau Jugendhaus Kalbach
Abb.: Uwe Dettmar

SPORTFUNKTIONSGEBÄUDE REBSTOCK, FRANKFURT-BOCKENHEIM: NEUBAU EINER SPORTANLAGE MIT PLATZWARTWOHNUNG

Der Fachbereichs Technik des Hochbauamtes hat das Sport- und Funktionsgebäude Am Römerhof 9 als Passivhaus geplant, mit dem Ergebnis, dass sich der Energieverbrauch um 75 Prozent reduziert. Das gesamte Gebäude erhält seine Zuluft über eine Lüftungsanlage. Offene Fenster bei gleichzeitig voll aufgedrehten Heizkörpern gehören damit der Vergangenheit an. Die in der Abluft enthaltene Wärme wird zum großen Teil über einen Wärmetauscher rückgewonnen und dem Heizsystem wieder zugeführt. Um diese Vorgaben einzuhalten, kam das vom Hochbauamt entwickelte Baukasten-System zum Tragen, das in enger Zusammenarbeit mit Sportamt und Vereinen an die örtlichen Gegebenheiten angepasst wurde. Der Plattformgedanke der Autoindustrie stand dabei Pate. Der Vorteil dieser Fertigungsweise ist die enorm kurze Bauzeit. Gebäudeelemente wie Duschzelle und Umkleideraum wurden als Module entworfen. Sie können beliebig und je nach Vereinsgröße zu kompakten, aber auch großzügigen Einheiten addiert werden. Die Duschräume sind aufgrund der hohen Wasserdampfbelastung in Mauerwerksbauweise ausgeführt worden.

ASTRID LINDGREN-SCHULE, FRANKFURT-DORNBUSCH: NEUBAU EINER EINFELD-TYPENSPORTHALLE IN PASSIVHAUSBAUWEISE

Die Halle befindet sich seitlich der Schulanlage in der Platenstraße 75 und nimmt die Flucht des Hauptgebäudes auf. Sämtliche Außenwand- und Deckenflächen sind aus Holz (Rippenträger und Stützen aus Kerto-Holz, dazwischen eine Wärmedämmung, luftdicht abgeklebt). Die Innenwände und Decken bestehen aus Massivholz, die Außenhaut aus durchscheinenden, satinierten VSG-Glasscheiben, die in zwei Richtungen geschuppt sind und mittels einzelner Glashalter aus Edelstahl an der Unterkonstruktion befestigt sind. Die Pergola auf schlanken Holzstützen markiert den Eingangsbereich. Die eingeschossige Nebenraumspange beherbergt die Geräteräume und Behinderten-WCs, die Technikräume, die Lehrer-Umkleiden und die Umkleiden/Duschen für Mädchen und Jungen. Barrierefreier Zugang zur Halle und zu allen Nebenräumen im Erdgeschoss ist gegeben. Die Entwicklung des Baukastensystems für den Bau neuer Schulsporthallen geht auf einen europaweiten Wettbewerb Ende 2006 zurück. Wettbewerbsziel war die Bauwerksplanung für eine Ein-Feld-Sporthalle im Baukastensystem mit hohem Vorfertigungsgrad und in Passivhausbauweise.

Konjunkturpaket-II-Projekt Sportfunktionsgebäude Rebstock, Frankfurt-Bockenheim: Neubau einer Sportanlage mit Platzwartwohnung
Abb.: Christoph Kraneburg

Gemäß der Planungsvorgaben des Hochbauamtes war ein Gebäude-Grundtypus in günstiger und ökologischer Modulbauweise zu entwickeln, der möglichst flexibel auf vielen verschiedenen Grundstücken und Grundstückszuschnitten zum Einsatz kommen kann: An jedem einzelnen Schulstandort sollte aber eine individuelle Ausprägung in Fassadenmaterial und Raumschnitt realisiert werden. Das entwickelte Baukastensystem gliedert sich jeweils in einen Hallenraum und eine Nebenraumspange, die gleichzeitig den gedeckten Eingang mit einer Pergola ausbil-

Konjunkturpaket-II-Projekt Astrid Lindgren-Schule, Frankfurt-Dornbusch: Neubau einer Einfeld-Typensporthalle in Passivhausbauweise   Abb.: Uwe Dettmar

Abb.: Uwe Dettmar

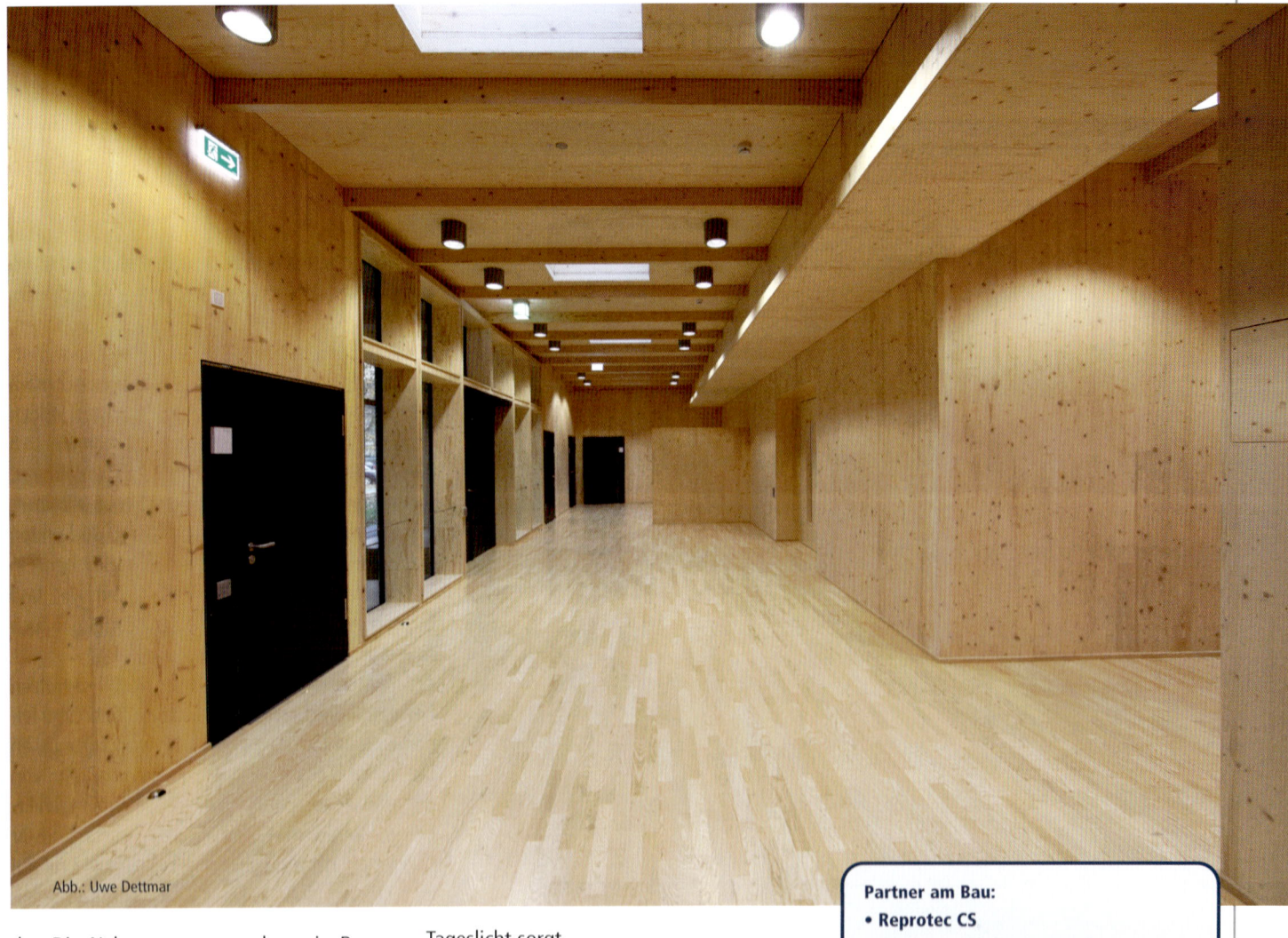

det. Die Nebenraumspange kann in Bezug auf den Hallenbaukörper unterschiedlich positioniert werden. Des Weiteren kann das Pergola-Vordach sowohl in der Größe als auch in seiner Ausrichtung je nach Standort variieren. Eine funktionale Erschließung und interessante innerräumliche Sichtbeziehungen sorgen für eine hohe Aufenthalts- und Nutzungsqualität. Das Konstruktionsraster bildet sich immer in der klaren Gliederung der Fassade ab, deren Außenwandflächen hinter den Glasscheiben farbig, je nach Standort, unterschiedlich hinterlegt sind. Die Innenräume sind geprägt von zum Teil lasierten Holzoberflächen. Der kompakte Baukörper weist eine minimierte Hüllfläche auf, wobei die hohen Dämmstoffstärken und wenigen Wärmebrücken für einen optimalen Wärmeschutz sorgen und eine effiziente Energieeinsparung ermöglichen. Sämtliche Sporthallen erfüllen die Kriterien für eine Passivhaus-Zertifizierung. Die Räume mit höheren Raumtemperaturen (Umkleiden und Nassräume) liegen zusammengefasst. Die Belichtung des Hallenraumes erfolgt über ein vierseitig umlaufendes Fensterband, das für eine gleichmäßige Ausleuchtung mit Tageslicht sorgt.

Das Schulsporthallen-Konzept des Hochbauamtes im Baukastensystem, umgesetzt durch das Architekturbüro D`Inka Scheible Hoffmann, ist bereits mehrfach preisausgezeichnet worden, so zuletzt mit einer „besonderen Anerkennung" im „Architekturwettbewerb Vorbildliche Bauten in Hessen 2011". Außerdem wurde im Mai 2010 der Sonderpreis im „Architekturwettbewerb 2010 Passivhaus" des Bundesministeriums für Verkehr, Bau und Stadtentwicklung (BMVBS) für Nichtwohngebäude verliehen. Der Wettbewerb zeichnete unter rund 60 eingegangenen Bewerbungen besonders gelungene Passivhäuser aus der ganzen Welt aus, die architektonische Qualität mit hoher Energieeffizienz verbinden. Die Preisverleihung unterstreicht Frankfurts beispielhafte und wegweisende Position beim Passivhausbau.

Bauherr:
Stadt Frankfurt am Main
Projektleitung, Projektsteuerung:
Hochbauamt Frankfurt am Main

Partner am Bau:
- Reprotec CS
- Krebs und Kiefer Beratende Ingenieure für das Bauwesen GmbH
- Goldschmidt + Fischer Diplom-Ingenieure Projektmanagementgesellschaft mbH
- Jean Bratengeier Baugesellschaft mbH
- Mineralölvertrieb Rhein-Main GmbH & Co. KG
- ibb Ingenieurgesellschaft mbH
- SakostaCAU GmbH
- TP – Ingenieur GbR Beratende Ingenieure IngKH VBI
- Dr. Mühlschwein Ingenieure GmbH
- Keller & Keller Landschaftsarchitekten BDLA Gartenarchitekten
- Ing. A. Neumeister & Schnierle GmbH
- CEE Communication & Energy Engineering GmbH
- SIPAK GmbH
- Peter Deibert GmbH
- Robert Zeller Abbruch GmbH & Co. KG
- Wagner Zeitter Ingenieurbüro
- Ingenieurbüro fischer + werle
- ISK Ingenieurgesellschaft für Bau- und Geotechnik mbH
- Ried und Sohn GmbH
- Benden GmbH
- HTS GmbH Hoch- u. Tiefbau
- Buse Neon Werbetechnik

Besonders gute Ausdrucke
machen besonders bleibende Eindrücke

Besucht man das Unternehmen Reprotec in Bad Nauheim dominiert zunächst der technische Gerätepark. Digital gesteuerte Maschinen, die scheinbar mühelos alle Formate scannen, kopieren, schneiden oder falzen. Man ahnt den engen zeitlichen Ablauf, den die Kunden vorgeben, trotzdem arbeitet das ganze Team hochkonzentriert, jedoch gelassen und mit viel Herzblut. Sie können sich dies leisten, denn die Aufgaben sind klar definiert. Jeder weiß, was von ihm erwartet wird. Alle Aufträge wurden vorab persönlich von dem Kunden in Empfang genommen und durchgesprochen. Ein Mitarbeiter führt die Arbeit komplett aus und bleibt bis zur Rückgabe an den Auftraggeber auch sein individueller Ansprechpartner.

Architekten, Bauträger und Ingenieurbüros nutzen bevorzugt den Service von Reprotec, denn ihre feinen Details in Plänen und Zeichnungen müssen gut lesbar bleiben. Und hierfür hat das Team von Reprotec einen ganz besonderen, langjährigen Erfahrungshintergrund zu bieten. Ingenieure, die ihr Know-how oft zügig aufs Papier bringen, sind auf eine ebenso flinke Weitergabe an am Bau beteiligte Partner angewiesen. Die Mitarbeiter von Reprotec kennen und leben das Bau-Tempo und übertragen es zielsicher auf ihr eigenes Aufgabengebiet. Bau- und Konstruktionspläne sowie Dokumentationen stehen schnellstens zur Verfügung. Alle Originale, die auf irgendeine Weise vervielfältigt werden sollen, sind bei Reprotec gut aufgehoben. Die Formate reichen von A4 bis A0 und größer, die Oberflächen können veredelt oder mit Folie überzogen werden, die Farbscala beginnt bei sehr bunt und endet bei schwarz-weiß. Reprotec verwandelt lose Blättersammlungen in ansprechende Präsentationsmaterialien und holt staubiges Archivmaterial ins digitale Zeitalter. Das Ergebnis kann persönlich abgeholt, von Reprotec ausgeliefert oder mal schnell gemailt werden. Auf Wunsch auch mit Uploads. Es lohnt sich also, die flotte Bad Nauheimer „Herzblut-Truppe" von Reprotec an seiner Seite zu wissen. Wenn das Familienunternehmen loslegt, kopiert es auch schon mal 350 bis 400 Farbpläne pro Stunde.

Vom Ein-Mann-Büro über Konzerne, wie Bilfinger und Berger sowie Züblin, oder Kommunen, wie das Hessische Baumanagement, werden alle Originale mit der gleichen Sorgfalt behandelt. Vielleicht hatte man schon mal ein Exemplar von Reprotec in den Händen.

Ihre Termine sind unsere Termine!

www.reprotec-cs.de

ReproTec cs

Frankfurter Straße 144
61231 Bad Nauheim
Tel. 0 60 32 / 92 80-0
Fax 0 60 32 / 92 80-70
info@reprotec-cs.de
www.reprotec-cs.de

K+K
KREBS UND KIEFER

LEISTUNGSSPEKTRUM:

- Gesamtplanung
- Objektplanung
- Tragwerksplanung
- Bautechnische Prüfung
- Baumanagement
- Bauüberwachung und SiGeKo
- EBA-Sachverständige
- Sanierung und Begutachtung

MainTor Panorama, Frankfurt
KSP Jürgen Engel Architekten, Prof. Christoph Mäckler,
Jo. Franzke, Braun Canton Volleth
Quelle: DIC Deutsche Immobilien Chancen

Flughafen Frankfurt, Landebahn Nordwest
Quelle: Fraport AG

Taunusturm, Frankfurt
Gruber + Kleine-Kraneburg Architekten
Quelle: TishmanSpeyer / Commerzreal / pure render

Krebs und Kiefer
Beratende Ingenieure für das Bauwesen GmbH

- **Berlin**
  Rudi-Dutschke-Straße 9
  10969 Berlin
  Tel. +49 30 217342-0
  kuk@b.kuk.de

- **Darmstadt**
  Hilpertstraße 20
  64295 Darmstadt
  Tel. +49 6151 885-0
  kuk@da.kuk.de

- **Erfurt**
  Am Seegraben 2
  99099 Erfurt
  Tel. +49 361 42064-0
  kuk@ef.kuk.de

- **Karlsruhe**
  Karlstraße 46
  76133 Karlsruhe
  Tel. +49 721 3508-0
  kuk@ka.kuk.de

- **Mainz**
  Ludwigsstraße 6
  55116 Mainz
  Tel. +49 6131 21770-0
  kuk@mz.kuk.de

- **Bitterfeld**
  Parsevalstraße 6
  06749 Bitterfeld-Wolfen
  Tel. +49 3493 77326
  kuk@abi.kuk.de

- **Dresden**
  Karcherallee 25
  01277 Dresden
  Tel. +49 351 250968-0
  kuk@dd.kuk.de

- **Freiburg**
  Habsburgerstraße 125
  79104 Freiburg i. Br.
  Tel. +49 761 29666-0
  kuk@fr.kuk.de

- **Leipzig**
  Trufanowstraße 2
  04105 Leipzig
  Tel. +49 341 5830430
  kuk@l.kuk.de

- **Nordbayern**
  Raiffeisenstraße 1
  63762 Großostheim
  Tel. +49 6026 99889-0
  kuk@ab.kuk.de

Krebs und Kiefer
International GmbH & Co.

- **Darmstadt** – Deutschland
  Hilpertstraße 20
  64295 Darmstadt
  Tel. +49 6151 885-253
  kuk@int.kuk.de

- **Algier** Algerien
- **Kiew** Ukraine
- **Moskau** Russland
- **Skopje** Mazedonien
- **Tunis** Tunesien

www.kuk.de

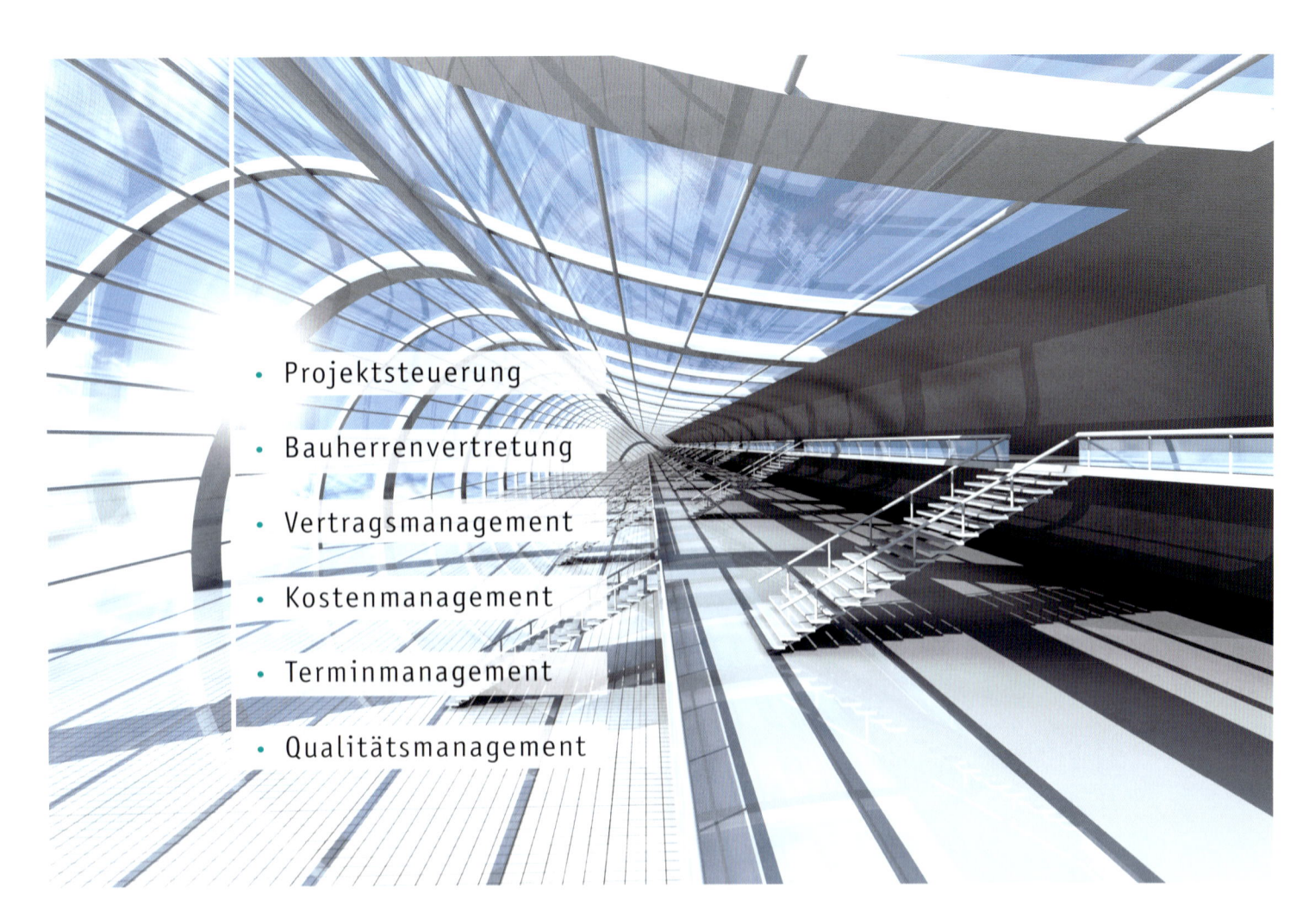

- Projektsteuerung
- Bauherrenvertretung
- Vertragsmanagement
- Kostenmanagement
- Terminmanagement
- Qualitätsmanagement

BAUEN SIE AUF KLARE KONZEPTE
FÜR PROFESSIONELLES HANDELN
MIT GFP ALS PARTNER.

Als Bauherr haben Sie die wesentliche Anforderung, dass Ihr Projekt perfekt umgesetzt wird. Wir stellen uns diesem Anspruch und machen ihn zu unserer Verantwortung. Unsere Kompetenz umfasst alle Bereiche von der Planung über das Kosten-, Termin- und Qualitätsmanagement bis zur Bauausführung. Dabei sichert Ihnen unsere langjährige Erfahrung in Planung, Bau- und Projektleitung reibungslose Abläufe.

Als freies Ingenieurbüro arbeiten wir unabhängig von Architekten, Fachplanern und ausführenden Unternehmen. Mit der GFP als Partner haben Sie Gewissheit, dass Ihre Interessen in jeder Phase Ihres Bauvorhabens gewahrt werden. Und während wir uns um die uns anvertrauten Maßnahmen kümmern, bleibt Ihnen mehr Zeit und Energie, sich Ihren eigenen Aufgaben zu widmen.

Goldschmidt + Fischer Diplom-Ingenieure
Projektmanagementgesellschaft mbH
Kolpingstraße 20
D-63150 Heusenstamm
Tel. 06104 - 9624 - 0
goldfisch@gfp-projektsteuerung
www.gfp-projektsteuerung.de

GFP
GOLDSCHMIDT · FISCHER · SCHÜTZ
Projektmanagement im Bauwesen

Ausführende Firmen Anzeige

Vier Säulen sichern das Firmenfundament

Unternehmer, die sich sehr lange und sehr erfolgreich am Markt behaupten, werden immer wieder nach Erfolgsrezepten gefragt. So auch die vierte Generation des Familienunternehmens Jean Bratengeier Bau GmbH. Das Rezept hier ist eine klare Struktur. Man hat sich selbst ein „Vier-Säulen-Kompetenzmodell" gegeben und bündelt darunter das fachliche Know-how der rund 160 Mitarbeiter. Im nächsten Jahr steht das 125-jährige Firmenjubiläum an, das man mit gut gefüllten Auftragsbüchern feiern wird. Die neue Ausrichtung auf vier Kernkompetenzen hat sich gelohnt, denn neben der Fraport AG, der hessischen Straßenbauverwaltung, den kommunalen Auftraggebern, wie den Städten Frankfurt, Offenbach und Wiesbaden, gehören auch vermehrt Industriekunden zu den Auftraggebern.

Flughafenbau: Lufthansa Wartungshalle, Flughafen FFM

Säule 3:
Auf dem Frankfurter Flughafen unterhält das Unternehmen eine eigene Niederlassung. Sie bildet mit dem Flughafenbau die dritte Säule und führt dort alle anfallenden Tiefbauarbeiten einschließlich Betondeckenbau mit Großfertiger aus.

Klassischer Straßenbau: B3-Deckenerneuerung von B42 bis K168 Wixhausen-Egelsbach

Säule 1:
Die erste Kernkompetenz beruht auf der Firmenhistorie des Unternehmens und beschäftigt sich mit dem klassischen Straßenbau mit hohem Asphaltanteil. Hierzu zählt etwa der Autobahnbau.

NL Mannheim: Hanau, Außenanlagen Kinzigbogen

Säule 4:
Auch die vierte Säule trägt eine eigene Niederlassung, diesmal in Mannheim. Mit dem Schwerpunkt Wirtschaftsbau ist sie mit Tief- und Straßenbauarbeiten in der Rhein-Neckar-Region unterwegs und betreut dort auch Gewerbekunden.

Innerstädtischer Straßenbau: Umgestaltung der Bockenheimer Anlage in FFM

Säule 2:
Beim innerstädtischen Straßenbau besteht die Anforderung bei der Ausführung komplexer Baumaßnahmen mit einer engen Steuerung der einzelnen Gewerke und intensiver Abstimmung mit Auftraggebervertretern, Versorgungsunternehmen und Anliegern.

Jean Bratengeier Baugesellschaft mbH
Im Steingrund 6
63303 Dreieich
Tel. 0 61 03/83 35 9-0
Fax 0 61 03/8 33 59-51
www.jbratengeier.de
jb-bau@jbratengeier.de

Anzeige Ausführende Firmen

Mineralölvertrieb
Rhein-Main GmbH & Co. KG

Shell Markenpartner

- Shell Wärme Abo
  - Lieferung pro Jahr
  - monatliche Bezahlung
- Clever heizen mit Heizöl
  - Sicherheit durch Qualität
  - verlässliche Verfügbarkeit
- Shell FuelSave Diesel
  - Kraftstoff sparen
  - erhöhte Emissionen verhindern

Heizöl und Diesel für das Rhein-Main Gebiet

Als zuverlässiger Partner für Privathaushalte sowie Gewerbebetriebe sorgen wir dafür, dass alles wie geschmiert läuft. Wir bieten Ihnen Heizöl und Diesel in der bewährten Shell-Qualität. Als Shell-Markenpartner sind wir in der Lage, Sie jederzeit mit eigenem Fuhrpark kurzfristig zu beliefern. Pünktliche und zuverlässige Ausführungen Ihrer Aufträge sind für uns selbstverständlich.

Unsere Kundenberater informieren Sie gerne. Sei es in Fragen rund um die moderne Ölheizung, oder wenn es sich um gewünschte Informationen über Kraftstoffe für Ihren Fuhrpark handelt.

Niederlassung in Gernsheim, Verkaufsbüro in Künzell

Hauptsitz Frankfurt
Carl-Benz-Straße 4 – 6
60314 Frankfurt/Main
Telefon 069 / 40 93 28
Telefax 069 / 40 93 229

frankfurt@mineraloelvertrieb-rhein-main.de
www.mineraloelvertrieb-rhein-main.de

---

ibb Ingenieurgesellschaft mbH

Staudinger Straße 6 · 64293 Darmstadt · Telefon 06151 81 27 75 0 · Telefax 06151 81 27 75 1
info@ibb-tga.de · www.ibb-tga.de

Die Wünsche unserer Kunden stehen für uns an erster Stelle.

Mit dem Ziel einer dauerhaften Qualität arbeitet jeder in unserem Unternehmen in seiner Funktion engagiert für unsere Auftraggeber. Wir legen großen Wert auf eine intensive Beratung und Betreuung unserer Kunden. Unsere Auftraggeber sind stets über den Projektverlauf informiert. Auf diese Weise werden sie von uns in die Lage versetzt, fundierte Entscheidungen zu ihrem Bauvorhaben zu treffen.

Wir beraten Bauherren, Eigentümer und Nutzer in Fragen zu Brandmeldeanlagen, Einbruchmeldeanlagen und technischer Gebäudeausrüstung.

Anzeige

Ihr Partner für Ingenieur- und Sachverständigenleistungen

Die SakostaCAU GmbH ist ein Unternehmen der Sakosta Holding AG und bietet Lösungen aus einer Hand an:

- Altlastenerkundung und -sanierung
- Baugrund / Geotechnik
- Gebäudeschadstoffe / Immobiliencheck
- Flächenrecycling / Grundwassermanagement
- Technische und Umwelt-Due-Diligence
- Gebäudeenergieberatung

SakostaCAU
Ingenieur- und Sachverständigenleistungen

SakostaCAU GmbH

Im Steingrund 2, 63303 Dreieich
Tel. 0 61 03/983-0, Fax 0 61 03/983-10
frankfurt@sakostaCAU.de, www.sakostaCAU.de

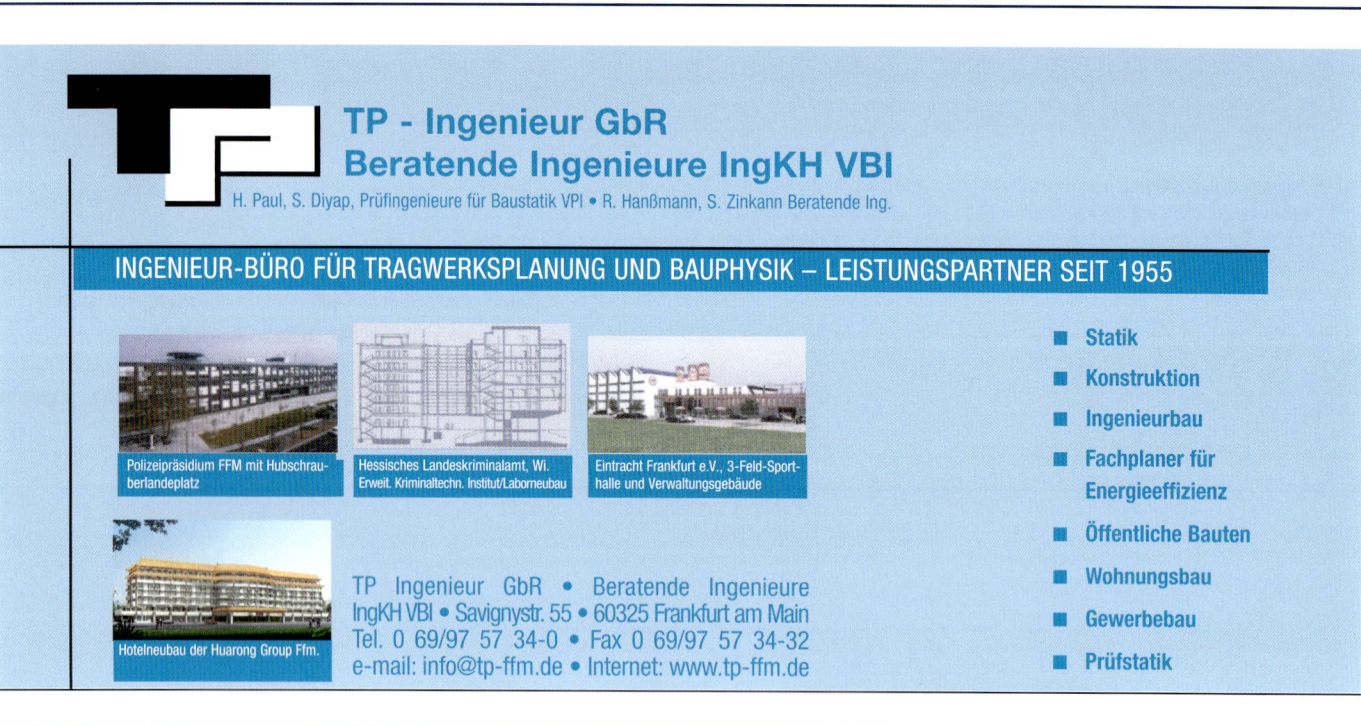

TP - Ingenieur GbR
Beratende Ingenieure IngKH VBI

H. Paul, S. Diyap, Prüfingenieure für Baustatik VPI • R. Hanßmann, S. Zinkann Beratende Ing.

INGENIEUR-BÜRO FÜR TRAGWERKSPLANUNG UND BAUPHYSIK – LEISTUNGSPARTNER SEIT 1955

- Polizeipräsidium FFM mit Hubschrauberlandeplatz
- Hessisches Landeskriminalamt, Wi. Erweit. Kriminaltechn. Institut/Laborneubau
- Eintracht Frankfurt e.V., 3-Feld-Sporthalle und Verwaltungsgebäude
- Hotelneubau der Huarong Group Ffm.

TP Ingenieur GbR • Beratende Ingenieure
IngKH VBI • Savignystr. 55 • 60325 Frankfurt am Main
Tel. 0 69/97 57 34-0 • Fax 0 69/97 57 34-32
e-mail: info@tp-ffm.de • Internet: www.tp-ffm.de

- Statik
- Konstruktion
- Ingenieurbau
- Fachplaner für Energieeffizienz
- Öffentliche Bauten
- Wohnungsbau
- Gewerbebau
- Prüfstatik

---

www.muehlschwein.de

Dr. Mühlschwein Ingenieure GmbH

Waldstraße 47
63303 Dreieich
Tel. 0 61 03-3 40 26
Fax 0 61 03-3 68 84
info@muehlschwein.de

Ingenieurbüro für Baustatik und Bauphysik

Anzeige

Ausführende Firmen

Keller & Keller
Landschaftsarchitekten BDLA
Gartenarchitekten

Auf der Heide 15 · 61476 Kronberg/Ts
T 06173 – 70 94 – 0 · F 06173 – 70 94 – 44
info@kellerundkeller.de · www.kellerundkeller.de

Unsere Haltung, was wir wollen:

Am Anfang beginnen und Fragen stellen,
das Gras wachsen hören und den Roten-Faden finden,
Zeit einsetzen und als Liebe zur Aufgabe verstehen,
Lösungen suchen im Sinne von: Festes auflösen, die neue Form finden,
Nachhaltigkeit durch Schönheit, Qualität und Dauerhaftigkeit erreichen:
weniger ist mehr.

Unsere Planungsleistungen bieten wir für:

Parks und Historische Gärten
Höfe und Plätze
Schulhöfe-Schulgärten
Kindergärten und Spielplätze
Kliniken und Gartentherapie-Einrichtungen
Seniorengärten und Generationengärten
Freiflächen für Industrie und Gewerbe
Dachgärten und Wohngärten
Einrichtungen für Inklusionspädagogik

HESS - Natur Textil GmbH

Reha-Klinik Bad Soden-Salmünster

Michael-Grzimek-Schule Frankfurt am Main

neumeister & schnierle
Sanitär - Heizung - Klima - Lüftung

Ing. A. Neumeister & Schnierle GmbH
Zeißelstraße 13 • 60318 Frankfurt
Tel.: (069) 959667-0 • Fax: (069) 959667-21

Zuhause fühlen beginnt im Detail. Um die Details kümmern wir uns.
www.neumeister-schnierle.de

Wir sind Experten in Sachen Brandschutz!

Die CEE Communication & Energy Engineering GmbH beschäftigt sich deutschlandweit mit der Errichtung und Begutachtung von Brandschutz- und Brandmelderanlagen sowie Elektro- und Sicherheitstechnik. Vom detaillierten Brandschutzkonzept über zertifizierte Produkte bis zur fachgerechten Installation – bei CEE GmbH bekommen Sie alles aus einer Hand.
Das ISO-zertifizierte Unternehmen mit Errichterzulassung für Brandmelderanlagen verwendet ausschließlich Produkte, die den VdS-Kriterien entsprechen.

CEE GmbH
Black-und-Decker-Straße 26
65510 Idstein
Tel. 0 61 26/94 16-0
Fax 0 61 26/92 98 6
info@cee-gmbh.de

professionell · sauber · fair
www.cee-gmbh.de

Ausführende Firmen Anzeige

Umfassende Leistungen rund um Bedachung und Dachsanierung

- Steildächer
- Flachdächer
- Dachdämmungen
- Solaranlagen
- Dachreparaturen
- Dachflächenfenster
- Wandabdichtungen
- Dachabdichtungen
- Dachspenglerei
- Blechbedachung
- Fassadenbekleidungen
- Energetische Sanierung

Die Firma SIPAK GmbH ist ein Meisterbetrieb mit spezialisiertem Fachpersonal. Durch kontinuierliche Teilnahmen an Weiterbildungen und Qualifizierungen bauen die Mitarbeiter ihr Know-how ständig aus und sind in allen Bereichen immer auf dem neuesten Stand der Technik.

Die SIPAK GmbH bietet zuverlässig, flexibel und termintreu umfassende Leistungen rund um Bedachung und Dachsanierung. Zu den vielen zufriedenen Kunden zählen auch die Auftraggeber folgender kürzlich realisierter Projekte:

- Zuckschwerdtstraße 40/Sirenenstraße 1, Frankfurt a.M.
  energetische Sanierung mit Schiefereindeckung und Photovoltaik, Hochbauamt FFM
- Gartenstraße 141-147, 145, Frankfurt a.M.
  energetische Sanierung von Dach und Anbaudächern, Klempnerarbeiten, Hochbauamt FFM
- Dunantring 41, Kita 72, Frankfurt a.M.
  energetische Sanierung vom Flachdach, Hochbauamt FFM

Wittelsbacherallee 103
60385 Frankfurt/M.

Tel. 069/44 80 27
Fax 069/49 09 783

info@sipakgmbh.de
www.sipakgmbh.de

Baudekoration – Malerfachbetrieb

☐ Malerarbeiten ☐ Tapezierarbeiten ☐ Verputzarbeiten ☐ Trockenbauarbeiten ☐ Wärmedämmung
☐ Wohnungskomplettsanierung ☐ Fassadenarbeiten

Wenn Sie einen zuverlässigen Fachbetrieb für Maler-, Verputz- oder Fassadenarbeiten in und um Frankfurt benötigen, sind Sie bei uns richtig.
Wir helfen Ihnen schnell und unkompliziert – auch außerhalb der üblichen Büro- und Geschäftszeiten.

Denn unser Motto lautet: Geht net gibt's net

Wir arbeiten für Städte und Kommunen, Wohnungsbaugesellschaften sowie gewerbliche und private Auftraggeber in einem Umkreis von 200 km. Zu den aktuellen Referenzprojekten zählen auch der Multipark Kelsterbach Goldbeck, die Salzmannschule Frankfurt, das DRK-Krankenhaus Hanau sowie Projekte der ABG Frankfurt Holding Wohnungsbau- und Beteiligungsgesellschaft mbH, für die wir seit über 30 Jahren tätig sind.

Duisbergstraße 12, 60320 Ffm/Westend-Nord
Tel. 0 69/560 23 20, Fax 0 69/560 32 80
Peter.Deibert@t-online.de
www.malermeister-deibert.de

Zeller Abbruch - über 50 Jahre professionelle Abbruchtechnik

• Gebäude-/Bunkerabbruch • Industrieabbruch • Hochhausabbruch • Sprengungen • Entkernungen/Sanierungen • Erdarbeiten

Die Robert Zeller Abbruch GmbH & Co. KG ist ein 1953 gegründetes Familienunternehmen in zweiter Generation, das flexibel, leistungsstark und schnell die beauftragten Arbeiten ausführt. Alle gewerkrelevanten Aufgaben werden aus einer Hand angeboten und mit erfahrenem eigenem Fachpersonal durchgeführt: Abbrucharbeiten aller Größenordnungen, Entkernungen, Erdarbeiten, Schadstoffsanierungen, Asbestarbeiten und Sprengungen. Das Unternehmen ist nach dem RAL Gütezeichen Abbrucharbeiten und Entsorgungsfachbetrieb zertifiziert.

Robert Zeller
Abbruch GmbH & Co. KG
Bieberer Straße 263
63071 Offenbach
Tel. 0 69/85 10 87
Fax 0 69/87 15 13
info@zeller-abbruch.de
www.zeller-abbruch.de

Anzeige

Ausführende Firmen

Erweiterung Michael-Grzimek-Schule – FfM Entwurf: Hein Troy Architekten, Wien  Auszeichnung: Green Building FrankfurtRheinMain

Fotos: Troy

Tragwerksplanung
Bauphysik
Brandschutz

Wagner Zeitter
Ingenieurbüro

Adolfsallee 57 • 65185 Wiesbaden
T 0611 - 9010610 • F 0611 - 9010613
www.wagner-zeitter.de
info@wagner-zeitter.de

---

ingenieurbüro für tragwerksplanung

- *technische beratung/optimierung*
- *statische berechnungen*
- *tragwerksplanung, ausführungsplanung*
- *baukonstruktion (schal- und bewehrungspläne)*
- *bauphysik (schall-, wärme-, brandschutznachweise)*

hochbau	*neubau*	*massivbau*
verwaltungsbau	*altbau*	*stahlbau*
wohnungsbau	*umbau*	*holzbau*
industriebau	*sanierung*	*mauerwerksbau*
gewerbebau	*instandsetzung*	*glasbau*

fw

ingenieurbüro fischer + werle

dipl.-ing. marc werle
beratender ingenieur ingkh

franziusstr. 8-14, 60314 frankfurt

tel 069 / 95 14 14-0
fax 069 / 95 14 14-20
ib@fischerwerle.de

Ingenieurbau • Infrastruktur • Umwelttechnik • Geotechnik

ISK ISK Ingenieurgesellschaft
für Bau- und Geotechnik mbH

Ferdinand-Porsche-Ring 1
63110 Rodgau

Telefon: 0 61 06-26 99 3-0   Fax: 0 61 06-26 99 3-77
E-Mail: isk@isk-ing.de   Internet: www.isk-ing.de

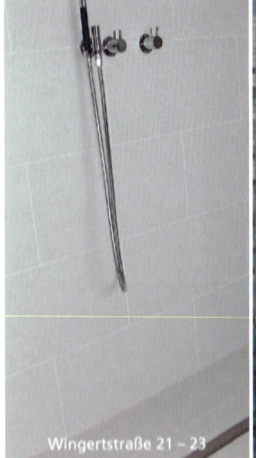

Fliesen ■ Glasmosaik ■ Naturstein

RIED UND SOHN

Fliesenfachbetrieb seit 1919

Wingertstraße 21 – 23   60316 Frankfurt am Main   Tel.: 069-439177

www.riedundsohn.de

Ausführende Firmen Anzeige

BendeN GmbH

Kundenzufriedenheit ist unser oberstes Ziel

Facility Management

- Gebäudereinigung
- Gartenpflege
- Hausmeisterdienst
- Winterdienst

Luthmerstraße 5 - 65934 Frankfurt a. M.
Tel.: 069-678 67 48 0 - Fax: 069-678 67 48 1
info@bendendienste.de - www.bendendienste.de

HTS GmbH Hoch- u. Tiefbau

**Neubau - Umbau - Sanierung - Mauer - Beton
Putz - Erd - Kanal - Pflaster - Kernbohrung
Fliesen - Trockenbau - Kellertrockenlegung**

Marxheimer Platz 20, 60326 Frankfurt/Main
Telefon 0 69/7 39 36 79, Telefax 0 69/97 39 12 40
hts-hoch-u.tiefbau@web.de

▶ Produktinfo

Bodengleiche Duschlösungen für noch mehr Flexibilität im Bad

(epr) Eine Dusche gehört heute zu einem modernen Badezimmer einfach dazu. Auch Senioren oder Menschen mit Behinderung kommen dank flächenbündiger Modelle in den entspannenden Bade- oder Duschgenuss. Dabei liegen die Duschwannen von Villeroy & Boch, die bodengleich installiert werden können und sich farblich an den Bodenbelag anpassen, besonders im Trend. „Squaro Superflat" zum Beispiel schafft ein unverwechselbar schönes Bad. Neben den superflachen Duschwannen bieten extravagante Walk-In-Duschabtrennungen Wellness pur. Alle aus Quaryl gefertigten Duschwannen besitzen eine porenfreie Oberfläche, die sich leicht reinigen lässt. Mehr unter www.villeroy-boch.com.

Die besonders flache Duschwanne erfüllt höchste Ansprüche an ein formschönes Bad, und dank der glatten und fugenfreien Oberfläche ist der Duschbereich auch leicht zu reinigen (Foto: epr/Villeroy & Boch)

Transparente Walk-In-Duschabtrennungen sind wie gemacht für moderne, minimalistische Bäder, die jedes Bad und jede Dusche zum Erlebnis werden lassen (Foto: epr/Villeroy & Boch)

Online-Dienst für Bauen und Architektur

www.bauinsel.com – die Internet-Insel für alle Bauinteressierten / Unabhängiger, überregionaler Online-Dienst der Insel online GmbH, der Partnerfirma des WV-Verlages

Sie sind Architekt, Handwerker oder arbeiten in der Immobilienbranche und sind auf der Suche nach unabhängigen, überregionalen Informationen zum Thema „Bauen und Architektur"? Unter www.bauinsel.com finden Sie einen zentralen Internetdienst, der Ihnen als spezialisierte Plattform der Bau- und Architekturbranche viele wertvolle Hinweise frei Haus liefert.

VIELSEITIGES INTERNET-ANGEBOT

Zum vielseitigen Angebot von bauinsel.com gehören aktuelle Infos und Service-Rubriken, wie z.B. „Karriere", „Finanzierung", „Projekte", „Recht", „Technik" „Termine" oder der monatlich erscheinende Newsletter. Unter den spezialisierten Verzeichnissen, einem weiteren Angebot von bauinsel.com, finden Sie schnell und übersichtlich Informationen zu Architekten, Baufirmen, Ingenieurbüros, Objekten u.v.m. – sortiert nach Firmenname oder Standort, ganz wie Sie möchten. Des Weiteren stehen Ihnen interaktive Internetmärkte zu den Bereichen „Immobilien" und „Büroräume" zur Verfügung.

WERDEN SIE AKTIV

Auf der benutzerfreundlichen Internet-Plattform www.bauinsel.com haben auch Sie die einmalige Möglichkeit, sich gemeinsam mit Ihren Partnern vorzustellen. Durch bauinsel.com führen viele Wege zu Ihnen: Ihr Unternehmen kann u.a. durch die Objekte, die gebaut wurden, durch Ihre Anschrift, durch spezialisierte Verzeichnisse, durch die Partner, mit denen Sie gearbeitet haben, oder sogar durch Ihre künftigen Auftraggeber erreicht werden.

Vielleicht haben Sie ja schon eine Internet-Seite? Kein Problem: Durch die Vernetzung innerhalb unserer Plattform ist bauinsel.com die effektivste Lösung, Ihre Leistungen und Ihre Internet-Präsenz bekannt zu machen.

IHRE VORTEILE BEI BAUINSEL.COM

- Ihr Unternehmen ist weltweit präsent: Ihre Präsentation im Internet kennt keine Grenzen – Sie brauchen Ihre Werbung nicht mehr zu versenden, denn unter www.bauinsel.com können Ihre Kunden sofort Ihre Referenzen einsehen.
- Ihr Unternehmen ist direkt erreichbar: Sie haben Ihre eigene Internet- und E-Mail-Adresse. Rund um die Uhr ist Ihre Firma durch das Internet erreichbar.
- Ihre Arbeit wird anspruchsvoll gestaltet: Hochqualitative Bilder und ein übersichtliches Design sorgen für eine beeindruckende Gestaltung.
- Ihre Arbeit wird von potenziellen Kunden entdeckt: Egal, ob durch unsere Verzeichnisse, unsere Internetmärkte oder eigene Werbung – Ihre Präsentation wird in jedem Fall optimal wahrgenommen.
- Gleiche Chancen für alle: Groß-, Mittel- oder Kleinunternehmen haben die gleichen Chancen im Internet. Ihre Internet-Homepage ist der ideale Weg für den Kundengewinn.

BAUINSEL.COM FÜR ARCHITEKTEN

Präsentieren Sie Ihre Zusammenarbeit mit Bauherren, Bauunternehmungen und Baufirmen. Erklären Sie die Philosophie Ihrer Objekte, und stellen Sie sich einen Internetkatalog mit Ihren Projekten zusammen, der für alle zugänglich ist.

BAUINSEL.COM FÜR BAUUNTERNEHMEN

Unter www.bauinsel.com bieten wir Ihnen die Möglichkeit, die Konzeption und Realisierung Ihrer Objekte weltweit darzustellen. Zur Ausarbeitung dieser Präsentation stellt Ihnen die Insel online GmbH ggf. einen Webdesigner zur Verfügung. Um Ihre Projekte zusätzlich bekannt zu machen, wird Ihr Objekt auch auf den bauinsel.com-Internetmärkten sichtbar.

BAUINSEL.COM FÜR HANDWERKSFIRMEN

Unter www. bauinsel.com können Sie die Werbe-Wege zu Ihnen multiplizieren: Ihr Unternehmen kann durch die ausgeführten Arbeiten, durch Ihre Anschrift, über die spezialisierten Verzeichnisse oder durch die Partner, mit denen Sie gearbeitet haben, erreicht werden.

BAUINSEL.COM FÜR IMMOBILIENMAKLER

Sie haben Objekte zu vermieten oder zu verkaufen und suchen einen effektiven Weg, Ihre Werbe-Investitionen zu optimieren? bauinsel.com bietet Ihnen Immobilien- und Bürointernetmärkte an, durch die Sie sich und Ihre Objekte vorstellen können. Auch Privatkunden oder Firmen, die Büroräume suchen, kommen auf unsere Internetmarktseiten, um Ihre Traumobjekte zu finden.

IHR PARTNER: TECHNISCH UND KONZEPTIONELL

Die Insel online GmbH – Partnerfirma des WV-Verlages – ist Ihr professioneller Ansprechpartner für Ihre Präsentation beim Online-Dienst bauinsel.com – egal, ob es sich um die Vorstellung Ihres Unternehmens und Ihrer Projekte oder um einen Werbebanner handelt. Doch die Insel online GmbH bietet Ihnen noch weit mehr: Sie entwickelt Ihre Firmen-Homepage und damit Ihren ganz persönlichen und auf Sie zugeschnittenen Auftritt im Internet. Die Insel online GmbH stellt Ihnen darüber hinaus Web-Lösungen vor, die die verschiedenen Aspekte der Kommunikation in Ihrem Unternehmen (Internet und Intranet) mit einbeziehen und die Verteilung der Informationen an jeden Ihrer Mitarbeiter organisiert. Das Team der Insel online GmbH setzt sich aus einem Projektleiter, Designern, Programmierern, Redakteuren und IT-Spezialisten zusammen. E-Commerce-Solutions, IT-Consulting oder Global e-Marketing Strategies lauten weitere Schlagworte der abgerundeten Angebotspalette der Insel online GmbH. Testen Sie uns! Kontakt unter verwaltung@inselonline.com, Tel. 0 62 47/9 08 90-92 oder Fax 0 62 47/9 08 90-90.

Weitere Infos unter:
www.bauinsel.com

Frankfurts größte Erweiterung heißt Riedberg

Im Frankfurter Nordwesten entsteht mit 267 ha eines der größten städtebaulichen Projekte Deutschlands und die größte Erweiterungsfläche der Stadt Frankfurt am Main

Auf dem Frankfurter Riedberg werden einmal rund 15.000 Menschen leben, 3.000 arbeiten und 8.000 studieren. Rund 5.400 Menschen haben schon eine Adresse dort
Bildnachweis: HASEG

MIT BLICK ZUM TAUNUS

Im Nordwesten der Mainmetropole wächst auf rund 267 ha eines der umfangreichsten Stadtentwicklungsprojekte Deutschlands mit kompletter Infrastruktur, Parks, Geschäften und Gastronomie und einem neuen Gymnasium heran – der ersten Neugründung eines Gymnasiums in Frankfurt seit 100 Jahren. Schon in Bau befindet sich u.a. die zweite Grundschule für den Riedberg – mit Schwimm- und Sporthalle sowie einer Kindertagesstätte. Mit Blick auf den Taunus im Norden und der Skyline im Süden entsteht in den nächsten Jahren ein kompletter neuer Stadtteil für 15.000 Einwohner und 8.000 Studenten mit etwa 3.000 Arbeitsplätzen, vor allem im Bereich Wissenschaft und Forschung. Leitgedanken der Planungskonzeption sind ein qualitätsorientierter Städtebau, die Schaffung von Nutzungs- und Wohnungsvielfalt, die attraktive Gestaltung des öffentlichen Raumes und öffentlicher Grünflächen sowie eine nachhaltige Siedlungsentwicklung. Zeitgleich zur Wohnbebauung und Erschließung wird die soziale Infrastruktur mit Schulen und Kindertagesstätten ausgebaut. Zwei neue Stadtbahnlinien binden den neuen Stadtteil hervorragend an den ÖPNV an. Zudem besitzt der Riedberg einen eigenen Autobahnanschluss.

Das Projektmanagement für das Mega-Projekt führt die HA Stadtentwicklungsgesellschaft (HASEG) im Auftrag und in enger Kooperation mit der Stadt Frankfurt am Main durch. Die HASEG verfügt über jahrzehntelange Erfahrung in der Betreuung von städtebaulichen Vorhaben. Zu ihren Aufgaben gehört die Vermarktung der Grundstücke, die Entwicklung und der Bau der öffentlichen Grünflächen, der sozialen Infrastruktur und der öffentlichen Erschließung. Zudem liegt das Kosten- und Grundstücksmanagement in ihren Händen.

DER RIEDBERG TEILT SICH IN SIEBEN QUARTIERE AUF

Das städtebauliche Gesamtkonzept sieht die Schaffung von sieben identifizierbaren und identitätsstiftenden Quartieren vor, die einen jeweils eigenständigen Charakter haben, durch vernetzte öffentliche Grünflächen gegliedert sind, aber auch durch diese verbunden werden. Die einzelnen Quartiere werden mit zukunftsweisenden Wohnprojekten zum Leben erweckt. Ihre große Vielfalt und hohe architektonische Qualität geht größtenteils auf Wettbewerbe zurück, bei denen sich die besten Ideen durchgesetzt haben.
Die Vielfalt der Wohnangebote reicht von familienfreundlichen Reihenhäusern über großzügige Stadthäuser und Villen mit Parklage bis hin zu exklusiven Eigentumswohnungen. Es entstehen Passivhäuser und an-

Riedberg 2017, so wird er einmal aussehen

Öffentliche Bauten / Wohnungsbau

Hochwertige Architektur am Bonifatiuspark
(Bien-Ries, Atelier 5)

dere Formen von sehr energieeffizienten Wohngebäuden. Auch innovative Wohnformen, wie z.B. Bauherrengruppen, Wohnungsbaugenossenschaften, Mehrgenerationenwohnen oder kombinierte Gewerbe-Wohnnutzungen finden auf dem Riedberg ihren Platz. Hochwertige Mietwohnungen unterschiedlicher Größe runden das Angebot ab und unterstützen den urbanen Charakter des neuen Stadtteils. Inzwischen leben hier bereits rund 5.400 Menschen. Aktuell sind rund 1.000 Wohneinheiten im Bau. Neben Wohnangeboten für jeden Geschmack bietet der neue Stadtteil Riedberg zukünftig rund 8.000 Studierenden optimale Studienbedingungen. Als bedeutender Universitäts- und Wissenschaftsstandort sind hier alle naturwissenschaftlichen Fachbereiche der Goethe-Universität Frankfurt am Main angesiedelt. Derzeit werden hier schon rund 7.000 Studierende ausgebildet.

GYMNASIUM RIEDBERG

Die neue Schule ist die erste Neugründung eines Gymnasiums in Frankfurt seit etwa 100 Jahren. Planer sind das Büro Ackermann & Raff Architekten und Stadtplaner gemeinsam mit dem Büro Pfrommer + Roeder Freie Landschaftsarchitekten, die als Sieger aus einem Architekturwettbewerb hervorgegangen sind. Ihr Entwurf sieht einen Gebäudekomplex mit einem Jugendhaus und einer Dreifeld-Sporthalle für 1.350 Schüler vor.

Das zukunftsweisende dreigeschossige Gebäude in Passivhaustechnologie soll sich zu einem Ort zum Lernen und Leben in dem jungen Frankfurter Stadtteil entwickeln. Die Pläne umfassen einen großzügigen Baukörper, der den einzelnen Funktionsbereichen jeweils eigene, klar ablesbare „Schulhäuser" zuweist. Nach Auffassung der Wettbewerbsjury erleichtert diese Struktur die Orientierung im Innern des großen Neubaus und führt zur schnellen Identifikation der Schüler und Lehrer mit „ihrer" Schule. Geplant ist der Ausbau zu einem Ganztagsschulbetrieb mit vielfältigen Angeboten. Neben den Räumlichkeiten für das Gymnasium wird es auch ein Jugendhaus für familienorientierte Angebote geben. Die geplante Dreifeld-Sporthalle wird offen für den Vereinssport sein und so weitere Angebote für die Bewohner des Stadtteils bereitstellen.

Gymnasium Riedberg: Drei einzelne Baukörper verkörpern klar ablesbare Schulhäuser, mit denen sich Lehrer und Schüler schnell identifizieren können
Bildnachweis: Ackermann und Raff

Mit der Fertigstellung des Gebäudekomplexes rechnet der Bauherr im Frühjahr 2013. Der Schulbetrieb des Gymnasiums startete bereits 2009 erfolgreich in einer Pavillonanlage. Schwerpunkt der neuen Schule ist der naturwissenschaftliche und bilinguale Unterricht. Das Projekt wird im Rahmen der städtebaulichen Entwicklungsmaßnahme Riedberg realisiert, die Projektsteuerung erfolgt durch die HA Stadtentwicklungsgesellschaft mbH im Auftrag der Stadt Frankfurt am Main.

ZWEITE GRUNDSCHULE IN RIEDBERG

Mit dem ersten symbolischen Spatenstich startete im März 2012 der Bau der zweiten Grundschule in Frankfurt-Riedberg. Das Stuttgarter Architekturbüro MGF Architekten plante gemeinsam mit dem Sindelfinger Landschaftsarchitekten Neher die neue Schule in Passivhausstandard für rund 500 Kinder. Zum Gebäudekomplex gehören neben der Grundschule eine Zweifeld-Schulturnhalle, eine Schulschwimmanlage sowie eine Kindertageseinrichtung. Die fünfzügige Schule entsteht nach modernsten pädagogischen Konzepten und schafft zukunftsweisende Lern- und Lebensräume. Die Projektsteuerung erfolgt auch hier durch die HA Stadtentwicklungsgesellschaft im Auftrag der Stadt Frankfurt am Main.

Drei längliche Baukörper für Grundschule, Sport- und Schwimmhalle sowie Kindertagesstätte gliedern das Baufeld und schaffen durchgrünte Streifen. Die Grundschule erstreckt sich im Norden entlang der Graf-von-Staufenberg-Allee. Die Sport- und Schwimmhalle bildet den westlichen Abschluss des zwischen den Gebäuden liegenden Schulho-

Grundschule Riedberg: Die zweite Grundschule im jungen Stadtteil Riedberg können rund 500 Kinder besuchen. Zu ihr gehören eine Schulschwimmhalle, eine Zweifeldsporthalle sowie eine Kindertagesstätte
Bildnachweis: MGF Architekten

fes. Die Kindertagesstätte befindet sich im südlichen Teil und orientiert sich mit seinen Gruppenbereichen zu einem eigenen südlich gelegenen Freibereich.

Die fünfzügige Grundschule wird in ablesbaren Clustern als zweigeschossiges Gebäude mit vorgelagerter Erschließungszone errichtet. Das Gebäude betritt man über den Pausenhof in der Foyerzone. Vor hier aus erschließen sich die Klassencluster im Obergeschoss, außerdem findet hier der direkte Zugang zu den jeweiligen Nutzungseinheiten im Erdgeschoss statt. Drei Innenhöfe belichten die Fachklassenräume und schaffen eine visuelle Verbindung der verschiedenen Ebenen und Cluster. Der Essbereich im Eingangsgeschoss bildet das Zentrum des Gebäudes und kann bei Bedarf mit dem Foyer zu einem großen Veranstaltungsraum zusammengeschaltet werden. Der Verwaltungs- und Lehrerbereich befindet sich in unmittelbarer Nähe zum Geländezugang. Die klare, gleichmäßige Grundrissstruktur ermöglicht eine einfache Konstruktion sowie eine nachhaltige Nutzungsvariabilität der Räumlichkeiten.

KITA ERHÄLT EIGENES GEBÄUDE

Die Kindertageseinrichtung befindet sich als eigenständiger Baukörper im Süden des Geländes. Sie wird von der westlich an das Gebiet angrenzenden Straße erschlossen. Das zweigeschossige Gebäude mit vorgelagertem Laubengang orientiert sich mit seinen sechs Gruppenräumen nach Süden und wird durch einen zum Teil zweigeschossigen mittig gelegenen Flur mit Galerie und Lichthöfen erschlossen. Die Nebenräume sind in einer nördlich gelegenen Raumspange angeordnet. Die Kita beherbergt im Erdgeschoss Gruppenräume für Kinder bis drei Jahre mit direkten Zugängen zum Freibereich. Im Ober-

Grundschule Riedberg: Zum Gebäudekomplex gehört auch eine Zweifeld-Schulturnhalle

geschoss befinden sich drei Gruppenräume für Kinder von drei bis sechs Jahre, die über den vorgelagerten Balkon und die das Gelände flankierender Treppen in den Außenbereich gelangen.

Der Sportbereich liegt halb in die Erde eingelassen; Schwimmhalle und Zweifeld-Sporthalle befinden sich auf unterschiedlichen Niveaus, wodurch eine effektive und kompakte Raumverteilung erreicht wird. Um eine Nutzung – etwa für Sportvereine – auch außerhalb des Schulbetriebs zu ermöglichen, orientiert sich die gemeinsame Eingangszone zum nördlichen Eingangsbereich. Die Freianlagen zeichnen sich durch eine einfache und reduzierte Gestaltung aus. Der Zugangsbereich und Durchgang zum Park definiert eine geschlossene Fläche. Die Außensportfläche und die Laufbahn werden in ein Feld zusammengefasst. Mit der Orientierung der Baukörper zum grünen Band „Römische Straße" entsteht ein enger Bezug zum benachbarten Kätcheslachpark.

-Proj. „Gymnasium Riedberg"
Bauherr:
HA Hessen Agentur GmbH/Stadt Frankfurt am Main
Planender Architekt:
Ackermann + Raff Architekten und Stadtplaner, Stuttgart, und Freie Landschaftsarchitekten Pfrommer + Roeder, Stuttgart
-Proj. „Grundschule Riedberg"
Bauherr:
HA Hessen Agentur GmbH/Stadt Frankfurt am Main
Planender Architekt:
Architektenbüro MGF Architekten, Stuttgart,
und Landschaftsarchitekten Neher, Sindelfingen

Partner am Bau:
- ist EnergiePlan GmbH
- Raible + Partner GmbH & Co. KG
- B+ G Ingenieure Bollinger und Grohmann GmbH
- Mexner GmbH
- CSZ Ingenieurconsult CORNELIUS-SCHWARZ-ZEILTER GmbH
- F. W. Stiebich Metallbau GmbH
- GROSSMANN Bau GmbH & Co. KG
- Baugrundinstitut Franke-Meißner und Partner GmbH
- Epowit Bautechnik GmbH
- PENELL GmbH
- Krebs und Kiefer Beratende Ingenieure für das Bauwesen GmbH

Anzeige

Seit 15 Jahren erfolgreiches Planen und Beraten:
Technische Gebäudeausrüstung (HLSE) I Schwimmbadtechnik
Betriebskostensenkung I Energiekonzepte I Energiedienstleistungen

Hallenbad Oberursel
Feuerwache Weil am Rhein
Freibad Laufenburg

ist EnergiePlan GmbH
Gebäude- und Umwelttechnik

Büro Müllheim
Werderstraße 34
79379 Müllheim
Telefon: (0 76 31) 9 36 37-0
muellheim@ist-energieplan.de

Büro Augsburg
Rosenaustraße 40
86150 Augsburg
Telefon: (08 21) 3 43 25-30
augsburg@ist-energieplan.de

www.ist-energieplan.de

Raible + Partner GmbH & Co. KG
Planungsbüro für Elektro- & Kommunikationstechnik

BERATUNG
PLANUNG
BAUÜBERWACHUNG

Wir erwecken Ihr Gebäude mit elektrischer Energie zum Leben!

Im Bereich Elektro- und Kommunikationstechnik sind wir der kompetente
Partner für Beratung, Planung und Bauüberwachung.

Wir sind unter anderem Ihr Ansprechpartner für die Planung von
- Starkstromtechnik, z.B. für Mittel- und Niederspannungsschaltanlagen,
  Netzersatz- und USV-Anlagen sowie Elektroinstallation und Beleuchtungsanlagen
- Informations- und Kommunikationstechnik, z.B. für Telekommunikationsanlagen,
  Such- und Signalanlagen, Zeitdienstanlagen, elektroakustische Anlagen, Fernseh- und
  Antennenanlagen, Gefahrenmelde- und Alarmanlagen (z.B. Brand-, Überfall-, Einbruchmeldeanlagen),
  Übertragungsnetze und Medientechnische Anlagen
- Aufzugsanlagen

Mit unseren fünf Niederlassungen sind wir „immer für Sie nah" – kurze Wege für Sie und der persönliche Kontakt des Bauherrn zu den Geschäftsführern bei Raible + Partner sind weitere Faktoren, die den Erfolg zu einer plan- und berechenbaren Größe machen.
Wir freuen uns auf Ihren Anruf!

Reutlingen	**Ditzingen**	**Wittenberg**	**München**	**Frankfurt**
Arbachtalstraße 1	Schuckertstraße 27	Jüdenstraße 19	Lise-Meitner-Straße 3	Eschborner Landstraße 55
72800 Eningen u. A.	71254 Ditzingen	06886 Wittenberg	85716 Unterschleißheim	60489 Frankfurt am Main
Tel. 0 71 21/94 78-0	Tel. 0 71 56/93 56-0	Tel. 0 34 91/49 64-0	Tel. 0 89/2440 18 78-0	Tel. 0 69/97 76 68 67
Fax 0 71 21/94 78-20	Fax 0 71 56/93 56-36	Fax 0 34 91/49 64-20	Fax 0 89/2440 18 78-9	Fax 0 69/97 69 78 70

• www.raible.de • www.raible.de • www.raible.de • www.raible.de • www.raible.de • www.raible.de •

Anzeige

Tragstrukturen für energieeffizienten Wohnungsbau

Das Gymnasium Riedberg ist sicherlich einer der Höhepunkte des neuen Stadtviertels im Norden von Frankfurt. Und dies nicht nur aus städtebaulicher und ästhetischer Sicht, sondern auch aus der Perspektive der Energieeffizienz und der Nutzerfreundlichkeit. Das Team aus Bauherr, Architekt und Fachingenieuren wird kostengünstig ein Gebäude erstellen, das eine Heimat für die aktuelle Schülergeneration bietet und gleichzeitig so anpassungsfähig ist, diese auch für künftige Generationen zu bleiben. Für das Tragwerk des neuen Gymnasiums zeichneten sich die Ingenieure von Bollinger + Grohmann verantwortlich. Die geplante Konstruktion ermöglicht flexible Grundrisse und beispielsweise in den Klassen- und Fachtrakten Wände mit Versätzen, die Aufbewahrungsraum schaffen, ohne die Bewegungsfreiheit der Schüler zu stören. Für die Zertifizierung nach dem Passivhausstandard minimiert die Konstruktion Wärmebrücken und maximiert über eine flexible Fassade den solaren Eintrag.

20 JAHRE ERFAHRUNG IM PASSIVHAUSBAU

In den knapp 30 Jahren seit Gründung von Bollinger + Grohmann haben das Büro und seine Mitarbeiter einen reichen Erfahrungsschatz bei der Planung und Erstellung von energieeffizienten Gebäuden gesammelt. Bollinger + Grohmann gehören zu den Green-Building-Pionieren. Das Tragwerk für die ersten Passivhäuser in Deutschland, vier 1991 fertiggestellte Reihenhäuser in Darmstadt-Kranichstein, planten sie ebenso wie das der ersten Niedrigenergiesiedlung in Deutschland in Niedernhausen (1992). In der Passivhaus-Hauptstadt Frankfurt entstanden für städtische Gesellschaften unter anderem die Wohnanlage in der Hansa-Allee, die Atterberry-Grundschule und -Kita sowie der Neubau der französischen Schule mit Beteiligung von Bollinger + Grohmann. Bei den für die städtische ABG Wohnholding 2011 fertiggestellten fünf Wohnhäusern wurde zum ersten Mal in Deutschland ein Massivstein eingesetzt, der eine tragende und eine dämmende Funktion im Passivhaus-Standard übernimmt. Für die Wohnanlage Rheinufer Süd in Ludwigshafen waren die tragenden Mauern und Decken aus Recycling-Beton. Industriebauten und Ausstellungshallen, Wachgebäude und Geschäftshäuser sind entstanden, wobei die diversen Standards wie KfW 70 oder EnEV 2009 zum Teil deutlich unterschritten wurden. Die Beteiligung von Bollinger + Grohmann beschränkte sich nicht nur auf das Tragwerk, sondern erweiterte sich auch auf bauphysikalische Beratung und auf Fragen des Brand- und Schallschutzes.

Das nach den Plänen der Architekten Ackermann + Raff errichtete Gymnasium Riedberg besitzt eine Konstruktion, die ohne Wärmebrücken auskommt, für flexible Grundrisse sorgt und einen maximalen solaren Eintrag erzielt
Foto: Ackermann + Raff

Auch die gegenüber vom Riedberg gebaute Wohnanlage Kalbach-Süd (Entwurf: Scheffler + Partner, Frankfurt) ist ein Pionier: Hier wurde zum ersten Mal in Deutschland ein Massivstein eingesetzt, der eine tragende und eine dämmende Funktion im Passivhaus-Standard übernimmt
Foto: Scheffler + Partner

VOM TRAGWERK ZU INTEGRALER PLANUNG

Bollinger + Grohmann pflegen seit der Gründung des Büros ein ganzheitliches Denken: Die Konstruktion ist kein Selbstzweck, sondern Teil eines Gebäudes. Deswegen gilt es nicht das Tragwerk allein, sondern das Gebäude zu optimieren. Neue Herausforderungen wie etwa Energieeffizienz, neue Fertigungsmethoden, Programmiertools und architektonische Entwicklungen verlangen von den Bauingenieuren eine Erweiterung ihrer Kompetenzen. Aus den Tragwerksplanern von einst ist ein breit aufgestelltes, sowohl interdisziplinäres als auch interkulturelles Team geworden, das in einer Hand ein Spektrum von integralen Leistungen abdeckt, das von der Tragwerks- und

Fassadenplanung über computergenerierte Geometrieentwicklung bis zur Bauphysik und der ingenieurtechnischen Denkmalpflege reicht.

KOOPERATION MIT BAUHERRN UND ARCHITEKT ZUM FRÜHESTMÖGLICHEN ZEITPUNKT

Bollinger + Grohmann suchen dabei stets zum frühestmöglichen Projektzeitpunkt die Kooperation mit Architekt und anderen Fachingenieuren sowie die laufende und direkte Kommunikation aller Beteiligten während jeder Projektphase. Das gemeinsame Vorgehen hat sich in den vergangenen Jahren nicht nur vom Gesichtspunkt der Kosteneffizienz, der Termintreue und der allgemeinen Qualitätssicherung von großem Vorteil erwiesen. Ziel ist es, Kompetenz und Expertise zur Verfügung zu stellen, um im Auftrag des Bauherrn ein gleichzeitig ökonomisch und ökologisch, ein zugleich sozial und ästhetisch werthaltiges Gebäude zu realisieren. Und das geschieht regional und national, aber auch – und das seit mehr als einem Jahrzehnt – international. Das Unternehmen Bollinger + Grohmann Ingenieure plant heute in fünf Standorten – Frankfurt, Wien, Paris, Oslo und Melbourne – Hochhäuser in Südkorea, Kulturzentren in China, Bibliotheken in Saudi-Arabien und Science Center in den Emiraten. In Deutschland und Europa planen Bollinger + Grohmann Kliniken und Forschungszentren, Hörsäle und Schulen, Brücken und Fußballstadien, Haltestellen und Industriehallen, Wohnhochhäuser, exklusive Villen und eine ganze Menge an mehrgeschossigen Wohngebäuden – das ganze Spektrum der Bauaufgaben. Die bei diesen Projekten gewonnenen Erfahrungen fließen in das nächste Projekt mit ein. So befruchten sich die unterschiedlichen Planungskulturen und Disziplinen gegenseitig.

Urbanes Wohnen und Passivhaus perfekt vereint: die Wohnanlage an der Frankfurter Hansa-Allee nach den Entwürfen von vier Architekturbüros
Foto: BOLLINGER + GROHMANN/Enrico Santifaller

Auf dem Skylink (Entwurf: Lengfeld + Wilisch, Darmstadt) transportiert eine Zugseilbahn Passagiere zwischen The Squaire und einem Parkhaus. Die dynamisch wirkende Anordnung der Diagonalen und die Berechnung der Verbindungsknoten geschah an den Computern von Bollinger + Grohmann
Foto: Bollinger + Grohmann/Enrico Santifaller

Der nach den Plänen des Frankfurter Architekten Christoph Mäckler realisierte Opernturm wurde als eine der ersten Büroneubauten mit dem US-Umweltstandard LEED-Gold zertifiziert. Das von Bollinger + Grohmann entwickelte Tragwerk bietet völlig stützenfreie Innenräume, die flexibel nutzbar sind
Foto: Bollinger + Grohmann/Enrico Santifaller

BOLLINGER + GROHMANN
Ingenieure

B+G Ingenieure
Bollinger und Grohmann GmbH
Westhafenplatz 1
60327 Frankfurt/Main
Germany
t: +49-(0)69 - 24 00 07 -0
f: +49-(0)69 - 24 00 07 -30
office@bollinger-grohmann.de
www.bollinger-grohmann.de

Gründung | Foundation: 1983

Büros in Frankfurt/Main, Wien, Paris, Melbourne, Oslo

Geschäftsführer Frankfurt:
Prof. Klaus Bollinger, Dipl.-Ing. Ulrich Storck

Geschäftsführer Wien: Prof. Dr.-Ing. Klaus Bollinger, Dipl.-Ing. Reinhard Schneider, Dipl.-Ing. Arne Hofmann

Geschäftsführer Paris: Prof. Dipl.-Ing. Manfred Grohmann, Ir.-Arch. Klaas De Rycke

Geschäftsführer Oslo: Prof. Dipl.-Ing. Manfred Grohmann, Dipl.-Ing. Florian Kosche

Geschäftsführer Melbourne: Prof. Dr. Ing. Klaus Bollinger, Prof. Dipl.-Ing. Manfred Grohmann, BE BArch Peter Felicetti

Mitarbeiterzahl 120 (alle Standorte)

Partner in Frankfurt:
Dr.-Ing. Mark Fahlbusch
Dr.-Ing. Lamia Messari-Becker
Dr.-Ing. Daniel Pfanner
Dipl.-Ing. Simon Ruppert
Dipl.-Ing. Ulrich Storck
Prof. Dr.-Ing. Agnes Weilandt

Ausführende Firmen Anzeige

→ Erdbau
→ Abbruch
→ Containerdienst
→ Recycling

ENTSORGUNGS-FACHBETRIEB
Wir sind zertifiziert
Regelmäßige freiwillige
Überwachung nach EfbV

Mitglied im
DA
DEUTSCHER
ABBRUCHVERBAND

MEXNER GmbH
Chattenring 2
65428 Rüsselsheim
Telefon: 0 61 42 / 97 44-0
Telefax: 0 61 42 / 97 44-13
E-Mail: info@mexner.de

CSZ Ingenieurconsult
CORNELIUS-SCHWARZ-ZEILTER GmbH

VBI VERBAND BERATENDER INGENIEURE

PLANER
ZERTIFIZIERTER
PASSIVHAUS
PLANER

☐ Tragwerksplanung/-prüfung
☐ Technische Ausrüstung
☐ Bauphysik
☐ Brandschutz
☐ Passivhausplanung
☐ Gutachten

fachübergreifend, international, kompetent

☐ **DARMSTADT** Marienburgstr. 27, 64297 Darmstadt, Tel. 06151 / 94150
☐ BERLIN ☐ DRESDEN ☐ LEIPZIG ☐ KUNSHAN (VR CHINA)   www.csz.de

Anzeige

Ausführende Firmen

- Treppen (Harfen-, Zweiholm-, Flachstahlwangen- und Spindeltreppen)
- Geländer (Balkon-, Fenster- und Treppengeländer)
- Balkonsysteme/Vorstellbalkone (Sanierung und Neubau)
- Stahlbau und Sonderkonstruktion
- Loggiengeländer und Vordächer

F.W. STIEBICH METALLBAU GMBH

Schweißfachbetrieb nach DIN 18800 Teil 7

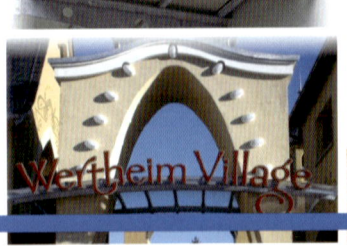

Weitergehende Informationen über den modernen Stahlbaubetrieb Metallbau Stiebich erhalten Sie auf der Website unter:
www.stiebich-metallbau.de

F. W. Stiebich Metallbau GmbH
Zur Gänsweide 9
35447 Reiskirchen-Ettingshausen
Tel. 0 64 01/90 32 46
Fax 0 64 01/90 32 47
stiebich@stiebich-metallbau.de

GROSSMANN
1907-2007 100 JAHRE KOMPETENZ AM BAU

GROSSMANN Bau GmbH & Co. KG
Äußere Münchener Straße 20, D-83026 Rosenheim
Tel. +49 (0)8031 / 44 01-0, Fax +49 (0)8031 / 44 01-99
info@grossmann-bau.de, www.grossmann-bau.de

Innovationen und Ideen!

- Schlüsselfertigbau
- Hochbau
- Tiefbau
- Asphalt-Mischanlage
- Holzleimbau und Ingenieurholzbau

Produktinfo ◀

Dachausstiege als Flucht- und Rettungswege

(epr) Im Brandfall ist die Flucht auf das Dach oft der einzige Ausweg. Optimale Sicherheit bieten daher Dachausstiege der W-Serie von verasonn, durch die sich die Bewohner eines Hauses bei einem Feuer schnell in Sicherheit bringen können. Die speziell angefertigten Ausstiege werden mittels einer elektronischen Schiebetechnik geöffnet und fahren automatisch auf. Dies garantiert Sicherheit und Komfort, denn man gelangt bequem auf das Dach.
Erhältlich sind die verasonn-Dachausstiege beim qualifizierten Fachhandel sowie bei Sunslider.

Die Dachterrasse betritt man durch einen Dachausstieg sicher und problemlos. So kann das Sonnenbaden in luftiger Höhe beginnen (epr/sunslider)

Das breite Angebot beinhaltet neben Dachausstiegen auch einzelne Dachfenster, Glasdächer und Senkrechtfenster. Mehr unter www.verasonn.de.

Viel Neues im Rhein-Main-Gebiet

Supermoderner Schulpalast in Friedrichsdorf / Ausbruch aus der JVA Preungesheim nicht vorgesehen / Family Housing WAAF-South Wiesbaden / Siebtes NH Hotel eröffnet in Frankfurt am Main / Wohn- und Geschäftshaus in Dreieich / Dienstleistungszentrum Eschborn / DORMERO-Hotel hat nun auch eine Frankfurter Adresse / Erweiterung der Feldbergschule in Oberursel / Betriebsgebäude Mainova AG / Sanierung der Hallendächer des Wiesbadener Hauptbahnhofes / Der Europagarten wird in Frankfurt am Main angelegt

Philipp-Reis-Schule: Der Neubau der Philipp-Reis-Schule gehört zum größten Einzelbauprojekt des Schulentwicklungsprogrammes des Hochtaunuskreises

GRÖSSTE SCHUL-EINZELMASSNAHME DES HOCHTAUNUSKREISES

Am Rande von Friedrichsdorf realisierte die Ed. Züblin AG die Philipp-Reis-Schule. Bauherr war der Kreisausschuss des Hochtaunuskreises, und der Entwurf stammt aus der Feder der Architekten Broghammer/Jana/Wohlleber aus Zimmern bei Rottweil, der 2006 aus einem Architektenwettbewerb hervorgegangen war. Nach knapp zweijähriger Bauzeit wurde die Schule im Februar 2012 eingeweiht, nachdem bereits seit Ende der Weihnachtsferien die rund 1.800 Schüler nach und nach eingezogen waren. Landrat Ulrich Krebs sieht in dem Neubau einen weiteren Schritt in Richtung „Schulen für das 21. Jahrhundert". Unter diesem Motto entwickelt der Hochtaunuskreis seine Schulen zu einem ansprechenden und funktionalen Lern- und Lebensraum für Schüler und Lehrkräfte. Zu den Wesentlichen Grundlagen des Bauprogramms gehört es, die Bausubstanz nachhaltig zu stärken und sie energetisch zukunftsweisend auszurichten.

Der Kreistag hat im Jahr 2000 ein Programm über die Sanierung, Erweiterung oder den Neubau der 59 Schulen im Hochtaunuskreis beschlossen. Das größte Einzelprojekt bildet dabei der komplette Neubau der Philipp-Reis-Schule in Friedrichsdorf. Außer dem Schulgebäude entstanden dort auch zwei Sporthallen, die in Passivhausbauweise errichtet wurden. Mit dieser Entscheidung ging der Hochtaunuskreis neue Wege hinsichtlich der Bauweise. War das Projekt schon von seiner Investitionssumme her die größte Einzelmaßnahme innerhalb des Schulbauprogrammes des Hochtaunuskreises, so hatte auch der Generalunternehmer viel zu bewegen. Auf einer Grundstücksfläche von ca. 45.000 m² wurden rund 29.000 m³ Beton verbaut, ca. 3.600 t Betonstahl eingebracht und ca. 50.000 m³ Erdaushub umverteilt. Projektleiter Lars Gutberlett von der Ed. Züblin AG

Direktion Mitte betreute den Schulneubau mit 70 Klassenräumen, Sporthallen, Mensa, Veranstaltungsraum sowie einer Tiefgarage. Der Entwurf sah für den verhältnismäßig großen Platzbedarf die Aufteilung in überschaubare Clustergebäude für die einzelnen Jahrgangsstufen vor. Sie fügen sich harmonisch in die Umgebung ein. Die Hauptgebäude bilden zusammen mit der Aula und den Sporthallen einen sich zur Stadt Friedrichsdorf öffnenden Eingangshof. Eine vorgelagerte Grünfläche schafft Abstand zur Straße.

Die Architekten entschieden sich, die vorhandene Topografie auszunutzen und ordneten die beiden Sporthallen im niedrigeren gelegenen Gelände an. Ihre eigentliche Höhe stört damit die Dominanz des Schulgebäudes

Philipp-Reis-Schule: Die Gliederung im Innern der Schule ist klar und übersichtlich

nicht. Auf dem Gelände mussten rund 200 ober- und unterirdische Stellplätze nachgewiesen werden. Zudem braucht die Mensa eine logistische Zufahrt, ebenso die Eltern, die ihre Kinder zur Schule bringen oder abholen. Ein Kreisverkehr führt auf kurzem Weg zu Schule und Tiefgarage. Er wurde bewusst von der Busvorfahrt und der Erschließung für Fußgänger und Radfahrer getrennt, um die morgendliche „Rushhour" möglichst sicher für die Schüler zu organisieren. Die innere Erschließung erfolgt über eine zentrale und transparente Erschließungszone, die den Eingangshof im Süden mit der Pausenzone im Norden des Grundstücks verbindet.

FLEXIBLE NUTZBARKEIT

Die Eingangshalle des neuen Gebäudekomplexes liegt zentral an der Färberstraße. Dort sind auch die Cafeteria, der Ganztagesbereich, die Verwaltungsräume, das Lehrerzimmer, die Bibliothek und die verschiedenen Fachräume angeordnet. Links davon schließt sich das Foyer der rund 1.000 m² großen Mensa sowie die Kulturwerkstatt an. Die Klassentrakte mit den Klassenräumen und Teambereichen für alle Klassenstufen liegen versetzt hinter dem Eingangsgebäude. In diesem Bereich des Schul-Campus befinden sich auch die Räume des Medienzentrums des Hochtaunuskreises. Der großzügige Eingangshof und die Freibereiche zwischen den Gebäudeteilen werden als begrünte Pausenhöfe genutzt, die den einzelnen Jahrgangsstufen zur Verfügung stehen. Die Flurwände innerhalb der Unterrichtsräume sind als Installationszone ausgebildet, in der die Vertikalschächte für die Lüftungsanlage integriert sind. Durch einen vollflächigen Hohlraumboden in allen Unterrichtsräumen entstand eine horizontale Installationsebene für spätere Nachrüstungen. Zusammen mit dem Schachtsystem ergibt sich ein Maximum an Nachrüstbarkeit und damit eine flexible Nutzung der Räume.

REDUZIERTE MATERIALIEN

An der Fassade finden sich wenige einheitliche Materialien wieder, die für eine Zusammenfügung der aufgelösten Baustruktur sorgen. So erhielten alle geschlossenen Wandflächen eine Verkleidung aus hellgrau-grünen geschuppten Schieferplatten. Wie ein Hut

Philipp-Reis-Schule: Lüftungsanlagen im Bereich der Schrankzonen und Hohlraumböden sorgen für den Frischluftaustausch

stülpt sich das Dach der Mensa über das Fassadenband. Hierdurch entsteht ein nach oben eher introvertierter Raumeindruck, während sich der Innenraum gleichzeitig über großflächige Fassaden mit dem Außenraum verbindet.

HAUSMEISTERZENTRALE ÜBERWACHT GEBÄUDELEITTECHNIK

Acht Lüftungszentralen mit 16 Lüftungsgeräten stehen zur Verfügung. Die Überwachung und Steuerung des Gesamtsystems erfolgt von der Hausmeisterzentrale aus. Bereits

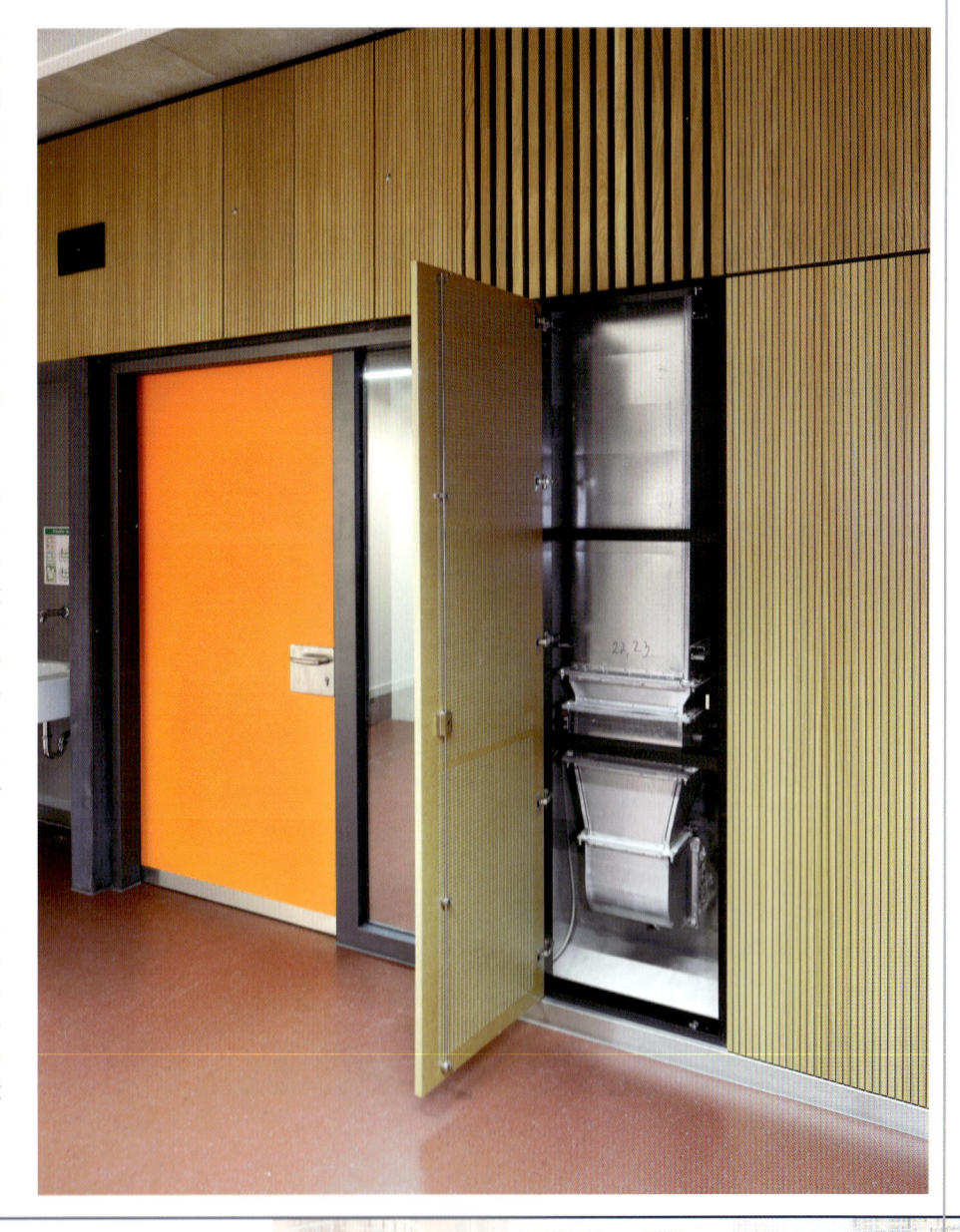

Philipp-Reis-Schule: Die beiden Sporthallen entstanden im Passivhausstandard unter Verzicht auf viele Glasflächen, was dem transparenten Charakter der Gebäude jedoch nicht schadet

während der Rohbauphase wurden vor dem Betonieren der Massivdecken ca. 125.000 m Kunststoffrohr für die Betonkernaktivierung eingelegt. Sie dienen den fertigen Betondecken zur Kühlung und Beheizung des Gebäudes, sodass im gesamten Gebäude auf Heizkörper verzichtet werden konnte. Lediglich in einzelnen EDV-Sälen oder anderen Räumen, in denen technische Anlagen einen hohen Wärmeeintrag verursachen, kommen zusätzliche Klimaanlagen zum Einsatz. Das gesamte Gebäude wird kontrolliert belüftet. Lüftungslamellen im Bereich der Fassade und dem Dach saugen die Luft an und leiten sie im Bereich der Schrankzonen und Hohlraumböden bis zur Fensterseite. Mittels Quellauslässe im Boden wird die vortemperierte Luft dann dem Raum zugeführt. Die Abluft wird durch die Flurbereiche abgesaugt und über Betonkanäle mit einem Durchmesser von bis zu 2.000 mm im Außenbereich vom Gebäude weggeleitet und durch Schachtbauwerke an die Außenluft abgegeben. Durch die Wärmerückgewinnung der Abluft wird das maximale Maß an Energieeffizienz erreicht. Der gesamte Primärenergiebedarf der Schulgebäude weist beinahe so niedrige Werte auf, wie sie in der Passivbauweise erzielbar sind.

SPORTHALLEN IN PASSIVHAUSSTANDARD

Der Passivhausstandard der beiden Sporthallen setzt sich aus einem gut durchdachten Zusammenspiel verschiedener Einzelmaßnahmen zusammen. So wurde auf viele Glasflächen verzichtet, ohne jedoch den transparenten Charakter der Gebäude einzuschränken. Außenliegende Raffstoreanlagen an den Fassaden und Horizontalverschattungsanlagen über den Innenhöfen verhindern eine zu hohe Aufheizung der Schulgebäude im Sommer. Die Beizung der Schule und der Sporthallen erfolgt durch eine Kombination aus Geothermie und einer Holzpellet-Heizung in Verbindung mit Betonkernaktivierung. Für die Warmwasserbereitung steht zusätzlich Solarthermie zur Verfügung. Um die Erdwärme optimal nutzen zu können, wurden im Außenbereich 48 Bohrungen in eine Tiefe von 120 m eingebracht. Die Geothermie heizt im Winter und kühlt im Sommer. Die Holzpellet-Heizung fängt Spitzenlasten ab, um die Schulräume auf einer konstanten Temperatur zu halten. Es werden

Philipp-Reis-Schule: Die Freibereiche zwischen den Gebäuden dienen als Pausenhöfe mit hoher Aufenthaltsqualität

ausschließlich Holzpellets aus heimischen Resthölzern verfeuert.

JUSTIZVOLLZUGSANSTALT FRANKFURT AM MAIN I

Der Hessische Justizminister Jörg-Uwe Hahn erhielt im August 2011 als Hausherr den Schlüssel zur neuen Justizvollzugsanstalt im Frankfurter Stadtteil Preungesheim. Dort, wo bis zum Jahr 2000 ein mächtiger, elfgeschossiger Betonklotz mit Betonblenden vor den Fenstern gestanden hatte, übergab der hessische Finanzminister Dr. Thomas Schäfer das Gebäude an den neuen Hausherrn. Das ehemalige Gebäude, in einer harten Architektursprache errichtet, stammte noch aus der Zeit vor dem Inkrafttreten des bundeseinheitlichen Strafvollzugsgesetzes. Es hatte nicht mehr den heutigen Standards entsprochen und musste abgebrochen werden. Auf seiner Baufläche entstand eine neue, moderne Untersuchungshaftanstalt für die Rhein-Main-Metropole.

Der Standort genau zwischen den benachbarten Justizvollzugsanstalten Frankfurt am Main III und Frankfurt am Main IV brachte dem Betreiber zwar Vorteile in der gemeinsamen Nutzung von Großküche, Zentralwäscherei und Blockheizkraftwerk ein, forderte aber vom Generalunternehmer, der „ARGE Neubau JVA Frankfurt am Main I" zwischen

Justizvollzugsanstalt FFM I: Meterhohe dicke Mauern und Stacheldrahtrollen schirmen die JVA von der Nachbarbebauung ab

der BAM Deutschland AG und der Ed. Züblin AG, eine erhöhte Baulogistik. Für die Projektleiter Bernd Honig (BAM) und Matthias Michael (Züblin) war das beengte Baufeld inmitten der beiden in Betrieb befindlichen Haftanstalten eine Herausforderung. Die engen Platzverhältnisse in Verbindung mit dem hohen Transportvolumen machten eine zeitlich genaue Terminierung aller Anlieferungen

Justizvollzugsanstalt FFM I: Bis vor zwölf Jahren stand an der Stelle des Neubaus die alte JVA, die nicht mehr dem heutigen Standard entsprochen hatte. Der Neubau liegt zwischen der JVA FFM III und JVA FFM IV. Die sieben Einzelgebäude sind unterirdisch miteinander verbunden

unerlässlich. Durch die Eingliederung des Neubaus ergeben sich für den Betreiber hohe wirtschaftliche Synergien, denn das neue medizinische Zentrum, die Sporthalle und der

Öffentliche Bauten / Sanierung / Wohn- und Geschäftsbauten / Gewerbebauten

Andachtsraum werden von der Nachbaranstalt Frankfurt am Main IV mitgenutzt. Durch die gemeinsame neue Außenpforte reduziert sich zudem der Personalbedarf.
Im Juli 2007 startete der Bau im Auftrag des Landes Hessen, vertreten durch das Hessische Baumanagement. Durch den Wegfall der Einrichtungen in Offenbach, in Frankfurt-Höchst und dem abgebrochenen „kleinen Haus" waren Haftplätze verloren gegangen. Aber mit den 564 neuen, modernen Plätzen sind 270 zusätzliche Haftplätze entstanden. Aus der Untersuchungshaftanstalt Weiterstadt zogen ca. 300 Gefangene in den Neubau nach Preungesheim um; ihre freien Plätze werden nun in Weiterstadt für die Strafhaft genutzt.

Justizvollzugsanstalt FFM I: Netze über den Freiflächen dienen als zusätzlicher Schutz vor spektakulären Ausbruchversuchen mit Hubschrauberunterstützung

MAUERN AUS STAHLBETON

Das Architekturbüro Frick Krüger Nusser aus München plante einen Gebäudekomplex, der sich in sieben Einzelgebäude unterteilt, die durch ein Versorgungstunnelsystem miteinander verbunden sind. Auf einer Fläche von rund 22.000 m² entstanden drei Unterkunftsgebäude für 508 Insassen, ein Sport- und Mehrzweckbereich, ein Aufnahme- und Krankenbereich mit 34 Pflegebetten, ein Pfortengebäude sowie eine Transportabteilung mit 56 Haftplätzen. Die drei- bis fünfgeschossigen Gebäude wurden zum größten Teil in Fertigteilbauweise hergestellt. Oberstes Gebot bei der Planung und dem Bau war die Sicherheit der Bevölkerung. Dementspre-

Justizvollzugsanstalt FFM I: 508 Insassen werden auf einer Fläche von rund 22.000 m² ihre Untersuchungshaft „absitzen"

Öffentliche Bauten / Sanierung / Wohn- und Geschäftsbauten / Gewerbebauten

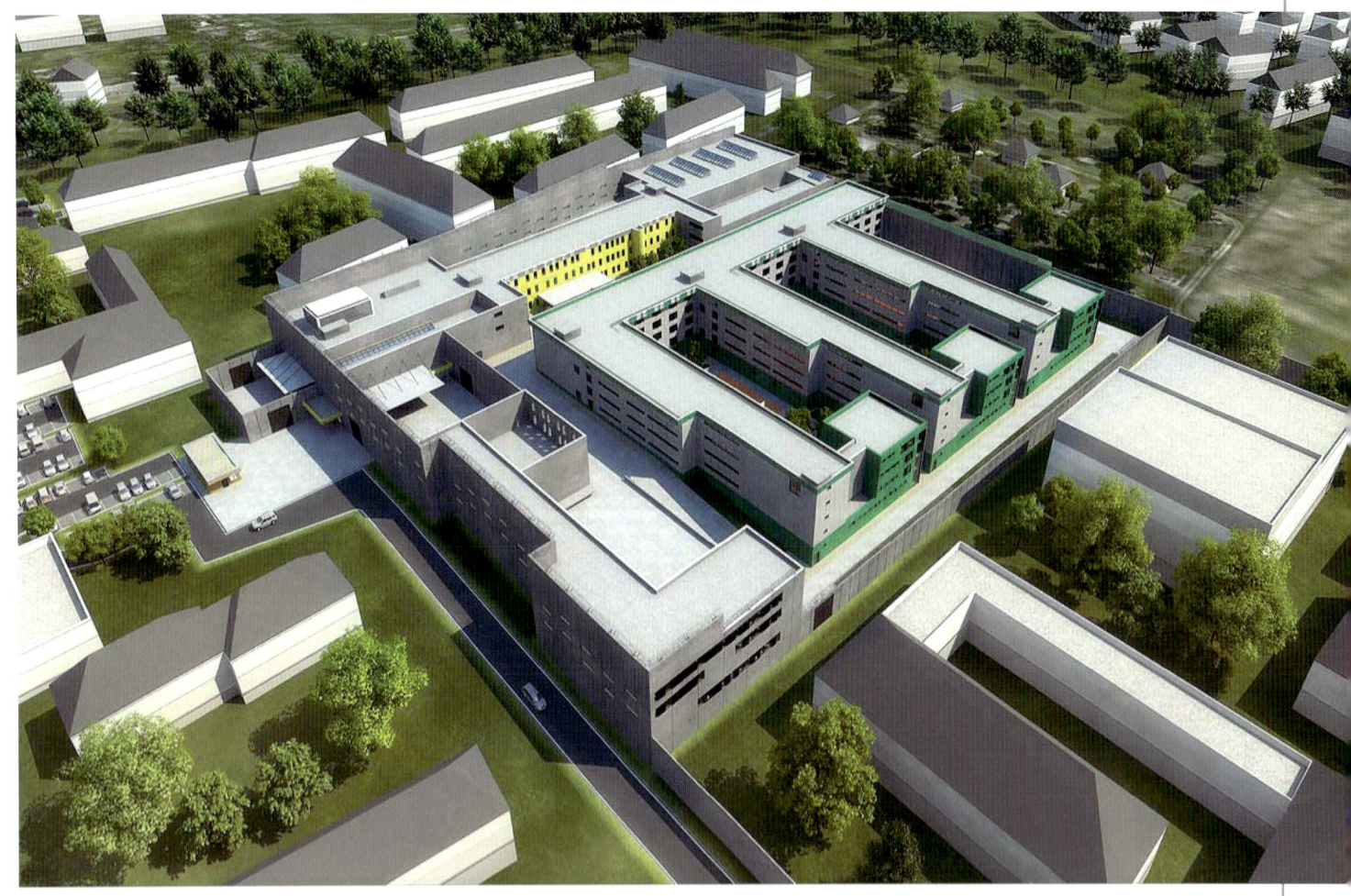

chend dick und wuchtig wurden die Mauern errichtet. Sie sind aus Stahlbeton gefertigt und bis zu 8 m hoch. Auf ihrer Krone sind jeweils drei Rollen Stacheldraht als zusätzliche Barriere aufgebracht. Wo die Mauern Gebäude berühren, überragen sie diese deutlich, sodass die Umfassungsmauer an solchen Punkten eine Höhe von bis zu 15 m erreicht. Der umgebenden Mauer im Innenbereich ist ein Sicherheitszaun vorgelagert, der ebenfalls mit jeweils drei Rollen Stacheldraht Ausbruchsversuche in Richtung Mauer verhindert. Zusätzlich sind Zaun und Mauer mit Bewegungsmeldern gesichert. Die gesamte Anstalt (bis auf die Zellen) wird mit Hilfe von 383 Video-Kameras bis in den letzten Winkel überwacht. Gestochen scharfe Bilder laufen in der Sicherheitszentrale auf. Die Dachkanten sind mit Übersteigschutz und Stacheldrahtrollen gesichert.

Alle Türen sind mit elektronischen Schließanlagen versehen. Nur die Hafträume sind mit mechanischen Hochsicherheitstürschlössern gesichert, wie der Leiter der neuen JVA, Frank Lob, erläutert. Eine Panzerverglasung, die selbst Explosionen standhält, schützt die Außenpforte gegen Angriffe. Ein Beschuss der Verglasung löst bereits Alarm aus. Eine stählerne Durchfahrtsperre, die aus der Fahrbahn ausgefahren werden kann, schützt die Einfahrt in die Fahrzeugschleuse, die zudem über ein Fahrzeugunterboden-Kontrollsystem verfügt. Jede Veränderung am serienmäßigen Zustand der Unterseite eines Fahrzeugs fällt sofort auf. Diese hochsensible Anlage zeigt Verstecke und flüchtige Personen zuverlässig an.

Man hört im Ausland immer wieder von spektakulären Befreiungsaktionen mit Hilfe von Hubschraubern, die über Gefängnishöfen kreisen und per Seil Häftlinge in die Freiheit liften. Ein Netz überspannt den Freistundenhof in Preungesheim und unterbindet somit solche Ausbruchversuche.

Justizvollzugsanstalt FFM I: Das zu bebauende Areal liegt fast im Zentrum der Justizvollzugsanstalten Preungesheim, wodurch bauliche Synergien und gemeinsame Nutzungen möglich sind. Die Bauarbeiten gestalteten sich jedoch äußerst schwierig, da die Sicherheit der anderen JVAs gewährleistet werden musste

15 MM MANGANSTAHLPLATTEN VOR DEN FENSTERN

Weitere Besonderheiten während der Bauzeit waren die 14 m hohen Umfassungswände in SB-4-Ausführung und die aus gewalzten, 15 mm starken Manganstahlplatten herausgelaserten Vergitterungen mit einem produktionsbedingten Verschnitt von bis zu 80 Prozent. Mit solchen Materialien hat man nicht täglich auf der Baustelle zu tun.

AMERIKANISCHE ELEMENTE TREFFEN AUF EUROPÄISCHE REIHENHAUSKULTUR

Im Zuge der Neustrukturierung der im Ausland stationierten US-amerikanischen Streitkräfte wird das 7th Army Headquarter von Heidelberg nach Wiesbaden verlegt. Das Wiesbaden Army Airfield (WAAF), der ehemalige Flugplatz Erbenheim, wird bereits seit 1945 von der US Army als Militärflugplatz genutzt. Der Ausbau des Standortes macht neue bauliche Einrichtungen notwendig. Neben dem bestehenden Gelände gibt es auch eine Flächenerweiterung im Süden, wo das neue Wohngebiet auf rund 41 ha entstand. Das Architekturbüro Junghans + Formhals aus Weiterstadt hat 326 neue Wohneinheiten als Einzel-, Doppel- und Reihenhäuser entwickelt. Die insgesamt 13 verschiedenen Haustypen sind den jeweiligen Dienstgraden des militärischen Personals zugeordnet. In den sechs Ringstraßen, die sich entlang der Hauptstraße anschließen, gibt es jeweils maximal vier unterschiedliche Haustypen. Im Zusammenspiel mit dem Städtebau entstanden so bis 2012 Quartiere mit eigenständigen Charakteren.

Die Ed. Züblin AG hatte im Juni 2010 den Auftrag für die schlüsselfertige Errichtung der neuen Wohngebäude erhalten, die alle zweigeschossig und nicht unterkellert sind. Die Planungen haben im Innern bewusst typische amerikanische Elemente integriert. So treffen der „Family Room" und die „Breakfast Bar" auf effektiv organisierte europäische Reihenhausgrundrisse. Die frei stehenden Generalshäuser zeichnen sich demgegenüber durch großzügige und repräsentative Wohnbereiche aus. Laut Planer liegt eine besondere Qualität der Häuser darin, dass sowohl deutsche Bauvorschriften als auch US-amerikanische Normen und Richtlinien berücksichtigt wurden. Insbesondere sind die speziellen Sicherheitsanforderungen und die Vorgaben des Anforderungskataloges „SPiRiT Gold" für nachhaltiges Bauen erfüllt worden.

Die zukünftigen Bewohner werden einen Großteil ihrer Freizeit in der Wohnanlage verbringen. Die gemeinschaftlichen Freianlagen nehmen daher einen hohen Stellenwert bei der Gestaltung des Wohnumfeldes ein, zumal sie flächenmäßig den größten Anteil darstellen. Als weitläufige Parklandschaft bilden sie unterschiedliche Aufenthaltsbereiche. Auf die Bedürfnisse der Nutzer zugeschnitten sind die Erholungs- und Ruhezonen, Kommunikations- und Interaktionsbereiche sowie Spielplätze. Am nördlichen Rand des Wohngebietes liegen die Sportanlagen, die damit bei Veranstaltungen und während des laufenden Betriebes wenig stören. Geplant sind ein Baseballfeld und ein Fußballplatz sowie zwei Multifunktionsfelder für unterschiedliche Sportarten. Insgesamt ist ein Wohngebiet entstanden, in dem sich die amerikanischen Soldaten und ihre Familien wohlfühlen werden.

Family Housing Wiesbaden: Insgesamt 13 verschiedene Haustypen sind den jeweiligen Dienstgraden des militärischen Personals zugeordnet

Family Housing Wiesbaden: Das neue Wohngebiet entstand auf rund 41 ha Flächenerweiterung auf dem Wiesbadener Army Airfield (WAAF) auf dem ehemaligen Flugplatz Erbenheim

NH-Hotel Frankfurt: Das neue NH-Hotel ergänzt an der Friedrich-Ebert-Allee das Hotelangebot in Messenähe

EINE NEUE ÜBERNACHTUNGSADRESSE IN DER NÄHE DER MESSE

Die Frankfurter Friedrich-Ebert-Anlage gehört zu den Hauptstraßen im westlichen Zentrum der Stadt. Zusammen mit der Ludwig-Erhard-Anlage, dem Platz der Republik und der Düsseldorfer Straße bildet sie eine Zugangseinheit. In der Nähe der Messe gelegen, befinden sich hier Institutionen wie die Zentrale der Deutschen Bundesbahn. In den letzten Jahren entwickelte sich die Friedrich-Ebert-Anlage zunehmend zu einem Erweiterungsgebiet des Frankfurter Bankenviertels.
2011 eröffnete in der Friedrich-Ebert-Anlage das siebte NH Hotel in der Mainmetropole. Das Vier-Sterne-Hotel liegt nur rund 500 m von der Messe entfernt und ergänzt damit die anderen markanten Hotelstandorte von NH wie etwa am Flughafen und in der Innenstadt. Das Stadthotel mit Businesscharakter verfügt über 65 Zimmer, darunter zwei Juniorsuiten mit Balkon und ein behindertengerechtes Zimmer. Die Ausstattung entspricht gehobenem Standard und beinhaltet Wireless LAN, Klimaanlage, Fitnessraum und eine Bar. Im Sommer bietet die Terrasse einen herrlichen Ausblick auf die Skyline von Frankfurt.

ARCHITEKTONISCHES BEKENNTNIS ZUM STANDORT DREIEICH

Nach einer Bauzeit von einem knappen Jahr eröffnete die Volksbank Dreieich im April vergangenen Jahres ihre neue Filiale an der Buchschlagerallee in Dreieich. Das Geldinstitut war gleichzeitig auch Bauherr des modernen Wohn- und Geschäftshauses, das von der Ed. Züblin AG erstellt wurde. Mit dem Einzug der Bäckerei Ernst, die dort auch ein Café eröffnet hat, wird der Standort zusätzlich aufgewertet.
Auch architektonisch hat das Gebäude einiges zu bieten. Die mit dem Geschichtsverein Buchschlag geplante Außenfassade zeichnet sich durch eine klare Architektursprache aus. Schnörkellos und mit mehrfach versetzten Geschossen baut das Gebäude eine interessante Spannung auf. Ladengeschäfte, Praxen und mehrere Wohnungen bilden einen neuen Mittelpunkt in Dreieich.

ENERGETISCHE VORREITERROLLE IN ESCHBORN

Das neue Dienstleistungszentrum in Eschborn vereint Stadtwerke, Bauhof und Tiefbau. Das Ensemble besteht aus drei Gebäuden in rechteckiger Bauweise, die durch ihre Anordnung einen Innenhof entstehen lassen, sowie einer Zisterne mit ca. 350 m³ Fassungsvermögen. Im Hauptgebäude entstanden Räumlichkeiten für die Verwaltung, ein Schulungszentrum, ein Kundeninformationscenter und Sozialbereiche sowie Garagen und Lagerräume. Das zweite Gebäude umschließt die Werkstätten; im dritten Gebäude wurden Lagerräume und im Obergeschoss eine Hausmeisterwohnung errichtet. Die Neubauten sind in energetisch hochwertiger Qualität erstellt. In Verbindung mit der Errichtung des Verwaltungsgebäudes und der Hausmeisterwohnung im Passivhausstandard ergänzen die ca. 3.000 m² große Photovoltaik-Anlage und die Regenwassernutzung das ökologische Gesamtprinzip. Der Entwurf stammt vom Planungsbüro HHS Planer+Architekten aus Kassel.
In dem Neubau kommen alle zuvor über das Stadtgebiet verteilten Räumlichkeiten unter einem Dach zusammen. Gleichzeitig bestimmt der Neubau entscheidend die Stadteinfahrt Eschborns aus südlicher Richtung. Zum Schutz für Lagergut und Einsatzfahrzeuge wurde ein Großteil der Fläche überdacht. Die Verbindung von Dach und Gebäude führte zu der für den Entwurf typischen

NH-Hotel Frankfurt: Das Stadthotel mit Businesscharakter verfügt über 65 Zimmer und zwei Suiten

Öffentliche Bauten / Sanierung / Wohn- und Geschäftsbauten / Gewerbebauten

Volksbank Dreieich: Ladeneinheiten, Praxen und Wohnungen zogen in den Neubau, dessen Außenfassade zusammen mit dem Geschichtsverein Buchschlag entwickelt wurde

Bauform mit dem „angedockten" Vordach, jeweils in verschiedenen Größen. Die Vordächer wurden so gleichsam ein Teil des Gebäudes. In Verbindung mit den einfachen, rechteckigen Gebäudekuben erforderte diese Formgebung die Verwendung eines präzisen, schaftkantigen Verkleidungsmaterials. Bewusst verzichtete der Entwurf auf die jeweilige Ablesbarkeit der einzelnen Baukörper und ihrer Funktionen. Das Dienstleistungszentrum soll sich als Einheit präsentieren.

Bei der energetischen Ausstattung hat die Stadt Eschborn eine Führungsrolle übernommen und den Verwaltungsbereich sowie die Hausmeisterwohnung in Passivhausstandard errichten lassen, erstmalig mit einer vorgehängten Fassade. Ein Blockheizkraftwerk und Photovoltaikanlagen unterstützen den hohen energetischen Anspruch. Zur Reinigung der Fahrzeuge und dem Betrieb der WC-Anlagen wird Regenwasser genutzt. Generalunternehmer Ed. Züblin Direktion Mitte, Bereich SF 2 hat das Gebäude schlüsselfertig übergeben.

HOTELERÖFFNUNG IM EUROVIERTEL IN FRANKFURT

Das neue DORMERO Hotel Frankfurt entstand nach den Plänen des auf Hotelplanung spezialisierten Architekturbüros MPP Jan Meding, Hamburg, und ist mit seiner Citylage und unmittelbaren Messenähe als gehobenes Business-Hotel im Drei-Sterne-Segment konzipiert. Der Neubau im Frankfurter Europaviertel wurde Anfang 2012 in direkter Nachbarschaft zur Messe auf dem Gelände des ehemaligen Güterbahnhofes übergeben. Die exponierte und verkehrsmäßig hervorragende angebundene Lage direkt an der Europa-Allee und unweit der Messeeingänge Torhaus, Süd und West sowie die vielen neuen Ansiedlungen von Unternehmen und Wohnungen im Europaviertel bieten aus Sicht von STRABAG und der GOLD INN AG eine sehr gute unternehmerische Perspektive für das Hotel. STRABAG und GOLD INN AG bzw. die firmenzugehörige GI Hotelmanagement GmbH haben einen lang laufenden Pachtvertrag geschlossen.

Das Marken- und Designkonzept für die DORMERO Hotels hat die Gold INN AG mit dem renommierten Berliner Hoteldesigner und Innenarchitekt Arthur Fischer entwickelt. Zu den Highlights zählen, neben einem zukunftsweisenden Zimmer- und Baddesign, eine bislang einzigartige Flatscreen-Wand mit intelligenter Mediensteuerung. Dies erlaubt den Gästen u.a. die Auswahl individueller Zimmerbeleuchtungsszenarien sowie den kostenlosen Internetzugang und Unterhaltung mit Blockbuster-Filmen in HD-Qualität. Die technische Ausstattung in den Zimmern wird mit den als Standard vorgesehenen Funktastaturen und Dockingstations für Endgeräte der Hotelgäste abgerundet. Mit diesen Komfortmerkmalen des DORMERO Hotels werden dem Hotelgast damit eine bestmögliche Entspannung und Erholung geboten.

Hinter der Etablierung der Marke „DORMERO Hotels" steht mit Hans Rudolf Wöhrl ei-

Dienstleistungszentrum Eschborn: Das neue Dienstleistungszentrum in Eschborn vereint Stadtwerke, Bauhof und Tiefbau

Öffentliche Bauten / Sanierung / Wohn- und Geschäftsbauten / Gewerbebauten

DORMERO Hotel Frankfurt: 20 neue DORMERO Hotels sollen in den nächsten fünf bis zehn Jahren in Deutschland eröffnet werden

ner der erfolgreichsten Unternehmer Deutschlands. Wöhrl hat sich u.a. mit seinen erfolgreichen Engagements bei der der dba, Eurowings, gexx, der LTU und der Textilgruppe Wöhrl einen Namen gemacht. Gemeinsam mit dem Gründer der GOLD INN Gruppe, Alexsej Leunov, wird ein nachhaltiges Wachstum der DORMERO Hotels angestrebt. 20 DORMERO Hotels sollen insgesamt in Deutschland in den nächsten fünf bis zehn Jahren eröffnet werden. Die bereits bestehenden DORMERO Hotels weisen weit überdurchschnittliche Auslastungskennziffern und eine sehr hohe Gästezufriedenheit auf.

SAUNA UND EISBRUNNEN FÜR DIE GÄSTE

Das Hotel verfügt insgesamt über 148 Zimmer, ein Restaurant mit Bar und Lounge sowie einen Konferenzbereich. Im obersten Geschoss des DORMERO Hotels können die Gäs-

te im Fitness- und Wellnessbereich mit Sauna und Eisbrunnen entspannen. Der Gebäudekörper trägt der Grundstücksform Rechnung und bildet im Erdgeschoss einen annähernd dreieckigen Grundriss. Die Fassade vom ersten bis sechsten Obergeschoss springt leicht zurück und stellt so einen städ-

tebaulich markanten Einschnitt dar. Über den sechs Hotelzimmergeschossen befindet sich noch ein Technikgeschoss.
Die Rohbaukonstruktion bestand zum Großteil aus Fertigelementen. Laut Projektleiter Niklas Bader wurde die Fassade als Lochfassade mit Kunststofffenstern in den Oberge-

DORMERO Hotel Frankfurt: Nach dem Messebesuch erwartet den Gast ein erholsamer Besuch im Hotelrestaurant

Öffentliche Bauten / Sanierung / Wohn- und Geschäftsbauten / Gewerbebauten

DORMERO Hotel Frankfurt: Das Marken- und Designkonzept stammt von dem Berliner Hoteldesigner und Innenarchitekt Arthur Fischer

Mit der Übergabe der beiden Neubauten an die Schule entspannte sich auch die Raumsituation am Hauptstandort der Schule in der Oberhöchster Straße. Die Auslagerung eines Teiles der Schule nach Bad Homburg endete mit dem Umzug.

In den Campusgebäuden haben Auszubildende für die Berufe Einzelhändler/-in, Lagerist/-in, Bankkaufmann/-frau, Industriekaufmann/-frau, Steuerfachangestellte/r und Verkäufer/-in ebenso ein neues Zuhause gefunden wie die Schülerinnen und Schüler der zweijährigen Berufsfachschule, die zum mittleren Abschluss führt.

„Mit den neuen Gebäuden können wir der Schule bessere Ausbildungsmöglichkeiten bieten. So beherbergt ein Raum beispielsweise einen Laden, in dem Verkaufssituationen simuliert werden können. Zudem gibt es einen Raum, der als Lernlager dient und in dem praktische Elemente der Lagerwirtschaft und Logistik geübt werden können. Kurzum: Die Gebäude tragen den Bedürfnissen der Schulgemeinde Rechnung, und sie fördern durch ihre offene Gestaltung die Kommunikation der einzelnen Ausbildungszweige untereinander", stellte der Erste Kreisbeigeordnete Dr. Wolfgang Müsse die neuen Gebäude vor.

schossen, Aluminiumfenstern im Erdgeschoss und einem Wärmedämmverbundsystem über alle Geschosse erstellt. Im Erdgeschoss erhielt das Wärmedämmverbundsystem eine Natursteinverblendung.

NEUE CAMPUSGEBÄUDE IN OBERURSEL

Die kaufmännische Berufsschule des Hochtaunuskreises mit Sitz in Oberursel hat ihren Namen von der höchsten Erhebung im Taunus, dem (Großen) Feldberg. Die Zentrale der Feldbergschule (FBS) liegt in der Nähe der Oberurseler Innenstadt; die beiden neu errichteten Campusgebäude befinden sich auf einem Grundstück des Hochtaunuskreises, auf dem bereits eine Haupt- und Realschule sowie die Hochtaunusschule als weitere Berufsschule angesiedelt sind. Derzeit unterrichten insgesamt 104 Lehrkräfte die 1.736 Schüler der Feldbergschule.

Im Februar dieses Jahres eröffneten die neuen Campusgebäude. Die Ed. Züblin AG erhielt den Auftrag für die schlüsselfertige Erstellung der beiden Neubauten, die südöstlich der bestehenden Sporthalle errichtet wurden. Gebaut wurden sie nach den Plänen des Architekten- und Ingenieurbüros Loewer + Partner aus Darmstadt.

LICHTPYRAMIDEN ÜBER DEN HALLENDÄCHERN

Die beiden nahezu baugleichen Campusgebäude sind zweigeschossig und haben einen annähernd quadratischen Grundriss. Campusgebäude A besitzt zudem einen Keller. Verbunden sind sie mit einem eingeschossigen Gang, in dem der Haupteingang für beide Bauten integriert ist. Jedes Gebäude verfügt über eine innenliegende Halle, um die die jeweils rund 18 Klassen- und Fachräume sowie weitere Nebenräume windflügelartig angeordnet sind.

Eine aufgesetzte Lichtpyramide sorgt in den Hallen jeweils für Tageslichteinfall. Beheizt werden die beiden Gebäude über einen holzbefeuerten Pelletkessel sowie einen Gaskessel für die Spitzenlasten. Für die Toilettenspülung und die Bewässerung der Außenanlagen wurde eine Regenwasserzisterne installiert, das Dach erhielt eine extensive Begrünung. In den Außenanlagen wurde Wert

Feldbergschule Oberursel: So leer werden die Klassenräume der Feldbergschule in Oberursel nie mehr sein

82 | Öffentliche Bauten / Sanierung / Wohn- und Geschäftsbauten / Gewerbebauten

Feldbergschule Oberursel: Die beiden nahezu baugleichen Campusgebäude sind zweigeschossig mit einem annähernd quadratischen Grundriss

darauf gelegt, versiegelte Flächen möglichst zu minimieren und den vorhandenen Baumbestand zur Nachbarbebauung zu erhalten. Um das Gebäude herum befindet sich ein Fluchtbalkon aus Stahl, an dem ein starrer Sonnenschutz angebracht wurde. Projektleiter Andreas Wojewodka hat den Neubaukomplex nach rund 16 Monaten Bauzeit übergeben können. Insgesamt entstand eine Brutto-Geschossfläche von ca. 5.515 m².

NEUER BLICKFANG AUF MAINOVA-BETRIEBSGELÄNDE

Die Bereiche SF 1 und Roh- und Ingenieurbau der Direktion Mitte haben im Juni 2010 den Auftrag von der Mainova AG für die schlüsselfertige Erstellung zweier Werkstatt- und Bürogebäude erhalten. Die Neubauten wurden auf dem Betriebsgelände des Energieversorgers in der Gutleutstraße in Frankfurt am Main errichtet. Es handelt sich hierbei um annähernd baugleiche Module mit jeweils zwei Werkstattgeschossen, drei Büroetagen mit Innenhöfen und einem Technikgeschoss. Die Gebäudegrundfläche der beiden Module zusammen beträgt ca. 1.700 m². Die Gebäude werden durch das elegante Farbkonzept und die abwechslungsreichen Fassaden, bestehend aus Pfosten-Riegel-Konstruktionen, Profilbauglas, Glasmosaikflächen und diversen Blechfassaden, zum neuen Blickfang des Betriebsgeländes der Mainova. Projektleiterin Dana Marticke konnte Anfang 2012 die schlüsselfertigen Gebäude übergeben.

TROCKENE FÜSSE AN DEN BAHNSTEIGEN

Der Wiesbadener Hauptbahnhof – von 1904 bis 1906 als Kopfbahnhof im neubarocken Stil mit kupfernen Tunneldächern gebaut – steht unter Denkmalschutz. Rund 30.000 Reisende und ca. 500 Zugbewegungen bewältigt der Hauptbahnhof heute täglich. Zwischen 1970 und 1980 hatte eine große Umgestaltung des Bahnhofes stattgefunden, bei der u.a. die Wartehallen entfernt wurden. Die nächste umfassende Sanierung startete 2002. Mit der Erneuerung der Hallenkonstruktion, unter Berücksichtigung der Belange des Denkmalschutzes, endeten die Arbeiten im vergangenen Jahr.
Die Lage des Bahnhofsgebäudes an einem

Feldbergschule Oberursel: Lichtpyramiden über den Hallendächern leiten viel Tageslicht in das Schulgebäude

der wichtigsten städtebaulichen Punkte der Hessischen Landeshauptstadt erforderte neben den reinen baulichen Maßnahmen auch einen hohen gestalterischen Anspruch.
Unter laufendem Bahnbetrieb wurden im vergangenen Jahr die fünf Hallendächer der Kopfbahnsteige sukzessive saniert. Da das alte Glasdach nie gereinigt werden konnte, ließ es zum Schluss nur noch wenig Licht durch. Eine Vorrichtung zur regelmäßigen Reinigung sorgt nun zukünftig dafür, dass es im Innern des Hauptbahnhofes hell und freundlich bleibt. Der Austausch der ehemals dunklen Holzverkleidung durch helles zweischaliges Blech unterstützt den Eindruck zusätzlich, auch wenn die Holzoptik an die alte Architektur erinnert. Im Zuge der Sanierung verschwanden auch die kleinen querstehenden Seitenfenster unterhalb der Hallendächer. Sie hatten noch aus der Zeit der Dampflokomotiven gestammt und dienten als Rauchabzug. Im Laufe der Jahre war dort jedoch immer mehr Wasser eingedrungen, was dem Gebäude zunehmend zusetzte. In die offenen Fenster wurden querstehende Lamellen eingesetzt, die zwar weiterhin für eine Belüftung sorgen, das Mauerwerk und die Bahnsteige jedoch vor Regen schützen.

Öffentliche Bauten / Sanierung / Wohn- und Geschäftsbauten / Gewerbebauten

Betriebsgebäude Mainova: Der Neubau besteht aus zwei annähernd baugleichen Modulen mit jeweils zwei Werkstattgeschossen, drei Büroetagen mit Innenhöfen und einem Technikgeschoss

Eine Verbreiterung der Regenablaufrinne sorgt dann auch bei starken Regenfällen für trockene Füße auf den Bahnsteigen.

HIER WÄCHST FRANKFURTS CITY „GREEN"

Das 90 ha große Europaviertel in bester innerstädtischer Lage unterstützt die Stadt Frankfurt als Green City. Die Umnutzung des Frankfurter Güter- und Rangierbahnbahnhofs verwandelt ehemalige Gleisfelder in einen nachhaltigen Arbeits- und Lebensort für etwa 40.000 Menschen. Die 60 m breite Europa-Allee wurde Frankfurts einziger Boulevard und erschließt auf ca. 3,5 km Länge das gesamte Stadtquartier. Doppelte Baumreihen, attraktive Beleuchtung und Sitzgelegenheiten schaffen hier Verweilqualität. Die Europa-Allee präsentiert sich mit klassischen Qualitäten, wie sie ansonsten nur auf den großen Flaniermeilen anderer europäischer Metropolen anzutreffen sind.

Die Verbindung von Wohnen, Arbeiten, Leben und Freizeit, die hochwertige Qualität des öffentlichen Raumes und der hohe Anteil an Grünflächen von etwa einem Drittel des Gesamtareals zeichnen das stadtplanerische Konzept des Europaviertels aus. Die Planung

SPANNWEITEN ZWISCHEN 35 M UND 51 M

Die fünf Hallendächer haben Spannweiten zwischen 35 m und 51 m. Dabei überspannt eine 190 m lange Schutzdachkonstruktion mit Spannweiten zwischen 7,50 m und 12,50 m die Bahngleise der entsprechenden Halle. Dieses Schutzdach ruht auf fahrbaren Plattformeinheiten, die sich in knapp 7 m Höhe per Hand zum nächsten Gleisabschnitt rangieren lassen. Das Schutzdach konnte so mit geringem Zeitaufwand umgesetzt werden. Insgesamt 66 Plattformen mit 3 m Standardbreite wurden vormontiert angeliefert und durch ein teilweise geöffnetes Dach mit dem Kran auf die Tragkonstruktion eingehoben. Von dort aus konnte die jeweils benötigte Position ohne weitere Kranunterstützung erfolgen. Die Tragkonstruktion besteht aus Schienen, die ihrerseits weder die Bahngleise noch die entsprechenden Laufwege der Fahrgäste stören durfte.

Im Rahmen der Sanierung der Hallendächer wurde auch auf eine Verbesserung des Regenwasserabflusses geachtet. Zukünftig wird es doppelt so schnell ablaufen wie vorher.

Hauptbahnhof Wiesbaden: Die Sanierung der fünf Hallendächer des Wiesbadener Hauptbahnhofes schließt die große Umbaumaßnahme des unter Denkmalschutz stehenden Gebäudes ab

Europagarten Frankfurt am Main: Ed. Züblin erhielt den Auftrag zwölf Gebäude mit einer zusammenhängenden Tiefgarage schlüsselfertig zu erstellen

des neuen Quartiers zwischen dem Hauptbahnhof und der Messe Frankfurt war von Beginn an zukunftsweisend: Schon die ersten Entwürfe der Stadtplaner AS&P – Albert Speer & Partner GmbH aus dem Jahr 1997 haben Ansprüche an eine nachhaltige Stadtentwicklung vorweggenommen, die zehn Jahre später in der Leipzig-Charta zur nachhaltigen Stadt formuliert worden sind. Die Erschließung des Europaviertels begann 2005, und bis 2019 soll das gesamte Quartier fertiggestellt sein. Im westlichen Abschnitt des Europaviertels zwischen Emser Brücke und dem Rebstockgelände werden künftig etwa 13.000 Menschen arbeiten und leben. Als eines der ersten fünf Stadtquartiere in Europa wurde das Europaviertel-West von der Deutschen Gesellschaft für nachhaltiges Bauen (DGNB) mit der höchsten Stufe „DGNB Zertifikat Erschließung in Gold" für die nachhaltige Umsetzung ausgezeichnet. Dabei erzielten neben der städtebaulichen Gestaltung insbesondere die soziale und erwerbswirtschaftliche Infrastruktur, die soziale und funktionale Vielfalt, die verkehrliche Infrastruktur und die Wertstabilität der Flächen Höchstwerte. Mit dem 6 ha großen Europagarten und drei weiteren Parks schließt das Europaviertel mit neuen Fuß- und Radwegen an den Frankfurter GrünGürtel an.

URBANES WOHNEN IM EUROPAVIERTEL
Als Generalunternehmer erhielt die Ed. Züblin AG 2009 den Auftrag zur schlüsselfertigen Erstellung von zwölf Gebäuden mit einer zusammenhängenden Tiefgarage. Die einzelnen Häuser wurden von drei Architekturbüros entworfen und beinhalten neben einer Kindertagesstätte 194 Mietwohnungen und 91 Eigentumswohnungen. Die Kindertagesstätte mit den darüberliegenden 34 Mietwohnungen wurde gemäß Passivhausstandard erstellt. Des Weiteren befindet sich im Untergeschoss des Gebäudes ein zentrales Blockheizkraftwerk, das die gesamten zwölf Gebäude mit Wärme versorgt. Alle weiteren Gebäude entsprechen dem Kfw-40-Standard. Die Tiefgarage samt den Untergeschossen der einzelnen Gebäude wurde als Weiße Wanne ausgebildet. Mit dem Wohnkonzept Westpark startet das urbane Leben

Europagarten Frankfurt am Main: 194 Mietwohnungen, 91 Eigentumswohnungen sowie eine Kindertagesstätte mit darüberliegenden 34 Mietwohnungen wurden direkt am Europagarten realisiert

direkt am Europagarten. Er schließt sich mit einer Fläche von rund 60.000 m² direkt an die Wohnbebauung an.
Bei den 2- bis 5-Zimmer-Wohnungen stehen zahlreiche Grundrissvarianten und -größen zur Verfügung. Die Ausstattung lässt keine Wünsche offen. Alle Wohnungen verfügen selbstverständlich über einen Balkon oder eine Terrasse; zahlreiche Wohnungen haben ein Tageslichtbad oder auch ein zweites Duschbad. Echtholzparkettböden in allen Wohn- und Schlafräumen sind eine Selbstverständlichkeit. Der Clou: Alle Wohnungen erhielten eine schicke, mit allen notwendigen Elektrogeräten ausgestattete Einbauküche.

Die Architektur der verschiedenen Gebäude passt sich hervorragend in das Gesamtkonzept des Europaviertels ein.
Züblin-Projektleiter Wolfgang Böhm hat mit seinem Team insgesamt 3.230 t Bewehrungsstahl verlegt, 23.039 m³ Beton und 5.300 m³ Mauerwerk verbaut. Rund 10.000 m³ Erde wurden bewegt, 16.400 m² Vollgipswände gestellt und rund 16.083 m² Wärmedämmverbundsystem angebracht. Die ersten Gebäude an der Idsteiner Straße wurden im Sommer 2010 an den Bauherren, die GWH Wohnungsgesellschaft mbH, übergeben. Die restlichen folgten im vergangenen Jahr.

Öffentliche Bauten / Sanierung / Wohn- und Geschäftsbauten / Gewerbebauten

Europagarten Frankfurt am Main: Inzwischen ist auch der Kindergarten fertig

-Proj. „Philipp-Reis-Schule"
Bauherr:
Kreisausschuss des Hochtaunuskreises, Bad Homburg v.d.H.
Planender Architekt:
Architekturbüro Broghammer/Jana/Wohlleber, Zimmern
Generalunternehmer:
Ed. Züblin AG Direktion Mitte, Bereich SF 1, Darmstadt

-Proj. „Neubau Justizvollzugsanstalt Frankfurt am Main I"
Bauherr:
Land Hessen,
vertreten durch das
Hessische Baumanagement, Frankfurt am Main
Planender Architekt:
Frick Krüger Nusser plan 2 GmbH, München
Generalunternehmer:
ARGE Neubau JVA Frankfurt am Main I
(TGF) BAM Deutschland AG,
(KGF) Ed. Züblin AG, Direktion Mitte, Bereich Sachsen

-Proj. „Family Housing"
Bauherr:
Hessisches Baumanagement
NL Wiesbaden
Planender Architekt:
Junghans+Formhals GmbH, Weiterstadt
Generalunternehmer:
Ed. Züblin AG Direktion Mitte, Bereich SF 2, Darmstadt

-Proj. „NH Hotel"
Bauherr:
Ali Selmi GmbH, Frankfurt am Main
Planender Architekt:
Ortells Project GmbH, Frankfurt am Main
Generalunternehmer:
Ed. Züblin AG Direktion Mitte, Bereich SF 2, Darmstadt

-Proj. „Volksbank Dreieich"
Bauherr:
Volksbank Dreieich
Planender Architekt:
D+Wplan, Darmstadt
Generalunternehmer:
Ed. Züblin AG Direktion Mitte, Bereich SF 2, Darmstadt

-Proj. „Dienstleistungszentrum Eschborn"
Bauherr:
Stadt Eschborn
Planender Architekt:
HHS Planer + Architekten AG, Kassel
Generalunternehmer:
Ed. Züblin AG Direktion Mitte, Bereich SF 2, Darmstadt

-Proj. „DORMERO Hotel"
Bauherr:
STRABAG Real Estate GmbH, Bereich Rhein-Main
Planender Architekt:
Architekturbüro MPP Jan Meding, Hamburg

Generalunternehmer:
Ed. Züblin AG Direktion Mitte, Bereich SF 1, Darmstadt

-Proj. „Feldbergschule Oberursel"
Bauherr:
Kreisausschuss des Hochtaunuskreises, Bad Homburg v.d.H.
Planender Architekt:
Loewer + Partner Architekten, Darmstadt
Generalunternehmer:
Ed. Züblin AG Direktion Mitte, Bereich SF 1, Darmstadt

-Proj. „Betriebsgebäude Mainova"
Bauherr:
Mainova AG, Frankfurt am Main
Planender Architekt:
Kleinert und Partner, Frankfurt
Generalunternehmer:
Ed. Züblin AG Direktion Mitte, Bereich SF 1, Darmstadt

-Proj. „Hallendachsanierung Hauptbahnhof Wiesbaden"
Bauherr:
DB Service, Berlin
Planender Architekt:
DB Station und Service, Berlin
Generalunternehmer:
Ed. Züblin AG Direktion Mitte, Bereich SF 2, Darmstadt

-Proj. „Europagarten Frankfurt am Main"
Bauherr:
GWH Wohnungsgesellschaft mbH Hessen, Frankfurt
Generalunternehmer:
Ed. Züblin AG Direktion Mitte, Bereich SF 1, Darmstadt

Partner am Bau:
- Adolf Würth GmbH & Co. KG
- WeGo Systembaustoffe GmbH
- EISELE AG Crane & Engineering Group
- Carl Stahl GmbH
- Schindler Aufzüge und Fahrtreppen GmbH
- IN-AUSBAU GMBH
- MEDIZINTECHNIK St. Egidien GmbH
- Gutachterbüro Beutler und Sohn
- Toriello GmbH
- ROMIG GMBH & CO. KG BAUCONSULT
- B & K Reinigungsdienst GmbH
- NWD Südwest
- PIES Betonsteinwerk GmbH & Co. KG
- PENELL GmbH
- Ingenieurbüro Jauch-Sielaff GmbH
- Ingenieurbüro P. Meyer
- Gottlieb Bedachung GmbH
- Eberspächer Glasbau GmbH
- Betonwerk Spittwitz GmbH
- TISCHLEREI HABERMEHL GmbH
- BONUS BAU GmbH
- Klum GmbH
- C.S. Baudekoration GmbH
- Kidde Brand- und Explosionsschutz GmbH
- Handke Brunnenbau GmbH
- Malermeister Steffen Köhler
- DEIN GmbH
- CFS-Baudekoration GmbH
- Peper & Co.
- WS Frankfurt GmbH
- Werbetechnik Grasemann
- SCHMITT + THIELMANN und Partner

- Institut für Schweißtechnik u. Ingenieurbüro Dr. Möll GmbH
- HAAG Ingenieur GmbH
- Geotechnisches Umweltbüro Lehr
- CAPAROL Farben Lacke Bautenschutz GmbH
- Wilhelm Marx GmbH + Co. KG
- FREYLER Stahlbau GmbH
- EGH Elektrogesellschaft Hartha GmbH
- Dressler Brandschutz GmbH
- Sauer GmbH
- J. Maul GmbH
- sebnitzer fensterbau GmbH
- Fugerservice Selmani
- Haberstroh Baubedarf GmbH
- Akustik und Trockenbau Andreas Hensel
- BHG Hessia Baustoffe GmbH
- BARTHEL Metallbau
- PHK Gerüstbau GmbH
- Ruck-Zuck-Gerüstbau und Verleih GmbH
- Dr. Hug Geoconsult GmbH
- Vermessungsbüro Michael Müller
- GET GEO EXPLORATION TECHNOLOGIES Dr. Arnim Kaus, Wolf Boening & Partner GbR
- TBH GmbH – Tiefbau-, Beratungs- und Handelsgesellschaft mbH
- Lenhart Metallbau GmbH
- Bodenmechanisches Labor Gumm
- FFM Media GbR
- KEMAS GmbH
- Plättner Communications Systeme GmbH
- quick-mix Stockstadt GmbH & Co. KG
- Henry Witt KG Elektroanlagen
- Rech Großküchen-Cafeteria-Einrichtungen
- Bauelemente Bensheim Vertriebs GmbH
- MSA Metall- und Stahlbau GmbH
- Bauelemente Wagner GmbH
- Gerüstbau Paul GmbH
- ADVANCE BAUGESELLSCHAFT UND BAUMANAGEMENT mbH
- Wistab Wittenberger Stahl- und Anlagenbau GmbH
- Bernd Sommer
- ATLAS Sicherheitsdienst GmbH
- Kieback&Peter GmbH & CO. KG
- Raab Karcher
- DEKRA Industrial GmbH
- Wetterauer Lieferbeton GmbH & Co. KG
- Tauber Explosive Management GmbH & Co. KG
- GPS mbH - Gesellschaft für Projektmanagement + Sanierung mbH
- Sehring Sand & Kies GmbH & Co. KG
- Sehring Beton GmbH & Co. KG
- Geisel GmbH Ingenieurbüro für Großküchentechnik
- Optimal Glas- und Gebäudereinigung
- Baugrundinstitut Franke-Meißner und Partner GmbH
- Goldschmidt + Fischer Diplom-Ingenieure Projektmanagementgesellschaft mbH
- Strähle Raum-Systeme GmbH
- Epowit Bautechnik GmbH
- Buse Neon Werbetechnik
- Reprotec CS
- Bosch Sicherheitssysteme GmbH
- Krebs und Kiefer Beratende Ingenieure für das Bauwesen GmbH

WÜRTH

MEHR EFFIZIENZ AM BAU

Mit individuellen Logistik-Konzepten von Würth

Dank der individuell kombinierbaren Logistikelemente unseres BAULOC-Systems minimieren wir Standzeiten und sorgen so für einen reibungslosen Ablauf auf der Baustelle.

Unsere Leistungen im Überblick:
- Projektorientierte Baufeldstützpunkte mit abschnittsbezogenem Sortiment
- Kostenlose Warenbevorratung und entnahmebezogene Abrechnung
- Just-in-Time-Lieferung an definierte Anlieferungspunkte
- Baugruppen-Vormontage, vorkonfektionierte und vorkommissionierte Lieferung
- Montageplatzbezogene Entnahmesysteme
- Lieferungsdokumentation und Kostenstellenverwaltung
- Maschinen-Leasing und Persönliche Schutzausrüstung

Wir unterstützen Sie gerne – direkt auf Ihrer Baustelle.

WIR MACHEN BAUSTELLE.
Baustellen-Projekt-Management

Adolf Würth GmbH & Co. KG • Baustellen-Projekt-Management • T 0 800–WBAULOC • F 07931 91-4072 • bauloc@wuerth.com • www.wuerth.de/bauloc

WeGo Systembaustoffe: Bundesweit immer der richtige Ansprechpartner für Wärme-, Kälte-, Schall- und Brandschutz

WeGo Systembaustoffe – das sind mehr als fünf Jahrzehnte Kompetenz in Dämmstoffen. Für unsere Kunden sind wir mit über 60 Niederlassungen deutschlandweit der größte Fachhändler und damit der erste Ansprechpartner für Wärme-, Kälte-, Schall- und Brandschutz. Unser Produkt-Know-how ist dabei ebenso ausschlaggebend wie unsere bundesweiten Logistikdienstleistungen sowie flächendeckende Warenverfügbarkeit.

Vom klassischen trockenen Innenausbau über Boden-, Decken-, Wand- und Fassadensysteme bis hin zum innovativen Klimadeckensystem ist WeGo Systembaustoffe der richtige Partner für viele Gewerke. Selbstverständlich finden Sie bei WeGo Systembaustoffe nur geprüfte Markenware, die die gesetzlichen Anforderungen erfüllt und alle erforderlichen bauaufsichtlichen Zulassungen und Prüfzeugnisse nachweisen kann. Darüber hinaus ergänzen die zahlreichen WeGo Eigenprodukte unser umfangreiches Sortiment: von einzelnen Komponenten über das richtige Werkzeug bis zu eigens für die verschiedensten Anwendungen zusammengestellten hochwertigen Systemlösungen.

Die Infrastruktur – große moderne Lager und ein Fuhrpark, der keine Wünsche offen lässt, sowie das flächendeckende Netz an WeGo Niederlassungen – kann sich wirklich sehen lassen. Durch diese Service- und Logistikkompetenz kann dank unserer großen Lagerkapazität die permanente Verfügbarkeit von Dämmstoffprodukten sichergestellt und die rechtzeitige Lieferung zur Baustelle gewährleistet werden. Weitere Informationen zu unseren Sortimenten und unserem Service erhalten Sie unter unserer kostenfreien Service-Hotline **0800 / 67 11 000** oder unter **www.wegosystembaustoffe.de** im Internet. Dort finden Sie auch alle technischen Details zu unseren Produkten und die Adressen und Kontaktdaten unserer Niederlassungen.

www.wego-systembaustoffe.de
info@wego-systembaustoffe.de
Service-Telefon 0800 / 67 11 000

WeGo Systembaustoffe GmbH

Niederlassung Hanau
Voltastraße 11 . 63457 Hanau
Tel. 0 61 81/67 14–0 . Fax 06181/67 14–22

Niederlassung Frankfurt
Lärchenstraße 139 . 65933 Frankfurt/Main
Tel. 069/9 39 93–0 . Fax 069/9 39 93–1 20

Keine Last zu schwer, keine Montage zu hoch

KRANE - TRANSPORTE - ARBEITSBÜHNEN

1988 als Abschlepp- und Krandienst gegründet, beschäftigt die Eisele AG heute ca. 60 Mitarbeiter und verfügt über einen modernen Fuhrpark aus Autokranen (Tragkraft von 30 bis 1200 Tonnen) und Hallenmobilkranen (Tragkraft von 7,5 bis 40 Tonnen). Europaweit bieten wir von der Beratung, über die Vermietung, bis hin zum Komplettservice (z. B. Vorbesichtigung des künftigen Einsatzortes, CAD-unterstützte Einsatzplanung, Einholen behördlicher Genehmigungen etc.) alle Dienstleistungen, die der Kunde bezüglich Kranen, Transporten, Betriebsumzügen oder Industriemontagen benötigt.

Das Programm umfasst die Kranvermietung, Hallenmobilkrane, Normal- und Schwertransporte, Betriebsumzüge, Industriemontagen, Hubarbeitsbühnen, Scherenbühnen, Industrielagerflächen und Gabelstapler.

EISELE AG
Crane & Engineering Group
Gutenbergstrasse 5
63477 Maintal

Telefon: 0 61 09 / 76 41 02
Telefax: 0 61 09 / 76 41 04

eMail: info@eisele.ag

EISELE AG
CRANE & ENGINEERING GROUP

www.eisele.ag

Ausführende Firmen — Anzeige

Carl Stahl

Ihr Spezialist für kreative Seil- und Netzlösungen in der Architektur

MODERN • TRANSPARENT • LANGLEBIG • WARTUNGSARM • SICHER

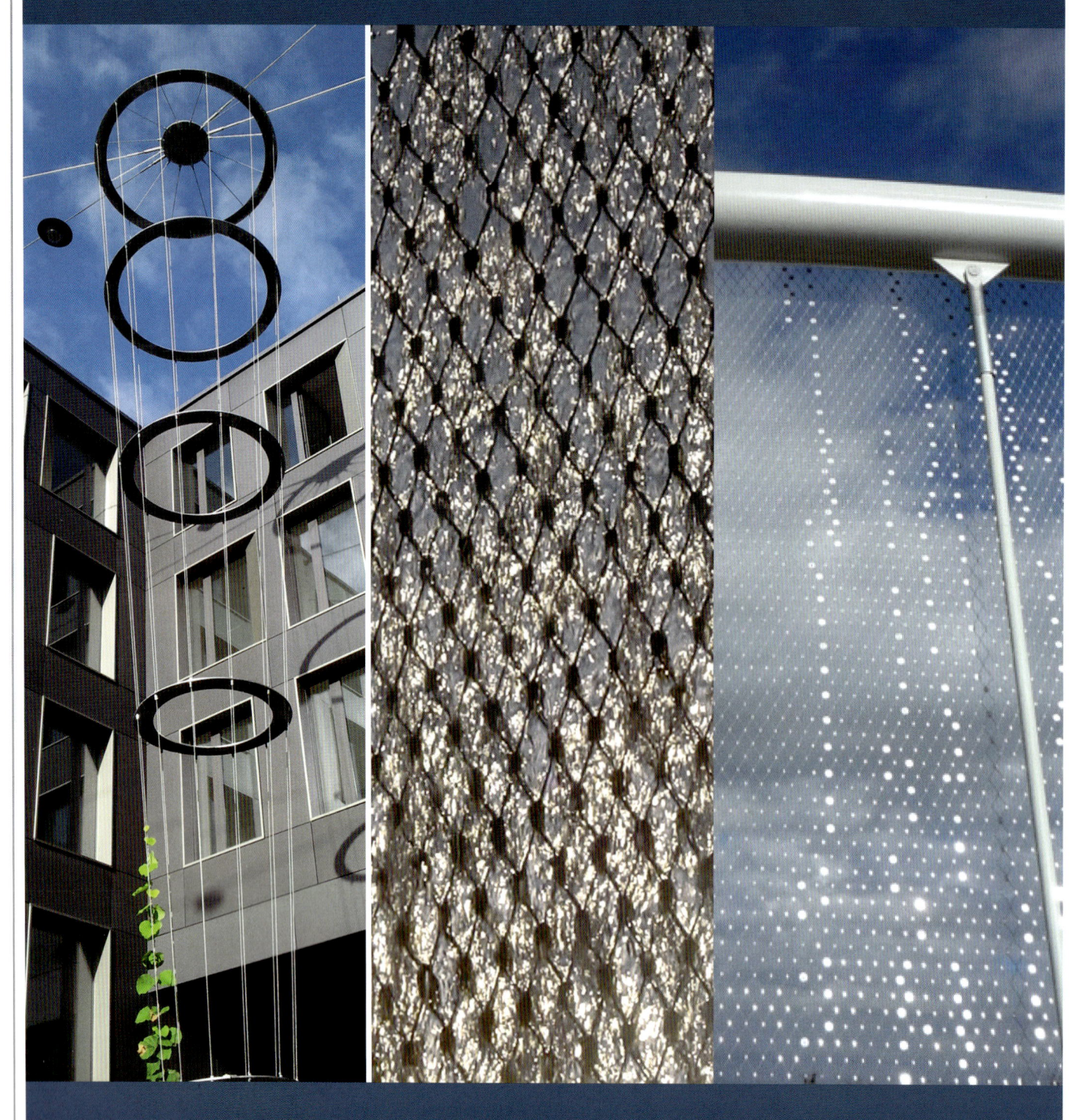

Carl Stahl GmbH | Tobelstr. 2 | 73079 Süssen | Tel.: +49 7162 4007 2100 | architektur@carlstahl.com
www.carlstahl-architektur.de

Anzeige

Ausführende Firmen

Schindler 7000
Spitzentechnologie für Wolkenkratzer

Dieser High-Rise-Aufzug vereint die Spitzenentwicklungen der Aufzugtechnik. Durch seine modernste Technik und mit bis zu 128 Haltestellen ist der Schindler 7000 ein Aufzugsystem der Spitzenklasse für Hochhäuser in aller Welt. Seine Fahrgäste geniessen eine ruhige, sanfte und gleichmässige Fahrt wie auf einem Luftkissen.

Der Schindler 7000 erreicht bis zu 500 Meter Förderhöhe. Er kann bis zu zehn Meter pro Sekunde zurücklegen. Das hohe Tempo ermöglicht in Kombination mit unserer Zielrufsteuerung Miconic 10 den zügigen Transport mehrerer tausend Menschen pro Tag. Wir helfen Ihnen, Visionen wahr werden zu lassen. Sprechen Sie uns einfach an.

Schindler Aufzüge und Fahrtreppen GmbH
Region Mitte
Wächtersbacher Str. 82, 60386 Frankfurt
Telefon 069 42093-0
mitte@de.schindler.com
www.schindler.de

Schindler

Ausführende Firmen Anzeige

IN-AUSBAU GMBH

| Trockenbau
Brandschutz | Steinmühlstrasse 12 b
61352 Bad Homburg |
|---|---|
| Akustik- und
Metalldeckensysteme | Telefon: 06172 / 95 90 - 40
Telefax: 06172 / 95 90 - 39 |
| Komplettlösungen
für den Innenausbau | Web: www.in-ausbau.com
Email: info@in-ausbau.com |

Ihr weltweit tätiges Fachunternehmen für

- Trockenbau
- Brandschutz
- Innenausbau
- Ladenbau
- Messebau

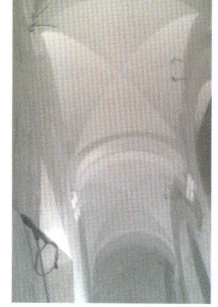

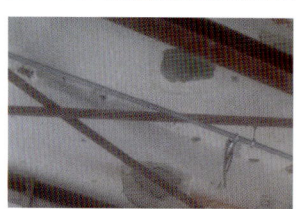

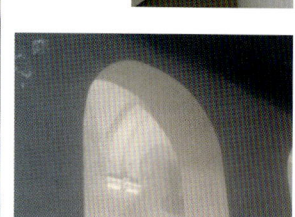

…neue Herausforderungen sind unsere Bestimmung!

Anzeige

Ausführende Firmen

MEDIZINTECHNIK St. EGIDIEN GMBH

Bildgebende Verfahren – Medizinische Elektronik – Informatik – Beratung – Projektierung – Ausstattung – Service

Wir sind Ihr Vertriebs- und Servicepartner im Bereich der Krankenhausradiologie seit 1995 für:

- Bildgebende Systeme
- Digitale Archivierung
- Bildverteilung
- Anbindung externer Einrichtungen
- Sonderkonstruktionen

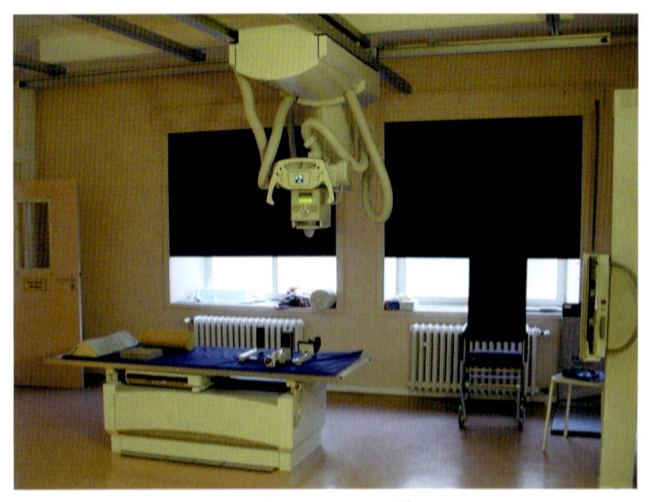

Toplift, Rasterwandstativ BS 2000, Elevator 2

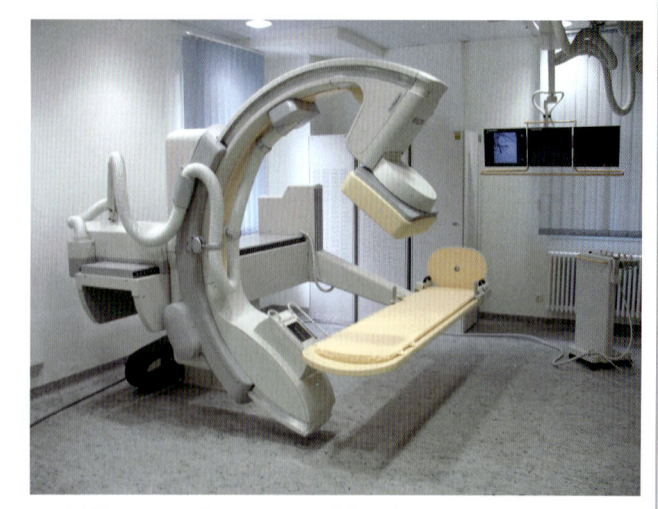

Multidiagnost Eleva FD Durchleuchtung

Wir bieten Beratung, Installation, Konfiguration und Support für die Systeme im PACS und RIS Bereich. Bei zahlreichen Installationen europaweit sind wir Generalauftragnehmer oder als Support-Partner vor Ort tätig.

Wir sind zertifiziert nach DIN EN ISO 13485:2010

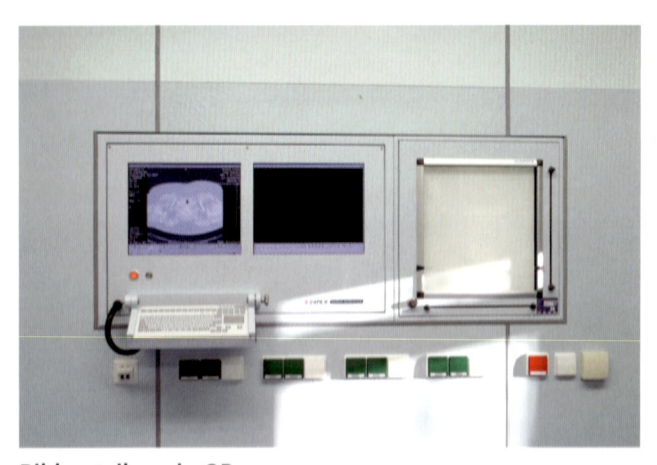

Wir bieten Ihnen eigenentwickelte Speziallösungen.
Wir verleihen Geräte und verkaufen Vorführtechnik. Fragen Sie uns!

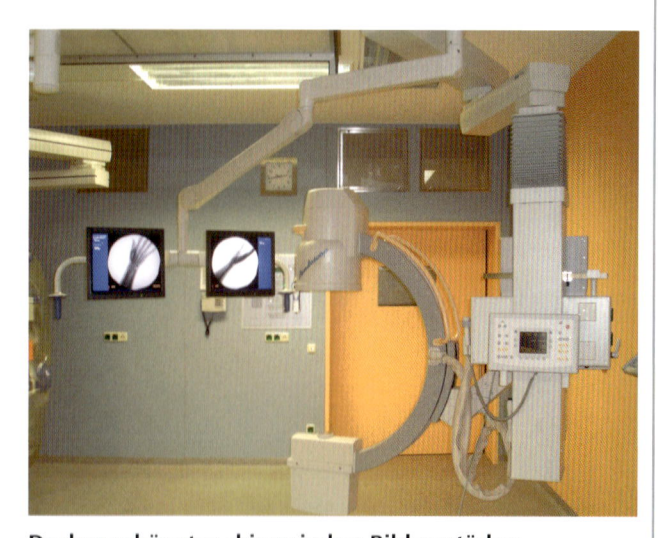

Deckengehängter chirurgischer Bildverstärker

Bildverteilung in OP

MEDIZINTECHNIK St. Egidien GmbH

Am Eichenwald 15
09350 Lichtenstein
Tel.: +49 (0) 372 04 – 50 20 0
Fax: +49 (0) 372 04 – 50 20 29
E-Mail: info@medizintechnik-web.de
Internet: www.medizintechnik-web.de

Anzeige

Gesundes Wohnen in den eigenen vier Wänden

Bauschäden können bis zur Unbewohnbarkeit von Häusern führen

Niemand möchte gerne mit Schimmelpilzen unter einem Dach wohnen. Die lästigen Mitbewohner sind gesundheitsgefährdend und können, je nach Befall, zur sofortigen Räumung von Gebäuden führen. Schimmelbefall in Wohnungen und Gebäuden ist kein ausschließliches Problem älterer Baujahre. Neue Gebäude, die aus energetischen Gründen mit einem Vollwärmeschutz ausgestattet sind, erfordern ein anderes Lüftungsverhalten als konventionelle Bauten, sonst kann es zu Pilzbefall kommen. Gleiches gilt für sanierte Gebäude, die aufgrund neuer luftdichter Fenster oder einem nachträglich aufgebrachten Wär-

Der Schimmelbefall wird oftmals erst sichtbar, wenn Verkleidungen entfernt werden

medämmverbundsystem ein Umdenken hinsichtlich der Raumnutzungen von ihren Bewohnern fordern.
Ist erst einmal ein Schimmelpilzbefall aufgetreten, so kann es bei der Ursachenforschung schnell zu einem Streit zwischen Mieter und Vermieter kommen. In solchen Fällen hilft Peter Beutler mit seinem Fachwissen und jeder Menge Technik. Mit sogenannten Datenloggern kommt der Gutachter und Sachverständige im Bauwesen den Ursachen auf die Spur. Mit Hilfe der Geräte, die kaum größer als ein Telefon sind, überprüft er das Lüftungsverhalten und die Nutzungsgewohnheiten der Bewohner. Aus den gewonnenen Daten erstellt er ein gerichtsverwertbares Gutachten und versucht zwischen den Parteien zu schlichten. Wichtig für ihn ist es, die Ursache für den Pilzbefall abzustellen und nicht nur

ein Pflaster draufzukleben.
Nicht nur durch falsche Lüftung luftdichter verpackter Häuser können Feuchtigkeitsschäden entstehen, die ein schnelles Handeln erfordern. Es finden sich immer häufiger Schadstoffe aus chemischen Belastungen in der Raumluft von Wohnungen. Sie können durch Bodenbeläge, Farben, Lacke, Möbel- und Inneneinrichtungen sowie Hausstaub entstehen. Erst die richtige Zuordnung und Analyse der Ursachen beheben die Schäden dauerhaft. Die sehr komplexe Suche setzt umfangreiche mikrobiologische Kenntnisse voraus. Peter Beutler gehört zu den wenigen qualifizierten Ansprechpartnern im Rhein-Main-Gebiet. Als zertifizierter Gerichtsexperte und Schadensexperte für Bau- und Grundstückswesen reicht seine Zulassung EU-weit. Als Privatdozent unterstützt er die Qualifikation des Nachwuchses. Durch die enge Zusammenarbeit mit dem Institut Fresenius in Taunusstein stehen analytische Untersuchungen zeitnah zur Verfügung.
Oft wird Peter Beutler gerufen, wenn der Schadensfall schon eingetreten ist. Vorbeugend berät er Architekten, Bauherren und Immobilienbesitzer bereits vor Baubeginn oder bei anstehenden Sanierungen. Neben der Bestimmung der Sanierungskosten und der Überwachung der entsprechenden Arbeiten gewährleisten seine Fachkenntnisse ein gesundes Raumklima.

Im feuchtwarmen Klima der Küche fühlen sich Schimmelsporen besonders hinter den Möbeln wohl

Gutachterbüro Beutler und Sohn
Sachverständiger und Gutachter
Mittelstraße 19
65614 Beselich
Tel. 0 64 84/8 91 64 38
Fax 0 64 84/8 91 70 03
www.gutachter-beutler.de
pbeutler@t-online.de

Anzeige

Ausführende Firmen

TORIELLO GmbH Landschaftspflege

Landschaftspflege seit 1981

Seit 2012 sind wir präqualifiziertes Unternehmen
(Zertifizierung Bau)

… als ein hoch spezialisiertes Unternehmen, dessen Tätigkeitsfeld vorrangig in der Bepflanzung und Pflege der freien Landschaft liegt. Besonders was die Begrünung von Straßen begleitenden Flächen und die Bepflanzung von Wohn- und Industriegebieten betrifft, sind wir eines der führenden Unternehmen im süddeutschen Raum.

Die ‚Landschaftspflege Toriello GmbH' entstand im Jahr 2000 durch die Fusion der 1980 gegründeten Sabato Toriello GmbH und der Nagolder Landschaftsbau GmbH – beides sehr leistungsfähige und regional bekannte mittelständische Unternehmen. Ein großes Plus sind unsere langjährigen erfahrenen Mitarbeiter. Mit mehr als 48 gewerblichen Mitarbeitern, sechs Angestellten und einem großen Maschinen- und Fuhrpark können Aufträge in eigener Regie auch überregional ausgeführt werden. Damit garantieren wir unseren Kunden fach- und termingerechtes Arbeiten in ganz Süddeutschland.

Landschaftspflege

Die „Landschaftspflege" ist ein der „Landespflege" untergeordneter Bereich, der sich bereits Anfang des 19. Jahrhunderts unter dem Begriff „Landesverschönerung" entwickelt hatte. Diese hatte die Begründung in der immer mehr schwindenden freien Landschaft, den tiefgreifenden strukturellen Veränderungen der Städte im Zuge der „industriellen Revolution" bis in die heutige Zeit.

Ziel der Landespflege ist es, die Natur und Landschaft in besiedelten und nicht besiedelten Bereichen so zu schützen, zu pflegen und zu entwickeln, dass die Leistungsfähigkeit des Naturhaushalts, die Nutzungsfähigkeit der Naturgüter, die Pflanzen- und Tierwelt sowie die Vielfalt, Eigenart und Schönheit von Natur und Landschaft als Lebensgrundlage des Menschen und als Voraussetzung für seine Erholung in Natur und Umwelt nachhaltig gesichert ist.

Toriello GmbH Landschaftspflege
Werner-von-Siemens-Str. 12 | 72202 Nagold | Tel: 07452 9316-6 | Fax: 07452 9316-77 | info@toriello.de | www.toriello.de

Anzeige

Brandschutzplanung für das Frankfurter Filmmuseum

Das Deutsche Filmmuseum in Frankfurt befindet sich seit 1984 in einer großstädtischen Villa am Museumsufer. Der Träger des Museums ist das Deutsche Filminstitut, das jetzt das Haus vollständig entkernt hat und vollkommen neu gestalten ließ. Mit der Neugestaltung ging natürlich bei diesem Haus mit eingebautem Kino eine komplette Überarbeitung der Brandschutzplanung einher, eine anspruchsvolle Aufgabe für das Büro Romig. Das Treppenhaus wurde mit großzügiger Verglasung nach außen verlegt. Hier wurden Lounges eingerichtet, die einen Blick auf den Main und auf die Frankfurter Skyline bieten. Durch diese Maßnahme wurde im Inneren nicht nur mehr Platz geschaffen – auch die verwinkelten Ecken im alten Gemäuer gibt es jetzt nicht mehr. Alles ist jetzt offen und hell. Das Erdgeschoss präsentiert sich besucherfreundlich mit Café, Kasse und Shop in geräumiger Weise. Die Dauerausstellung im ersten und zweiten Obergeschoss zeigt 14 bedienbare Modelle historischer Apparate, ein Kleinkino, vier interaktive Medienstationen, einen Filmraum mit vier Leinwänden, Lichtbox, Greenscreen-Wand sowie diverse Audio- und Video-Exponate. Sonderausstellungen werden im dritten Stock präsentiert, und im Souterrain befindet sich das kommunale Kino mit 131 roten Sitzen und jetzt einem richtigen Foyer. Die Museumspädagogik verfügt nun über ein kleines Filmstudio sowie Werkstatt- und Seminarräume.

BÜRO ROMIG

ROMIG GMBH & CO. KG BAUCONSULT

KARLSTRASSE 110
64285 DARMSTADT
TELEFON 06151/6091-0
TELEFAX 06151/6091-60
INFO@BUERO-ROMIG.DE

Brandschutzmanagement
Brandschutzkonzepte
Brandschutzpläne
Brandschutzsachverständige
Brandschutz Bauanträge Legalisierung
Brandschutzberatung bundesweit

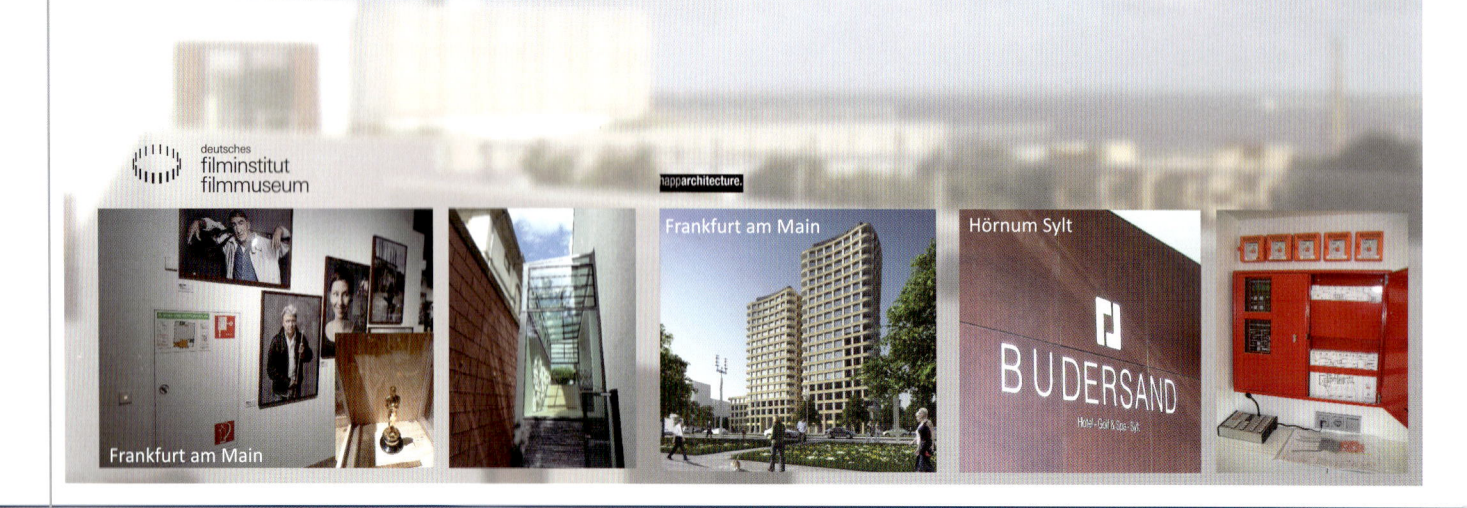

Anzeige

Ausführende Firmen

Sauberkeit, wo immer man wünscht

Reinigungsdienst GmbH
Wir halten, was andere versprechen.

B & K Reinigungsdienst GmbH
Wurzelstraße 2
60327 Frankfurt am Main
Tel. 0 69/23 05 05
Fax 0 69/23 05 00
www.bk-reinigungsdienst.de
info@bk-reinigungsdienst.de

Wer auf B & K Reinigungsdienst GmbH setzt, erhält ein perfektes Ergebnis auf Basis jahrelanger Erfahrung und fachlicher Qualifikation. Unter Verwendung gesundheits- und umweltverträglicher Reinigungsmittel darf der Auftraggeber eine sachgerechte und materialschonende Behandlung von Boden, Mobiliar und Fassade erwarten. Das B-&-K-Reinigungsteam bietet im Rhein Main Gebiet ein umfangreiches Spektrum an Leistungen an, darunter Unterhalts-, Bau- und Fassadenreinigung. Auf Wunsch werden gereinigt:

- Bürogebäude
- Privathaushalte
- Kaufhäuser und Ladenlokale
- Hotels und Pensionen
- Hausmeisterservice
- Kindergärten und Schulen
- Schwimmbäder und Sportstudios
- Baustellen
- Glasreinigung
- Fassaden

Was B & K Reinigungsdienst verspricht, wird auch mit eigenem gut geschultem Fachpersonal pünktlich ausgeführt. Wie u.a. für folgende Objekte:

- N + P Industriereinigung GmbH
- GPR Rüsselsheim, Glasreinigung
- Polizeirevier Hattersheim Land Hessen, Unterhaltsreinigung
- Europäische Zentralbank, Baugrobreinigung
- Polizeipräsidium Frankfurt, Grundreinigung

Ausführende Firmen Anzeige

NWD Gruppe realisiert dentale Versorgungseinrichtungen von der Einzelpraxis bis zur Klinik

Kompetenz und Kundennähe seit über 80 Jahren

Die NWD Gruppe konzentriert als eines der leistungsstärksten Unternehmen der Dentalbranche ein umfassendes Handels- und Dienstleistungsangebot für zahnärztliche Praxen und Labore unter einem Dach. An derzeit über 30 Standorten in Deutschland, Österreich und der Tschechischen Republik betreuen die über 700 Mitarbeiter der NWD Gruppe Zahnärzte und Dentallabors in allen Fragen rund um deren fachliche und unternehmerischen Bedürfnisse.

Ein wichtiger Schwerpunkt des Unternehmens liegt in der Beratung, Planung und Realisierung dentaler Versorgungseinrichtungen. Einzel- oder Mehrbehandlerpraxen, Praxiskliniken oder zahnmedizinische Versorgungstrakte werden von der Grundkonzeption bis zur einsatzfähigen Übergabe betreut.

Dazu stehen den erfahrenen Fachplanern der NWD Gruppe bundesweit tätige Spezialisten für alle zahnmedizinisch relevanten Bereiche zu Seite. Das Leistungsspektrum umfasst neben der technischen Projektabwicklung auch die Unterstützung des Qualitäts- und Hygienemanagements und alle Fragen zu dentalspezifischen EDV-Systemen für volldigitalisierte Betriebskonzepte und belegt so den Rundum-Versorgungsanspruch, für den die NWD Gruppe sich einen branchenweiten Namen gemacht hat.

> Dentale Versorgungseinrichtungen:
> NWD Südwest, Stuttgart

Planen, Bauen, Arbeiten
Mit den Einrichtungsexperten der NWD Gruppe

Von der Praxis bis zur Klinik

Beratung, Planung und Abwicklung zahnärztlicher Versorgungseinrichtungen aus einer Hand.

Modernisierungen, Neueinrichtungen und Gründungen von Zahnarztpraxen, Zahnkliniken oder zahnärztlichen Versorgungstrakten.

Service, Sicherheit und Know-how eines der führenden Handels- und Dienstleistungsunternehmen der Dentalbranche.

Die NWD Gruppe ist Ihr Partner für Projekte aller Größenordnungen.

dentale zukunft

NWD SÜDWEST

Motorstraße 45
70499 Stuttgart
Telefon: 0711 / 989770
Fax: 0711 / 98977222
swd.stuttgart@nwdent.de
www.nwd.de

NWD Südwest ist ein Unternehmen der NWD GRUPPE

Anzeige

Ausführende Firmen

Raum für Beton

„Alles ist möglich" – dieses Motto darf man bei PIES Betonsteinwerk aus Andernach durchaus wörtlich nehmen. Das Familienunternehmen bietet von der Treppe bis zum Fertigteilbalkon, außer Decken und Doppelhohlwandelemente, die ganze Palette von konstruktiven Fertigteilen für den Rohbau an.

Heute lassen sich Betonfertigteile aus dem modernen Baugeschehen nicht mehr wegdenken. Individuell bauen mit großformatigen Bauteilen in werksgeprüfter Qualität – das ist effektiv, bietet gleichzeitig eine hohe Flexibilität und Wohnkomfort zum günstigen Preis. Jedes Bauteil wird nach den Vorgaben aus den Bauplänen individuell geplant und im Werk produziert.

Die werkseitige Herstellung der Betonfertigteile garantiert eine perfekte Ausführungsqualität, unabhängig von Witterungseinflüssen und möglichen Risiken auf der Baustelle, so dass die Elemente in endfertiger Bauweise zum Einsatzort geliefert werden können.

Referenzen:
- Riedberg, Frankfurt am Main
- Rebstockpark, Frankfurt am Main
- Europaviertel, Frankfurt am Main
- Winterhafen, Mainz
- Künstlerviertel, Wiesbaden

PRODUKTE FÜR DEN WOHNUNGS- UND INDUSTRIEBAU

- komplette Balkone mit thermischer Trennung
- Treppenläufe
- Balkonbrüstungen
- Stützen
- Lärmschutzsockelelemente
- Balken, Binder, Unterzüge
- Attika-Elemente
- Außenfassaden als Vollfertigteile
- Fensterbänke

PIES Betonsteinwerk
GmbH & Co. KG
An der B 256
56626 Andernach
Tel. 0 26 32/50 38
Fax 0 26 32/59 38
www.piesbetonsteinwerk.de
info@piesbetonsteinwerk.de

Penell
Elektro-Großhandel

Wir sind IHR PARTNER in Fragen der Elektroversorgung.

Lösungsvorschläge - nach Ihrer Aufgabenstellung - Planung, Beratung sowie der Verkauf von

- Kabelsystemen & Konfektionierung
- Schaltanlagen
- Erdungsanlagen
- Beleuchtungsanlagen
- Klima- und Haustechnik
- Telefon- und Rufanlagen
- Antennenanlagen
- Elektronikbauteilen

gehören zu unserem Liefer- und Leistungsprogramm.

Wir haben umfangreiche Erfahrungen auf dem Gebiet der Elektroprojektierung, z.B. in den folgenden Bereichen:

- Tunnel-, Hoch- und Tiefbau
- NS- und MS-Schaltanlagen bis 42 kV
- Aggregate und Notbeleuchtung
- Industrieanlagen, Überwachungsanlagen
- Schulen, Freizeit- und Sportstätten
- Krankenhäuser

Gerne unterbreiten wir Ihnen ein unverbindliches Angebot und stellen unsere Leistungsfähigkeit unter Beweis.

Nutzen Sie unseren 24h-Lieferservice. Ein Notdienst ist auch an Sonn- und Feiertagen für Sie bereit:

PENELL GmbH
Frau Dipl.-Ing. Waldtraut Penell
Herr Dipl.-Ing. Kurt Penell
Bahnhofstrasse 32
D-64372 Ober-Ramstadt

☎ +49 (0) 6154 - 6251-0
Fax +49 (0) 6154 - 51269
☏ +49 (0) 151 - 17 12 51 10

E-Mail info@penell-gmbh.de
Internet www.penell-gmbh.de

SYNCHRO PLUS GmbH
Dipl.-Ing. (FH) Jürgen Feikert
Tagebau Welzow/Montageplatz
D-03130 Haidemühl

☎ +49 (0) 35751 - 15345
Fax +49 (0) 35751 - 15346
☏ +49 (0) 171 - 6014885

E-Mail synchro.plus@t-online.de
Internet www.synchroplus.de

SYNCHRO PLUS AG
Heinz Fuchs
Postfach 241 / Rosenstr. 2
CH-3800 Interlaken (BE)

☎ +41 (0) 33 - 826 60 48
Fax +41 (0) 33 - 826 60 49

E-Mail info@synchro-plus.ch

SYNCHRO PLUS Ges.m.b.H.
Herwig Wassermann
Oberallach 2
A-9852 Trebesing (K)

☎ +43 (0) 664 - 2008440
Fax +43 (0) 4732 - 37044

E-Mail info@synchro-plus.eu

Unsere Monteure sind sofort vor Ort einsetzbar mittels eigener Mess-, Vulkanisations- und Spulwagen.

Unsere Monteure sind spezialisiert und qualifiziert in den Bereichen Niederspannung, Mittel- und Hochspannung und LWL.

Genauere Informationen über uns und unser Leistungsspektrum finden Sie auf unserer Internetseite.

Energietechnik & Montagen

· von 1 kV bis 330 kV
· Kabel · Leitungen · Fernmelde · LWL
· Muffen · Endverschlüsse · Verlegung
· Vulkanisation · Mantelreparaturen
· Steckermontagen · Cadweld-Muffen
· Prüfungen · Fehlerortungen

Anzeige

Innovative Planungen für den Stahlbau

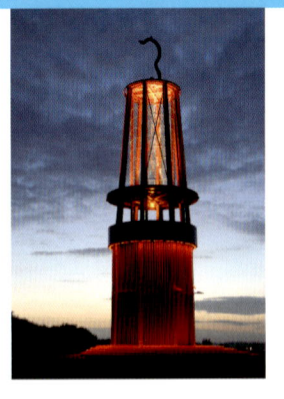

- Grundleistungen gemäß HOAI, Teil VIII, §64 „Tragwerksplanung" Leistungsphase 5
- Statische Berechnung, Vorbemessung und Anschlussnachweise
- Massenermittlungen im Stahlbau
- Werkstattpläne für Stahlkonstruktionen, Stücklisten, Hauptteil- und Einzelteilpläne
- NC-Daten und Arbeitsvorbereitungsunterlagen
- Positions-, Übersichts- und Montagepläne
- Verlegepläne für Bühnenbeläge (Gitterroste, Tränenbleche u.Ä.)

Industrieanlagen
Konstruktiver Stahlbau
Brückenbau
Architektonischer Stahlbau

Ingenieurbüro Jauch-Sielaff GmbH
Warschauer Straße 59a
10243 Berlin
Telefon: +49 (0) 30 7407873-0
Telefax: +49 (0) 30 7407873-20
E-Mail: ing.buero@jauch-sielaff.de
Internet: www.jauch-sielaff.de

Planung und Bauüberwachung von Gebäudeautomationssystemen der Mess-, Steuer- und Regeltechnik

→ Sanierung/Umbau von Bestandsgebäuden, Planung von Konzepten zur Energieoptimierung

→ Planung von Netzwerksystemen in der Gebäudetechnik

→ Planung von Raumautomationssystemen

→ Planung von Energiemanagementsystemen, Aufbau des Netzwerkes zur Verbrauchserfassung, Analyse zur Schwachstellenerkennung und Optimierung des Anlagenbetriebes.

Ingenieurbüro P. Meyer   Planung und Bauleitung Gebäudeautomation

In den Nußgärten 27a
61231 Bad Nauheim

Tel: 06032 / 92 15 50
Fax: 06032 / 92 15 51
E-Mail: tgapm@t-online.de

Ausführende Firmen Anzeige

GOTTLIEB BEDACHUNG GmbH
IHR HAUS UNTER DACH UND FACH

Meisterbetrieb
Patrick Gottlieb

Staatlich anerkannter Fachleiter für Dach-, Wand- und Abdichtungstechnik

Büroanschrift:
Am Roten Berg 1
65329 Hohenstein
Telefon 0 61 20 - 90 69 69

Lageranschrift:
Verbindungsweg 6
65329 Hohenstein
Telefax 0 61 20 - 90 69 70

Mobil 01 75 - 5 24 48 46

info@gottliebbedachung.de   www.gottliebbedachung.de

REFERENZEN:

- Family Housing, Wiesbaden – die gesamte Bedachung und Klempnerarbeiten
- Hainerberg, Wiesbaden für die US-Streitkräfte – Dachstuhlsanierung von 18 Wohnblocks
- Sanierung im Denkmalschutzbereich für die Kirchen Niederseelbach, Strinz-Margarethä, Hennethal, Panrod, Breithardt und Kemel
- Entsorgungsunternehmer Meinhardt, Wallau – Flachdachsanierung
- Galopprennbahn Frankfurt am Main – Dachsanierung am alten Eingang unter Berücksichtigung der Denkmalpflege

---

Transparente Dach- und Fassadengestaltung

EGLA

Im Glasbau lassen wir keine Wünsche offen

- Gestalteter Glasbau
- Photovoltaik 
- Bauelemente 
- Glasbau-Systemlösungen 
- Rauch- und Wärmeabzug 
- Sanierungen 
- Fassaden 
- Brandschutzverglasungen 
- Wartungen 
- Sanierungsbeispiel Hauptbahnhof Wiesbaden 

Eberspächer Glasbau GmbH
Wilhelm-Maier-Straße 10
73257 Köngen
Tel. (0 70 24) 80 90-0
Fax (0 70 24) 80 90-50
E-Mail: info@eberspaecher-glasbau.de
www.eberspaecher-glasbau.de

Anzeige

Ausführende Firmen

Technisch anspruchsvolle Betonelemente

Die Herstellung und Lieferung von Beton-Vollfertigteilen für Hochbau, Tiefbau sowie Garten- und Landschaftsbau sind die Tätigkeitsgebiete des Betonwerks Spittwitz. Gerade im Hochbau bietet das Betonwerk Spittwitz seinen Kunden ein umfangreiches Sortiment an Beton-Fertigteilen. Es umfasst alle konstruktiven Teile wie Stützen, Riegel, Sandwichelemente, Sockelelemente, Treppenläufe, Podeste, Balkon- und Brüstungsplatten, Fassadenplatten, Gesimse, Attikaelemente sowie Sonderelemente. Alle Teile werden auftragsbezogen nach Angaben und Anforderungen der Kunden gefertigt.

Die Betonwerk Spittwitz GmbH stellt stets den Kunden in den Mittelpunkt ihrer Tätigkeit. Dessen absolute Zufriedenheit ist das Maß aller Dinge. Das Betonwerk Spittwitz richtet den Blick nach vorn und beweist Einsatz- und Risikofreude, um sich zum Wohle der Kunden kontinuierlich weiterzuentwickeln.

Betonwerk Spittwitz GmbH
Rosenweg Nr. 5
02633 Göda

Telefon 03 59 30 / 5 56 30
Telefax 03 59 30 / 5 56 40
E-Mail   Betonwerk.Spittwitz@t-online.de

BETONWERK SPITTWITZ GMBH

INNENAUSBAU

LADENBAU

MÖBELBAU

TÜREN

TRENNWÄNDE

OBJEKTEINRICHTUNG

INDUSTRIEMÖBEL

FAHRZEUGBAU

KÜCHEN

MIT JAHRELANGER ERFAHRUNG STEHEN WIR IHNEN BEI DER GESTALTUNG IHRER RÄUME ZUR SEITE. WIR SETZEN IHRE WÜNSCHE UND IDEEN UM UND SCHAFFEN INDIVIDUELLE RÄUME. ARCHITEKTEN, INNENARCHITEKTEN UND DESIGNER SCHÄTZEN UNSERE PROFESSIONELLE QUALITÄT UND DEN KOMPLETTEN SERVICE. AUCH DIE UMSETZUNG IHRES LEBENSSTILS IN IHRER PRIVATEN WOHNWELT IST EIN WEITERES ZIEL UNSERER ARBEIT. DIE AUSSTATTUNG MIT COMPUTERGESTEUERTEN PRODUKTIONSMASCHINEN UND MIT DEM FACHKUNDIGEN ENGAGEMENT UNSERER MITARBEITER SIND WIR IN DER LAGE, SERIENANFERTIGUNGEN SOWIE HOCHSPEZIALISIERTE EINZELANFERTIGUNGEN TERMINGERECHT UND WIRTSCHAFTLICH ZU PRODUZIEREN.

TISCHLEREI HABERMEHL PROJEKTEINRICHTUNG

TISCHLEREI HABERMEHL GmbH
Industriestraße 8
36251 Bad Hersfeld / Asbach
Telefon: 06621-74525
Telefax: 06621-51665
info@habermehl-tischlerei.de
www.habermehl-tischlerei.de

Ausführende Firmen | Anzeige

BONUS BAU GMBH
BAUORGANISATION

Leistungen:
- Rohbauarbeiten
- Hochbau
- Industriebau

Referenzen:
- Volksbank Frankfurt/Main
- Family Housing, Frankfurt/Main
- Max Planck Institut, Frankfurt/Main und Mainz

Service:
- termintreu
- zuverlässig
- flexibel

Tel. 0 69/97 76 65 8-5
Eschersheimer Landstraße 275

Fax 0 69/97 76 65 8-6
60320 Frankfurt am Main

E-Mail: BonusBau@web.de

Effiziente Heizungs-, Lüftungs-, Sanitär- und Klimatechnik

Die Klum GmbH gilt seit 50 Jahren als kompetenter und verantwortungsbewusster Geschäftspartner bei der Planung, Montage, Betreuung und Wartung von Anlagen aus den Bereichen:

**Heizung
Kälte
Lüftung
Sanitär
Klima**

Qualifizierte Ingenieure, Techniker und technische Zeichner bereiten die Arbeiten vor, planen und berechnen detailliert die Anlagen und sorgen zusammen mit ihren kaufmännischen Kollegen für eine zeit- und kosteneffiziente Umsetzung der Kundenwünsche. Rund 125 Mitarbeiter sind in Bad Camberg, Erfurt und Runkel beschäftigt und betreuen von dort Auftraggeber in ganz Deutschland. Die permanente Qualitätsoptimierung steht dabei im Vordergrund. In allen Gewerken vereint die Firma Klum GmbH langjährige Erfahrungen in verschiedenen Bereichen; von Bürogebäuden, Computer- und Logistikzentren bis hin zu Medizin- und Bildungszentren. Durch die betriebseigene Fertigung von Lüftungskanälen lassen sich verschiedene Größenordnungen, sowie individuell angepasste Designs von Kanälen problemlos herstellen. Die Vorfertigung einzelner Komponentengruppen in der hauseigenen Werkstatt ermöglicht zudem eine zeitlich optimierte Montage direkt vor Ort.

Klum GmbH

Liebigstraße 4, 65520 Bad Camberg
Tel. 0 64 34/20 4-0, Fax 0 64 34/53 07
www.klum.de, info@klum.de

Anzeige Ausführende Firmen

C.S. Baudekoration GmbH

Offenbacher Landstraße 80
60599 Frankfurt am Main
Tel. 069/61993443
Fax 069/61993457
c.s.baudekoration@hotmail.de
www.cs-baudekoration.de

- Tapezierarbeiten
- Malerarbeiten
- Trockenbau
- Lackierarbeiten
- Fassadenreinigung
- Gerüstbau
- Innen- und Außenputz
- Vollwärmeschutz

gwh in Frankfurt am Main
Space 20 in Darmstadt 
Realgrund bf 6 Süd in Frankfurt am Main 

Feel safe!

Zunehmend komplexe und hochtechnisierte Gebäudestrukturen verlangen wirkungsvolle Sicherheitslösungen, die Mensch und Gebäude nachhaltig schützen. Seit mehr als fünf Jahrzehnten entwickelt und implementiert die Kidde Brand- und Explosionsschutz GmbH (KBE) objektbezogene Brandschutzmaßnahmen, die den gesetzlichen Anforderungen Rechnung tragen. Bewährte Technologien, die stetige Weiterentwicklung des Produktportfolios unter wirtschaftlichen Aspekten sowie namhafte Referenzen im In- und Ausland machen KBE zu einem anerkannten Partner im Bereich Brandschutz.

Spezial-Löschanlagen

- Novec 1230 / FM-200
- Inertgas / CO_2
- Sauerstoffreduzierung

Kidde Brand- und Explosionsschutz GmbH
Harkortstraße 3 · 40880 Ratingen

Tel. 02102 57 90 - 0
Fax 02102 57 90 - 109

info@kidde.de · www.kidde.de

Kidde
A UTC Fire & Security Company

Ausführende Firmen   Anzeige

Handke Brunnenbau

Vom Gartenbrunnen bis zum Trinkwasserbrunnen

Erdwärme Sondenbohrung
Spezialtiefbau
Brunnenbau
Grundwasserabsenkung

DVGW W120 company

67246 Dirmstein
Am Altbach 3-5
Tel.: 06238/920490
Fax: 06238/9204910
Mail: info@handke-brunnenbau.de
Web: handke-brunnenbau.de

Das 2001 gegründete Unternehmen hat sich inzwischen zu einem erfahrenen Partner für Geothermie und Spezialtiefbau entwickelt. Ursprünglich im Brunnenbau tätig, arbeiten die rund 23 Mitarbeiter in den letzten Jahren verstärkt im Bereich Geothermie. Auf dem Weg zur energetischen Erneuerung werden Erdwärmeheizungen auch verstärkt für private Haushalte zur wirtschaftlichen Lösung. Als Spezialist in der Erschließung und dem Einbau von Erdwärmesystemen bietet das erfahrene Team von Handke Brunnenbau einen Fullservice. Von amtlichen Anträgen über das Bohren bis hin zum Verpressen des Bohrloches, zusammen mit einer kompletten Wärmequellen-Erschließung und Anbindung der Sonde an die Wärmepumpe, wird eine schlüsselfertige Komplettlösung zu Festpreisen geliefert. Das Unternehmen ist seit vielen Jahren ein zertifiziertes Fachunternehmen, das nach den jeweiligen Anforderungen der einzelnen Bundesländer tätig werden kann. Mit der Erfahrung von über 300.000 Bohrmetern auf über 1.200 Baustellen werden alle notwendigen Fachnachweise erfüllt. Der moderne Fuhrpark erlaubt eine parallele Betreuung von vier bis fünf Baustellen gleichzeitig, dabei können Bohrungen bis zu 1.500 Meter Tiefe ausgeführt werden.

Referenzen:
- Musikhochschule in Karlsruhe, 16 m mal 100 m Sondenbohrungen inkl. Anbindung
- Umbau/Sanierung Schule Wollmesheimerhöhe in Landau, 10 m mal 130 m Sondenbohrung inkl. Anbindung
- Gemeinde Annweiler, Hohenstaufensaal, 8 m mal 98 m Sondenbohrung inkl. Anbindung
- Goldbeck BV: Mobotix in Winnweiler, 17 m mal 150 m Sondenbohrung inkl. Anbindung

Malerei – Bautenschutz – Baubetreuung

Mercedes-Benz-Center Mailand
Maler- und Spritzspachtelarbeiten für die Ed. Züblin AG

- Malerarbeiten innen und außen
- Tapezierarbeiten
- Wärmedämmverbundsystem
- Spritzspachtelarbeiten
- Fassadensanierung
- altvenezianische Spachteltechnik

Neben Malermeister Steffen Köhler gehören 14 qualifizierte sächsische Facharbeiter aus den Gewerken Maler, Lackierer und Fassadenbauer zum Team, das hundertprozentige Qualität im In- und Ausland abliefert. Für diese Arbeiten werden in erster Linie die Qualitätsprodukte der Alligator Farbwerke GmbH verwendet.

www.malermeister-koehler.de

Malermeister Steffen Köhler
Opalstraße 21 • 04319 Leipzig • Tel.: 0341 4637853 • Fax: 0341 4637854 • Mail: malermeister.sk@web.de

Anzeige

Ausführende Firmen

Daten   **E**nergie   **I**nstallation   **N**etzwerke

- ELEKTROINSTALLATION
  - Starkstrominstallation
  - Schwachstrominstallation
  - Verteileranschlüsse
- BRANDSCHUTZ
- KABELTRASSENBAU
- WARTUNG ELEKTRISCHER ANLAGEN

Die 40 Fachkräfte des im Jahre 2000 gegründeten Unternehmens betreuen überwiegend regionale Bauvorhaben, übernehmen aber schon mal größere internationale Aufgaben, wie die Elektroinstallation beim Neubau eines Stahlwerkes in China.

Im Rhein-Main-Gebiet waren sie u.a. bei folgenden Projekten dabei:
- Commerzbankarena FFM, Elektroinstallation
- My Zeil - Einkaufszentrum FFM, Elektroinstallation
- EBARA Kraftwerksanlage FFM, Elektroinstallation
- Städtische Kliniken FFM-Höchst, Elektroinstallation
- Flughafen FFM, A-Plus Wurzel und Flugsteig, Elektroinstallation und Montage
- Universität FFM, Campus West, Elektroinstallation

DEIN GmbH
60389 Frankfurt am Main
Fax 0 60 07/91 72 46
info@d-e-i-n.com

Im Prüfling 12
Tel. 0 60 07/91 72 45
www.d-e-i-n.com

Der Baudekospezialist, der auch Gebäude „einpackt"

Als Maler-Fachbetrieb bietet CFS-Baudekoration umfangreiche Dienstleistungen rund um die Verschönerung und energetische Verbesserung von Bauten. Ob im Außen-, oder Innenbereich, bei kleinen oder großen Projekten: Der erfahrene Meisterbetrieb liefert zuverlässige Arbeit zu fairen Konditionen.

REFERENZEN:
- Wohnpark Gießenerstraße in Frankfurt/Main: Innenputz und Wärmedämmung für 230 Wohneinheiten
- Quartier „I" Schinkelstraße in Wiesbaden: Innenputz, Malerarbeiten und Wärmedämmung
- Bourguenais Allee in Ginsheim: Wärmedämmung

- **Baudekoration**
- **Malerarbeiten**
- **Tapezierarbeiten**
- **Innen- und Außenputze**
- **Wärmedämmverbundsystem**

BAUDEKORATION GMBH
Innen- und Außenputz · Vollwärmeschutz
Maler- und Tapezierarbeiten · Trockenbau

Wiesbadenerstraße 72, 55252 Mainz-Kastel
Tel. 0 61 34/64 05 71, Fax 0 61 34/64 05 72
www.cfs-baudekoration.de, info@cfs-baudekoration.de

Ausführende Firmen Anzeige

Peper & Co.
Anstrich- und Spritzindustrie

- Sandstrahlentrostungen
- Industrieanstriche
- Kunststoffbeschichtungen
- Betonsanierungen

Als kompetente Ansprechpartner für alle Arbeiten im Sanierungs- und Beschichtungsbereich sind wir sowohl regional, als auch überregional tätig.

Unser Leistungsangebot im Überblick:

    Betonsanierung nach ZTV-ING. zum Beispiel an Brücken, Kläranlagen, Fassaden, Balkonen, etc.
    Rissinjektionen/Rissverpressungen nach ZTV-Riss im Bereich von Beton- und Mauerwerksbauten
    Sandstrahlungen und Korrosionsschutz von allen Stahlbauteilen vor Ort und stationär auf unserem Betriebsgelände in Mainz.
    Ausführungen an kompletten Brückenkonstruktionen über LKW-Auflieger, Autokarosserien, Stahlbehältern, Geländern, Heizkörper usw. bis hin zu Kleinstwerkstücken
    Beschichtungen nach dem Wasserhaushaltsgesetz WHG §19
    Ableitfähige Beschichtungen
    Beschichtungen für Industriebauten, Tiefgaragen, Parkdecks, Garagen, etc.
    Dampfdiffusionsoffene Beschichtungen und Versiegelungen
    Statische Verstärkung von Tragbauwerken mit Stahllaschen, sowie Carbon- und Kohlefaserlamellen
    Sanierung von Brandschäden im Bereich Betoninstandsetzung und Stahlbeschichtung
    Trockenlegung von Mauerwerks- und Betonflächen

Peper & Co., Heiligkreuzweg 112, 55130 Mainz-Weisenau, Telefon 0 61 31/92 99 0, Telefax 0 61 31/92 99 13
www.peper-mainz.de, info@peper-mainz.de

WS

WS Frankfurt GmbH
Mainzer Landstraße 176, 60327 Frankfurt/Main
Tel. 0 69/97 35 83 03, Fax 0 69/97 35 83 04
www.ws-frankfurt-de, info@ws-frankfurt.de

O Bausicherheit

O Service

O Logistik

O Entsorgung

Anzeige Ausführende Firmen

Werbetechnik GRASEMANN
ENTWURF & REALISATION moderner optischer Kommunikationsmittel

> GROSSFORMATDRUCK
> BAUSCHILDER
> LEUCHTREKLAME
> GRAFIKDESIGN
> WERBEANLAGEN
> RAUM-/ WEGLEITSYSTEME

Werbetechnik Grasemann · Inh. Rudolf Heise · Ober-Saulheimer-Str. 71 · 55291 Saulheim
Tel.: 0 67 32 / 6 24 77 · Fax: 0 67 32 / 96 00 52 · www.grasemann.net · info@grasemann.net

---

SCHMITT + THIELMANN IHR PARTNER

- Tragwerksplanung
- Bauphysik
- Statik
- Beratung

Seit 1972 steht SCHMITT + THIELMANN und Partner für Kompetenz, Qualität und Wirtschaftlichkeit in der Tragwerksplanung. Wir beraten Auftraggeber aus Wirtschaft und Industrie, Land und Kommunen, arbeiten für namhafte Generalunternehmer und Projektentwickler sowie private Bauherren. Umfangreiche Erfahrungen in der Planung von Projekten unterschiedlichsten Umfangs aus allen Bereichen wie Büro und Verwaltung, Wohnen und Industrie, Hotel und Gesundheit stehen uns zur Verfügung. Wir arbeiten bei der Realisierung sowohl nach nationalen als auch internationalen Normen und Vorschriften.

Gewerkübergreifendes Denken, Termintreue und persönliche Betreuung sind für uns selbstverständlich und werden von unseren Kunden seit über 40 Jahren geschätzt

SCHMITT + THIELMANN
UND PARTNER
INGENIEURBÜRO FÜR TRAGWERKSPLANUNG
HUBERTUSSTRASSE 13
65203 WIESBADEN

fon +49 (0) 611 41 1873-0
Fax +49 (0) 611 41 1873-10
info@schmitt-thielmann.de
www.schmitt-thielmann.de

S+T

Ausführende Firmen   Anzeige

Institut für Schweißtechnik u. Ingenieurbüro Dr. Möll GmbH

An der Schleifmühle 6　　☎ 0 61 51 - 97 12 95 10　　🖱 www.isib.de
64289 Darmstadt　　　　 📠 0 61 51 - 97 12 95 28　　✉ info@isib.de

Altstahl- und Materialuntersuchung
Ermittlung der Materialeigenschaften, Beurteilung der Schweißeignung

Ausbildung von Schweißaufsichtspersonen
Schweißfachmann/-frau, Schweißtechniker/-in, Schweißfachingenieur/-in

Betriebszulassungen
Anerkannte Stelle für Zulassungen nach DIN 18800-7, Anerkannte Überwachungs- und Zertifizierungsstelle nach dem Bauproduktengesetz (EN 1090-1)

Schweißtechnische Überwachungen und Abnahmen
Baustellenüberwachungen, ZfP-Prüfungen, Schweißtechnische Beratungen

HAAG Ingenieur GmbH
Beratende Ingenieure im Bauwesen IngKH

Spreestraße 3A · 64295 Darmstadt
Telefon: (06151) 50 45 90-0
Telefax: (06151) 50 45 90-8
info@haag-ing.de · www.haag-ing.de

Geotechnisches Umweltbüro Lehr
Geothermie · Umwelttechnik · Sanierungstechnik · Ingenieurleistungen · Software

Fortschritt lebt von Ideen, Erfahrungen und Umsetzungen.

Um diesem Anspruch gerecht zu werden, ist es notwendig, Entwicklungen zu verfolgen und erkannte Lücken zu füllen. Rufen Sie uns an, oder besuchen Sie unsere Webseite – erfahren Sie mehr über unsere Arbeit im Bereich Geothermie, Geotechnik und Altlasten, in dem wir seit 1997, mit den Themenschwerpunkten:
Durchführung von geotechnischen Untersuchungen, technischen Planungen und Ausführung von geotechnischen Anlagen, erfolgreich tätig sind.

www.geotechnik-lehr.de

Geotechnisches Umweltbüro Lehr · Am Taubenbaum 25 · 61231 Bad Nauheim · Fon: +49 6032-32343 · Fax: +49 6032-32353

Anzeige Ausführende Firmen

CARBON FASSADENDÄMMUNG
Warm. Schön. Elefantenstark

Caparol ist Teil der Deutschen Amphibolin-Werke von Robert Murjahn Stiftung & Co. KG (DAW), die im Jahr 2010 ihr 115-jähriges Bestehen feierten. Ursprünglich gegründet, um im Odenwald das Mineral Amphibol (Hornblende/Grünschiefer) bergmännisch zu gewinnen, entwickelte sich das Unternehmen jedoch schnell zu einem Hersteller von Anstrichmitteln für den Baubereich. Bis heute im Familienbesitz beschäftigt das Unternehmen weltweit mehr als 5.000 Mitarbeiter. Durch die Entwicklung von Technologien zur Herstellung synthetischer Dispersionsbindemittel übernahm Caparol (das wässrige Universal-Farbenbindemittel Caparol wurde wegen seiner Bedeutung zum Namensgeber) die Rolle eines Spezialisten und Vorreiters, die es bis heute innehat. Der Nachrichtensender n-tv verleiht jährlich die „Hidden Champions" unter den inhabergeführten Unternehmen mit Sitz in Deutschland. Die DAW – Marktführerin für Baufarben in Deutschland, Österreich und der Türkei – erhielt 2012 die Auszeichnung in der Kategorie Nachhaltigkeit für ihr Engagement.

CAPAROL
Farben Lacke Bautenschutz GmbH
Roßdörfer Straße 50
64372 Ober-Ramstadt
Tel. 0 61 54/71 77 71
Fax 0 61 54/71 77 73
carbon@caparol.de
www.caparol.de

Die **Wilhelm Marx GmbH + Co. KG**

ist Anbieter eines breiten Produktportfolios für Metallbauer und Facility Management Unternehmen.

Das Sortiment besteht aus den Bereichen:
- Baubeschläge
- Werkzeuge
- Bauelemente
- Flucht- und Rettungswegtechnik
- Tür- und Torautomation
- Systemprofile

und vielen anderen.

Durch die große Artikelauswahl, die engagierte und zuverlässige Kundenbetreuung und das große Dienstleistungsangebot zählt **MARX** zu den festen Größen in der Branche.

Bonn · **Frankfurt am Main** · Erfurt · Dresden

Zentrale · Gutleutstraße 341 · 60327 Frankfurt am Main · Tel.: +49 69 2 72 83 - 0   www.marx24.de

---

STAHLBAU

Nicht von uns.
Aber auch nicht schlecht.

FREYLER – oft kopiert, selten erreicht.

Zugegeben, nicht jedes Stahlbauobjekt wird zum Wahrzeichen oder gar zum nationalen Symbol. Dennoch ist es für uns selbstverständlich, jedes Bauprojekt mit der Weitsicht voranzutreiben wie wir es mit einem eigenen Gebäude tun würden. Deshalb kommen über 70 Prozent unseres Neugeschäfts über Kundenempfehlungen zustande – eine Quote, die für sich spricht!

FREYLER
Stahlbau GmbH
Draisstraße 4
79341 Kenzingen
Tel. 07644 805-0
Fax 07644 805-161
stahlbau@freyler.de

www.freyler.de

FREYLER
Menschen bauen für Menschen

Ausführende Firmen   Anzeige

Innovative EGH - Anlage
Zentrales Haftzentrum des Freistaates Hessen

Elektroinstallation der gesamten Starkstrom- und Mittelspannungsanlage einschließlich Blitzschutzanlage, Blitzschutzklasse 3

Fakten:
- Unterirdisch in zwei Ebenen verbundenes Haftzentrum für 564 Haftplätze
- Drei Hafthäuser mit Aufenthaltsflächen, Werkstatt- und Freizeitbereichen
- Sportzentrum mit Mehrzweck- und Seelsorgebereichen
- Krankenzentrum mit 34 Pflegebetten und Behandlungsräumen
- Pfortengebäude mit Besucherzentrum und Verwaltungen
- Transportzentrum mit Haftplätzen und Wirtschaftshöfen

Innovative EGH Anlagen:
- Unterbrechungsfreie Stromversorgung mit zentraler Netzersatzanlage
- Energiezentrale mit Bestandsanschlüssen drei weiterer JVA - Zentren
- Flächendeckender Einbau von Anti-Vandalismus Panzer-Schaltgeräten
- Führende Visualisierung und Steuerung der gesamten Anlage durch innovative Bustechnik und großzügige Touch-Displays

Dienstleister der Zukunft

Solar **EGH** Elektro

EGH Elektrogesellschaft Hartha GmbH
Leipziger Str.10 ▪ 04746 Hartha
Telefon: +49 (03 43 28) - 734 - 0   http://www.egh-gmbh.com
Telefax: +49 (03 43 28) - 734 - 20   info@egh-gmbh.com

Finanzierung • Planung • Bauüberwachung • Service • Reparaturen

Die 1968 gegründete Elektrogesellschaft Hartha mbH hat sich im Bereich gehobenes **Projektmanagement**, **General-** und **Just-in-time-Sanierung** bundesweit einen Namen gemacht. Als ein modernes und leistungsstarkes Unternehmen zeichnet sie sich durch ihre **Fachkompetenz, Kreativität, Innovation** und **Stärke** aus. EGH Kunden wissen die Erfahrungen und branchenübergreifende Weitsicht des Meister- und Ingenieurpersonals besonders in den Betriebs- und Nachfolgekosten zu schätzen. Das Unternehmen erwirtschaftet europaweit mit rund vierzig Mitarbeitern einen Jahresumsatz von 6,5 Millionen Euro.

Dressler
Brandschutz GmbH

Feuerlöscher • Wandhydranten • Tür & Tor
Rauchabzugsanlagen • Brandschutzschulungen
Wartungsarbeiten an Brandschutzanlagen

Stockhausenstraße 9   64546 Mörfelden-Walldorf
Tel. 0 61 05/32 08 22   Fax 0 61 05/32 08 23
info@dressler-bs.de   www.dressler-bs.de

GLORIA
Verkauf & Kundendienst

Schlüsselfertige Abwicklung in den Stahlbaubereichen mit modernster CAD-Planung
- Geländerbau • Treppenbau • Türenbau • Stahlbau • Balkone und Vordächer • Handläufe und Tore • Zäune
- Außentreppen - Gartentore • Pfosten- und Riegelkonstruktion ... und Spezialanfertigungen aller Art !

Die Sauer GmbH ist ein in zweiter Generation geführter Metallbaubetrieb, der flexibel, leistungsstark und schnell die beauftragten Arbeiten ausführt. Mit schnellen Eingreifgruppen steht zudem ein Notdienst für die Fertigung und Montage im Stahlbaubereich zur Verfügung, der von Bauherren, Generalübernehmern, Generalunternehmern, ausführenden Handwerksbetrieben u.a. bei Termin- und Personalengpässen sowie Insolvenzen gerufen wird.

SCHLOSSEREI • KUNSTSCHMIEDE **S**AUER GMBH

64521 Groß-Gerau/Dornberg, Hauptstraße 4

Telefon 06152 / 57116
Telefax 06152 / 53083
Internet: www.sauer-metallbau.de
e-mail: info@sauer-metallbau.de

Anzeige   Ausführende Firmen

Die J.Maul GmbH ist ein im Jahr 2007 gegründetes Abbruchunternehmen aus Wiesbaden, dass sich auf die Bereiche **ENTKERNUNG & ABBRUCH** spezialisiert hat.

J.Maul GmbH
Entkernung & Abbruch

Telefon: 0 611. 40 90 372
Telefax: 0 611. 40 90 360
Mobil: 0 177. 42 87 433
info@maul-entkernung.de

Ihr kompetenter Ansprechpartner in Sachen:

www.maul-entkernung.de

- Entkernung und Abbruch von EFH Garagen und Anbauten
- Asbestdemontage und Entsorgung nach TRGS 519
- Sanierungsvorbereitungen

- Entrümpelungen
- Demontagen aller Art
- Flächenberäumungen
- Baustellengrobreinigungen
- Helfertätigkeiten aller Art

Neubau DorMero Hotel - Frankfurt am Main

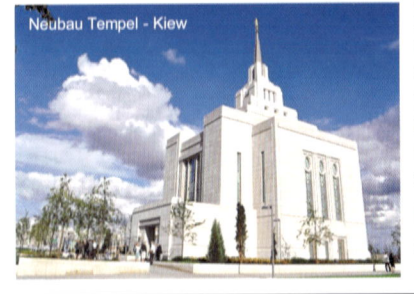

Neubau Tempel - Kiew

Ihr qualifizierter Fensterhersteller ...

Die sebnitzer fensterbau GmbH ist als global tätiges und inhabergeführtes Unternehmen richtungsweisender Hersteller von qualitativ hochwertigen Fenstern, Türen und Fassaden in den Bereichen Kunststoff, Holz und Holz-Aluminium. Die Umsetzung hoher Kundenansprüche und individueller Anforderungen in Bezug auf Konstruktion, Funktionalität und Energieeffizienz stehen bei uns im Vordergrund.

Fachgerechte Beratung und Betreuung durch unsere qualifizierten Mitarbeiter bei der Objektabwicklung und technischen Realisierung im eigenen Haus sowie vor Ort gehören zum Standard im Serviceprogramm der sebnitzer fensterbau GmbH. Spezifische Lösungen werden durch unsere interne Konstruktions- und CAD-Abteilung für Sie visualisiert und mit innovativen technischen Möglichkeiten komplementiert. Die flächendeckende Montage erfolgt durch eigene Mitarbeiter sowie ausgewählte Partnerunternehmen.

Mit mehr als 20 Jahren Erfahrung und umfassenden Lösungen auf hohem technischen Niveau bieten wir ihnen Qualität bis ins Detail.

sebnitzer fenster
Kunststoff • Holz • Aluminium

sebnitzer fensterbau GmbH
Hohnsteiner Straße 6
01855 Sebnitz

+49 (0)35971/5 94-0
info@sebfb.de
www.sebnitzer-fensterbau.de

Fugerservice Selmani
Ihr Partner für professionelles Gestalten

- Fugen aller Art im Hochbau • Fugensanierung
- Fassadenreinigung auf chemischer Basis
- Fassadenversiegelung durch atmungsaktive Imprägnierung
- Pflasterarbeiten • Altbausanierung • Gebäudereinigung

Fugerservice Selmani bietet seinen Auftraggebern deutschlandweit und darüber hinaus neben einer ausführlichen Beratung auch zuverlässige und umfassende Leistungen, die genau auf die jeweiligen Anforderungen angepasst werden. Wir helfen Ihnen dabei, Ihren Erfolg zu planen! Überzeugen Sie sich selbst.

Unsere Vorteile im Überblick:
- seit 1988 im Baugewerbe tätig
- kompetente und zuverlässige Beratung
- beste Qualität zum fairem Preis
- hohe Flexibilität
- mehrere Bauleistungen aus einer Hand

In Zusammenarbeit mit Subunternehmern bieten wir:
- Maurerarbeiten
- Abbrucharbeiten
- Fliesenverlegung
- Trockenbau
- Innen- und Außenputz   • WDVS und Riemchenarbeiten

Fugerservice Selmani
Dzelal Selmani
Dannenbütteler Weg 64
38518 Gifhorn
Tel./Fax 0 53 71/7 14 11
Mobil: 0171/9 51 36 53
info@fugerservice-selmani.de
www.fugerservice-selmani.de

Ausführende Firmen   Anzeige

HABERSTROH BAUBEDARF
HA BA

Rohbau, Ingenieurbau & Handel
Industrie, Handwerk & Ausbau

Die Haberstroh Baubedarf GmbH ist ein 1974 gegründetes und derzeit in zweiter Generation geführtes Unternehmen für Bauspezialartikel, das seine Leistungen im Rhein-Main-Gebiet und bei Bedarf auch weit darüber hinaus anbietet. Langjährige partnerschaftliche Kundenbeziehungen hat man sich im Rhein-Main-Gebiet durch detaillierte produktspezifische Beratung, umfangreiche Lagerhaltung und eine damit verbundene schnelle Verfügbarkeit erworben.

Das Unternehmen liefert kurzfristig eine breite Produktpalette für:
– Abdichtungen
– verlorene Schalungen
– Befestigungs- und Montagetechnik
– Akustik
– Gerüstbau

Haberstroh Baubedarf GmbH
Odenwaldstraße 74
63322 Rödermark
Tel. 0 60 74/89 50-0
Fax 0 60 74/89 50-20
info@haberstroh-gmbh.de
www.haberstroh-gmbh.de

Akustik und Trockenbau
ANDREAS HENSEL

Zweinig 3 · 04741 Roßwein
Telefon + Fax: 0 34 31 / 57 49 20 · Mobil 0174 / 974 55 03
hensel.a@web.de

Spezialisiert auf:
Wärmedämmung von Innenwänden, - decken und Tiefgaragen

IHRE KOMPETENZ IM RHEIN-MAIN-GEBIET

hagebau

BHG Hessia

An den Nahewiesen 2 · 55450 Langenlonsheim
Telefon 06704 9301-29 · Fax 06704 9301-11
info@rheinnahebaustoffe.de

Leistung durch Gemeinschaft

BHG	BHG	BSG	SMB	BHG	Hessia	BHG	L & B	BS
Baustoffe	Spezialbaustoffe	Baustoffservice	Betonservice	Tiefbaustoffe	Baustoffe	Hessia	Baustoffe	Baustoffe

Anzeige   Ausführende Firmen

BARTHEL
– Metallbau –

Elektronstraße 39 · 65933 Frankfurt
Tel.: 069 / 38 49 26
Fax: 069 / 39 64 40
barthel-metall@versanet.de

PHK
Gerüstbau GmbH

Affenstein 37 b · 67246 Dirmstein

Tel.: 06238 / 920006 · Fax: 06238 / 920007

service@phk-geruestbau-gmbh.de

Neben den alltäglichen Arbeitsbereichen und Aufgaben eines modernen Handwerksbetriebes, bieten wir allen unseren Kunden einen umfassenden Service auf einigen Spezialgebieten.

Gerüstbau- Fassadengerüste- Raumgerüste -Wetterschutzdächer- Schwerlastgerüste- Brückeneinrüstungen-Spezialgerüstbau

Durch hochwertige Arbeit, flexiblen Service und hohen persönlichen Einsatz können wir unseren Kundenkreis stetig erweitern. Bei uns können Sie zuverlässige und professionelle Arbeit auf hohem Niveau erwarten! Überzeugen Sie sich am Besten selbst davon.

Ruck-Zuck-Gerüstbau und Verleih GmbH
Dorfstraße 15 c · 09217 Burgstädt · Tel.: 03724-15086 · Fax: 03724-854690
ruck-zuck-geruestbau@web.de · www.ruck-zuck-geruestbau.de

Ausführende Firmen   Anzeige

Dr. Hug Geoconsult GmbH
Beratende Ingenieure und Geologen
Geotechnik · Planung · Umweltschutz

In der Au 25, 61440 Oberursel
Tel.: 0 61 71 - 70 40-0, Fax: 0 61 71 - 70 40-70
email: office@hug-geoconsult.com, Internet: www.hug-geoconsult.com

---

Vermessungsbüro Michael Müller

Dipl.-Ing. (FH)

Gürtlerstraße 78
55128 Mainz-Bretzenheim

Telefon: 06131 - 498 16 73
Fax: 06131 - 498 16 74
Mobil: 0160 - 90 57 18 13

Beratung + Angebot

Mitglied in der
Ingenieurkammer
Rheinland-Pfalz

kostenfrei + unverbindlich

mueller@vermessungsteam-mueller.de • www.vermessungsteam-mueller.de

---

www.geo-exploration-technologies.com

GEO EXPLORATION TECHNOLOGIES
advanced geophysical services

TDEM
Time Domain Electro Magnetics
Metallobjekt-/Kampfmittelortung

GET GEO EXPLORATION TECHNOLOGIES
Dr. Arnim Kaus, Wolf Boening & Partner GbR
Körnerstraße 2 · 55120 Mainz
Telefon: 06131-69 04 99 · Telefax: 06131-88 67 262

IHR PARTNER IM SPEZIALTIEFBAU

Verkauf / Ankauf / Vermietung
auf Wunsch inkl. sämtlicher Anarbeitungen

- Stahlspundwand
- Leichtprofile
- Kanaldielen
- Stahlträger
- Stahlrohre
- Doppel-UNP
- Kanalverbau
- Stahlbleche

TBH mbH

TBH GmbH · Tiefbau-, Beratungs- und Handelsgesellschaft mbH
Robert-Hofmann-Straße 53 · D-63820 Elsenfeld · Telefon: 0 60 22 - 62 37 13
Fax: 0 60 22 - 62 31 07 · E-Mail: info@tbh-kopatz.de

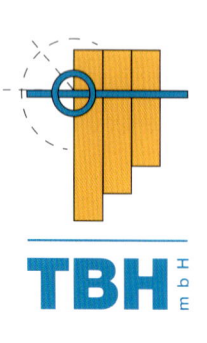

www.tbh-kopatz.de

Anzeige Ausführende Firmen

LENHART
METALLBAU

Haystraße 23
55566 Bad Sobernheim
Tel. 0 67 51/93 60-0
Fax 0 67 51/93 60-20
www.lenhart-metallbau.de

Exclusiv in Aluminium und Glas

Ihr kompetenter Ansprechpartner für Fenster, Türen, Wintergärten und sonstige Konstruktionen aus Aluminium und Glas

---

Gumm

Beratung & Begutachtung
- Altlasten
- Baugrund
- Deponiebau
- Erdbau/Flughafenbau
- Gebäuderückbau
- Geographische Info-Systeme
- Hydrogeologie
- Ingenieurgeologie
- Straßenbau
- Erschütterungsmessungen
- Radon-Messungen

Prüfungen
- Asphalt
- Beton
- Bodenmechanik

Bodenmechanisches Labor Gumm
Darmstädter Landstraße 85a
60598 Frankfurt am Main
Telefon: 069 / 96 37 62 88-0
Telefax: 069 / 96 37 62 88-18
Mobil: 0171 / 9517403
www.labor-gumm.de

FFM-Media GbR
...Ihr Servicepartner
Christian Goworek & Thomas Wodak

Radilostrasse 9 · 60489 Frankfurt am Main
Tel.: 069 / 90 74 52 35 · Fax: 069 / 90 74 52 39
kontakt@ffm-media.net · www.ffm-media.net

FFM Media GbR
• Service • individuelle Beratung • Lieferung Neuware
rund um die Telekommunikation, Computer/PC und dazugehörige Software

Wir bieten Ihnen
- individuelle Beratung rund um die Produkte der Telekom aus den Bereichen Festnetz und Mobilfunk
- Serviceleistungen rund um Computer, DSL, Internet und Software
- Lieferung und Installation von PC, Hardware und Software
- Planung und Lieferung von Telefonanlagen z. B. der Firmen Auerswald und Telekom, sowie den dazugehörigen Service
- Lieferung von Büropapieren aller Art (z. B. Kopierpapier, Kassenrollen für alle Kassendrucker, EC - Cash - Rollen, etc.)

KEMAS technologies

KEMAS GmbH
Wüstenbrander Straße 9
09353 Oberlungwitz
Germany
Fon: +49 (0) 3723 6944-0
Fax: +49 (0) 3723 6944-44
E-Mail: info@kemas.de

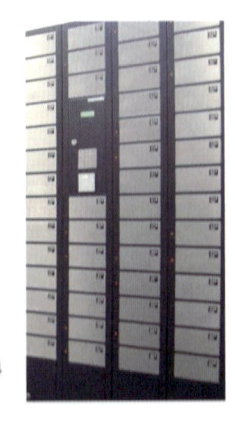

Ihr Partner für den Schutz Ihrer Ressourcen im öffentlichen Sektor wie JVA, MRV, Polizei und Militär sowie in der Industrie.

Unsere Systemlösungen verhelfen Ihnen zu mehr Transparenz und Wirtschaftlichkeit bei der sicheren Verwahrung und Verwaltung von sensiblen Gegenständen aller Art wie z.B. Schlüssel, Funkgeräte, Laptops und Waffen.

Ausführende Firmen

Anzeige

OPTIMIERTE SICHERUNGSSYSTEME – FÜR MEHR SICHERHEIT IM UNTERNEHMEN

Sicherheitstechnik und ITK Technik gehören unzweifelhaft zu den Geschäftsfeldern, die aufgrund der technologiebedingten Kurzlebigkeit ihrer Produkte und Verfahren eine große Herausforderung für die Anbieter und Errichter dieser Branche darstellen. Umso beachtlicher ist, dass sich mittelständige Unternehmen wie Plättner Communications Systeme GmbH in diesem Marktsegment behaupten und nun schon seit über 18 Jahren erfolgreich im Interesse ihrer zahlreichen Kunden agieren. Die erworbenen Zulassungen beim BHE und die Zertifikate der ISO 9001 und der DIN 14675 sind ein Indiz für die qualitätsgerechte und zuverlässige Arbeit. Mit Hilfe von optimierten Sicherungssystemen, auf die sich die Firma spezialisiert hat, konnten vor allem in den Unternehmensbereichen der Kunden für Lagerhaltung und Transport Wertverluste stark reduziert werden. Kunden die eine entsprechende Investition tätigen, sind in der Lage, ihre Ware mühelos zu schützen und mittels der Videotechnik sicher zu überwachen. Eine Investition die sich rasch amortisiert.

Heute ist das Unternehmen als Dienstleister für Kunden im gesamten Bundesgebiet ein wichtiger Partner speziell für die Sicherheitstechnik der öffentlichen Auftraggeber oder der Generalbauunternehmen, aber auch für den privaten Sektor. Aufgrund der Vielschichtigkeit der Dienstleistungen können geeignete herstellerneutrale Konzepte angeboten werden, die sich von der Planung, Montage, Inbetriebnahme, der Wartung bis hin zum 24 Stunden Notdienst erstrecken.

PLÄTTNER COMMUNICATIONS-SYSTEME GMBH
KOMMUNIKATION UND SICHERHEIT

Pittlerstr. 33, 04159 Leipzig
Tel. 03 41/467 56-0, Fax 03 41/467 56-77
info@sicherheit-leipzig.de, www.sicherheit-leipzig.de

---

quick-mix

Einfach clevere Baustoffe.

Machen Sie Fassaden zu etwas Besonderem: Mit V.O.R. Mauermörtel von quick-mix!

Ihre V.O.R.teile
- Systemsicherheit: Verblenden ohne Risiko
- Ästhetik: Unbegrenzte Gestaltungsvielfalt
- Wirtschaftlichkeit: Mauern und Fugen in einem Arbeitsgang

quick-mix Stockstadt GmbH & Co. KG · Vogesenstraße 5 · 63811 Stockstadt
Tel. +49 180 31710-11, 13, 14, 16, 27 · info@quick-mix.de

HENRYWITTKG ELEKTROANLAGEN

- Elektroinstallationen
- Industrieinstallationen
- E-Verkehrstechnik
- Thermografie

Hauptstrasse 21
03253 Tröbitz
Tel.: (03 53 26) 9 82 - 0
Fax: (03 53 26) 9 82 - 17
info@witt-elektro.de
www.witt-elektro.de

Rech

Großküchen-
Cafeteria-
Einrichtungen

Beratung
Planung
Verkauf
Kundendienst

Gartenstraße 51 · 61440 Oberursel
Tel. 0 61 71/58 28 88 · Fax 0 61 71/58 28 90
www.rech-grosskuecheneinrichtung.de
E-Mail: Rech-Inhaber-Ott@t-online.de

Anzeige

Ausführende Firmen

Bauelemente Bensheim Vertriebs GmbH

DIE SPEZIALISTEN FÜR DIE FACH- UND TERMINGERECHTE LIEFERUNG UND MONTAGE VON TÜRELEMENTEN IM GESAMTEM BUNDESGEBIET

- Eingangstüren
- Rauchschutztüren
- Schallschutztüren
- Spezialanfertigungen

- Innentüren
- Brandschutztüren
- Nassraumtüren

mit den verschiedensten Oberflächen

Robert-Bosch-Straße 32b
64625 Bensheim
Tel. 0 62 51/866 70 02
Fax 0 62 51/866 70 04
www.bauelemente-bensheim.de

MSA

www.msa-strehla.de

- Stahlhallen / Überdachungen
- Stahlkonstruktionen
- Balkonanlagen / Geländer
- Treppenanlagen
- Verarbeitung von nichtrostendem Stahl
- Industrieservice
- Planung / Konstruktion

An der Alten Leimfabrik 4 • 01616 Strehla • Telefon (035264) 98 20 • Telefax (035264) 98 222

BAUELEMENTE WAGNER BAUBESCHLÄGE

Bauelemente Wagner GmbH
Zum Stadtwald 2 | 01877 Bischofswerda
Tel. 0 35 94 / 77 12 -0 | Fax 0 35 94 / 77 12 35
mail@bauelemente-wagner.de | www.bauelemente-wagner.de

Wir bieten Ihnen von ausgesuchten Markenprodukten bis zu individuellen Lösungen alles für den Innenausbau, Umbau oder Neubau. Sie wollen bauen, ausbauen, anbauen, sanieren oder renovieren? Dann wenden Sie sich an uns! Unser Angebot an Innentüren lässt keine Kundenwünsche offen. Hinter dem Erfolg unseres Unternehmens stehen unsere Mitarbeiter, die von einem erfahrenen Management geleitet werden. Wir helfen Ihnen dabei, sich richtig wohl in Ihren vier Wänden zu fühlen.

Unser Service umfasst:
• kostenlose Angebote • großzügige Ausstellungsräume • fachkundige Beratung • Beratung zur fachgerechten Montage oder auf Wunsch Montage durch unser Fachpersonal • Anlieferung von Waren bei Ihnen oder auf Ihrer Baustelle • Bundesweit Belieferung und Montagen

---

Gerüstbau Paul GmbH

GERÜSTBAU PAUL

Seit 1968 sind wir Ihr Ansprechpartner im Rhein-Main Gebiet für
- Industriegerüste
- Raumgerüste
- Fahrgerüste
- Fassadengerüste
- Dachfanggerüste
- Konsolgerüste
- Sondergerüste
- Schutzgerüste
- Gerüstaufzüge
- Wetterschutzdächer
- Turmgerüste
- Kircheneinrüstungen

60488 Frankfurt am Main • Graebestr. 9 • ✆ (069) 74 22 99 50

www.geruestbau-paul.de

Ausführende Firmen Anzeige

Daimlerstraße 12, 61352 Bad Homburg
Telefon 0 61 72 - 6 71 98 13
Telefax 0 61 72 - 6 71 98 14
advance_gmbh@t-online.de

ADVANCE
BAUGESELLSCHAFT UND
BAUMANAGEMENT mbH

WITTENBERGER STAHL- UND ANLAGENBAU GmbH

• Treppen • Geländer • Vordächer • Gitter • JVA-Gitter

Wistab
Wittenberger Stahl- und Anlagenbau GmbH

Am Heideberg 38 · 06886 Lutherstadt Wittenberg
Telefon 03491 - 64 61-0 · Telefax 03491 - 64 61-21
info.wistab@freenet.de · www.wistab.de

Bernd Sommer

Akustik- und Trockenbau / Gipsdielen
Vollgipswände

Bahnhofstraße 14, 07768 Orlamünde
Telefon 03 64 23/2 03 39
Telefax 03 64 23/2 03 38
gipsdielen.sommer@t-online.de

maßgeschneiderte Sicherheitslösungen

- Werk- und Objektschutz
- Pforten- und Empfangsdienst
- Baustellenbewachung
- Ausweiswesen
- Revierdienste
- Parkplatzbewirtschaftung

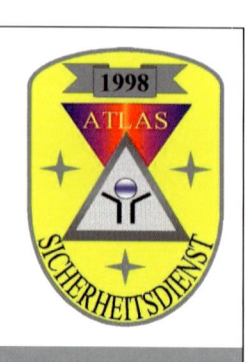

ATLAS 1998 SICHERHEITSDIENST

ATLAS Sicherheitsdienst GmbH, Steinweg 16, 61462 Königstein im Taunus
Telefon: 0800 - 498 2008, Telefax: 06174 – 25 800 90, e-mail: atlas@atlassicherheit.de
www.atlassicherheit.de

Bauvertrag: Auf was sollte der Handwerker achten?

Von Bernd Ebers
Rechtsanwalt und Notar in Limburg/Lahn

Erst dann, wenn es zum Rechtsstreit kommt, werden die Fehler offenkundig, die vorher gemacht wurden, obwohl sie vermeidbar waren. Diese Fehler können sich, falls es zum Rechtsstreit vor Gericht kommt, zum Nachteil des Handwerkers auswirken. Der folgende Beitrag will auf Fehler, die häufig gemacht werden, hinweisen und Wege aufzeigen, wie diese Fehler vermieden werden können.

DIE STUNDENLOHNARBEITEN GEBEN HÄUFIG ANLASS ZUM STREIT

Ein Beispiel:

Verschiedene handwerkliche Leistungen können nur in Stundenlohnarbeiten ausgeführt werden. Wenn diese Stunden dann in Rechnung gestellt werden, kommt es häufig zum Streit.

Im Keller des neu errichteten Einfamilienwohnhauses zeigen sich Feuchtigkeitsflecken an den Wänden. Der zu Rate gezogene Architekt vermutet, dass die Außenisolierung schadhaft ist und/oder die Drainage. Ein Aufspüren/Beseitigen des/der Fehler/s macht es erforderlich, rund um das Haus herum bis zur Kellersohle freizugraben. Das Haus liegt an einem Hang, die Außenanlagen sind soweit fertig, die Arbeiten können nur per Hand und nicht mit Bagger – auch nicht mit einem kleinen – ausgeführt werden.

Der Bauhandwerker nimmt den Auftrag an. Er weist nicht darauf hin, dass diese Arbeiten nur im Stundenlohn ausgeführt werden können. Als er später seine Rechnung erstellt, verweigert der Bauherr die Zahlung mit der Begründung, dass Stundenlohnarbeiten nicht vereinbart worden seien, sowie, dass die Anzahl der in Rechnung gestellten Stunden überhöht sei, und schließlich, dass der eingesetzte Stundenlohn zu teuer sei. Der Bauhandwerker muss jetzt vor Gericht klagen. Er muss darlegen und beweisen, dass die Arbeiten nur im Stundenlohn haben ausgeführt werden können und dass die Anzahl der berechneten Stunden auch tatsächlich angefallen und notwendig waren und dass die Höhe des Stundensatzes angemessen ist.

Den Beweis dafür, dass die Arbeiten nur im Stundenlohn haben ausgeführt werden können, wird der Bauhandwerker führen können, indem er sich auf die Einholung eines Sachverständigengutachtens oder auf die Aussage eines Sachverständigen beruft, was auch gilt, soweit es um die Höhe des Stundensatzes geht. Soweit es aber um die Anzahl der in Rechnung gestellten Stunden geht, hilft dem Bauhandwerker hier weder das Gutachten noch die Aussage eines Sachverständigen, denn der Sachverständige kann hier nur schätzen. Mit einer Schätzung aber führt der Bauhandwerker keinen Beweis. Beweis könnte der Bauhandwerker führen, indem er seine Mitarbeiter, die damals die Arbeiten ausgeführt haben, als Zeugen benennt. Ob die Mitarbeiter des Bauhandwerkers sich in einem Prozess noch im Einzelnen daran erinnern können, an welchem Tag sie wie viele Stunden gearbeitet haben, erscheint mehr als fraglich. In diesem Fall könnte lediglich der Richter, dem diese Möglichkeit gegeben ist, nach freiem Ermessen schätzen.

Mein Ratschlag:

Zunächst vor der Ausführung der Arbeiten schriftlich anbieten, welche einzelnen Arbeiten zu welchem Preis im Stundenlohn ausgeführt werden und sich dies vom Bauherrn unterschreiben lassen, also eine Vereinbarung in schriftlicher Form herbeiführen und sodann – ganz wichtig – Stundenlohnnachweise führen in Form von Rapportzetteln oder Tagesberichten und sich auch diese und zwar zeitnah, abzeichnen lassen und zwar vom Bauherrn, von dessen Architekten oder vom Bauleiter.

EIN GROSSES ÄRGERNIS BIETEN OFT DIE BEREITS GELEISTETEN – ALLERDINGS SCHLECHT GELEISTETEN – VORARBEITEN, AUF DIE DIE WEITEREN ARBEITEN AUFBAUEN

Auch hierzu ein Beispiel:

Der Schreiner erhält die Baupläne und die Baubeschreibung und wird aufgefordert, ein Angebot abzugeben über die Anfertigung, Lieferung und Einbau von Zargen und Türen. Er gibt sein Angebot ab und erhält den Auftrag.

Daraufhin beginnt er, Zargen und Türen in der Werkstatt zu fertigen. Als er dies dann später vor Ort einbauen will, stellt er fest, dass die Maße, wie aus den Plänen ersichtlich, von den Maurern und Verputzern nicht eingehalten wurden, die Türöffnungen sind teilweise zu hoch, und die Wände sind in unterschiedlicher Stärke verputzt, so dass die Türen teilweise zu klein und die Zargen teilweise zu schmal sind. Dennoch baut der Schreiner Zargen und Türen ein, die vorhandenen Mängel kaschiert er dadurch, indem er zusätzliche Zierleisten anbringt. Als der Schreiner mit dem Einbau fertig ist und seine Rechnung erteilt, verweigert der Bauherr die Abnahme der Werkleistung mit der Begründung, die Arbeiten seien mangelhaft ausgeführt worden, die Rechnung zahlt er nicht. Ein Rechtsstreit erscheint aussichtslos, denn die Mängel sind tatsächlich vorhanden und eine Abnahme ist bisher nicht erfolgt.

Mein Ratschlag:

Falls die Arbeiten des Vorunternehmers mangelhaft sind, dies schriftlich anzeigen – es besteht eine so genannte Hinweispflicht. Sodann mit dem Bauherrn oder dessen Architekten oder Bauleiter die Dinge im Einzelnen erörtern und Möglichkeiten aufzeigen, wie die Mängel der Vorarbeiten beseitigt werden können und hierüber – schriftlich – ein Nachtragsangebot abgeben und sich dieses gegenzeichnen lassen. Erst dann, wenn klar ist, wie die Arbeiten letztendlich ausgeführt werden und dies auch – schriftlich – vereinbart ist, mit der Ausführung der Arbeiten beginnen.

MERKE:

Im Falle eines Prozesses muss in der Regel derjenige, der etwas behauptet, dies auch beweisen. Beweise sind oft schwer zu führen, daher vorzeitig entsprechende Vereinbarungen nachweisbar, also schriftlich, herbeiführen, dies vermeidet oft Prozesse.

Prozesse sind teuer, sie dauern lange; ob man einen Prozess gewinnt, weiß man nicht, und selbst dann, wenn man gewonnen hat, hat man noch nicht sein Geld.

Anzeige

Ein stabiles Fundament für den Euro

Beim Neubau der Europäischen Zentralbank sind stabile Fundamente für die Doppeltürme des Hochhauses sowie für die neuen Einbauten in der denkmalgeschützten Großmarkthalle erforderlich

Die Visualisierung zeigt die beiden, rund 185 m hohen Türme des Neubaus der Europäischen Zentralbank in Frankfurt und daneben die denkmalgeschützte Großmarkthalle, die durch bauliche Veränderungen im Inneren für den neuen Zweck nutzbar gemacht wird
© ISOCHROM.com, Vienna

Ebenso wie der Euro, für dessen Stabilität die Europäische Zentralbank durch ihre Geldmarktpolitik verantwortlich zeichnet, benötigt auch der Neubau der Europäischen Zentralbank ein stabiles Fundament. Beim Neubau der Europäischen Zentralbank sind stabile Fundamente erforderlich für das aus zwei Türmen bestehende, rund 185 m hohe Hochhaus mit der Mitarbeitertiefgarage und auch für die neuen Einbauten in der denkmalgeschützten Großmarkthalle.

HOCHHAUSFUNDAMENTIERUNG

Entscheidend für eine solide und tragfähige Gründung der Bauwerke sind die Erfahrungen mit der Errichtung von Hochhäusern im setzungsaktiven Frankfurter Baugrund, dem sogenannten Frankfurter Ton, mit den zum Teil unerwartet große Setzungen, vor allen Dingen aber auch den zum Teil starken Verkantungen der Hochhäuser der ersten Frankfurter Hochhausgeneration, die mangels geeigneter technischer Gerätschaften und wegen der fehlenden theoretischen Grundlagen flach gegründet wurden.

Diese Hochhäuser haben sich um bis zu 35 cm gesetzt und zum Teil um 10 cm und mehr schiefgestellt. Dies stellt die Gebrauchstauglichkeit der Hochhäuser in Frage, und zwar derart, dass die Funktion der Aufzüge fraglich wird, Hausanschlüsse und Übergangskonstruktionen nicht mehr richtig funktionieren und Risse entstehen. Aufbauend auf diesen, teilweise problematischen Erfahrungen ist in Darmstadt die Kombinierte Pfahl-Plattengründung (KPP) entwickelt worden, ein neues innovatives Gründungskonzept, das wesentliche wirtschaftliche und bautechnische Vorteile bringt, reduziert es doch die Pfahlherstellungskosten um bis zu 70 Prozent im Vergleich zu einer konventionellen Pfahlgründung. Beispiele für die erfolgreiche Anwendung der Kombinierten Pfahl-Plattengründungen (KPP) sind unter anderem die folgenden im Frankfurter Ton gegründeten Frankfurter Hochhäuser: Messeturm, Japan-Center, Westendstraße 1, Castor und Pollux, MainTower, Eurotheum, Gallileo und das Allianz-Gebäude.

DIE FELSIGEN FRANKFURTER KALKE

Unter dem setzungsaktiven Frankfurter Ton folgen die sehr steifen, felsigen Frankfurter Kalke, die einen außerordentlich gut tragfähigen Baugrund darstellen. In den Frankfurter Kalken ist das höchste Hochhaus Deutschlands, das der Frankfurter Commerzbank, auf insgesamt 111 Großbohrpfählen gegründet, die auf der Basis wissenschaftlicher Detailuntersuchungen des Instituts für Geotechnik der TU Darmstadt nur wenige Meter tief in den Fels einbinden. Auch die Europäische Zentralbank (EZB) wird auf den Frankfurter Kalken stehen, die jedoch am Standort der EZB ein weicheres Materialverhalten besitzen. Im Gegensatz zum Commerzbank-Hochhaus, das auf einer konventionellen Pfahlgründung gegründet ist, wurde beim Neubau der Europäischen Zentralbank auf dem ehemaligen Großmarktgelände das innovative Gründungskonzept der Kombinierten Pfahl-Plattengründung (KPP) gewählt, wodurch eine wirtschaftlich optimierte und stabile Fundamentierung erreicht werden konnte. Die Last des rund 2.621 MN schweren Hochhauses wird hierbei zur einen Hälfte über die rund 2,5 m dicke Fundamentplatte und zur anderen Hälfte über knapp 100 Großbohrpfähle, die zwischen 20 m und 37 m lang sind, in den Baugrund abgetragen.

GEOTHERMIE: ENERGETISCHE NUTZUNG DES FRANKFURTER BAUGRUNDS

Der Frankfurter Baugrund kann ideal geothermisch genutzt werden; das bedeutet, dass er als Kälte- bzw. Wärmespeicher, also quasi als „Batterie", in Anspruch genommen werden kann. So ist es zum Beispiel möglich, die Kälteenergie, die im Winter zur Verfügung steht, im Baugrund zu speichern, um sie im Sommer über die Kühldecken kostengünstig zu nutzen, ohne die Nachteile einer klassischen Klimaanlage in Kauf nehmen zu müssen. Der Transport der Kälte- bzw. Wärmeenergie kann über die Gründungspfähle, die damit doppelt genutzt werden, und zwar statisch für die Fundamentierung der KPP und als Energiepfähle.

Die Nutzung des Baugrunds als saisonaler Thermospeicher ist ein wesentliches Element der dezentralen Nutzung der umwelt- und ressourcenschonenden, erneuerbaren Energie Geothermie zur Senkung der CO_2-Emissionen. Beim Neubau der Europäischen Zentralbank wurde die Rohbaukonstruktion diesbezüglich mit Wärmetauscherröhrchen ausgerüstet, damit gegebenenfalls eine spätere Nutzung von geothermischer Energie möglich ist.

> Ingenieursozietät
> Professor Dr.-Ing. Katzenbach GmbH,
> Frankfurt am Main
> Vereidigte und nach Bauordnungsrecht anerkannte Sachverständige für Geotechnik

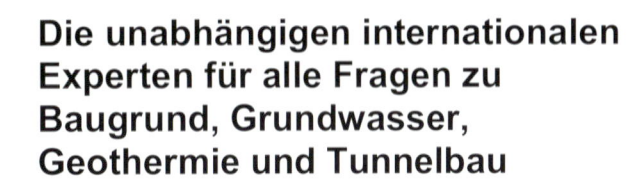

Die unabhängigen internationalen
Experten für alle Fragen zu
Baugrund, Grundwasser,
Geothermie und Tunnelbau

Leistungsbild:

Sachverständigen-Gutachten
Beratung · Planung
Forschung · Entwicklung

Bodenmechanik · Felsmechanik
Baugrund-Tragwerk-Interaktion
Geothermie · Umweltgeotechnik

Gründungsberatung
Hochhausgründungen
Baugruben · Tunnelbau
Historische Bauwerke
Dammbau · Deichbau
Grundwassermanagement
Deponiebau · Altlasten
Fachbauüberwachung
Bauschadensanalysen

INGENIEURSOZIETÄT PROFESSOR DR.-ING. KATZENBACH GMBH
VEREIDIGTE UND NACH BAUORDNUNGSRECHT ANERKANNTE SACHVERSTÄNDIGE FÜR GEOTECHNIK

65931 Frankfurt am Main	64293 Darmstadt	69469 Weinheim	01021 Kiew / Ukraine
Pfaffenwiese 14A	Robert-Bosch-Straße 9	Wachenbergstraße 13	Klovskiy spusk 3
Telefon: +49 (0) 69 / 9 36 22 30	Telefon: +49 (0) 6151 / 1 30 13 10	Telefon: +49 (0) 6201 / 25 83 36	Telefon: +38 044 / 495 92 65

Generalsanierung Silberturm

Die ehemalige Zentrale der Dresdner Bank AG in Frankfurt wurde auf den neuesten technischen Stand gebracht

Der Silberturm, im Jahr 1978 fertiggestellt, 1980 als Zentrale der Dresdner Bank AG in Betrieb genommen, steht als bedeutendes Hochhaus der Frankfurter Skyline am Jürgen-Ponto-Platz 1, an der Schnittstelle zwischen Bahnhofsviertel und City. Der ursprüngliche Entwurf stammt von ABB Architekten, Frankfurt.

Der Grundriss beschreibt zwei gegeneinander verschobene Quadrate mit zwei außen liegenden Erschließungskernen. Das Hochhaus ist vertikal gegliedert in einen Sockelbereich mit einem zweigeschossigen Foyer (Ebene 01) und Konferenzräumen (Ebene 02), darauf (Ebene 03 – 04) folgen weitere Sondergeschosse mit Kantinen- und Küchennutzung. Die Regelgeschosse (Ebene 05 – 08 und Ebene 10 – 29) werden geteilt durch eine zweigeschossige Technikebene (Ebene 09). Das Technikgeschoss zeichnet sich nach außen durch eine Einschnürung ab. In den Ebenen 30 und 31 befinden sich wiederum Sondergeschosse mit Besprechungs- und Konferenznutzung. Weitere Technikflächen befinden sich in den Ebenen 32 – 37.

Abb.: Kirsten Bucher

Wegen der Bedeutung des Silberturms (Mitte) im Frankfurter Stadtbild wurde bei der Sanierung der Fassade das Erscheinungsbild des ursprünglichen Entwurfes beibehalten   Abb.: Kirsten Bucher

In den außenliegenden Erschließungskernen befinden sich die Aufzüge, die Fluchttreppenhäuser, die WCs sowie die Versorgungsschächte.

AUFGABENSTELLUNG GENERALSANIERUNG

Die Dresdner Bank AG wurde ab 2009 in die Commerzbank AG eingegliedert. Aufgrund des daraus resultierenden reduzierten Flächenbedarfs war eine ursprünglich geplante Eigennutzung nicht mehr notwendig. Zum Jahreswechsel 2011/2012 wurde das Gebäude an ein Konsortium institutioneller Investoren unter Führung der IVG verkauft. Neuer Nutzer des Gebäudes ist die Deutsche Bahn AG.

Um das Gebäude auf den neuesten technischen Stand zu bringen, wurde eine Generalsanierung mit folgenden Maßnahmen durchgeführt:

- Kernsanierung und Neugliederung der Regelgeschosse

- Komplettsanierung der Erschließungskerne
- Komplettsanierung der Elementfassaden und Dächer
- Umbau und Kernsanierung des Foyers
- Brandschutz- und Mängelsanierung sowie Rekonstruktion der Sondergeschosse
- Sanierung der haustechnischen Anlagen in den Untergeschossen und Techniketagen mit einer Integration funktionstüchtiger Anlagenteile aus dem Bestand.

Die Sanierungsmaßnahmen wurden zwischen Januar 2009 und Dezember 2011 nach Plänen der Frankfurter schneider + schumacher Bau- und Projektmanagement GmbH durchgeführt. Das Gebäude ist für DGNB Silber vorzertifiziert.

REGELGESCHOSSDECKEN

Aufgrund der großflächigen Regelgeschosse spielen die Deckenuntersichten eine wichtige Rolle bei der neuen Raumgliederung. Das sehr regelmäßige und durchdachte Konstruktionsprinzip des Rohbaus (Unterzüge und Felder) wurde in die Neugestaltung der Decken aufgenommen und ablesbar gemacht. Der Deckenspiegel ist eine Kombination aus einer Metall-Bandrasterdecke im Bereich der quadratischen Deckenfelder und einer Gipskartonverkleidung im Bereich der Unterzüge.

Das Gesamtbild der Decke zeichnet sich durch einen Wechsel von „Hoch" und „Tief" aus. Die tiefer liegenden, schmaleren Deckenstreifen unterhalb der Unterzüge gliedern die Deckenfläche und bilden große Deckenfelder, die ca. 30 cm höher liegen. Im Bereich der Deckenfelder wurde die Decke als revisionierbare Heiz-Kühldecke aus Metall geplant, die akustisch wirksam ist. Die Deckenhöhe von 3,10 m im Deckenfeld verbessert die Raumproportionen und schafft einen großzügigen Raumeindruck. Als Reminiszenz an die ursprüngliche Deckengestaltung wurden die Ecken der großen Deckenfelder gerundet ausgebildet und die Leuchten diagonal eingehängt.

Abb.: Kirsten Bucher

Abb.: Kirsten Bucher

REGELGESCHOSSBELEGUNG

Die Entwurfsidee für die Belegungsplanung in Abstimmung mit dem Deckenspiegel war die Erstellung eines neuen Ausbaurasters, das vom bisherigen Gebäude- und Fassadenraster abweicht. Das neue Raster ist ein verdichtetes Ausbauraster im Bereich der Unterzüge, das vielfältige Raumgrößen ermöglicht. Innerhalb der Rasterstruktur kann eine Vielzahl von Raumvarianten entstehen, wobei die Systemtrennwände mit ihren Elementen auf das Raster abzustimmen sind. Im Gegensatz zur ursprünglichen ungeordneten Belegungsplanung sieht die neue Belegungsplanung bereits definierte Zonen vor, die in allen Varianten eine zugewiesene Nutzung beinhalten. Gegenüber dem Eingangsbereich befindet sich eine Freizone mit Empfang, der Meetingpoint mit Teeküche liegt im Zentrum der Geschossfläche.

WC-ANLAGEN

Die WC-Anlagen in den Kernbereichen wurden komplett entkernt und neu gestaltet. Die Umfassungswände wurden aus Halbfertigteilen hergestellt, die alle Vorrichtungen für die Sanitärelemente enthalten und bereits mit dem endgültigen Belag, in diesem Fall Terrazzo, versehen sind. Diese Konstruktionsweise ermöglicht erstens eine wirtschaftliche Abwicklung und zweitens eine großformatige Wandgliederung. Als Bodenbelag wurde eine Industriebeschichtung gewählt.

AUFZUGSVORRÄUME/KERNWÄNDE/STÜTZEN

Im Bereich der Aufzugsvorräume, Kernwände und Innenstützen wurde, wie bei der Fassade, das Prinzip der „Rekonstruktion" verwendet. Die hochwertigen bestehenden Aluminiumverkleidungen an Wänden, Decken und Stützen wurden weitgehend erhalten. Sie wurden zuerst demontiert, dann gereinigt, teilweise an die neuen Gegebenheiten angepasst und schließlich wieder eingebaut.

FASSADE

Aufgrund der veränderten technischen Anforderungen an Wärmeschutz und Dampfdichtigkeit wurde die Bestandsfassade in großen Teilen durch eine neue Fassade mit Dreifach-Verglasung ersetzt. Wegen der Bedeutung des Silvertowers im Frankfurter Stadtbild wurde bei der Sanierung der Fassade das Erscheinungsbild des ursprünglichen Entwurfes beibehalten.

Die veränderten Anforderungen an Druckentlastung und Rauchableitung erforderten eine erhöhte Anzahl automatisch öffenbarer Sonderflügel. Diese wurden als nach innen öffenbare Drehflügel ausgebildet, damit sie das Erscheinungsbild von außen nicht beeinträchtigen.

Die Deckbleche der Elementfassade, bestehend aus tiefgezogenen Aluminiumblechen, wurden von den alten Fassadenelementen getrennt, im Werk aufgearbeitet und auf die neuen Fassadenelemente montiert. Durch diese „Rekonstruktion" der Fassade blieb das äußere Erscheinungsbild in seiner Gesamtheit erhalten. Die gegenüber der Außenkontur zurückspringende Fassade des Technikgeschosses (in Ebene 09) besteht aus Aluminiumlamellen und wurde vor Ort instand gesetzt.

Die Foyerfassade wurde im Zuge des Foyer-Umbaus in ihrer Geometrie verändert und komplett erneuert. Die gestaltprägenden abgerundeten Ecken wurden übernommen.

Im Verlauf der Entwurfsplanung wurde festgestellt, dass eine Erneuerung der Fassade der Erschließungstürme keinen nennenswerten Einfluss auf die Gesamtenergiebilanz hat. Aufgrund des guten Zustands der Blechpaneele, der Unterkonstruktion und der Dämmung der bestehenden Fassadenverkleidung wurde diese komplett im Bestand belassen und vor Ort gereinigt.

Durch den Erhalt eines großen Teils der Fassadenverkleidungen konnte der Ressourcenverbrauch im Fassadenbereich minimal gehalten werden.

Abb.: Kirsten Bucher

FOYER

Das Foyer wurde in Abstimmung mit dem ursprünglichen Entwurfsarchitekten, Heinz Scheid von ABB Architekten, komplett neu geplant, weil das ursprüngliche relativ kleine und differenzierte Foyer nicht mehr den Anforderungen einer zeitgemäßen Nutzung entsprach.

Die eingehängten Einbauten wie Leitwarte, Konferenzraum und Brücke wurden komplett demontiert, so dass die Grundfläche vergrößert und die Fassade bis hinter die äußeren Stützen verschoben werden konnte. So erhielt man ein transparentes Foyer, das durch seine doppelte Geschosshöhe einen großzügigen, repräsentativen Charakter erhält. Die großformatigen abgehängten Deckenleuchten in Form von Tori unterstreichen diese Großzügigkeit.

Der ursprüngliche Bodenbelag, diagonal verlegter zweifarbiger Granit, wurde ebenfalls rekonstruiert, weil er zu dem Gesamtkunstwerk der Außenanlagen des Künstlers Heinz Mack gehört und auf dem gesamten Jürgen-Ponto-Platz verlegt ist.

SONDERGESCHOSSE

Aufgrund der aufwendigen Gestaltung und Ausstattung der bestehenden Sondergeschosse sollten diese möglichst erhalten bleiben. Durch die Sanierung der haustechnischen Anlagen und der Eingriffe in die Fassaden, war es jedoch notwendig, große Bereiche der Sondergeschosse zu demontieren und im Nachgang wieder zu rekonstruieren.

HAUSTECHNISCHE ANLAGEN

Die haustechnischen Anlagen, sowohl der sanitären und mechanischen Gewerke als auch der Elektrotechnik, wurden zum größten Teil demontiert und durch neue Technik ersetzt. Teilweise sollten Bestandsanlagen, insbesondere in den Sondergeschossen, erhalten bleiben. Diese Bestandsanlagen wurden in die neue Gesamttechnik eingebunden.

Das neue Haustechnikkonzept der Regelgeschosse enthält Heiz-Kühldecken mit Schlitzschienen für die Zuluft und Randfugen in den Deckenfeldern für die Abluft. Die Be- und Entlüftung ist rein mechanisch. Die Fassaden können nicht zur Lüftung verwendet werden. Aufgrund der vorgesehenen Nutzung der Regelgeschosse mit offenen Bürostrukturen hatte man sich im Zuge der Planung gegen eine Fensterlüftung entschieden, da eine wirtschaftliche und klimatisch sinnvolle Regelung der Klimaanlage im Großraum in Zusammenhang mit einer Fensterlüftung nicht möglich sein würde.

Abb.: Kirsten Bucher

Eigentümer:
Investorengemeinschaft unter der Führung von IVG
Bauherr Generalsanierung:
Commerzbank AG
Nutzer:
Deutsche Bahn AG
Architektur/Bauleitung Generalsanierung:
schneider+schumacher Bau- und Projektmanagement GmbH, Frankfurt

Partner am Bau:
- Otis GmbH & Co. OHG
- exitecture architekten
- AMiG Rudi Becker
- Lemon Consult GmbH
- Lindner Group KG
- Schreinerei Johannes Staudt

- Ralf Malkewitz
- BT BAU GMBH
- Epowit Bautechnik GmbH
- TPG – Technische Prüfgesellschaft mbH
- Strähle Raum-Systeme GmbH
- Klaus Helbig Fotografie
- H. & M. Fries Fliesenfachgeschäft GmbH
- Baudekor Rohls GmbH
- Hühn Gerüstbau GmbH
- GefAS Gesellschaft für Arbeitssicherheit mbH
- Elektro Ehinger GmbH
- Jürgen Griedelbach Metallbau
- Reprotec CS
- Dr. Mühlschwein Ingenieure GmbH
- DEIN GmbH
- WS Frankfurt GmbH
- PENELL GmbH

Sanierung / Restaurierung

GREEN TOUCH*

*GRÜNE AUFZUGSTECHNOLOGIE, DIE BEFLÜGELT

OTIS
THE WAY TO GREEN™

OTIS, der weltweit größte Hersteller von Aufzügen und Fahrtreppen, entwickelt innovative Produkte sowie Serviceleistungen, die den Energieverbrauch senken und die Umwelt nachhaltig schonen. Begleiten auch Sie uns auf „THE WAY TO GREEN"! www.otis.com

Anzeige

Für das Projekt „Silvertower" war unsere Planungs- und Baumanagementsparte **exact.projektmanagement** im Auftrag des Generalplaners Schneider+Schumacher zuständig für die Projektleitung und das Planungsmanagement sowie die Durchführung der baurechtlichen Abstimmungs- und Genehmigungsprozesse.

Als assoziierte Architekten war unser Team von **exitecture architekten** neben der strategischen, gestalterischen und technischen Begleitung des Planungsteams verantwortlich für die Ausführungs- und Detailplanungen der Sondergeschosse sowie die Planung der Türelemente.

exact. projektmanagement | **exitecture**

zwei Seiten einer Leistung

Beratung, Entwurf, Planung, Ausschreibung und Bauleitung für Neubauten, Umbauten und Sanierungen
Generalplanung | Gutachten | Projektstudien | Standortanalysen

exitecture architekten
Senckenberganlage 10-12
60325 Frankfurt am Main
Germany

tel +49 · 69 · 789 8818-0
fax +49 · 69 · 789 8818-199
frankfurt@exitecture.de

www.exitecture.com
www.exact-project.com

Made in Germany als verlässlicher Partner

Wer hinter dem Kürzel „AMiG" eine willkürliche Bezeichnung erwartet, wird vom Büroinhaber Rudi Becker umgehend aufgeklärt. Er hat sich bewusst für das markante „Made in Germany" entschieden und lebt diesen Qualitätsanspruch in seiner täglichen Arbeit auch konsequent aus. Seine „Aufzugsplanung Made in Germany" (AMiG) knüpft an die Tugenden der weltweit anerkannten Herkunftsbezeichnung an.

Noch immer hat das „Made in Germany" einen klangvollen Namen und weckt entsprechende Erwartungen. Die erfüllt Rudi Becker, wann immer er einen Auftrag übernimmt. Für ihn ist es selbstverständlich, eine qualitätsvolle Planung abzuliefern, die neben dem zeitlichen Rahmen auch eine genaue Kostendefinition enthält. Überraschungen gibt es bei ihm nur positive, wenn er wieder einmal die Erwartungen der Bauherren erfüllt hat und in guter alter Tradition eine qualitätsvolle Arbeit „Made in Germany" abgeliefert hat.

MADE IN GERMANY FÜR:
Aufzüge
Fahrtreppen
Gebäudelogistik
Verkehrsberechnungen
Fassadenbefahrsysteme
Ver- und Entsorgung

VBI
VERBAND BERATENDER
INGENIEURE

A·M·i·G
RUDI·BECKER

AMiG Rudi Becker
Heiligenbergstraße 45
66763 Dillingen
Tel. 0 68 31/7 61 04 24
www.amig-rb.de
amig.rb@me.com

Silvertower Commerzbankgebäude Frankfurt am Main

Ausführende Firmen   Anzeige

LEMON · CONSULT
· ENERGY · EFFICIENCY · ENGINEERING ·

Modernisierung Silvertower
mit aktiver Unterstützung von Lemon Consult

Wir beraten Sie über den gesamten Lebenszyklus
Ihrer Immobilie zu den Themen:
- Bauphysik
- Energietechnik
- Nachhaltigkeit
- Gebäudesimulation

Ihr Mehrwert steht im Zentrum,
mit schweizerischer Qualität erarbeitet.

www.lemonconsult.ch
schneider@lemonconsult.ch
T +41 44 200 77 44

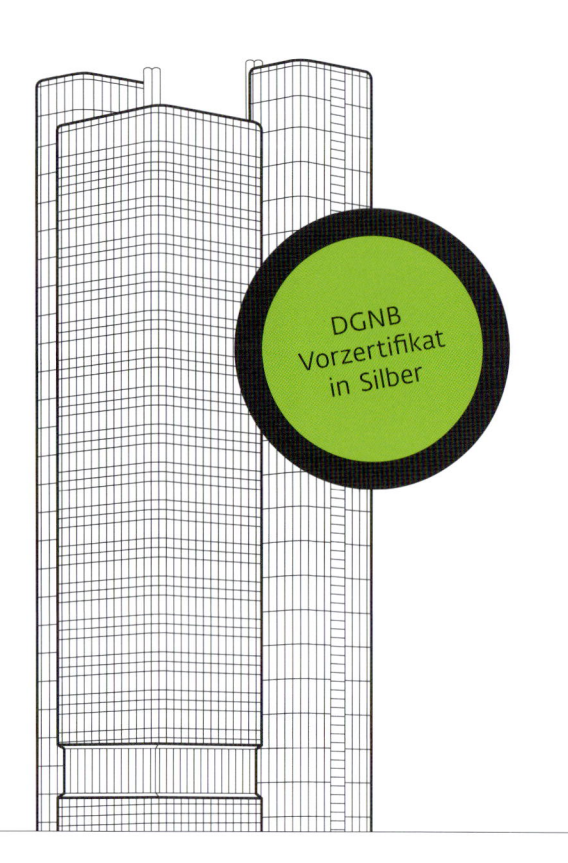

DGNB Vorzertifikat in Silber

Perspektiven ändern – Neues entdecken.

Lindner realisiert weltweit Projekte im Innenausbau, der Isoliertechnik und im Fassadenbau. Von der Planung bis zur Umsetzung sind wir Ihr ganzheitlicher Partner. Seit mehr als 45 Jahren setzen wir mit nachhaltigen Lösungen Ihre Wünsche kompetent in die Tat um. Auch am Projekt Silvertower waren wir mit der Ausführung von Heiz-/ Kühldecken aus Metall und Gipskarton, Sonderdecken sowie Bodensystemen und Bodenbelägen maßgeblich beteiligt.

Für Ihre Ideen, für Ihren Erfolg.

Lindner Group
Kaiserstraße 63 | 60329 Frankfurt
Telefon +49 (0)69/95 00 55-48 31
Telefax +49 (0)69/95 00 55-48 99
info@Lindner-Group.com | www.Lindner-Group.com

Lindner | Bauen mit neuen Lösungen

Anzeige Ausführende Firmen

Bundesweit creative Inneneinrichtungen

Die creative Schreinerei Johannes Staudt steht für handwerkliches Können und hohe Qualitätsansprüche. Dieses Versprechen hält inzwischen die dritte Generation des Familienbetriebes. Den 15 Fachkräften steht eine hochmoderne technische Ausrüstung zur Verfügung. Von der Zuschnittanlage über Postformingmaschinen bis hin zum Bearbeitungszentrum von Homag reicht der Maschinenpark. Mit ihr ist das motivierte Team in der Lage deutschlandweit Innenausbauten pünktlich abzuliefern.

Besonders auf individuelle Wünsche und Sonderanfertigungen hat man sich bei der Schreinerei Johannes Staudt spezialisiert. Die Fertigungspalette reicht von hochwertigen Objekteinrichtungen für Kliniken, Schulen, Banken, Kanzleien und Verwaltungen bis hin zu Trennwänden und Brandschutztüren sowie Medienpulte. Für das Projekt Silvertower fertigte und montierte der Familienbetrieb die Waschtischanlagen (Foto).

Referenzen:
- Seniorenresidenz Rüsselsheim
- Ärztehaus Ingolstadt
- Uni Campus Westend, Frankfurt am Main

Johannes Staudt
Creative Inneneinrichtungen

Im Eichwald 1, 65599 Dornburg
Tel. 06436/91510
Fax 06436/915122
johannes.staudt@staudt-creativ.de

Meisterbetrieb

Ralf Malkewitz
Technische Lösungen – Umwelttechnik – Montage

Das seit 1986 bestehende Einzelunternehmen, seit Anbeginn im Bereich Sonderteilefertigung und Konstruktion tätig, hat seit 1997 sein Betätigungsfeld stetig erweitert. Hinzu kamen zunächst Edelstahl und Aluminium Be- und Verarbeitung sowie Zerspanung.

Die Entwicklung und Herstellung eigener Filtrationsanlagen, Verfahrensoptimierung von bestehenden Industrieanlagen in der Papierindustrie.

Es folgte eine Ausweitung des Metallbaus in den Bereich Stahl-Glas und Edelstahl-Glas Konstruktionen, Teile des Fassadenbaus, Montage.

Neben der Konstruktion und Fertigung von multimedialen Skulpturen für namhafte Künstler, werden auch Sondermaschinen für den Bereich Show und Bühnentechnik hergestellt. In Lohnfertigung werden Dreh-, Stanz- und Frästeile aus Metall, Holz und Kunststoffen als Prototypen oder in Serien bis hunderttausend Stück bearbeitet.

Ralf Malkewitz Technische Lösungen – Umwelttechnik – Montage
Rosenstraße 3, 55270 Schwabenheim, info@malkewitz.de

Ausführende Firmen | Anzeige

Komplettleistungen rund um den Hausbau

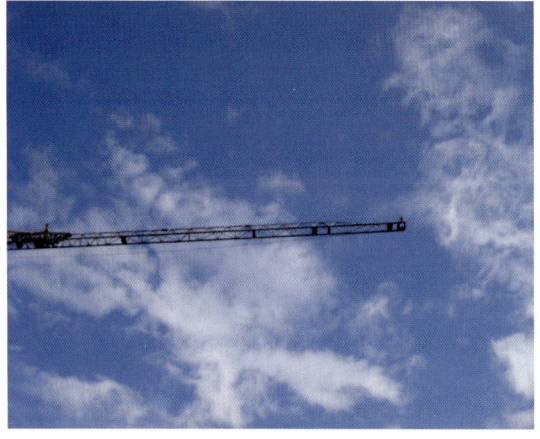

Ob großes Projekt, Einfamilienhaus oder Wolkenkratzer: Nichts ist zu schwer. Die Firmenphilosophie der BT BAU GMBH lautet, dass sie alles Nötige veranlasst, um alles Mögliche erfolgreich zu realisieren. In erster Linie ist es der Rohbau, den das leistungsfähige Unternehmen anbietet, aber wenn der Kunde es verlangt, bietet die BT BAU GMBH eine Komplettleistung rund um den gesamten Hausbau an.

Rohbau – Sanierung – Abbruch

Anne-Frank-Straße 15
63225 Langen
Tel. 06103 – 50 27 63
Fax 06103 – 50 27 64
bt-bau@t-online.de

Die Problemlöser im Baubereich

Die Epowit Bautechnik GmbH konnte sich durch technischen Vorsprung, Leistungsfähigkeit und Lösungsfindungen bei komplizierten Aufgaben als eines der führenden und renommierten Unternehmen der Branche etablieren.

Die Bausubstanz zu erhalten stellt heute höchste Anforderungen an Personal und technisches Gerät. Jedes Bauwerk, jedes Bauteil muss auf Grund der vielfältigen Beanspruchung individuell geprüft und analysiert werden. Auf insgesamt rund 1.300 m² übernahm Epowit die dekorative Beschichtung der WC-Anlagen, inkl. Schnellestrich beim Silvertower in Frankfurt. Die besondere Herausforderung war hier, die Aufteilung der Fläche in Einzelflächen von ca. 22 m² für alle 28 Etagen. Ferner wurden von dem Unternehmen die Beschichtung der Techniketagen, der Ebene 9, der Untergeschosse und der Heiz- und Lüftungszentralen übernommen. Zeitgleich wurde in enger Absprache mit Parallelgewerken die technische Gebäudeausrüstung installiert. Epowit stieg dem Silvertower auch aufs Dach und verfüllte die Randbereiche von Dachaufbauten mit einem grobkörnigen Expoxidharzmörtel der formstabil, aber flüssigkeitsoffen ist.

Wir gratulieren zur gelungenen Sanierung und bedanken uns recht herzlich für die gute Zusammenarbeit.

Beschichtungen
Betoninstandsetzung
Injektionen
Korrosionsschutz

KOMPETENZ UND ERFAHRUNG AM BAU!

EPOWIT

Epowit Bautechnik GmbH · Industriepark Rhön
Bürgermeister-Ebert-Str. 17 · 36124 Eichenzell
Telefon: (0 66 59) 86-410 · Telefax: (0 66 59) 86-599
epowit@wernergruppe.com · www.epowit.com

Anzeige

Ausführende Firmen

TPG®
TECHNISCHE PRÜFGESELLSCHAFT MBH
Anerkannte Sachverständige im Rahmen des Baurechts der Länder

Ganzheitliche Betreuung seit 33 Jahren

Die TPG ist eine Organisation von Sachverständigen, die von den Ministerien und Senaten der Bundesländer anerkannt und im Rahmen des Baurechts der Länder für die jeweilige Genehmigungsbehörde tätig ist. Die TPG agiert mit einem Gesamtangebot, das alle Anforderungen auf den Gebieten des Brandschutzes, der Raumlufttechnischen Anlagen, der Entrauchungstechniken, der Elektrotechnik, der Feuerlöschtechnik und des Schallschutzes in der Gebäudetechnik sachverständig erfüllt. Die Sachverständigen und Prüfer besitzen für Ihre jeweiligen Arbeitsgebiete die entsprechenden, bundesweit gültigen Zulassungen, wie z.B. die Anerkennung als Prüfsachverständige gemäß Baurecht, öffentlich bestellt und vereidigt, VdS-Sachverständigenanerkennung und Zulassungen gemäß GÜFA und VPMA.

Kompetenzen und Leistungen im Detail

- Beratung/Planprüfung
- Baubegleitung
- Erstmalige Prüfung
- Gutachten
- Bestandsoptimierung
- Wiederkehrende Prüfungen

TPG - Technische Prüfgesellschaft mbH
Carnotstraße 7
10587 Berlin
Tel. 0 30/399 286-0
Fax 0 30/399 286-52
mail@tpg.de
www.tpg.de

Trennwandsysteme von Strähle
verbinden und teilen
öffnen und schließen
schützen und schonen

Strähle Raum-Systeme

100 Jahre Strähle

Strähle Raum-Systeme GmbH | info@straehle.de | www.straehle.de

KLAUS HELBIG FOTOGRAFIE

Bornheimer Landstr. 52
60316 Frankfurt am Main
Telefon: 069 - 43 02 26
mobil: 0 176 - 74 77 10 96
mail@klaushelbig.de

Fotografie im Bereich Bauwesen und Architektur.
Visualisierung für individuelle und projektbezogene Präsentation und Dokumentation auf hohem gestalterischen und technischen Niveau.
Referenzen u.a. der OpernTurm Frankfurt, der Umbau der Deutsche Bank-Türme, die Revitalisierung des SilverTowers Frankfurt, der Tower185 im Europaviertel und das TaunusTurm-Projekt.

- Fotografische Baudokumentation von Großprojekten
- Luftbildfotografie
- Panoramafotografie
- Zeitrafferaufnahmen

www.klaushelbig.de

Ausführende Firmen — Anzeige

H. & M. Fries
Fliesenfachgeschäft GmbH

- Beratung
- Verkauf
- Verlegung

Die bereits im Jahr 1976 gegründete Heinrich und Mario Fries GmbH ist ein in zweiter Generation geführter Meisterbetrieb, der flexibel, leistungsstark und schnell sämtliche Fliesen- und Natursteinarbeiten im Rhein-Main-Gebiet ausführt. Eine besondere Stärke liegt in der Verarbeitung von großen Formaten (zurzeit bis 100 cm mal 300 cm). Das 18-köpfige Team konnte seine Leistungsfähigkeit u.a. im Rahmen folgender Frankfurter Projekte unter Beweis stellen:
– Umbau American Express-Hochhaus in Bockenheim / – Umbau FBC-Frankfurter Bürocenter
– Umbau Silver Tower der IVG Immobilien

Heinrich und Mario Fries GmbH
Fliesenfachgeschäft
Kreuzdelle 9
63872 Heimbuchenthal
Tel. 0 60 92/18 44
Fax 0 60 92/58 38
info@hm-fries.de
www.hm-fries.de

Baudekor Rohls GmbH

Am Schloßberg 5a
63667 Nidda - OT. Fauerbach
Tel. 06043-4494
Fax. 06043-405044
info@baudekor-rohls.de

Meister – Ingenieure – Gebäudeenergieberater (HWK)

- **baulicher Brandschutz im Hochbau** gem. DIN 4102
- **Schadstoffsanierung und Entsorgung** gem. TRSG 519 (Asbest – PCB – Lindan)
- **Energetische Gebäudesanierung** gem. EnEV.
- **Gerüstbau und Vermietung**
- **Baudekoration** – Maler - Verputz - WDVS -

Ausgezeichnet mit dem deutschen Trockenbaupreis:
Leistungsbereich: baulicher Brandschutz
Rigips Trophy 2009 – 2011 als 1. Sieger
Rigips Trophy 2012 – 2014 als 3. Sieger
Präqualifiziert als Ausbau- Fachbetrieb
unter Ziffer 123764528 Land Hessen

Ihr Spezialist für herausfordernde Rüstungen...

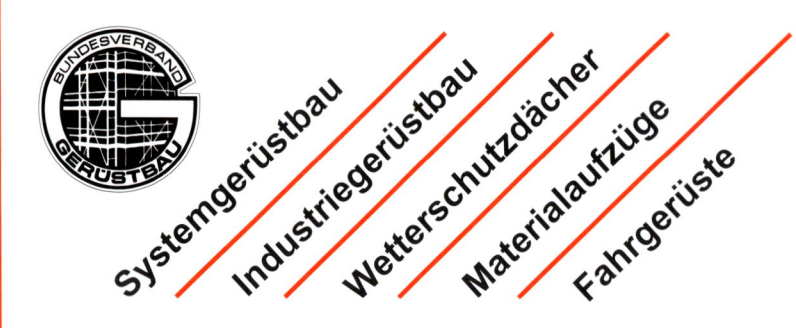

- Systemgerüstbau
- Industriegerüstbau
- Wetterschutzdächer
- Materialaufzüge
- Fahrgerüste

Hühn Gerüstbau GmbH
Gutenbergring 8 • 35463 Fernwald
Telefon 0 64 04/91 40-0
Telefax 0 64 04/91 40-20
info@huehn-geruestbau.de
www.huehn-geruestbau.de

Anzeige Ausführende Firmen

„Zuverlässigkeit, Kompetenz und ein hohes Maß an Flexibilität für die Sicherheit und Gesundheit auf der Baustelle. Garantiert. Sprechen Sie mit uns!"

Den gesamten Leistungskatalog finden Sie im Internet

Doron Ben-Yehoshua

GefAS

Gesellschaft für Arbeitssicherheit mbH
Ihr Partner bei Beratung, Planung
und Koordination / SiGe-Koordinator
Fachkraft für Arbeitssicherheit

Gaugrafenstraße 34
60489 Frankfurt am Main
Tel: 069 78 80 88 30
Fax: 069 78 80 88 32
Mobil: 0160 6372879
E-Mail: frankfurt@gefas-mbh.de
Internet: www.GefAS-mbH.de

Beratung | Planung | Ausführung   www.elektroehinger.de

ElektroEhinger
Qualität im Strom der Zeit

Elektro Ehinger GmbH
Leerbachstr. 26 · 60322 Frankfurt/Main
Telefon 069 / 71 40 04-0
Telefax 069 / 72 88 48
info@elektroehinger.de

Elektro
Lichttechnik
Sicherheitstechnik
Netzwerktechnik

Jürgen Griedelbach

METALLBAU

In der Laubach 8 · 61191 Rosbach
Telefon: 0 60 03 / 32 67 · Telefax: 0 60 03 / 37 25
jkg.griedelbach@t-online.de

Repräsentative Adressen, schlüsselfertig

Condor-Firmenzentrale in Gateway Gardens, Frankfurt Airport City / Evonik Firmensitz im Industriepark Wolfgang, Hanau / Einkaufszentrum Postcarré, Hanau

Downtown Airport City Frankfurt entsteht bis 2021, unterteilt in 20 Baufelder und sechs Quartiere, der urban inspirierte Stadtteil Gateway Gardens. Den Auftakt der Bebauung im Quartier Mondo bildet die Firmenzentrale der Condor Flugdienst GmbH

CONDOR-FIRMENZENTRALE IN GATEWAY GARDENS

22 Jahre war die Condor Flugdienst GmbH in Kelsterbach beheimatet. Seit Mai 2012 befindet sich die Unternehmenszentrale des expandierenden Ferienfliegers am Condor Platz in Gateway Gardens. Der Neubau steht exemplarisch für die städtebauliche Qualität im neuen Stadtquartier der Frankfurt Airport City.

Mit der Entwicklung der Frankfurt Airport City wird ein lokal verwurzeltes und global ausgerichtetes Zentrum geschaffen, das auf kurzen Wegen weltweite Vernetzung ermöglicht. Der Frankfurter Flughafen ist mit 50 Mio. Fluggästen im Jahr und über 600 Direktflügen einer der größten Flughäfen Kontinentaleuropas. Auf der Basis eines städtebaulichen Masterplans, kosmopolitisch inspirierter Architektur und viel Grün entsteht auf 35 ha bis 2021 Gateway Gardens – das größte zusammenhängende Areal innerhalb der Frankfurt Airport City, unmittelbar am Frankfurter Flughafen gelegen, nahe der Frankfurter City und darüber hinaus mit ICE-Anschluss und Autobahnen hervorragend angebunden in alle vier Himmelsrichtungen.

Internationale Ausstrahlung, Dynamik und lebendige Urbanität bilden die Zielvorgaben der Gateway Gardens Projektentwicklungs-GmbH, in der sich drei privatwirtschaftliche Partner – die Fraport AG, die Groß & Partner Grundstücksentwicklungsgesellschaft mbH und die OFB Projektentwicklung GmbH – zusammengeschlossen haben. Gemeinsam mit der Stadt Frankfurt am Main bilden sie eine Öffentlich-Private-Partnerschaft (ÖPP), in der die Privatwirtschaft und die Öffentliche Hand mit jeweils 50 Prozent beteiligt sind. Die Voraussetzungen für das ambitionierte Projekt schuf die Rückgabe der ehemaligen Air-Base der Amerikaner, die hier seit 1945 ein „Gateway to Europe" aufgebaut hatten. Rund 44 Jahre hatte sich ein kleines Amerika mitten in Deutschland befunden, in dem rund 1.200 Bewohner bis hin zur eigenen Zeitung „Gateway" eine komplette städtische Infrastruktur zur Verfügung stand. Mit dem Abzug der Amerikaner ging das Areal zurück an die Stadt Frankfurt am Main.

Gateway Gardens soll als besonderer Standort durch außergewöhnliche Qualitäten zukunftsorientiert geprägt sein. Für Städtebau und Architektur hatte dazu das renommierte Kölner Stadt- und Raumplanungsbüro Astoc im Auftrag der Gateway Gardens Grundstücksgesellschaft einen Masterplan entworfen, der seinen Schwerpunkt auf die Aufenthaltsqualität legt. Es werden darin differenzierte Stadträume definiert und Parzellierungsvarianten für 20 Baufelder vorgeschlagen. Das übergeordnete Gestaltungskonzept sieht dabei zwei städtische Plätze vor, die durch einen 2,2 ha großen zentralen Park verbunden werden und damit die zentrale städtebauliche Achse bilden, die durch Gastronomie- und Nahversorgungsangebote belebt wird. Um diese Achse herum gruppieren sich die flexibel gegliederten Quartiere, die als Arbeitswelten mit optimalen Rahmenbedingungen ausgebildet werden sollen. Der angestrebte Nutzungsmix aus Büro und Dienstleistung, Hotels und Gastronomie, Messen und Ausstellungen, Tagungen und Kongressen, Wissenschaft und Forschung, Internationales Trade-Center, Einzelhandel, Freizeit und Entertainment rückt den Aspekt des „Peoples Business" in den Mittelpunkt. Hier arbeiten Menschen, die ihre Impulse und Ideen aus

Repräsentative Firmenadresse von Condor im Quartier Mondo. Für die Crews bedeutet der neue Standort kürzere Wege von der Einsatzbesprechung zum Check in

Begegnung und Kommunikation erhalten. Die Arbeitswelten im Gateway Gardens sind Lebenswelten mit hoher Qualität, eingebettet in die lebendige urbane Atmosphäre von sechs Quartieren mit einer je eigenen identitätsstiftenden Typik und Funktion.

Nachdem die Grundstücksgesellschaft Gateway Gardens die Abbrucharbeiten lanciert sowie die Entwicklung und Erschließung des Areals in die Hand genommen hatten, werden die einzelnen Baufelder an Investoren verkauft, die nun sukzessive ihre Immobilienprojekte im Rahmen des Bebauungsplans realisieren können. Das erste fertiggestellte Neubauprojekt im Quartier Mondo ist bezeichnenderweise der Firmensitz einer Fluggesellschaft, die damit unmittelbar an die Tradition des Ortes anknüpft.

Die Condor Flugdienst GmbH ist eine 100-prozentige Tochter von Thomas Cook, einem der weltweit führenden Reiseveranstalter. Rund 6 Mio. Passagiere fliegen jedes Jahr mit

Condor. Die neue Condor-Unternehmenszentrale wurde von Architekt Matthias Neumann entworfen und durch die W. Markgraf GmbH & Co. KG realisiert. Das Konzept der Inneneinrichtung des siebengeschossigen Bürogebäudes plante Vedacon. Der Hauptmieter Condor konnte bei der Umsetzung des Bauvorhabens jeweils seine Anregungen und Wünsche einbringen. Auf den insgesamt rund 10.400 m² für die Ferienflieger-Firmenzentrale wurden spezielle Räume u.a. für ein helles Flight-Operation-Center geschaffen, in dem alle Bereiche rund um die Planung und Überwachung des Flugbetriebs eng abgestimmt zusammenarbeiten. Auch ein Schulungszentrum mit einer Simulationseinheit wurde eingerichtet. Rund 380 Bodenmitarbeiterinnen und -mitarbeiter beschäftigt Condor in Gateway Gardens, und rund 2.000 Crewmitglieder führen hier vor den Flügen ihre Einsatzbesprechungen durch. Für die Crews bedeutet die Lage der neuen Unternehmenszentrale unmittelbar am Flughafen eine erfreuliche Zeit- und Aufwandsersparnis, denn für sie wurde mit dem eigenen Sicherheits-Check am Tor 1 ein direkter Zugang zum Vorfeld geschaffen.

Zusätzlich zu den Mietflächen für Condor stehen im Gebäude noch 2.700 m² für weitere Mieter zur Verfügung. Im Erdgeschoss befindet sich ein Café und ein öffentliches Restaurant, das sich mit seiner Sonnenterrasse zum Park von Gateway Gardens hin öffnet. Südlich der Amelia-Mary-Earhart-Straße entsteht ein Parkhaus mit rund 700 Stellplätzen. Der Neubau der Condor Zentrale in Gateway Gardens erfüllt die strengen ökologischen Standards der LEED-Richtlinien (Leadership in Energie and Environmental Design). Aufgrund der umgesetzten anspruchsvollen Nachhaltigkeitsstrategien beim Bau des Gebäudes wurde das Projekt inzwischen mit dem LEED-Öko-Siegel in Gold ausgezeichnet.

EVONIK ENTSCHEIDET SICH FÜR DEN INDUSTRIEPARK WOLFGANG IN HANAU

Im Zuge der Änderung des Flächennutzungsplans des Industriepark Wolfgang in Hanau wurden für die Entwicklung des Industriestandorts Wolfgang die planungsrechtlichen Voraussetzungen für eine Ausweisung der Wolfgang-Kaserne als zusätzliches Gewerbe- bzw. Industriegebiet mit eigener Zufahrt geschaffen und damit die verkehrstechnische Entlastung im Eingangsbereich. Diese Perspektive gab für Evonik den Ausschlag, ihren Firmensitz von Frankfurt nach Hanau zu verlegen.

Nach Fertigstellung des stattlichen Gebäudekomplexes innerhalb von 16 Monaten finden rund 800 Mitarbeiter von Evonik Industries ihre Arbeitsplätze in Hanau, am historischen Standort der 1875 gegründeten Königlich-Preußischen Pulverfabrik. Der Industriepark konzentriert auf 820.000 m² zehn Unternehmen, die dort ein innovatives Produktions- und Forschungszentrum für Materialtechnologie, Chemie und Pharma bilden. Zusätzlich zu dem siebengeschossigen, repräsentativen Evonik-Bürogebäudekomplex im Eingangsareal des Industrieparks realisierte die W. Markgraf GmbH & Co. KG auch

Evonik Industries ist mit ihren rund 800 Mitarbeitern von Frankfurt nach Hanau umgezogen. Im Industriepark Wolfgang errichtete das Unternehmen dafür einen repräsentativen Gebäudekomplex im Eingangsbereich des innovativen Hanauer Forschungs- und Produktionszentrums

Einkaufszentrum mal etwas anders. Das Postcarré verteilt seine Shopping-Angebote auf mehrere Gebäude mit unterschiedlichem Charakter und führt so den Maßstab der Hanauer City auf dem neu belebten Schlachthofareal fort

ein Parkhaus in Split-Level-Bauweise, in dem auf 4,5 Geschossen 721 Pkw-Stellplätze geschaffen wurden.

POSTCARRÉ HANAU

Am Westrand der Hanauer Innenstadt hat das ehemalige Schlachthofgelände ein neues Gesicht und eine neue Funktion erhalten. Das 2 ha große Gelände am Kanaltorplatz wurde in einen attraktiven Magneten für das Oberzentrum verwandelt. Das Lübecker Familienunternehmen Hanseatische Betreuungs- und Beteiligungsgesellschaft HBB hatte dazu das brachliegende Gelände samt Hauptpost gekauft und für rund 40 Mio. Euro als Einkaufszentrum entwickelt. Mit der architektonischen Planung wurde das Düsseldorfer Büro RKW Architektur + Städtebau beauftragt. Für die schlüsselfertige Realisierung sorgte die W. Markgraf GmbH & Co. KG.

Das neue Postcarré ist heute durch verschiedene Funktionseinheiten gegliedert und unterteilt damit das Gesamtvolumen in einzelne, überschaubare Baukörper mit jeweils eigener architektonischer Identität. Zugleich werden auf diese Weise die großflächig ausgerichteten Einzelhandelsflächen mit der eher kleinmaßstäblichen Körnung der Hanauer Innenstadt in Einklang gebracht. Markant wirkt das linsenförmig ausgebildete, in verschiedenen Rottönen strahlende Gebäude entlang der Zufahrt, das mit großzügigen Glasflächen einen ersten Einblick in die Shopping-Welt eröffnet. Die Rottöne erzeugen dabei eine bewusste Reminiszenz an die historischen Ziegelbauten. Zum Charme der Anlage trägt die denkmalgerecht restaurierte historische Brackerhalle bei, die u.a. ein stimmungsvolles Umfeld für Gastronomie- sowie für kleinere Shops bietet. Das umgenutzte und umgebaute Bestandsgebäude ist direkt mit einem Neubau verbunden, in dem als zentraler Ankermieter ein Kaufland-Frischemarkt unterkommt. Die zentrale Passage des Fachmarktzentrums grenzt nördlich an die Brackerhalle. Auch die ehemalige Hauptpost wurde saniert und bietet im Erdgeschoss wieder Raum für die Serviceleistungen der Post. Die Obergeschosse sind neu als Dienstleistungszentrum konzipiert. In einem weiteren Neubau trägt ein Aldi-Discounter zur Vielfalt der Angebote bei. Die bauliche Heterogenität wird durch die übergeordnet konzipierten, attraktiven Grünanlagen des neuen Quartiersparks optisch zu einem einladenden Ensemble zusammengefasst. Das Projekt wurde samt Parkhaus in einzelnen Etappen realisiert. Unter anderem sind noch ein S-Bahn-Haltepunkt vor dem Postcarré sowie eine fußläufig attraktive Gestaltung der Anbindung an die Hanauer City geplant.

Bauherr
-Proj. „Condor-Firmenzentral":
Gateway Gardens Projektentwicklungs-GmbH, Eschborn
-Proj. „Evonik-Firmensitz":
Evonik Industries, Hanau
-Proj. „Postcarré Hanau":
Hanseatische Betreuungs- und Beteiligungsgesellschaft HBB, Lübeck

Architektur und Planung
-Proj. „Condor-Firmenzentral":
Neumann + Partner Architekten, Frankfurt a.M.

Generalunternehmung:
W. Markgraf GmbH, & Co. KG, Bayreuth

Partner am Bau:
- Ingenieurbüro Klöffel GmbH
- Sehring Sand & Kies GmbH & Co. KG
- Sehring Beton GmbH & Co. KG
- F. J. Riegel GmbH
- Symatic Türsysteme Deutschland GmbH
- Maler Süd GmbH
- Reiß & Schreyer GmbH
- GBF GmbH
- turk industriedesign
- A.L. Fliesenprofi AG
- Ingenieurbüro Reincke GmbH
- SPRUTE GmbH
- Baugrundinstitut Franke-Meißner und Partner GmbH
- Adolf Würth GmbH & Co. KG
- TÜV Rheinland Industrie Service GmbH
- Epowit Bautechnik GmbH
- PENELL GmbH
- CAPAROL Farben Lacke Bautenschutz GmbH
- WeGo Systembaustoffe GmbH

Anzeige

Herausragende Projekte für den Klimaschutz

Büro- und Verwaltungsgebäude der Stiftung Waisenhaus in Passiv-Standard

Energieeffizienz und Klimaschutz gehören zu den größten Herausforderungen unserer Zeit. Immer mehr Planer und Bauherren stellen sich dieser Herausforderung und entwickeln gemeinsam herausragende Projekte im Neubau- und Sanierungssektor.

Die Ingenieurbüro Klöffel GmbH aus Bruchköbel ist als Planungsbüro der Energie- und Gebäudetechnik ein Spezialist mit langjähriger Erfahrung auf dem Gebiet energieeffizienter Gebäudetechnik und deren optimierten Betrieb. Seit über 30 Jahren plant das Ingenieurbüro Klöffel haustechnische Anlagen zur vollsten Zufriedenheit seiner Auftraggeber im staatlichen, kommunalen und privaten Bereich. Mit ca. 30 Mitarbeitern, die mit dem neuesten Stand der Technik bestens vertraut sind, plant das Büro jährlich haustechnische Anlagen im Gesamtwert von über 30 Millionen Euro.

So hat Klöffel beispielsweise 2009 im Rahmen der Förderinitiative des Bundesministeriums für Umwelt, Naturschutz und Reaktorsicherheit ein Teilklimaschutzkonzept für die Stadt Bruchköbel erstellt. Im Fokus lagen die kommunalen Liegenschaften wie Rathaus, Bürger-, Mehrzweck- und Sporthallen, Vereinsheime sowie die Kindertagesstätten der Gemeinde.

Die Ergebnisse waren eindrucksvoll, die Einsparpotenziale in den Bereichen CO_2-Emission, Energie und Betriebskosten enorm. Doch nicht alle Potenziale lassen sich alleine durch organisatorische Maßnahmen ausschöpfen, oft sind auch investive Maßnahmen erforderlich. So hat sich die Stadt Bruchköbel entschieden, dort zu investieren, wo die Synergieeffekte am höchsten erscheinen. Die Entscheidung viel schnell auf die Kindertagesstätten der Kommune. Die quadratischen, meist eingeschossigen Gebäude, sind schnell und problemlos zu dämmen, die Heizungen waren alt, verbrauchten viel Heizöl und die Jüngsten erfuhren die „Energiewende" aus nächster Nähe.

Ein Jahr nach Fertigstellung der energetischen Sanierung liegen nun die ersten Verbrauchsabrechnungen vor. Die Ergebnisse können sich sehen lassen. Mit ca. 7 t verbrauchten Holzpellets im Jahr 2011 sank der Energieverbrauch um ca. 45 Prozent. Aufgrund des verwendeten Energieträgers Holz sanken die CO_2-Emissionen von ca. 20,5 t jährlich auf unter 2 t pro Jahr.

Auch im Neubausektor hat sich viel getan: Das Streben nach mehr Energieeffizienz hat die Passivhausweise bereits im Wohnungsbau als Standard etabliert. Im Nichtwohnungsbau sind nun ganz ähnliche Bestrebungen spürbar.

Mit dem Projekt eines Büroneubaus in zertifizierter Passivhausbauweise hat das Ingenieurbüro Klöffel das erste Passivhaus-Büro in Frankfurt am Main geplant. Der Betrieb des Gebäudes läuft seit 2011 erfolgreich. Wände mit 30 cm Wärmedämmung, Dreischeibenverglasung mit integriertem Sonnenschutzsystem, eine Holzpelletanlage und die Absorptionskältemaschine machen das klimatisierte Gebäude zu einem umweltfreundlichen Objekt, betrieben mit nachwachsenden Rohstoffen, bei sehr geringen Energieverbräuchen.

Es liegt also nahe, dass das Ingenieurbüro Klöffel auch selbst in einem energieeffizienten Gebäude zu Hause ist. Die Gebäudetemperierung wird bereits seit über 25 Jahren von Sole-Wasser-Wärmepumpen mit Erdkollektoren betrieben. Eine solarthermische Anlage kann das System wärmetechnisch unterstützen und das Erdreich bei Bedarf wieder laden.

Kindertagesstätte in Bad Nauheim in Niedrigenergie-Standard

Kindertagesstätte in Bruchköbel „Wirbelwind" in Passivhaus-Bauweise

730-kW-peak-PV-Anlage, Commerz Real

Ingenieurbüro
Klöffel GmbH
Fliederstraße 1
63486 Bruchköbel
Tel. 06181/978319
Fax 06181/978350
www.kloeffel.com
info@kloeffel.com

BERATUNG   ENERGIEOPTIMIERUNG
PROJEKTIERUNG   ENERGIEAUSWEISE
ÜBERWACHUNG   GUTACHTEN

Anzeige Ausführende Firmen

SEHRING

SEHRING SAND & KIES GMBH & CO. KG
SEHRING BETON GMBH & CO. KG

Langen · Frankfurt am Main · Egelsbach · Offenbach
Lichtenau/Oberrhein · Kehl/Auenheim · Bratislava

Hauptverwaltung: Postfach 1627 · 63206 Langen   Telefon (0 69) 6 97 01-0
Sehringstraße 1 · 63225 Langen   Telefax (0 69) 69 34 50
E-Mail info@sehring.de

www.sehring.de

Ausführende Firmen — Anzeige

Historische Techniken mit neuen Materialien kombinieren

Referenzliste
- Palmengarten Frankfurt am Main/Innenputz und Wärmedämmverbundsystem
- Hauptbahnhof Aschaffenburg
- Messehalle 11 Frankfurt am Main
- Goetheschule Neu-Isenburg
- Kinderhaus Anna Schmidt „Im Trutz" Frankfurt am Main

Der Malerbetrieb F. J. Riegel aus Bürgstadt beschäftigt sich von historischer Malertechnik über moderne Gestaltung bis hin zum Wärmedämmverbundsystem. Der 1964 gegründete Familienbetrieb hat sich im Laufe seines Bestehens ein rund 40-köpfiges Team gut ausgebildeter Fachleute herangeholt. Mit ihnen werden Komplettaufträge durchgeführt, denn das notwendige Know-how steht zur Verfügung. Vor allem anspruchsvolle Objekte, bei denen moderne Verfahren und Materialien mit alter Handwerkskunst kombiniert werden muss, werden zuverlässig betreut. Dazu gehörte z.B. auch die Restauration des Abendanz'schen Hauses in Großheubach. Der Malerbetrieb Riegel hat dort die Quadermalerei wiederhergestellt. Das breite Leistungsspektrum bedient eine groß aufgestellte Kundenklientel, zu der u.a. auch der Flughafen Frankfurt, die Fripa Papierfabrik oder die Deutsche Telekom gehören. Darüber hinaus sorgt das Unternehmen auch für frische Farbe bei den Kommunen der Region. Die Mitarbeiter sind in Schulen, Feuerwehrgebäuden, Schwimmbädern und Senioreneinrichtungen unterwegs, um Räume neu zu gestalten oder zu sanieren.

Auch die Anforderungen der privaten Kunden sind umfangreich. Sie beginnen beim klassischen Einfamilienhaus und enden bei historischen Gebäuden in Zusammenarbeit mit dem Denkmalschutz.

Das traditionell geführte Familienunternehmen ist stolz auf seine Referenzen. Das Versprechen „… unsere Arbeit ist unsere Werbung!" darf wörtlich genommen werden. Auftraggeber bestätigen dies immer wieder, denn schließlich gehört eine professionell gestaltete Fassade zur Visitenkarte eines Hauses. Gleiches gilt für den Innenbereich, in dem sich alle Bewohner oder Nutzer wohlfühlen sollen.

- Putz
- Stuck
- Trockenbau
- Anstrich
- Anstrich-Sondertechniken
- Renovierungen
- Restaurierungen
- Wärmedämmverbundsystem

F. J. Riegel GmbH
Malerbetrieb
Hauptstraße 58
63927 Bürgstadt
Tel. 09371/1281
Fax 09371/1267
www.maler-riegel.de
info@maler-riegel.de

Anzeige Ausführende Firmen

Die inneren Werte zählen, die äußeren müssen beeindrucken!

Symatic Türsysteme Deutschland GmbH
Tel +49(0)9543 44330-0 | info@symatic.eu

Symatic®
AUTOMATISCHE TÜRSYSTEME

SICHER.MEHR.WERT

Vielseitiger Malerbetrieb mit großer Erfahrung

- MALER-, LACKIER- UND TAPEZIERARBEITEN
- FASSADENREINIGUNG UND -BESCHICHTUNG
- WÄRMEDÄMMVERBUNDSYSTEM
- BODENBELAGSARBEITEN
- FAHRBAHNMARKIERUNGSARBEITEN
- FAHRZEUGLACKIERUNG

Der Meisterfachbetrieb der Maler- und Lackierinnung, zertifiziert nach DIN ISO 9001:2008, kann auf 60 Jahre Erfahrung zurückblicken und ist bundesweit als leistungsstarker, zuverlässiger und innovativer Partner bekannt. Das Team von geschulten Fachkräften bietet eine termingerechte Ausführung aller Arbeiten nach aktuellen technischen Richtlinien in höchster Qualität.

Markersdorfer Straße 52
09123 Chemnitz
Tel.: (0371) 28 18 40
Fax: (0371) 2818429
E-Mail: info@maler-sued.de
Internet: www.maler-sued.de

MALER SÜD GmbH

Ausführende Firmen Anzeige

Experten für alle Arten der Bohr- und Sägetechnik

- Kernbohrungen
- Wandsägen
- Fugenschneiden
- Scheinfugen

jeweils in Beton/Mauerwerk/Naturstein/Asphalt

Reiß & Schreyer ist ein leistungsstarkes und flexibles Unternehmen mit langjähriger Erfahrung. Wir bieten individuelle Problemlösungen von hoher Professionalität. Ein optimales Preis-Leistungsverhältnis und die Qualität unserer Arbeit führen bei unseren Kunden zu großer Zufriedenheit.

Reiß & Schreyer
Abbrucharbeiten
Fugenschneiden
Bohren und Sägen in Mauerwerk und Stahlbeton

Ebnather Straße 13, 95682 Brand, Fon: 09236/6352, Fax: 09236/968568, Mail: r-s-bohrtechnik@t-online

Gesellschaft für Blitzschutzanlagen Frauenstein

Die GBF GmbH Blitzschutzanlagenbau ist ein führendes Unternehmen und ist in Deutschland und Europa im Einsatz.

Wir liefern und montieren in jeder Größenordnung:
- Blitzschutzanlagen
- Erdungsanlagen
- Potentialausgleich

Innerer Blitz-/Überspannungsschutz nach dem Blitzschutzzonenkonzept für
- Elektroanlagen
- EDV-Anlagen
- Videoüberwachungsanlagen
- Brand- und Einbruchmeldeanlagen

Zu unserem Service gehört ein Prüfungs- und Revisionsdienst

Wir beraten und erbringen Planungsleistungen für Architekten, Ingenieure, Planungsbüros, Wohnungsbaugesellschaften, Bauunternehmen, Bauträger, Consultants und Projektgesellschaften, Städteplaner, Investoren.

GBF GmbH
Freitaler Straße 12
09623 Frauenstein
Tel.: 037326/85953
Fax: 037326/85973

NL Mainz
Heinrich-von-Brentano-Straße 9
55130 Mainz
Tel.: 06131/2753614
Fax: 06131/2753615

gbf.gmbh@freenet.de   www.gbf-gmbh.de

Anzeige Ausführende Firmen

LEUCHTWERBUNG   PYLONE   FASSADENSCHRIFTEN   SCHILDER

turk industriedesign

Profitieren auch Sie aus 25 Jahren Berufserfahrung in allen Belangen der Leuchtwerbung und des Architekturdesigns.

info@turk-design.de   www.turk-design.de

schweizer straße 75   60594 frankfurt   t. 069 - 61 38 43   f. 069 - 61 51 54   m. 0171 - 5333 243

Ausgezeichnete Fliesen für besondere Kunden!

• Beratung • Planung • Ausführung • Eingangshallen • Gastronomiegewerbe • Großküchen • WC-Anlagen • Bäder • Wohnbereich

Die A.L. Fliesenprofi AG ist die Muttergesellschaft der A.L. Gruppe, der weiterhin die Unternehmen Starceramic und Objektceramic angehören. Der Name steht für jahrelange Qualität im Bereich der Fliesen-, Platten- und Mosaikverlegearbeiten.

Die A.L. Fliesenprofi AG ist mit derzeit 28 Mitarbeitern und zahlreichen Subunternehmern als einzige Fliesenleger AG im Rhein-Main-Gebiet in der Lage, auch für größere Bauvorhaben eine termin- und fachgerechte Ausführung zuzusichern.

Das Unternehmen ist in allen Arbeitsbereichen tätig. Das Leistungsspektrum reicht von Sanierungen über die Neuanlage von Standard- wie Luxusbädern über Bodenlegerarbeiten im Wohnbereich bis zu Großprojekten wie beispielsweise S-Bahn-Stationen. Jährlich werden Fliesenlegerarbeiten in ca. 300 Reihen- bzw. Doppelhäusern durchgeführt.

A.L. Fliesenprofi AG
Fliesenhandel + Verlegung

A.L. Fliesenprofi AG
Industriestraße 15b
63517 Rodenbach
Tel. 0 61 84/90 99-0
Fax 0 61 84/90 99-30
info@al-fliesenprofi.de
www.al-fliesenprofi.de

Ingenieurbüro Reincke GmbH
Planungsbüro für Fassadentechnik

August-Bebel-Str. 89, 18055 Rostock
e-mail: info@ingbuero-reincke.de   Tel.:   0381 - 444 447 - 0
Internet: www.ingbuero-reincke.de   Fax: 0381 - 444 447 - 29

Ausführende Firmen   Anzeige

Guter Beton aus Tradition!

SPRUTE GmbH
Beton-Natursteinwerk

95326 Kulmbach · Katschenreuth 6
Telefon: 0 92 21/7 41 72 · Telefax: 0 92 21/6 67 96
www.sprute-kulmbach.de · info@sprute-kulmbach.de

- Fertigteiltreppen
- Sonderbauteile
- Spaltenböden
- Platten und Stabteile
- Natursteinarbeiten

▶Produktinfo

Einmal Terrasse und zurück

Außentreppen verbinden Balkon und Garten

(epr) Gerade hat man es sich im Garten bequem gemacht und möchte die Ruhe genießen, da fällt auf, dass etwas fehlt. Als praktische Verbindung zwischen Balkon und Garten eignen sich hier leicht integrierbare Außentreppen. In verschiedenen Ausführungen und Materialien fügen sie sich harmonisch in jedes Gartenambiente ein. Besonders einbaufreundlich präsentiert sich die Spindeltreppe Gardenspin: Das justierbare Podest lässt sich kinderleicht am Spindelrohr verschieben, bis es der jeweiligen Einbauhöhe entspricht. Die Gardenstep kann durch das Zusammensetzen einzelner Bausteine individuell von zwei bis zwölf Stufen auf die gewünschte Höhe angepasst werden. Mehr unter www.dolle.de.

Außentreppen für Terrasse und Garten gibt es in vielen Designs und für jedes Ambiente
(Foto: epr/Gebrüder Dolle)

Haus und Garten ansprechend verbinden – mit formschönen Außentreppen
(Foto: epr/Gebrüder Dolle)

NEUERSCHEINUNG

informativ & unabhängig

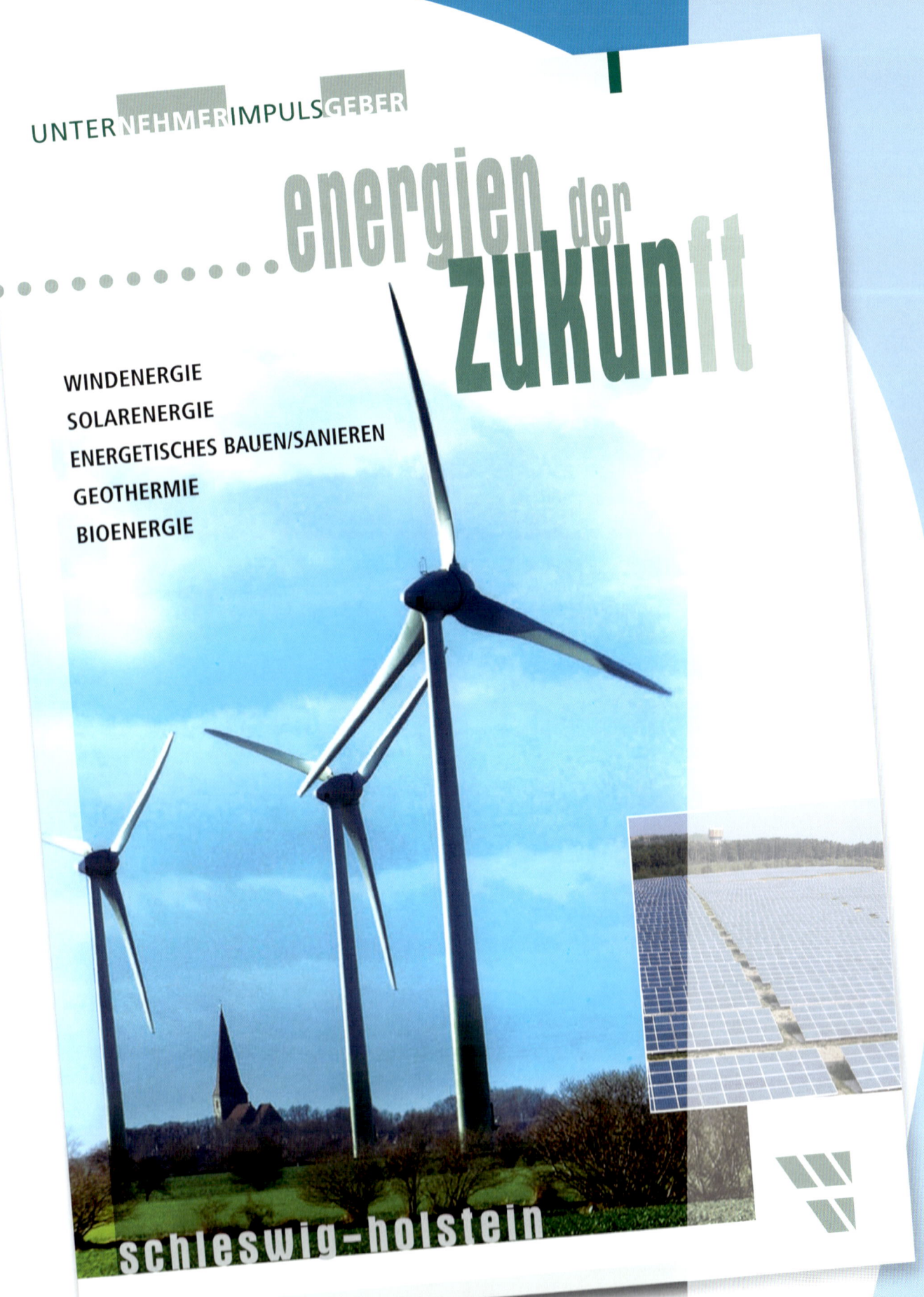

UNTERNEHMERIMPULSGEBER

energien der zukunft

- WINDENERGIE
- SOLARENERGIE
- ENERGETISCHES BAUEN/SANIEREN
- GEOTHERMIE
- BIOENERGIE

schleswig-holstein

www.wv-verlag.de

Ganzheitliche Lösungen am Immobilienmarkt

Citynahes Wohnen im Frankfurter Nordend / 7.000 m² für die Gesundheit im ersten Anlauf, der zweite folgt direkt / Das historische Waschhaus am Rand der Darmstädter Fußgängerzone bekam neue Nachbarn / Rund 7.800 m² neue vermietbare Fläche an der Friedberger Landstraße in Frankfurt bis 2013

MODERN, NACHHALTIG UND ÖKOLOGISCH

Die Biskupek-Scheinert Investorengruppe gehört seit über 20 Jahren zu den erfolgreich am Immobilienmarkt tätigen Unternehmen. Schwerpunkte des mittelständischen Unternehmens bilden die Entwicklungen in den Segmenten Büro, Handel, Logistik, Wohnen und Sondernutzungen wie Ärzte- und Rechenzentren sowie der Kommunalbau. Die Biskupek-Scheinert Investorengruppe betreut den ganzen Prozess der Projektentwicklung von der Planungsidee bis zur Übergabe.

Zurzeit entsteht neuer Wohnraum im beliebten Frankfurter Stadtteil Nordend, der diesen Anforderungen gerecht wird. Das Projekt stad(t)raum an der Gießener Straße besteht aus 54 exklusiv ausgestatteten Eigentumswohnungen und wird von der Investorengruppe Biskupek-Scheinert errichtet. Das Neubauprojekt stad[t]raum bietet Eigentumswohnungen in den Größen von 75 m² bis 205 m² auf sechs Geschossen plus Penthouse. Da alle Wohnungen nach Südwesten ausgerichtet sind, können sich künftige Bewohner der oberen Stockwerke am Blick auf die Frankfurter Skyline erfreuen. Die helle und moderne Architektur des Hauses erzeugt eine großzügige Wohnatmosphäre. Die Wohnungen verfügen über mindestens einen Balkon, eine Loggia oder eine Terrasse sowie Fußbodenheizung und Echtholzparkett. Ein Lift erschließt jede Wohnung und ermöglicht so einen bequemen Zugang aus der Tiefgarage in die Wohnetage. Bei rund einem Viertel der Wohnungen endet der Aufzug sogar direkt im Wohnbereich.

Schon vor der Fertigstellung im dritten Quar-

stad(t)raum: Grün und zentral liegt der Neubau mit 54 exklusiven Eigentumswohnungen im Frankfurter Nordend

stad(t)raum: „Wie Menschen denken und leben, so bauen sie" – Zitat von Johann Gottfried von Herder und gleichzeitig des Motto des Projektes stad(t)raum, mit herrlicher Aussicht auf die Frankfurter Skyline

tal 2012 waren bereits alle Einheiten verkauft. Maßgeblich für den Erfolg des vom Darmstädter Architekturbüro Dobrowolski geplanten Projektes ist die Lage. Der Stadtteil Nordend zählt zu den beliebtesten Wohnlagen Frankfurts. Verkehrstechnisch mit direktem Anschluss an die A661 und per U-

Bahn in die City gehört das Nordend zu den gewachsenen Stadtteilen der Mainmetropole. Um den Neubau herum befinden sich viele Grünflächen, wozu neben dem nahegelegenen Wasserpark auch der Hauptfriedhof mit seinem alten Baumbestand zählt.

Das Wohnhaus erfüllt die Anforderungen eines KfW-70-Effizienzhauses und ist um rund 30 Prozent sparsamer als gesetzlich vorgeschrieben. Die Beheizung der Wohnanlage erfolgt zu 90 Prozent über eine energieeffiziente Luft/Wasser/Wärmepumpe, die die Heizlast des Gebäudes abdeckt und einen Großteil der Warmwasserbereitung übernimmt. Bei einer Luft/Wasser/Wärmepumpe sind erhebliche Energieeinsparungen zu erwarten. Nebenbei wird so u.a. mehr als 60 Prozent Kohlendioxid eingespart. Durch die eingesetzte Luft/Wasser/Wärmepumpe kann die Fußbodenheizung im Sommer auch zu Kühlzwecken verwendet werden. Die Fassade erhielt dreifachverglaste Fenster.

DOPPELT HÄLT BESSER

... deshalb startet der 2. Bauabschnitt des Fachärztezentrums am Klinikum Darmstadt. Nachdem der im Sommer dieses Jahres eröffnete 1. Bauabschnitt vollständig vermietet werden konnte, steht dem Klinikum ab 2018 die Erweiterung zur Verfügung. Das Gelände des Darmstädter Klinikums, des einzigen Ma-

stad(t)raum: Die Grundrisse und Ausstattungen lassen einen individuellen Gestaltungsrahmen zu. Für alle gleich: die Aussicht auf „Mainhattan"

ximalversorgers in Südhessen, liegt sehr zentral in der Innenstadt, direkt am City-Ring. Der Standort kann sowohl über den Zubringer zu der A5, als auch über die B3 und B26 bequem erreicht werden. Der Luisenplatz, als zentraler Umsteigeplatz für Bus und Straßenbahn, liegt in nur 5 Minuten Fußweg entfernt. Die Straßenbahnlinie 3 verbindet das Darmstädter Klinikum mit dem Darmstädter Hauptbahnhof in nur wenigen Minuten Fahrzeit. Unter dem Fachärztezentrum befindet sich eine Tiefgarage für Kurzparker mit 160 Stellplätzen.

Auf dem Gelände des Darmstädter Klinikums in der Grafenstraße 13/Ecke Bleichstraße entstand das neue Fachärztezentrum (FÄZ) nach einem Entwurf des Architekturbüros Ruby[3]. Auf ca. 7.000 m² Geschossfläche, aufgeteilt in Erdgeschoss, vier Etagen und ein Staffelgeschoss, zogen hier Facharztpraxen ein. Im Erdgeschossniveau entstanden Geschäfts-

Fachärztezentrum: Weil doppelt besser hält und Gutes sich fortsetzen sollte, entsteht bis 2018 der 2. Bauabschnitt des Darmstädter Fachärztezentrums

räume mit einem Gastronomiebereich, eine Apotheke und ein Sanitätshaus. Patienten und Besucher des Ärztehauses und des Klinikums erreichen das FÄZ bequem durch die integrierte Tiefgarage. Die entstandenen Praxisflächen werden von spezialisierten Fachärzten und medizinischen Einrichtungen genutzt, deren Leistungsspektrum sich mit dem des Klinikums sinnvoll ergänzt. Die engeren Kooperationen ermöglichen Synergien und erweitern das ambulante Versorgungsangebot am Klinikum Darmstadt. Zwei große medizinische Einrichtungen im Gebäude wurden das KfH Kuratorium für Dialyse und Nierentransplantation e.V. und die Spezialpflegeeinrichtung Bärenstark für minderjährige Beatmungspatienten sein.

Der Darmstädter Krankenhaus- und Gesundheitsdezernent Dr. Dierk Molter, zugleich Aufsichtsratsvorsitzender der Klinikum Darmstadt GmbH, sieht das Facharztzentrum als wichtigen Beitrag zur zielgerichteten Weiterentwicklung des Klinikums Darmstadt: „Das neue Facharztzentrum auf dem Gelände des Klinikums ist ein bedeutendes Projekt der strategischen Zukunftssicherung des Klinikums Darmstadt."

Finanziert, vermietet und betrieben wird das FÄZ von der Darmstädter Investorengruppe Biskupek-Scheinert. Der Neubau wertet den Bereich des ehemals städtischen Geländes auf. Er versteht sich als Auftakt und Fingerzeig in Richtung Innenstadt.

STÄDTEBAULICHES ENSEMBLE MIT HOHEM URBANEN FLAIR

In zentraler, innerstädtischer Lage am Friedensplatz entstand der Neubau des exklusiven Möbelhauses „funktion" und eines modernen Bürogebäudes. Die architektonisch schlicht gehaltenen Gebäude fügen sich dabei zwischen die bestehenden Bauten des alten Waschhauses ein. Die historischen Gebäude bilden mit beiden Neubauten ein Ensemble.

Der Entwurf des Darmstädter Büros Ruby[3] erweckte die Fläche aus dem Dornröschenschlaf, nachdem das Areal als Brachfläche und Parkplatz sein Dasein gefristet hatte. Die beiden Neubauten grenzen unmittelbar an die Darmstädter Fußgängerzone an. Der Luisenplatz, als zentraler Umsteigepunkt für Bus

Bebauung Friedensplatz, Darmstadt: Die beiden Gebäude bilden eine Passage, die direkt in die Darmstädter Fußgängerzone führt

und Straßenbahn, liegt in unmittelbarer Nähe. Durch die zentrale Lage sind die Darmstädter Gerichte und Ämter, kulturelle Einrichtungen, Ärzte sowie Geschäfte für den täglichen Bedarf in nur wenigen Gehminuten bequem zu erreichen. Eine Tiefgarage für die Mieter unter den Gebäuden erlaubt stressfreies Parken in der City.

Gerhard Wolf, Inhaber des Einrichtungshauses „funktion", war drei Jahrzehnte lang mit seinem Unternehmen im einstigen Kaffeehaus-Pavillon am Friedensplatz angesiedelt. Die Immobilie war längst in die Jahre gekommen und machte einen neuen Standort erforderlich. Den wollte Wolf nicht auf der grünen Wiese realisieren, sondern bewusst in der Innenstadt. Der etwa 1.200 m² große Neubau präsentiert sich als schmaler Glaskörper, der mit seiner Dreigeschossigkeit den Maßstab der Bebauung der Rheinstraße aufnimmt und eine neue kleine Passage schafft. Zwei der vier Geschosse des eleganten

Wohn- und Geschäftshaus, Frankfurt: An der „Friedberger", einer der Hauptverkehrsachsen Frankfurts, entsteht der Neubau bis 2013

Wohn- und Geschäftshaus, Frankfurt: Insgesamt entstehen in dem neuen Gebäude rund 7.800 m² vermietbare Fläche

schlanken Quaders hat die „funktion" belegt; dort sind nun die Sortimente Wohnen (ehemals Friedensplatz) und Büro (ehemals Donnersbergring) zusammengeführt.
Im rechten Winkel dazu steht auf dem zweiten Baufeld das Bürogebäude mit ca. 1.555 m². Hier sind die Investorengruppe Biskupek-Scheinert, die fs-Architekten, Kucera-Rechtsanwälte, die Quirin-Bank, der Objekt-Service GmbH & Co. KG untergebracht. Das Bürohaus am Friedensplatz ist ein hochmodernes, komfortables und repräsentatives Gebäude. Die transparente Fassadenoptik, kombiniert mit Lochfassadenelementen und Natursteinverkleidung, unterstreicht den reizvollen Eindruck der Gebäude. Das jeweilige vierte Obergeschoss ist als Staffelgeschoss mit umlaufender Dachterrasse ausgeführt.

WOHN- UND BÜROGEBÄUDE IN FRANKFURT

Das Bürogebäude liegt an der Friedberger Landstraße, im Nordosten des Stadtteils Nordend. Die von den Frankfurtern auch „Friedberger" genannte Hauptzufahrtsstraße zeichnet sich durch eine hohe Verkehrsfrequenz aus. Der neu aufgestellte Bebauungsplan erlaubt eine Bebauung mit drei Obergeschossen plus Staffelgeschoss. Während das Erdgeschoss für Gewerbe und Handel vorgesehen ist, schließen sich in den drei Obergeschossen 114 Apartments an. Das Staffelgeschoss bietet mit rund 1.800 m² Fläche Platz für großzügig gestaltete Wohnungen an. In der Tiefgarage entstehen 125 Stellplätze. Die Fertigstellung ist für das dritte Quartal 2013 geplant.

Partner am Bau:
- Ingenieurbüro Pahnke + Partner
- AIT Ausbau + Fassade GmbH & Co. KG
- Fliesen-Bernhard GmbH
- Braun GmbH
- Elektro Müller GmbH & Co. Elektro-Installationen KG
- Weber Wohnideen GmbH

-Proj. „stad(t)raum
Bauherr:
Biskupek-Scheinert Investorengruppe, Darmstadt
Planender Architekt:
DAS Architekturbüro, Dobrowolski, Darmstadt

-Proj. „Fachärztezentrum"
Bauherr:
Biskupek-Scheinert Investorengruppe, Darmstadt
Planender Architekt:
Architekturbüro Ruby³, Darmstadt

-Proj. „Bebauung Friedensplatz"
Bauherr:
Biskupek-Scheinert Investorengruppe, Darmstadt
Planender Architekt:
Architekturbüro Ruby³, Darmstadt

-Proj. „Wohn- und Geschäftshaus Frankfurt"
Bauherr:
Biskupek-Scheinert Investorengruppe, Darmstadt
Planender Architekt:
DAS Architekturbüro, Dobrowolski, Darmstadt

Wohnungsbau / Gewerbebauten

Seit 1969 sind wir ein kompetenter Partner für die ingenieurtechnische Planung der gesamten Haustechnischen Gewerke. Wir beraten und planen:
- Abwasser-, Wasser-, Gasanlagen
- Wärmeversorgungsanlagen
- Lufttechnische Anlagen
- Förderanlagen
- Nutzungsspezifische Anlagen
- Starkstrom
- Gebäudeautomation
- Fernmelde- und informationstechnische Anlagen.

Beratung – Planung – Überwachung – Prüfung

Wichtig ist es, Energie und somit Betriebskosten einzusparen. Wir setzen je nach Bedarf und Einsatzmöglichkeiten verschiedenartige regenerative und erneuerbare Energie ein, wie z.B.
- Regenwassernutzungssysteme (z.B. Zisternen)
- Solar- und Photovoltaiktechnik (Wärme/Strom)
- Brunnenwassersysteme jeglicher Art (heizen/kühlen)
- Wärmepumpenanlagen (heizen/kühlen)
- BHKWs
- Tageslichtsteuerung
- Tageslichtunterstützung (Solartube)
- Geothermiesysteme jeglicher Art (heizen/kühlen/Stromerzeugung)
- Wärmerückgewinnungsformen (rekuperativ/regenerativ)
- Gewerbekälte (z.B. Kühlmöbel)

ALLE LEISTUNGEN IM EIGENEN HAUS

Alle Leistungsphasen der HOAI für sämtliche mechanischen Gewerke der TGA inklusive Stark- und Schwachstrom werden mit festangestelltem Personal erbracht. Das Büro Pahnke + Partner erstellt sowohl für Immobilienfonds als auch für Privatkunden technische Ankaufsprüfungen im In- und Ausland. Durch die breite Qualifikation unserer Mitarbeiter sind kurzfristige Einsätze jederzeit möglich. Bei Ankäufen von Objekten ist ein schneller Einsatz und zeitnahe Abwicklung ein gravierender Eckpfeiler für einen möglichen Ankaufsabschluss. Da lange Koordinationszeiten im eigenen Hause aller Gewerke nicht entstehen, kann das Büro Pahnke + Partner diese Anforderung erbringen und trägt somit oftmals zum Abschluss renditekräftiger Objektankäufe bei oder verhindert Ankäufe von unrentablen Gebäuden. Durch einen hohen Erfahrungsgrad hat sich das Büro Pahnke + Partner im EU-Kerngebiet spezialisiert. So wurden z.B. Ankauf und Prüfungen bereits in den Niederlanden, Belgien, Frankreich und Italien, sowie auch in der Ukraine abgewickelt. Unsere hohe fachliche Kompetenz übermitteln wir in Form von Vorträgen und Schulungen, die individuell auf die Bedürfnisse des Kunden abgestellt werden.

Pahnke + Partner
Die Mauergärten 2, 61184 Karben
Tel.: 06039 92040, Fax: 06039 920480
E-Mail: info@pahnke-partner.de
Web: www.Pahnke-partner.de

Anzeige

Umfassende Planungen von haustechnischen Anlagen

Seit mehr als 40 Jahren ist das Ingenieurbüro Pahnke + Partner erfolgreich im In- und Ausland tätig

Die Pahnke + Partner Ingenieurgesellschaft mbH ist ein Unternehmen, das nunmehr seit über 40 Jahren Planungen und Beratungen in der Technischen Gebäudeausrüstung bundesweit sowie auch im Ausland durchführt. 1969 wurde das Ingenieurbüro von Herrn Pahnke gegründet. 1991 erfolgte eine Umfirmierung in die Pahnke + Partner Ingenieurgesellschaft mbH. Nach dem Ausscheiden 1995 von Herrn Pahnke aus dem Unternehmen sind die bisherigen Geschäftsführer Herr Erhard Geist und Herr Alt alleinige Geschäftsführer dieser Gesellschaft. Seit 2010 wird das Unternehmen durch den Geschäftsführenden Gesellschafter Herrn Erhard Geist und den beiden Geschäftsführern Herrn Jürgen Alt und Herrn Marco Geist geleitet. Unser Aufgabengebiet umfasst die gesamte Palette der Haustechnik in der Planung und Überwachung für Neubauten wie auch für Sanierungen. Objektuntersuchungen bestehender Gebäude mit Energieberatung und Erarbeitung von Optimierungen gehören ebenso zu unseren Einsatzgebieten. Neben den Standardplanungen der Haustechnik beschäftigt sich Pahnke + Partner mit der Planung vom Einsatz Alternativer Energien wie zum Beispiel Geothermie, Solarthermie, Photovoltaik etc. Bei der Planung von Wärmepumpensystemen setzen wir patentierte Systeme ein, die eine hohe Energieeffizienz haben. Diverse Gebäude wurden mit dieser Technik bereits geplant und ausgeführt. Die Geschäftsleitung der Pahnke + Partner Ingenieurgesellschaft gewährleistet durch persönlichen Einsatz in Konzeptfestlegung, Anleitung und Überwachung der Mitarbeiter eine gleichbleibend gute Bearbeitungsqualität für Aufgaben in jeder Größenordnung. Der Geschäftsbereich Technisches Gebäudemanagement wurde 1994 gegründet. Dieser Teil beinhaltet die gesamten Leistungen im Facility Managementbereich.

Alle Leistungsphasen der HOAI für sämtliche mechanischen Gewerke der TGA inklusive Stark- und Schwachstrom werden mit festangestelltem Personal erbracht. Das Büro Pahnke + Partner erstellt sowohl für Immobilienfonds als auch für Privatkunden technische Ankaufsprüfungen im In- und Ausland. Durch die breite Qualifikation unserer Mitarbeiter sind kurzfristige Einsätze jederzeit möglich.

Die örtliche Bauleitung sämtlicher Gewerke, wird ebenfalls mit festangestellten Mitarbeitern erbracht. Dabei wird hoher Wert auf die Termin- und Kostenverfolgung gelegt. Nach Fertigstellung der Gewerke erfolgen die Abnahmen, die unsererseits komplett mit Leistungsmessungen und Einweisung des Bedienpersonals vorbereitet und betreut werden. Funktionsprüfungen sowie Leistungsmessungen auf Einhaltung vertraglicher Werte oder nach Behördenforderungen werden von uns vorgenommen. Bei Bedarf können auch Laboruntersuchungen durchgeführt werden.

Das Haus Pahnke + Partner bildet seit seinem Bestehen Auszubildende im Bereich Technische/r Zeichner/in aus. Unser Geschäftsführer Herr Marco Geist ist im IHK Prüfungsausschuss und nimmt regelmäßig Prüfungen ab. Des Weiteren ist Herr Marco Geist seit 2006 Mitglied des VDI und seit 2008 Mitglied des DGNB. Wir sind Gründungsmitglied des Beirats des TU- Darmstadt Energiecenter e.V. Derzeit beschäftigt Pahnke + Partner 15 Mitarbeiter.

**Ingenieurbüro Pahnke + Partner,
Ingenieure für Haustechnik, Karben**

Anzeige Ausführende Firmen

Trockenbau mit Leidenschaft und großer Kompetenz

Wir führen im Bereich Innenausbau als Generalunternehmer die folgenden Gewerke aus:

- Trockenbau
- Türelemente
- Estrich
- Naturstein
- Fliesen
- Innen- und Außenputz
- Malerarbeiten
- Parkett
- TG-Beschichtung

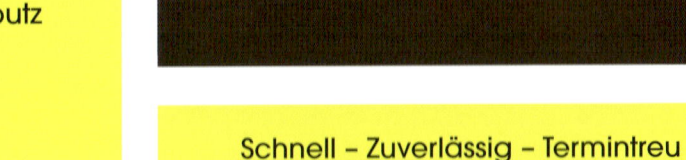

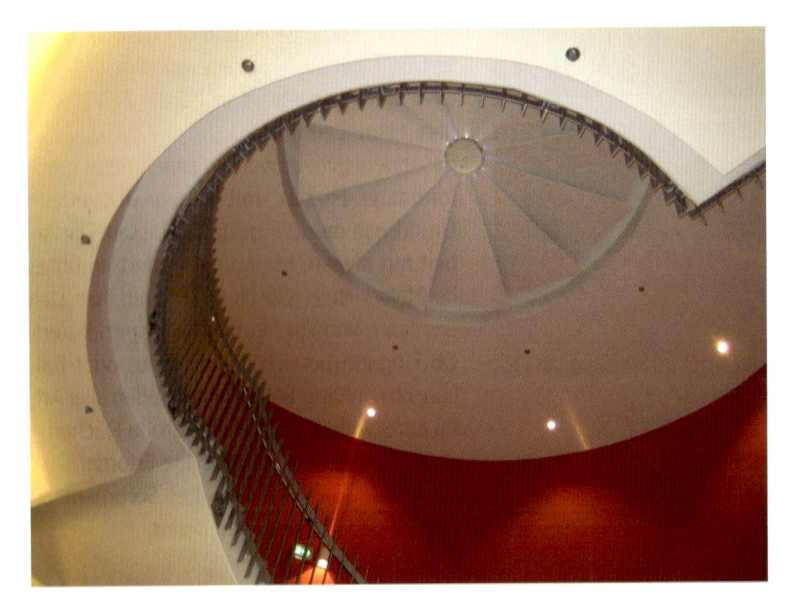

Schnell – Zuverlässig – Termintreu

Wir sind stolz auf eine langjährige partnerschaftliche Zusammenarbeit mit der Investorengruppe Biskupek – Scheinert und Partner, Darmstadt

Am Göckel 22, 96188 Stettfeld
Fon 09522/30498-0, Fax 09522/30498-24
E-Mail: info@ait-ausbau-fassade.de
http.: www.ait-ausbau-fassade.de

AIT Ausbau + Fassade GmbH & Co. KG

Ausführende Firmen

In kurzer Zeit was bewegen

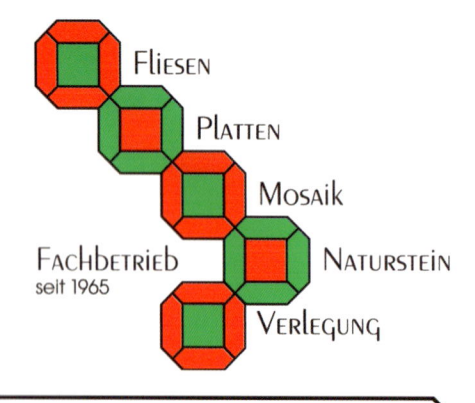

Anzeige

Ein breites Angebot rund um die Fliese bietet der Fachbetrieb Fliesen-Bernhard GmbH in Bodenheim. Die rund 25 qualifizierten Mitarbeiter des Unternehmens verlegen Fliesen in und an allen Arten von Gebäuden und für jeden gewünschten Zweck.

Das in zweiter Generation geführte Familienunternehmen hat sich in den letzten Jahren auf Großprojekte im Rhein-Main-Gebiet konzentriert. Einer individuellen Gestaltung steht dabei auch bei sehr umfangreichen Wohnungsbauprojekten nichts im Weg. Zukünftige Eigentümer können sich in Bodenheim im hauseigenen Fliesenstudio umschauen und Ihren individuellen Belag aussuchen. Das Team von Fliesen-Bernhard erledigt die Arbeiten zügig und in Absprache mit dem Bauträger. Architekten, Wohnungsbau- und Bauunternehmungen schätzen das hohe Qualitätsniveau und die Geschwindigkeit, mit der die Aufträge erledigt werden. „Wir bewegen etwas in kurzer Zeit", wird damit zum Leitmotiv.

Besonders beliebt werden zunehmend großformatige Fliesen, mit denen sich offene Grundrisse modern gestalten lassen. Die Arbeit mit diesem Material erfordert erhöhtes handwerkliches Geschick. Hierauf hat sich das Team von Fliesen Bernhard spezialisiert. Ob Eingangsbereich, Treppenhaus oder Balkon, ob sanitärer Bereich oder Böden aller Art, ob kunstvolle Mosaike oder große Flächen – das Unternehmen hält für alle Erfordernisse in bester Qualität ein breites Sortiment an Fliesen und Natursteinen bereit.

Fliesen-Bernhard GmbH
Rheinallee 62
55294 Bodenheim
Tel. 06135/2538
Fax 06135/6495
www.fliesen-bernhard.de
info@fliesen-bernhard.de

Anzeige

Ausführende Firmen

Wie man mit Klima Geschichte schreibt

Das Unternehmen legte 1964 seinen Grundstein im privaten wie gewerblichen Kundenbereich für konventionelle Heizungen. Dabei blieb es nicht. Vielmehr steht heute das gesamte Spektrum für die Bereiche Heizung, Kälte, Lüftung, Klima, Medienversorgung und Sanitäranlagen zur Verfügung. Für alle Leistungsbereiche bietet die Braun GmbH von der Planung bis hin zur Ausführung und Montage alle gewünschten Lösungen.

Für die Industrie und Kommunen plant und installiert das Team praktisch jede Technologie, die Wärme oder Kälte erzeugt. Ver- und Entsorgungsleitungen für Medien jeder Art werden ebenfalls ausgeführt. Ob Trinkwasser-, Druckluft- oder Niederdruckdampf-Leitungen – sie sind alle in guten Händen bei der Braun GmbH. Installationen von Sanitäranlagen sowie aller haustechnischen Anlagen übernimmt das mittelständische Unternehmen auch für Privathaushalte. Be- und Entlüftungsanlagen tragen entscheidend zum Wohlbefinden am Arbeitsplatz bei. Braun produziert damit mehr als warme Luft, sondern versorgt Krankenhäuser, Produktionshallen oder Büros mit konditionierter Frischluft. Die

Braun GmbH
Heizung-Kälte-Klima-Lüftung-Sanitär
Magnolienweg 17, 63741 Aschaffenburg
Tel. 0 60 21/8 47 6-0, Fax 0 60 21/84 76 22
www.braun-HLKS.de, braun@braun-hlks.de

24-Stunden-Hotline verbindet die Kunden sieben Tage die Woche rund um die Uhr mit dem Team der Braun GmbH.

---

www.e-m-d.de

ELEKTRO MÜLLER
ELEKTROTECHNIK · DATENTECHNIK · KD STIEBEL ELTRON

Elektrotechnik aus Expertenhand von der Planung bis zur Fertigstellung

Elektroinstallationen, Datennetzwerktechnik sowie durchdachte Gebäudeleittechnik gehören ebenso zu unserem Angebot, wie die regelmäßige Überprüfung und Wartung Ihrer Anlagen. Wir sind vom Zentralverband des Deutschen Elektro- und Informationstechnologischen Handwerks (ZVEH) als Markenbetrieb zertifiziert.

Als anerkannter E-Check Fachbetrieb kontrollieren wir Ihre Installation und vergeben das Prüfsiegel für Sicherheit und Energieeffizienz.

Elektro Müller GmbH & Co. Elektro-Installationen KG   Staudingerstr. 2   64293 Darmstadt   Tel.: 06151-89 39 39

Ausführende Firmen   Anzeige

WEBER WOHNIDEEN GMBH

Vivere!

Dieburger Str. 40
63322 Rödermark
Stadtteil Ober-Roden
Tel.   06074 / 86543-0
Fax   06074 / 86543-20
weber-wohnideen@web.de
www.weber-wohnideen.de

:: **interlübke** :: **ligne roset** :: **b&b Italia** :: **draenert** :: **kff design** :: ...**Marken bei Weber-Wohnideen**

▶ Produktinfo

Diese Lichtröhren ermöglichen Tageslicht ohne Wärmeverlust

In dieser lichtdurchfluteten Küche macht das Kochen richtig Spaß (Foto: epr/Green Lighting)

(epr) Die meisten Menschen fühlen sich an hellen Tagen wesentlich energiegeladener als an trüben. Räume ohne Tageslicht werden daher schnell als bedrückend empfunden. Lichtröhren, die das Licht von außen ins Innere eines Hauses leiten, schaffen hier Abhilfe.
Die Lightway Tageslichtsysteme von Green Lighting sorgen in Zimmern mit wenigen oder gar keinen Fenstern für eine natürliche Beleuchtung. Dabei wird das Tageslicht über eine Lichtkuppel eingefangen und durch eine reflektierende Lichtröhre in die dunkleren Räume geleitet. Green Lighting ist nach eigenen Angaben der einzige Anbieter von Tageslichtsystemen, der Licht ins Haus bekommt, ohne dabei Wärme zu verlieren. Detaillierte Planungshilfen gibt es auf www.green-lighting.de.

Gute Laune durch helles Licht – mit den Lightway Tageslichtsystemen von Green Lighting. Eine ideale Lösung für innenliegende Bäder
(Foto: epr/Green Lighting)

Die kostengünstige Alternative: Druckentwässerung

(rgz) Die Investitionskosten von Abwasserentsorgungsanlagen im ländlichen Raum sind vergleichsweise hoch. Faktoren wie eine geringe Siedlungsdichte, mangelndes natürliches Gefälle, hohe Grundwasserstände oder un-günstige Untergrundverhältnisse können schnell zu einer regelrechten Kostenexplosion führen. Hier bietet sich der Einsatz einer Druckentwässerung als günstigere Alternative an.

SO FUNKTIONIERT DIE DRUCKENTWÄSSERUNG

Beim Einsatz der Druckentwässerung fließt das Abwasser im freien Gefälle zu den Hausanschlussschächten und wird hier gesammelt. Die Schächte haben ein Fassungsvermögen von etwa 50 bis 70 l. Eine Tauchmotorpumpe fördert das Abwasser in die Druckrohrleitung, in der es durch den Pumpendruck zur Kläranlage abgeleitet wird.
Die wesentlichen Vorteile der Druckentwässerung
Die entscheidenden Vorteile der Druckentwässerung ergeben sich aus der gleich-

Ein Loch mit rund 2 m Tiefe genügt für den Einbau eines Kunststoff-Entwässerungsschachts
Foto: djd/ITT Flygt

Mit zwei bis drei Mann und einem Minibagger ist die hauseigene Druckentwässerung schnell eingebaut
Foto: djd/ITT Flygt

mäßigen, flachen Verlegetiefe – unabhängig vom Geländegefälle –, der zuverlässigen Betriebsweise auch bei stark schwankendem Abwasservorkommen und der Dichtheit bei hohen Grundwasserständen. Die Druckentwässerung wird seit mehr als 30 Jahren eingesetzt und gilt heute als technisch ausgereiftes Verfahren im Zuge der Abwasserbeseitigung.

EINFACHE INSTALLATION

Entscheidet sich eine Gemeinde für die Druckentwässerung, müssen Hausbesitzer Sorge für den Einbau eines Druckentwässerungsschachts tragen, der das Abwasser vom Haus in das öffentliche Leitungsnetz transportiert.

Immobilien- und Flächenentwicklung am Frankfurt Airport

Das Mönchhof-Gelände im Nordwesten des Flughafens Frankfurt ist mit 110 ha das größte in Entwicklung befindliche Gewerbegebiet der Region

Frankfurt Airport (FRA) ist eines der größten Luftverkehrsdrehkreuze in Europa und aktuell der größte europäische Fracht-Flughafen. Um dem für die Zukunft prognostizierten weltweiten Wachstum der Passagierzahlen Rechnung zu tragen, erweitert der Flughafenbetreiber, die Fraport AG, die Kapazitäten am Flughafen Frankfurt. Der erste Schritt wurde bereits vollzogen – der Bau und die Inbetriebnahme der neuen Landebahn. Zukünftige wichtige Maßnahmen sind, der Bau eines dritten Terminals, neuer Wartungseinrichtungen sowie die ständige Weiterentwicklung aller technischen Systeme und die Modernisierung der Terminals, die eine Optimierung der Verkehrsflüsse ermöglichen. Der Flughafen Frankfurt gehört zu einem der wenigen Mega-Hubs in Europa.

Die Frankfurt Airport City zeichnen attraktive Gewerbeflächen und ein vielfältiges Immobilienangebot inmitten einer einzigartigen Infrastruktur als interessanten Business-Standort aus. Um auch zukünftig alle Ansprüche an einen modernen Standort erfüllen zu können, werden die Immobilien und Flächen in FRA ständig weiterentwickelt.

Die Fraport Immobilienservice und -entwicklungs GmbH & Co. KG (Fraport Immo), eine 100%-ige Tochtergesellschaft der Fraport AG, ist u.a. zuständig für die Entwicklung und Vermarktung des rund 110 ha großen Mönchhof-Geländes. Die Flächen sollen für Logistik, Büros und Einzelhandel genutzt werden. Die Fraport Immo ist über weitere Tochtergesellschaften nicht nur Eigentümerin des Mönchhof-Geländes, sondern hält außerdem zwei Gebäude (Parkhaus 163, Verwaltungsgebäude 162) direkt am Flughafen. Des Weiteren ist die Fraport Immo gemeinsam mit anderen Immobilienpartnern zuständig für die Entwicklung und Vermarktung der unmittelbar an den Flughafen angrenzenden Fläche Gateway Gardens mit rund 35 ha und entwickelt im Rahmen eines Joint Ventures eigene Im-

Die Lage macht das Mönchhof-Gelände zu einem einzigartigen Projekt im Rhein-Main-Gebiet. Landschaftlich attraktiv und doch zentral gelegen, befindet sich das Mönchhof-Gelände direkt an einem der wichtigsten Verkehrsknotenpunkte Europas, in unmittelbarer Nähe zum Flughafen und zum Finanz- und Wirtschaftszentrum Frankfurt Abb.: Fraport AG

mobilienprojekte auf dem Mönchhof-Gelände. Daneben betreut die Fraport Immo mehrere Immobilienprojekte für die Fraport AG und ist zuständig für die Verlagerung der Rhein-Main Air Base nach Ramstein und Spangdahlem.

DAS MÖNCHHOF-GELÄNDE

Im Jahr 2004/2005 hatte die Fraport AG das Gelände gekauft und eigens die Fraport Immo gegründet, die sich seither schwerpunktmäßig mit der Entwicklung und Vermarktung des Mönchhof-Geländes beschäftigt. Nachdem die Fraport Immo im Januar 2007 mit dem Bau der ersten Erschließungsstraßen begonnen hatte, konnten

Projektübersicht Mönchhof-Gelände 2012
Abb.: Fraport Immo

schnell die ersten Vermarktungserfolge erzielt werden. Zwischenzeitlich sind auf dem Mönchhof-Gelände eine Vielzahl an Unternehmen in Betrieb gegangen, die insgesamt rund 1.400 Mitarbeiter beschäftigen. Bis zu 6.500 Arbeitsplätze werden im Zuge der Entwicklung auf dem Mönchhof-Gelände entstehen. Mit über 370.000 m² sind über 50 Prozent des Nettobaulandes des Geländes vermarktet. Zu den Firmen zählen namhafte Unternehmen, wie z. B. DHL mit seinem hochmodernen Expresszentrum, wo deren gesamten Express-Frachtaktivitäten im Rhein-Main-Gebiet gebündelt werden, aber auch die Firma Heinemann, welche Lagerflächen für die Belieferung der Travel-Value-&-Duty-free-Shops am Flughafen angemietet hat. Im März 2012 nahm schließlich der Logistikdienstleister Simon Hegele nach zehn monatiger Bauzeit einen fünfteiligen Gebäudekomplex mit 50.000 Quadratmetern Hallenfläche und 5.500 Quadratmetern Bürofläche in Betrieb. Das derzeit größte Logistik Center der Unternehmensgruppe Simon Hegele beherbergt neben der zentralen Deutschland-Hauptumschlagbasis für Ersatzteil- und Servicelogistik auch ein Kongress- und Mediencenter.

Neben dem Verkauf von Grundstücken auf dem Mönchhof-Gelände und auf dem benachbarten Gateway Gardens, gemeinsam mit den Partnern OFB, Groß & Partner und der Stadt Frankfurt betätigt sich die Fraport Immo auch im Bereich der Hochbau-Projektentwicklung. Gemeinsam mit dem Partner Multi Park Holding GmbH hat die Fraport Immo auf dem Mönchhof-Gelände im Jahr 2009 beispielsweise die moderne Deutschlandzentrale für den weltweit tätigen Logistikdienstleister Expeditors mit Sitz in Seattle (Washington)/USA gebaut und für eine Laufzeit von über elf Jahren an diesen vermietet. Als erster Logistik-Projektentwickler haben die MP-Holding und Fraport Immo im gemeinsamen Joint Venture den Green-Building-Partner-Status für den Bau dieses energieeffizienten Büro- und Hallenensembles im Gewerbegebiet Mönchhof-Gelände erhalten. Das Ziel der Minimierung des Energieverbrauchs und der CO_2-Emission konnte durch eine enge Zusammenarbeit der MP Holding mit dem Architekturbüro KLEINUNDARCHITEKTEN, Frankfurt, und dem Generalbauunternehmer Goldbeck erzielt werden. So wurden mit den ausgeführten Maßnahmen die geltenden gesetzlichen Anforderungen an einen Neubau, sowohl im Hinblick auf den Primärenergiebedarf als auch auf den Transmissionswärmeverlust, um mehr als 30 Prozent unterschritten. Für den Mieter Expeditors International GmbH bedeutet dies die nachhaltige Reduzierung der Betriebskosten. Derzeit befindet sich eine weitere Hochbauprojektentwicklung in der Realisierung.

Das Mönchhof-Gelände befindet sich auf Raunheimer und Kelsterbacher Gemarkung, in unmittelbarer Nachbarschaft zum Flughafen Frankfurt. Mit seinen rund 110 ha Bruttobauland stellt es das größte zusammenhängende, in der Entwicklung befindliche Gewerbegebiet der Rhein-Main-Region dar. Neben der Größe ist vor allen Dingen eines von entscheidender Bedeutung: Die Lage. Und genau diese macht das Mönchhof-Gelände zu einem einzigartigen Projekt im Rhein-Main-Gebiet. Landschaftlich attraktiv und doch zentral gelegen, befindet sich das Mönchhof-Gelände direkt an einem der wichtigsten Verkehrsknotenpunkte Europas, in unmittelbarer Nähe zum Flughafen und zum Finanz- und

Bis zu 6.500 Arbeitsplätze werden im Zuge der Entwicklung auf dem Mönchhof-Gelände entstehen. Zu den schon ansässigen Firmen zählen namhafte Unternehmen, wie z.B. die DHL, die auf dem Mönchhof-Gelände in einem hochmodernen Expressszentrum ihre gesamten Express-Frachtaktivitäten im Rhein-Main-Gebiet bündelt   Abb.: Fraport AG

Wirtschaftszentrum Frankfurt.

Nicht nur seine Nähe zum Flughafen macht das Mönchhof-Gelände so attraktiv: Auch durch andere Verkehrswege ist das Areal perfekt erschlossen. In unmittelbarer Nähe zum Frankfurter Kreuz, dem größten Verkehrsknoten in Europa, und direkt am Autobahn-Dreieck Mönchhof gelegen, ist das Gelände über eine leistungsstarke Infrastruktur schnell und unkompliziert ohne zeitraubende Ortsdurchfahrten zu erreichen. Im Westen des Geländes befinden sich die Anschlussstellen zur Autobahn A3 in Richtung Köln/München und zur A67 in Richtung Darmstadt. Über die A3 sind auch die A66 in Richtung Wiesbaden und die A5 in Richtung Basel und Hannover direkt erreichbar. Die Innenstädte von Frankfurt, Mainz, Wiesbaden und Darmstadt liegen im Umkreis von maximal 30 Autobahnkilometern. Zusätzlich erschließen verschiedene Buslinien das Mönchhof-Gelände derzeit über den Öffentlichen Personen-Nahverkehr, ein eigener S-Bahn-Haltepunkt ist geplant.

Als Erstbebauer war „ontour" der Pionier auf dem Mönchhof-Gelände. Der Einzug in das eigene Objekt erfolgte im Januar 2008. Im Februar 2009 wurde dann schon eine zweite Lagerhalle mit weiteren 2.000 m² in Betrieb genommen   Abb.: Fraport AG

Eine optimale Ausgangslage für Unternehmen und deren Mitarbeiter.

Das Mönchhof-Gelände ist bereits heute ein hochwertiger Gewerbestandort, dessen Nutzungskonzept vor allem auf Logistik, Büro und kleinteiligen Einzelhandel abzielt. Die Erschließung schreitet kontinuierlich voran. Das Areal bietet rund 724.000 m² Nettobauland mit Parzellengrößen bis zu 130.000 m². Für Büro- oder Handelsnutzer stehen aber auch kleinere Einheiten ab ca. 5.000 m² – teilweise direkt am Main mit hoher Aufenthaltsqualität – bereit. Die Flächenzuschnitte sind individuell und bedarfsgerecht gestaltbar.

Neben seiner variablen Größe von Baufeldern bietet das Mönchhof-Gelände aber noch einen weiteren Vorteil für Investoren und Nutzer. Durch seine Lage auf den Gemarkungen Raunheim und Kelsterbach genießen Nutzer den Vorteil geringer Gewerbesteuerhebesätze (jeweils 380). Das Mönchhof-Gelände bietet also nicht nur eine optimale Lage und ausgezeichnetes Entwicklungspotenzial, sondern auch genügend Raum für alle, die Großes für ihre Zukunft planen.

Im Folgenden werden einige Firmen, die sich bereits für eine Ansiedlung auf dem Mönchhof-Gelände entschieden haben, und die damit verbundenen Bauvorhaben vorgestellt.

ONTOUR TRANSPORT SERVICE – „PIONIER" AUF DEM MÖNCHHOF-GELÄNDE

Die ontour transport service GmbH, im Januar 1990 gegründet, hat sich vor allem mit ihrem Englandverkehr als internationale Spedition bewährt. Ursprünglich am Flughafen Frankfurt zog die Fa. Ontour Anfang 2008 auf das Mönchhof-Gelände um. Wegen der gut laufenden Geschäfte der Fa. Ontour wurde

Die dritte Teilfläche des Mönchhof-Geländes wurde an die mittelständische DoKaSch GmbH erkauft. Das Unternehmen sicherte sich 6.000 m² Baugrund und erstellte auf dem Grundstück ein Servicecenter für aktiv betriebene Kühlcontainer (Klimacontainer)
Abb.: Fraport AG

Nach dem ersten Flächenverkauf konnte im März 2007 ein weiterer Kaufvertrag über rund 33.000 m² mit der Firma Logicreal Airport FFM GmbH abgeschlossen werden. Logicreal ließ zwischen Januar und August 2008 auf dem Mönchhof-Gelände einen modernen Logistik- und Gewerbepark mit rund 18.000 m² Hallen-, Büro- und Servicefläche bauen
Abb.: Fraport AG

schon ein Jahr später der 2. Bauabschnitt auf dem Mönchhof-Gelände in Betrieb genommen. Insgesamt verfügt das international tätige Logistikunternehmen derzeit über 3.000 qm Hallen- und 800 qm Büroflächen auf dem Mönchhof-Gelände.

An der Mönchhofallee entstanden für die deutsche Hauptniederlassung der Expeditors International GmbH in nur sechsmonatiger Bauzeit bis Oktober 2009 ein Bürogebäude mit ca. 2.800 m² für die Verwaltung und den Vertrieb sowie eine ca. 4.200 m² große Logistikhalle. Die als Gemeinschaftsprojekt ausgelegte Projektentwicklung wurde partnerschaftlich von der MP Holding GmbH und der Fraport Immobilienservice und -entwicklungs GmbH & Co. KG realisiert
Abb.: Fraport AG

Büro-/Lager und Serviceflächen sowie die mittelständische OVG Industrieverpackungsgesellschaft mbH mit Hauptsitz im bayerischen Mömlingen. Das traditionsreiche und über 65 Jahre alte Unternehmen produziert und vertreibt in ihrer neuen Niederlassung Spezialverpackungen. Das Multipark-Konzept ist die Antwort auf die gestiegene Nachfrage des zukunftsorientierten Mittelstands nach kleineren und multifunktionalen Flächen in verkehrsgünstiger Lage. Basierend auf einem international erfolgreichen Gewerbeparkkonzept bietet der Multipark gerade hier optimale Voraussetzungen. Mit seinen zahlreichen Nutzungs- und Flächenvarianten bietet er Flexibilität in jeder Hinsicht. Ganz gleich, ob Lager und Mischnutzung, oder Lager und Büro: Der Multipark passt sich den Bedürfnissen an.

Mieter des 2. Bauabschnittes ist die Firma Sulzer Metco Europe GmbH, ein international tätiges Unternehmen zur Veredelung und Beschichtung von Oberflächen. Die Gesellschaft hat im 2. Bauabschnitt rund 2.700 m² Lager- und 1.300 m² Büroflächen angemietet.
Der gesamte 3. Bauabschnitt (ca. 5.500 m²) ist an die Basan GmbH vermietet.

1. – 3. BAUABSCHNITT GEWERBE- UND LOGISTIKZENTRUM „MULTIPARK"

Das Multipark-Konzept ist die Antwort auf die gestiegene Nachfrage des zukunftsorientierten Mittelstands nach kleineren und multifunktionalen Flächen in verkehrsgünstiger Lage
Abb.: Multi Park Holding GmbH

Der „Multi Park" am Frankfurt Airport ist ein Joint Venture der OFB Projektentwicklung GmbH, Frankfurt und der MP Holding GmbH, Walldorf/Baden. Hier entstehen auf einer Grundstücksfläche von rund 50.000 m² in fünf Bauabschnitten mehr als 34.000 m² attraktive Lager-, Büro-, Produktions- und Serviceflächen mit konsequenter Nutzerorientierung, basierend auf dem international erfolgreichen Gewerbeparkkonzept. In dem Multipark finden neben Dienstleistern und Logistikern viele regionale und überregionale Gewerbetreibende einen idealen Standort, der auch den zukünftigen Anforderungen nach hoher Energieeffizienz entspricht. Die Bauabschnitte 1 bis 3 sind bereits fertiggestellt und voll vermietet.
Der Baubeginn für den 1. und rund 6.500 m² großen Bauabschnitt war im März 2010 erfolgt. Mieter sind eine Tochtergesellschaft der weltweit im Hochtechnologiebereich tätigen Unternehmensgruppe ITT mit rund 2.600 m²

Turbokreisel: Die Anbindung des Mönchhof-Geländes erfolgt seit Dezember 2011 über einen neu gebauten Kreisel. Der aus Raunheim kommende Verkehr, welcher nicht in das Mönchhof-Gelände abbiegt, wird über einen Bypass am Kreisel vorbeigeführt. Für diesen hat die Straße eine zusätzliche Spur erhalten. Nur knapp vier Monate dauerte es, den Turbokreisel fertigzustellen Abb.: Fraport Immo

TURBOKREISEL: NEUE ANBINDUNG DES MÖNCHHOF-GELÄNDES

Die Anbindung des Mönchhof-Geländes erfolgt seit Dezember 2011 über den neu gebauten Kreisel. Gleichzeitig wurde der alte Anschluss geschlossen. Dieser steht seitdem ausschließlich Fußgängern und Radfahrern zur Verfügung. Die Lichtsignalanlage wird entsprechend nur noch als Fußgängerampel genutzt. Der aus Raunheim kommende Verkehr, welcher nicht in das Mönchhof-Gelände abbiegt, wird über einen Bypass am Kreisel vorbeigeführt. Für diesen hat die Straße eine zusätzliche Spur erhalten. Dafür musste der alte Radweg weichen. Der aus Kelsterbach kommende Verkehr wird komplett durch den Kreisel geführt.

Das Wetter spielte beim Bau des Turbokreisels hervorragend mit, nur nicht am Tage der offiziellen Freigabe für den Verkehr. Da zog es recht heftig durch die Fluren und die Gäste der kleinen Mittagszeremonie zogen den Kragen hoch und den Schal etwas fester. Die Kosten für diese Erschließungsmaßnahme trug die Fraport Immobilienservice und –entwicklungs GmbH & Co. KG, deren Vertreter Erhard Albert das Bauwerk nach dem Ende der Einweihung sozusagen in den Bestand des Zweckverbandes Mönchhof eingliederte. In drei Zuständigkeitsbereichen liegt der Kreisel, daher waren auch die Städte Kelsterbach und Raunheim sowie die Fraport Immo vertreten. Nach Eröffnung mussten noch einige Restarbeiten erledigt werden. Dazu gehörten der Bau eines neuen Radweges parallel zur Straße, der Rückbau der benötigten Baustraße und die Anlage der Bord(-stein)anlagen in der Mönchhofallee sowie die Anbindung der Loirestraße.

Entwicklung und Vermarktung des Mönchhof-Geländes:

Fraport Immobilienservice
und -entwicklungs GmbH & Co. KG,
Flörsheim am Main

Partner der Fraport Immobilienservice und -entwicklungs GmbH & Co. KG:
- Mainova AG
- SAG GmbH
- KLEINUNDARCHITEKTEN GMBH
- Björnsen Beratende Ingenieure GmbH
- Peter Kolb GmbH
- Thomas GmbH Bauunternehmung
- Tauber Explosive Management GmbH & Co. KG
- Epowit Bautechnik GmbH
- PENELL GmbH

Gewerbebauten

Ausführende Firmen — Anzeige

mainova

Nachhaltige Lösungen von XS bis XXL.

Jetzt informieren: Geschäftskunden-Produkte nach Maß!

Bei uns erhalten Unternehmen jeder Größe die nachhaltige Lösung, die perfekt zu den jeweiligen Anforderungen passt. Damit sind wir ein starker Partner für Unternehmen in ganz Deutschland – und für unsere Umwelt. Entdecken auch Sie unsere „grünen" Strom- und Erdgasoptionen, Services und Produkte online unter: **www.mainova.de/geschaeftskunden** oder unter der **ServiceLine 0800 11 666 88**.

Anzeige Ausführende Firmen

Projekte, die verbinden!

Infrastruktur für internationales Luftverkehrsdrehkreuz

Am Ausbau des Frankfurter Flughafens ist die SAG in vielerlei Hinsicht beteiligt. Für die neue Wartungshalle des Airbus A380 übernahm die SAG den Bau der 400 Meter langen Fernwärmetrasse nebst Wärmeübergabestation und erledigte dabei die Fertigungsplanung, Errichtung und Inbetriebnahme. Der Umbau der Sekundärbeleuchtung auf dem Flugfeld, insbesondere die Beleuchtung von Abfertigungspositionen für den A380 erfolgte bei laufendem Betrieb. Auch mit der halbjährlichen Wartung und Instandhaltung des Parkleitsystems und der Herstellung und Verkabelung eines visuellen Andock-Leitsystems, sowie der Glatteiswarnanlage wurde die SAG beauftragt. Für die neue Landebahn musste die bestehende Umspannanlage (UA) Kelsterbach mit sämtlichen Freileitungs- und Kabeleinspeisungen weichen. Als Ersatz führt die SAG die Leitungen nun über Erdkabel in die neue UA Kelsterbach ein. Auch die Erweiterung der Freileitungstrasse von Koblenz nach Kelsterbach wurde von SAG Experten übernommen. Mit hoher Flexibilität und ausgeprägtem Know-how ebnet die SAG den Weg für einen reibungslosen Flugverkehr am größten deutschen Flughafen.

Die SAG ist seit über 90 Jahren der führende Dienstleister für den Bau und den wirtschaftlichen Betrieb energietechnischer Anlagen im Versorgungs- und Industriebereich. Für Fragen zwischen Kraftwerk und Steckdose ist die SAG Ihr kompetenter Partner – dienstleistungsorientiert und innovativ.

SAG GmbH · Pittlerstraße 44 · 63225 Langen
T +49 6103 4858-0 · F +49 6103 4858-389 · E info@sag.eu · I www.sag.eu

°°SAG

Anzeige

**ARCHITEKTUR UND INNENARCHITEKTUR
GENERALPLANUNG
PROJEKTMANAGEMENT**

KLEINUNDARCHITEKTEN GMBH
Hamburger Allee 45
60486 Frankfurt am Main
Tel.: 069-97 77 69–10
Fax: 069-97 77 69–39
mail@kleinarchitekten.de

KLEINUNDARCHITEKTEN
www.kleinarchitekten.de

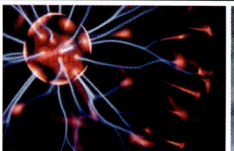

BCE
BJÖRNSEN BERATENDE INGENIEURE

Interdisziplinäre Lösungen aus einer Hand

Björnsen Beratende
Ingenieure GmbH
Maria Trost 3
56070 Koblenz
Tel. +49 261 8851-0
info@bjoernsen.de
www.bjoernsen.de

Björnsen Beratende Ingenieure gehören zu den führenden deutschen Ingenieurgesellschaften der Wasser- und Abfallwirtschaft und des Wasserbaus.

In den Geschäftsfeldern Abfall, Energie, Hydroinformatik, Ingenieurbau, Umwelt und Wasser arbeiten hochqualifizierte und erfahrene Mitarbeiter. Sie beraten, planen und bauen für Sie in fachübergreifenden Projektteams.

Wir bieten Ihnen umfassende Leistungen von der Machbarkeitsstudie über alle Phasen der Objektplanung bis zur Bauüberwachung und zum Objektmanagement.
Unser Bestreben ist stets eine unabhängige Beratung von hoher Qualität und mit wirtschaftlichem Erfolg.

Anzeige

Ausführende Firmen

Umweltgerechter Abbruch und professionelles Recycling

Umweltgerechter Abbruch, Recycling, Erdbau sind seit 1989 Verpflichtung und Selbstverständlichkeit für die Peter Kolb GmbH aus Aschaffenburg. Im Laufe der Jahre kam da ganz schön was zusammen. In jüngster Zeit waren dies:

- 450.000 t Abbruch vom Flughafen Frankfurt und Recycling zur Frostschutzkörnung 0,45
- 300.000 m³ Abbruch von Rollbahnen am Flughafen Frankfurt zur Vorbereitung für das Terminal 3
- 150.000 m³ Abbruch eines Gewerbeobjektes in Sulzbach
- 50.000 m³ Erdarbeiten beim Rückbau eines Bundeswehrschießstandes
- 200.000 m² Abbruch und Recycling einer Betonautobahn in Bremen

KOLB
RECYCLING
ABBRUCH
ERDBAU

Peter Kolb GmbH

Mühlweg 15 a
63743 Aschaffenburg-Obernau
Tel. 0 60 28/97 52-0
Fax 0 60 28/97 52-55
www.p-kolb.com

---

thomas bau baut Turbokreisel für Mönchhof-Gelände

Im Rahmen der äußeren Erschließung des Mönchhof-Geländes hatte thomas bau den Auftrag, das neue Gewerbegebiet mittels Turbokreisel an die B43 anzubinden. thomas bau hat den Neubau dieses Verkehrsknotenpunktes in mehreren Bauabschnitten und unter Verkehr im Zeitraum August 2011 bis April 2012 zur Zufriedenheit des Auftraggebers ausgeführt.

thomas bau ist Teil der thomas gruppe und bietet Produkte und Dienstleistungen im Straßen- und Tiefbau sowie Asphaltbau an. Die Einbindung in die mittelständische Unternehmensgruppe garantiert die Materialversorgung über eigene Steinbrüche und Asphaltmischwerke. Mit über 300 Mitarbeitern an vier Standorten erwirtschaftet thomas bau derzeit rund 50 Mio Umsatz.

Die thomas gruppe ist in den Geschäftsfeldern Transportbeton, Betonbauteile, Zement, Naturstein-Asphalt und Straßenbau aktiv und rechnet in diesem Jahr mit einem Umsatz von 230 Mio. In der thomas gruppe arbeiten rund 1.100 Menschen.

Weitere Informationen finden Sie unter: **www.thomas-gruppe.de**

thomas bau

thomas GmbH
Bauunternehmung
Emil-Thomas-Straße 1
55481 Kirchberg / Hunsrück
Telefon: +49 (0)6763 306-0
Telefax: +49 (0)6763 4142
bau@thomas-gruppe.de

Hervorragende Wohn- und Pflegegebäude für Senioren

Betreutes Wohnen in der Rhein-Main-Residenz Frankfurt/Main-Riedberg / Senioren Pflegeheim in Riedberg

Die MBN Bau AG bietet Qualität aus einer Hand und ein umfassendes, flexibles Leistungsspektrum. Als Generalunternehmer und Bauträger entwickelt und finanziert das Unternehmen Projekte von der Idee über die Planung, Realisierung, Vermarktung und den Betrieb bis zum Gebäudemanagement.
Neben Komplettlösungen werden aber auch Spezialleistungen angeboten, die im Team mit anderen Bau- und Immobilienunternehmen erbracht werden. Die MBN Bau AG ist in den Geschäftsfeldern Schlüsselfertiges Bauen, Hoch- und Ingenieurbau, Metall- und Fassadenbau, Gebäudemanagement, Immobilien, Projektentwicklung und Bauen im Ausland aktiv.

Der große Baukörper der Rhein-Main-Residenz (oben) wird durch fünf in roter Farbe abgesetzte Treppenhäuser gegliedert. Die Penthäuser verfügen über großzügige Dachterrassen (unten links), und alle modern eingerichteten Bäder (unten rechts) sind absolut barrierefrei.

RHEIN-MAIN-RESIDENZ

Neueste soziologische Erkenntnisse, funktionsgerechte Planungen und nachhaltiges Bauen gewinnen in der Entwicklung von Wohnkonzepten in zunehmendem Maße an Bedeutung. Dieses gilt nicht nur für die Wohnbedürfnisse von jungen Familien und Singles, sondern auch für ältere Menschen. Auch für diese müssen spezifisch auf ihre Wünsche und Bedürfnisse zugeschnittene Angebote entwickelt und gebaut werden. Mit der Rhein-Main-Residenz in erstklassiger Lage in Frankfurt-Riedberg hat die MBN Bau AG als Bauherrin und Generalunternehmerin das neue „Wohnkonzept 50 Plus" umgesetzt, das Senioren ein aktives und selbstbestimmtes Leben bis ins hohe Alter ermöglicht.

Die Rhein-Main-Residenz bietet durch ihre attraktive Lage im Zentrum von Riedberg, einem lebendigen Stadtteil mit sehr gut entwickelter Infrastruktur, vielfältige Möglichkeiten für das tägliche Leben. Einerseits lebt man hier in der Wirtschaftsmetropole Frankfurt, andererseits befindet man sich schnell im Grünen. Es gibt in unmittelbarer Nähe sämtliche Einkaufsmöglichkeiten, Cafés und Restaurants sowie ein medizinisches Versorgungszentrum. Auch für die geistigen Ansprüche der Generation 50 Plus ist hier gesorgt. Im nahe gelegenen Campus Riedberg hat die Goethe-Universität mit der „Universität des dritten Lebensalters" ein Institut für ältere Menschen eingerichtet, das mit Seminaren, Vorlesungen und Arbeitsgruppen ein Angebot zur Weiterbildung bietet.

Nach einer Bauzeit von 15 Monaten wurde im Oktober 2011 die Rhein-Main-Residenz fertiggestellt und bezogen. Die Käufer der oberen Etagen können einen wunderbaren Ausblick auf der einen Seite auf die Skyline von Frankfurt und auf der anderen Seite auf die Höhen des Taunus genießen. Das Gebäude verfügt über ein Untergeschoss, vier Vollgeschosse und ein Staffelgeschoss. Die 66 Eigentumswohnungen mit unterschiedlichen Größen, die von der 2-Zimmer-Wohnung bis zum großzügigen 6-Zimmer-Penthouse reichen, sind barrierefrei, sowohl in der Wohnfläche wie auch in der Erschließung. Die Ausstattung der Wohnungen ist modern und funktionsgerecht. Für die Freizeitgestaltung stehen diverse Gemeinschaftseinrichtungen zur Verfügung. Es gibt u.a. einen Wellnessbereich mit Sauna, einen Fitnessraum, ein Kaminzimmer, eine Bibliothek und einen Aufenthaltsraum.

Im Erdgeschoss befinden sich fünf Gewerbeeinheiten, die von einer Bank, einer Praxis für Physiotherapie, einem Backshop, einer Vinothek und der Diakoniestation, die die kompetente Betreuung der Bewohner sicherstellt, genutzt werden. Die Ökumenische Diakonie bietet ein komplettes Leistungsprogramm, das nach Bedarf in einzelnen Teilen von den Bewohnern abgerufen werden kann. Im Erdgeschoss befinden sich außerdem zwei Appartements für Übernachtungsgäste sowie die Abstellräume der Wohnungen.

Das Untergeschoss nimmt die Technikzentrale auf und die Parkgarage mit 76 Pkw-Einstellplätzen. Die zum Wohnkomplex gehörenden Außenanlagen mit begrünten Pergolen, großen Terrassen, einem Schachfeld und weiteren Einrichtungen vermitteln einen parkähnlichen Eindruck.

Der Bau wurde konventionell als Stahlbetonbau erstellt, mit einem Wärmedämmverbundsystem versehen und bis auf die fünf roten Treppenhäuser weiß verputzt. Die Fahrstühle in den fünf Treppenhäusern sind natürlich rollstuhlgängig. Durch die Wärmedämmung und die haustechnischen Anlagen wird der Energiebedarf auf die Anforderungen entsprechend EnEV 2009 begrenzt. In diesem Zusammenhang ist auch die Heizenergie interessant, die von der städtischen Fernwärme versorgt wird. Ein Spareffekt wird durch eine dezentrale Warmwasserversorgung erreicht. In jeder Wohnung befinden sich Frischwasserstationen, die eine lange Leitungsführung durch das Gebäude mit erheblichen Energieverlusten überflüssig machen. Dies ist zurzeit die hygienischste Warmwasserbereitung, denn sie ist vollkommen unempfindlich gegen äußere Einflüsse.

Die Ausstattung der Wohnungen ist vollständig und bietet ein elegantes Ambiente. Die Wünsche der Käufer konnten hier individuell berücksichtigt werden. Die Bäder sind teilweise, nach individuellem Wunsch, raumhoch gefliest und mit hochwertigen Sanitärobjekten ausgestattet. Die Böden aller Nichtfeuchträume erhielten ein 10 mm starkes Parkett. Jede Wohnung erhielt einen Telefonanschluss, der für den Anschluss an das Hausnotruf-System vorgerüstet ist. Weitere Notrufeinrichtungen können bei Bedarf angeschlossen werden. Und natürlich gibt es in jeder Wohnung einen Fernseh- und Radioanschlüsse an eine digitale SAT-Gemeinschaftsantenne.

Alle Wohnungen sind hell und freundlich sowie komplett ausgestattet (links und unten). Die Küchenzeile auf dem Bild links gehört allerdings nicht zur Ausstattung. Sie verfügen über Balkone, Loggien, Wintergärten sowie Dachterrassen. Alle Fenster sind mit Rollläden bestückt

Wohnungsbau / Gewerbebauten

Die Böden der Treppenhäuser, Flure und Gemeinschaftsräume sind mit Feinsteinzeug belegt. Ein besonderes Ausstattungsmerkmal, das dem Komfort der Bewohner dient, ist der elektrische Antrieb aller Hauseingangstüren. Das Sektionaltor im Bereich der Einfahrt zur Parkgarage wird von außen und innen über Funk geöffnet und geschlossen. Zusätzlich kann das Tor von außen über einen Schlüsselschalter und von innen über einen Taster bedient werden. Das ermöglicht Rollstuhlfahrern eine problemlose Türbenutzung. Die straßenseitigen Türen werden mit einer Videoanlage überwacht. Außerdem gibt es für jede Wohnung eine Videogegensprechanlage. Die MBN Bau AG hat hier eine Wohnanlage geschaffen, die ein hervorragendes Ambiente schafft und keine Wünsche offen lässt.

SENIOREN-PFLEGEHEIM

Direkt neben der Rhein-Main-Residenz errichtet die MBN Bau AG ein Senioren-Pflegeheim. Die Bauausführung entspricht der des nebenstehenden Gebäudes, und es verfügt wie dieses über vier Vollgeschosse, ein Staffelgeschoss und ein Tiefgeschoss. Zur Unterbringung der Senioren sind viele 1- und einige 2-Bett-Zimmer vorgesehen; dadurch kommt das Pflegeheim auf eine Kapazität von 133 Betten. Jedes Geschoss nimmt eine Pflegestation auf, die mit allen notwendigen Einrichtungen ausgerüstet ist. Bei einem Pflegeheim gibt es spezifische Anforderungen an die Ausstattung. Das beginnt schon beim Eingang – der mit einer Automatik-Schiebetüranlage ausgestattet wird – ins Foyer mit einer Sauberlaufmatte im Winkelrahmen über die gesamte Breite. So wird schon am Eingang für angenehme Sauberkeit gesorgt.

Das Dachgeschoss der Einrichtung ist so vorbereitet, dass es bei Bedarf als spezieller Demenzbereich entwickelt werden kann. Es erhält deshalb auch zwei Dachterrassen, die analog der Außenanlagen gestaltet werden, damit sie gegebenenfalls als Demenzgarten dienen können. Jede Etage ist mit allen Räumlichkeiten ausgestattet, die eine Station braucht. Dazu gehören ein Schwesterndienstzimmer, eine Wohnbereichsküche, Therapie- und Gruppenräume, die ganz normalen sanitären Anlagen, Pflegebäder, ein Fäkalraum mit besonderen hygienischen Vorschriften und Einrichtungen und die nötigen Nebenräume. Jede Etage verfügt über Gemeinschaftsräume. Als Besonderheit werden zwei Wellness-Bäder als spezielle Einrichtungen eingebaut.

Zu den Gemeinschaftseinrichtungen gehören eine leistungsfähige Küche, ein Speiseraum und eine Cafeteria; außerdem kann ein Friseur im Erdgeschoss seinen Salon einrichten. Zu den nötigen Einrichtungen zählen auch die Büroräume der Verwaltung. Im Tiefgeschoss werden die Technikzentrale und die Tiefgarage untergebracht. Die technischen Einrichtungen betreffend Schwesternrufsystem und Brandschutz werden sehr aufwendig gestaltet. Das Haus erhält zwei Fahrstuhlanlagen; einen Personenaufzug und einen tragfähigeren, größeren Bettenaufzug. Für die Erleichterung der Anlieferung wird im Außenbereich ein Doppelscherenhubtisch mit einer Tragkraft von 1.500 kg eingebaut.

Das Pflegeheim wird von der Casa Reha Unternehmensgruppe betrieben, die mit 60 Häusern in Deutschland auf die professionelle Pflege von Senioren spezialisiert ist. Dabei stehen die Bewohner und ihre Wünsche im Mittelpunkt. Casa Reha wird durch die offiziellen Pflegenoten eine sehr gute Pflegequalität bescheinigt.

Bauherr und Generalunternehmer:
MBN Bau AG, Georgsmarienhütte

Planung:
Wölk Baubetreuungs GmbH, Hanau

Partner am Bau:
- Uhle Gerüstbau GmbH
- Corall Ingenieure GmbH
- SK-Creativ Metallbau GmbH
- Sara-Vertriebs- und Bau GmbH
- M. Appel & Sohn GmbH
- Trageser GmbH
- Tauber Explosive Management GmbH & Co. KG
- GefAS Gesellschaft für Arbeitssicherheit mbH
- PENELL GmbH
- WeGo Systembaustoffe GmbH

Anzeige   Ausführende Firmen

Zuverlässiger Partner beim Bau

Wir sind ein dienstleistungsorientiertes Bau- und Immobilienunternehmen. Wir konzipieren, realisieren und betreuen Projekte von der Idee bis zum Service nach der Fertigstellung. Unsere Erfahrung aus zahlreichen anspruchsvollen Aufgaben und unsere Kompetenz in allen Fragen rund um den Bau machen uns für Sie zu einem verlässlichen Partner. Wir schaffen Vertrauen durch das handwerkliche Know-how unserer Mitarbeiter und durch das Fachwissen unserer Ingenieure. Wir bieten Qualität, Sicherheit und ganzheitlichen Service aus einer Hand.

MBN Bau AG • Beekebreite 2 – 8 • 49124 Georgsmarienhütte • Telefon 05401 495 0 • Telefax 05401 495 190 • Mail info@mbn.de • www.mbn.de
GEORGSMARIENHÜTTE • BERLIN • BIELEFELD • BRANDENBURG • HAMBURG • HANNOVER • KÖLN • MAGDEBURG • RHEINE

MBN

1981 – 2011
30 Jahre
Ein starker Partner

Frankfurt
Wiesbaden
Nürnberg
Neu-Kupfer
Neckarwestheim
Stuttgart
Deisenhausen

Wir sind eine überregional tätige Gerüstbaufirma mit 7 Niederlassungen in Deutschland und mehr als 150 erfahrenen Gerüstbaumonteuren.

Unter dem Slogan »**ein starker Partner**« halten wir unseren Kunden seit 30 Jahren die Treue.
www.ein-starker-partner.de

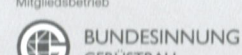

Uhle Gerüstbau®

Zertifiziert durch: AMS BAU
Mitgliedsbetrieb: BUNDESINNUNG GERÜSTBAU
RUNS ON SAP Business ByDesign
CAREGERÜST® – verbriefte Sicherheit ohne Aufpreis

Brandschutz auf den Punkt gebracht.

Corall Ingenieure liefert die gesamte Bandbreite
brandschutztechnischer Planungs- und Beratungsleistungen:

- Brandschutznachweise/Brandschutzkonzepte
- Fachbauleitung Brandschutz
- Brandraumsimulationen/Prüfrauchversuche/Personenstromanalyse
- Plausibilitätsprüfung im Baugenehmigungsverfahren
- Bestandsanalysen Brandschutz
- Organisatorischer Brandschutz/Schulungen
- Feuerwehr-/Flucht- und Rettungspläne
- Sicherheitskonzepte für Großveranstaltungen
- Prüfung nach PrüfVO NRW für Rauch- und Wärmeabzugsanlagen

Kontaktieren Sie uns gerne:

Corall Ingenieure GmbH
Hochstraße 18
40670 Meerbusch
Fon: 0 21 59 / 69 62 9 - 0

www.corall-ingenieure.de

Corall Ingenieure

Ingenieure und Sachverständige
für den vorbeugenden Brandschutz

Anzeige · Ausführende Firmen

WÖLK Baubetreuungs GmbH

Wölk Baubetreuungs GmbH
Friedrichstraße 50a
63450 Hanau
T: 0 61 81 / 93 99 270
F: 0 61 81 / 94 53 666
info@woelk-baubetreuung.de
www.woelk-baubetreuung.de

SK-Creativ Metallbau GmbH

Creativ, innovativ, individuell

Stahl- und Edelstahlkonstruktionen aller Art – kombiniert mit Glas, Holz oder Naturstein!
• Geländerbau • Treppenbau • Balkone • Tore • Zäune • Türen • ...und Spezialanfertigungen

SK-Creativ Metallbau GmbH steht für Stahl- und Edelstahlkonstruktionen ohne Grenzen. Die langjährige Erfahrung des Firmengründers und die hohe Kompetenz der Mitarbeiter erlaubt es dem Meisterbetrieb, deutschlandweit und darüber hinaus qualitative Höchstleistung anzubieten. Flexibilität, Sorgfalt und individuelle Beratung sind fester Bestandteil der Firmenphilosophie.

Querfurter Straße 35, 06268 Querfurt/OT Ziegelroda
Tel. 03 46 72/6 04 42, Fax 03 46 72/6 53 06, sk.creativ@web.de, www.sk-creativ.de

Sara-Vertriebs- und Bau GmbH

Hochbauarbeiten

Strahlenberger Straße 123 – 125
63067 Offenbach am Main
sara-vertriebsgmbh@web.de
Tel. 069 - 85 09 54 97
Fax 069 - 98 55 91 63

Seniorenresidenz Riedberg

Ausführende Firmen — Anzeige

Das bieten wir – Sicherheit durch Qualität

Investitionen in den Blitzschutz sichern Leben und Sachwerte. Als kompetenter Partner für Blitzschutztechnik bietet die M. Appel & Sohn GmbH in dritter Generation umfangreiches Wissen und Erfahrung für alle Bauwerkstypen vom Einfamilienhaus bis zum Hochhaus. Qualifiziertes Fachpersonal steht für die technische Beratung und CAD-gestützte Planung zur Verfügung, erstellt Schutzkonzepte und -klassenberechnungen und montiert die gewählte Anlage. Bestehende Anlagen werden aufgenommen, begutachtet und geprüft, und es erfolgt die Instandsetzung und Anpassung an neueste Normungen.

M. APPEL & SOHN GMBH
BLITZSCHUTZTECHNIK

Kalbacher Stadtpfad 1-5 · 60437 Frankfurt am Main
Tel. 0 69/50 28 26 · Fax 069/50 22 84
info@appel-blitzschutz.de · www.appel-blitzschutz.de

Blitzschutz • Überspannungsschutz • Fundament- und Ringerder • Potentialausgleich • Strahlen- und Tiefenerder

TRAGESER

Containerdienst
Erd- u. Abbrucharbeiten

Trageser GmbH
Kopernikusstraße 22 · 63579 Freigericht/Altenmittlau
Tel. 0 60 55 / 23 72 · Fax 22 72 · www.trageser-gmbh.de

▶ Produktinfo

Charakterstarkes Sauna-Design mit richtigem Maß an Durchblick

(epr) Der Einsatz von Glas beim Saunabau sollte in einem gesunden Verhältnis zum Holz stehen, da es das Saunaklima beeinflusst: Im Gegensatz zu Holz kann Glas weder Feuchtigkeit aufnehmen noch Wärme speichern. Ein zu hoher Glasanteil verursacht deshalb ein aggressives Klima in der Sauna. Da aber inzwischen eine Sauna zum festen Bestandteil des Wohnraums gehört, spielt das Design eine ganz wichtige Rolle. Das Erfolgsmodell VIITTA® aus dem Hause B+S Finnland Sauna trägt diesem Wunsch zum Beispiel Rechnung. Die Sauna präsentiert sich in einer ausgewogenen Mischung aus Holz und Glas. So herrscht innen bestes Klima, außen überzeugt ein charakterstarkes Design mit „Durchblick". Mehr unter www.welt-der-sauna.de.

Das B+S Saunamodell VIITTA® trägt dem Wunsch nach Optik Rechnung und garantiert bestes Klima für den vollendeten Schwitz-Genuss (Foto: epr/B+S Finnland Sauna)

Elemente aus Glas erfreuen sich auch beim Saunabau immer größerer Beliebheit. Jedoch sollte der Einsatz von Glas in einem gesunden Verhältnis zum Holz stehen, da sonst das Saunaklima leidet (Foto: epr/B+S Finnland Sauna)

Bauvertrag: Auf was sollte der Handwerker achten?

Von Bernd Ebers
Rechtsanwalt und Notar in Limburg/Lahn

Erst dann, wenn es zum Rechtsstreit kommt, werden die Fehler offenkundig, die vorher gemacht wurden, obwohl sie vermeidbar waren. Diese Fehler können sich, falls es zum Rechtsstreit vor Gericht kommt, zum Nachteil des Handwerkers auswirken. Der folgende Beitrag will auf Fehler, die häufig gemacht werden, hinweisen und Wege aufzeigen, wie diese Fehler vermieden werden können.

HÄUFIGE FEHLER SIND UNKLARE VERTRAGLICHE REGELUNGEN

Hierzu ein Beispiel:

Der Schreiner soll eine Einbauküche anfertigen, liefern und einbauen. Er nimmt diesen Auftrag an. Während der Schreiner einige Tage später die Küche vor Ort montiert, erhält er den zusätzlichen Auftrag, noch einen Eckschrank anzufertigen, zu liefern und zu montieren. Dieser Zusatzauftrag wurde dem Schreiner nicht vom Bauherrn unmittelbar erteilt, sondern von dessen Lebensgefährtin. Nachdem der Schreiner die Küche einschließlich Eckschrank komplett geliefert und auch eingebaut hat, erteilt er dem Bauherrn seine Rechnung. Dieser bezahlt die Rechnung auch – bis auf den Eckschrank. Zur Begründung führt dieser an, den Auftrag für den Einbau des Eckschranks habe er nicht erteilt. Ob dies seine Lebensgefährtin gewesen war oder nicht, wisse er nicht. Im Übrigen habe er sich von dieser zwischenzeitlich getrennt, und darüber hinaus sei er während des Einbaus auf einer Reise gewesen, er sei erst zurückgekommen, nachdem alles komplett eingebaut gewesen war.

Mein Ratschlag:

Werden Zusatzaufträge erteilt, dies nicht kommentarlos hinnehmen und ausführen, sondern dem Bauherrn hierüber ein Nachtragsangebot mit Preisangabe erstellen, die Werkleistung genau beschreiben und sich dies vom Bauherrn gegenzeichnen lassen.

UNKLARE VERTRAGLICHE REGELUNGEN SIND HÄUFIG INSBESONDERE ÜBER ART UND UMFANG DER HANDWERKLICHEN LEISTUNG GEGEBEN

Hierzu ein Beispiel:

Nach einer Ortsbesichtigung bietet der Schreiner an: „1/2 gewendelte Treppe, Kirschbaum, 3 x oberflächenvergütet, Stufendicke 40 mm, mit Montage 7.000 Euro". Auf dieses Angebot hin erhält er den Auftrag.

Der Schreiner führt jetzt aus und zwar eine solche Treppe vom Keller zum Erdgeschoss und eine weitere vom Erdgeschoss in das Obergeschoss und stellt dann in Rechnung: „2 Stück gewendelte Treppen, Kirschbaum, 3 x oberflächenversiegelt, Stufendicke 40 mm, geliefert und montiert zu je 7.000 Euro, insgesamt 14.000 Euro".

Der Bauherr zahlt nur 7.000 Euro, mit der Begründung, dies sei der Angebotspreis. Der Schreiner müsste jetzt vor Gericht die restlichen 7.000 Euro einklagen. In einem solchen Fall muss er beweisen, dass ein Vertrag über den Einbau von zwei Treppen geschlossen wurde, obwohl das Angebot sich nur über eine Treppe verhält.

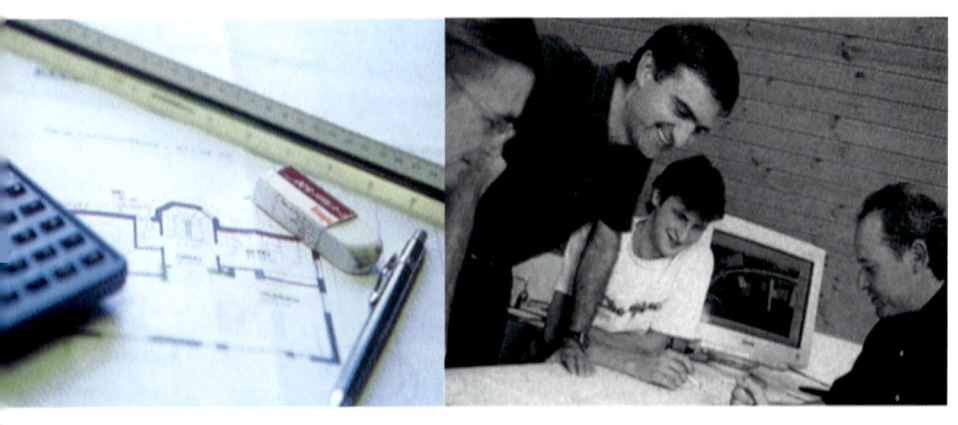

Mein Ratschlag:

Das Angebot so genau wie möglich formulieren, d.h., alle Leistungen, die der Schreiner schuldet, also die, die der Bauherr erwartet, im Angebot aufführen.

IM ÜBRIGEN, WAS DIE PREISE ANBELANGT, GILT FOLGENDES:

Beruft sich der Handwerker auf das Bestehen eines Einheitspreises, und macht er eine entsprechende Vergütung geltend, dann muss er das Vorliegen eines solchen Vertrages beweisen. Behauptet umgekehrt der Kunde des Handwerkers eine bestimmte Preisvereinbarung, so muss der Handwerker dies widerlegen.

Hierzu mein Ratschlag:

Am besten vorher alles schriftlich vereinbaren, dann hat man es schwarz auf weiß und kann es beweisen.

MERKE:

Im Falle eines Prozesses muss in der Regel derjenige, der etwas behauptet, dies auch beweisen. Beweise sind oft schwer zu führen, daher vorzeitig entsprechende Vereinbarungen nachweisbar, also schriftlich, herbeiführen, dies vermeidet oft Prozesse.

Prozesse sind teuer, sie dauern lange; ob man einen Prozess gewinnt, weiß man nicht, und selbst dann, wenn man gewonnen hat, hat man noch nicht sein Geld.

Standortneuordnung der Goethe-Universität Frankfurt am Main

Campus Westend – zweite Ausbaustufe: Fachcluster Gesellschafts- und Erziehungswissenschaften, Humangeographie und Psychologie einschließlich einer Bereichsbibliothek und die zentrale Verwaltung mit Hochschulrechenzentrum / Neubau Exzellenzcluster „Normative Ordnungen" / Neubau Instituts- und Bibliotheksgebäude Max-Planck-Institut für europäische Rechtsgeschichte

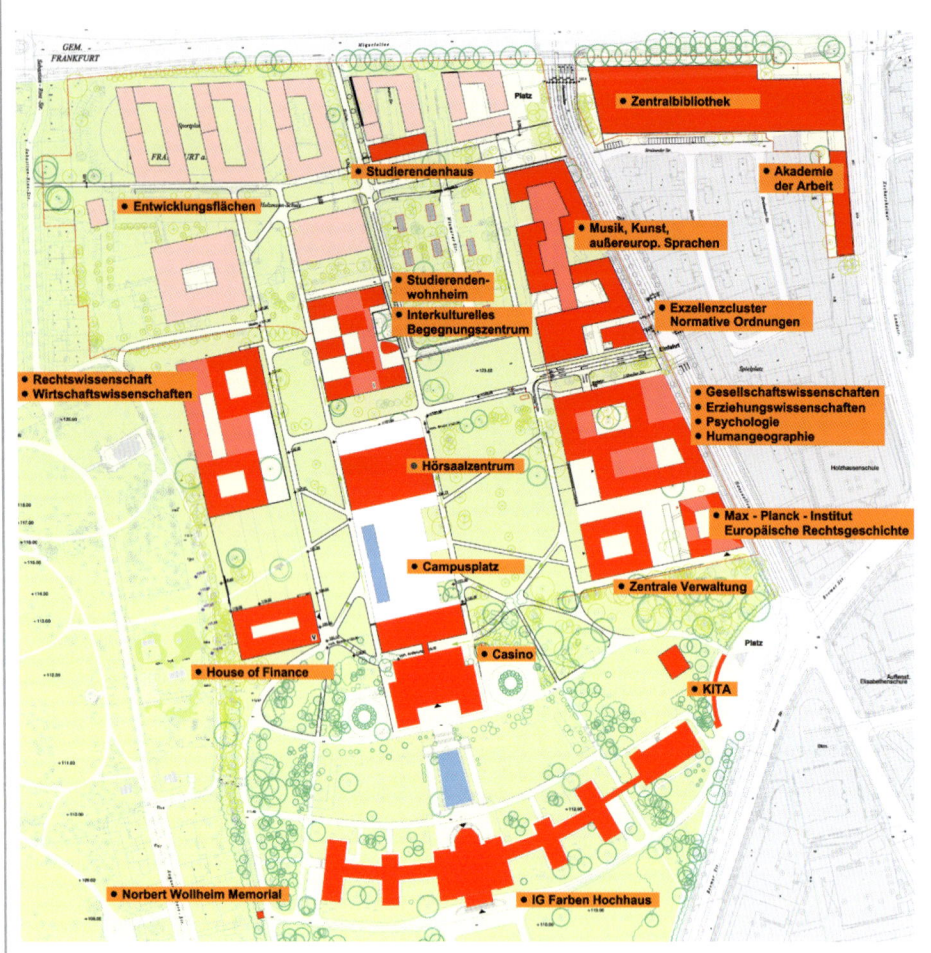

Lageplan des Campus Westend. Die in diesem Beitrag vorgestellten Projekte der zweiten Ausbaustufe stellen mit insgesamt ca. 260.000 m³ BRI die größte Baumaßnahme auf dem Campus dar
Abb.: Quelle Goethe-Universität Frankfurt

Die Goethe-Universität Frankfurt ist eine lebendige, urbane und weltoffene Universität. Die Gründung als Stiftungsuniversität im Jahre 1914 verdankt die Universität der für die Stadt Frankfurt charakteristischen Verbindung von dynamischer Wissenschaft, dem Erbe der Aufklärung und selbstbewussten bürgerlichen Engagement auf der Grundlage von internationalem Handel und Industrie. Als eine der größten Universitäten in Deutschland mit über 37.000 Studierenden bietet die Universität ein breites Fächerspektrum in Forschung und Lehre. Auf der Basis exzellenter Grundlagenforschung fördert die Universität Anwendungsorientierung und Praxisbezug. Die Goethe-Universität ist heute über vier Standorte – die Campi Bockenheim, Niederrad, Riedberg und Westend – im Frankfurter Stadtgebiet präsent.

WISSENSCHAFTSSTANDORT CAMPUS WESTEND

Der Campus Westend wird als Zentrum der Geistes- und Sozialwissenschaften der Goethe-Universität ausgebaut. Mit der Neuordnung der Standorte der Goethe-Universität bietet sich für den Campus Westend die Chance, einen innerstädtischen Hochschulstandort in herausragender Qualität neu zu entwickeln und zugleich einen bisher weitgehend ausgeblendeten Stadtteil in die Stadtstruktur einzubinden.

Der neue Campus Westend umfasst das ehemals von der Interessengemeinschaft Farben – I.G. Farben – als Konzernzentrale genutzte, am nordwestlichen Innenstadtrand gelegene Gesamtareal. Die Gebäude der I.G. Farben wurden 1928 – 1930 nach den Plänen von Hans Poelzig errichtet. Sie zählen zu den bedeutendsten Werken expressionistischer Architektur in Deutschland und sind ein Denkmal der Weltarchitektur. Sie stehen zusammen mit der umgebenden Parkanlage unter Denkmalschutz. Die im Krieg unbeschädigt gebliebene Verwaltungszentrale diente von 1945 fünfzig Jahre der US Army als Hauptquartier. Mit dem Auszug der Amerikaner wurde die Liegenschaft 1996 vom Land für Ausbauzwecke der Universität angekauft. Zu Beginn des Sommersemesters 2001 ist der Lehr- und Forschungsbetrieb dort aufgenommen worden.

Im September 2002 wurde ein städtebaulicher Wettbewerb für die Campusentwicklung auf dem ehemaligen IG-Farben-Areal ausgelobt, aus dem der Frankfurter Architekt Ferdinand Heide als erster Preisträger hervorgegangen ist. Der daraus erarbeitete Masterplan bildet die Grundlage für sämtliche Neubauten auf dem Campus Westend.

1. Ausbaustufe: Im Dezember 2004 wurde der Realisierungswettbewerb bestehend aus den fünf Baumaßnahmen: House of Finance, Rechtswissenschaft und Wirtschaftswissenschaften, Hörsaalzentrum, Anbau Casino sowie dem kirchlichen Studierendenwohnheim mit einem überragenden Ergebnis abgeschlossen. Die äußerst schwierige Wettbewerbsaufgabe bestand darin, für fünf verschiedene Objekte architektonische Lösungen zu finden, die die Eigenständigkeit der einzelnen Gebäude betonen und sich zugleich zu einem harmonischen Ensemble in einer Parklandschaft fügen lassen. Trotz unterschiedlicher Architektur und Handschriften sind die einzelnen Gebäude an der übergeordneten Vision des Campus ausgerichtet und repräsentieren eine städtebauliche Gesamtkonzeption, die der Universität an ihrem neuen Entwicklungsstandort ein Identität stiftendes und unverwechselbares Gepräge verleihen. Die Gebäude der ersten Ausbaustufe sind planmäßig zum Wintersemester 2008 in Betrieb gegangen. Bereits in 2004 konnte der 1. Bauabschnitt der Kindertagesstätte abgeschlossen werden.

2. Ausbaustufe: Die zweite Ausbaustufe ist mit ca. 260.000 m³ BRI die größte Baumaßnahme auf dem Campus. Sie beinhaltet die Fachcluster Gesellschafts- und Erziehungswissenschaften, Humangeographie und Psychologie einschließlich einer Bereichsbibliothek und die zentrale Verwaltung mit Hochschulrechenzentrum. Ergänzt wird das Raumprogramm um ein Studien-Service-Center und eine zentrale Tiefgarage mit 615 Plätzen. Dieses gewaltige Bauvolumen wurde im

Neubau GEP – Gesellschafts- und Erziehungswissenschaften, Präsidium: Das fünfgeschossige Fachcluster („Fakultätsgebäude") sowie das viergeschossige Verwaltungsgebäude („Präsidium") verstehen sich als eigenständige Orte mit jeweils individuellem Charakter, die gleichzeitig das sich entwickelnde Ensemble des Campus Westend weiter ergänzen
Abb.: Christian Heinz

Dezember 2008 begonnen. Wie das unmittelbar angrenzende Gebäude für das Exzellenzcluster „Normative Ordnungen" befindet es sich kurz vor der Fertigstellung.

3. Ausbaustufe: Im Frühjahr 2009 wurden die wesentlichen Grundstücksverträge mit dem Bund für die Bereitstellung der Liegenschaften für die dritte Ausbaustufe auf dem Campus Westend unterschrieben. Die einzelnen Baumaßnahmen der dritten Ausbaustufe – Fachcluster Musik, Kunst, außereuropäische Sprachen und die Zentralbibliothek – befinden sich derzeit in der Programmierungsphase.

CAMPUS WESTEND, ZWEITE AUSBAUSTUFE

Das Bauvolumen der zweiten Ausbaustufe übertrifft mit mehr als 290.000 m³ nicht nur die Kubatur des ersten Entwicklungsabschnittes, sondern auch den baulichen Umfang des IG-Hochhauses mit Nebengebäuden und Casino. Dieses gewaltige Bauvolumen der zweiten Tranche wird auf einem Baugrundstück von nur 1,5 ha sichtbar kompakt, hochfunktional bei optimaler Flächensortierung und bester raumwirtschaftlicher Organisation realisiert.

Mit der aktuellen Maßnahme entsteht der volumenstärkste Baukomplex der Campusentwicklung auf einem Grundstück, das nur einen Bruchteil der Verfügungsflächen für die bisherigen und realisierten Projekte in Anspruch nimmt.

Die erste Ausbaustufe haben wir in unserer Ausgabe „Bauen + Wirtschaft" Rhein-Main 2010 ausführlich beschrieben. Im Folgenden werden die Neubauten der zweiten Ausbaustufe dargestellt.

NEUBAU GEP – GESELLSCHAFTS- UND ERZIEHUNGSWISSENSCHAFTEN, PRÄSIDIUM

Die wesentlichen Grundlagen der Planung des kürzlich fertiggestellten Institutsgebäudes für die Gesellschafts- und Erziehungswissenschaften, Psychologie, Humangeografie, einschließlich Bereichsbibliothek und Tiefgarage sowie eines zentralen Gebäudes für die Verwaltung, das Präsidium und Hochschulrechenzentrum sind die Ergebnisse des städtebaulichen Wettbewerbs für das gesamte Campusgelände aus dem Jahr 2003 und des auf dieser Basis aufgestellten Bebauungsplans und dem Wettbewerbsergebnis des EU-weiten Realisierungswettbewerbs im Jahr 2007. Das fünfgeschossige Fachcluster („Fakultätsgebäude") sowie das viergeschossige Verwaltungsgebäude („Präsidium") verstehen sich als eigenständige Orte mit jeweils individuellem Charakter, die gleichzeitig das sich entwickelnde Ensemble des Campus Westend weiter ergänzen. Es entstehen somit Bezüge zu den bestehenden Bauten Poelzigs wie auch zu den errichteten Neubauten der ersten Ausbaustufe (Hörsaalgebäude, Mensaerweiterung Anbau Casino, House of Finance, Rechts- u. Wirtschaftswissenschaften, Studierendenwohnungen der Kirchen). Diese, wie auch die Bauten Poelzigs, zeichnen sich durch klare und kraftvolle Volumetrien sowie durch eine gemeinsame Materialsprache, insbesondere bei den Gebäudefassaden, aus. Beides wird in dem Siegerentwurf der Müller Reimann Architekten, Berlin, bewusst weiterverfolgt.

Das Fachcluster und das Verwaltungsgebäude („Präsidium") werden als zwei oberirdisch eigenständige Gebäude auf einer gemeinsamen zweigeschossigen Tiefgarage konzipiert. Die beiden Bauteile besitzen eine jeweils eigenständige Architektur, welche die unterschiedliche Nutzungsart betont. Sie bilden zusammen mit dem Max-Planck-Institut für Europäische Rechtsgeschichte einen Baublock entlang der Hansaallee. Dieser Gebäudekomplex prägt als Bindeglied zwischen Stadt und Campus die Zufahrts- und Eingangssituationen wesentlich mit und schließt den Universitätsstandort „Campus Westend" nach Osten hin ab.

Die Flächen in den Gebäuden GEP sind planerisch entsprechend den Nutzungseinheiten gemäß der Hessischen Bauordnung in 400 m² (BGF) große Segmente aufgegliedert (mit Ausnahme der Untergeschosse). Jeder Nutzer erhält demnach eine bestimmte Anzahl Nutzungseinheiten. Innerhalb dieser Nutzungseinheiten ist eine freie Gestaltung der Flächen realisierbar (Zellenstruktur, Großraum, Kombinutzung usw.). In den beiden Bauteilen befinden sich folgende Fachbereiche, Nutzungen und Einrichtungen:

– Fachcluster („Fakultätsgebäude")
Büro-, Gruppenarbeits- und Seminarräume für die Fachbereiche Gesellschaftswissenschaften, Erziehungswissenschaften, Psychologie und Humangeographie (2. – 5. OG). Dazu eine große Fachbereichsbibliothek über zwei Geschossebenen (1. UG + EG) für 450.000 Bände, das Studien-Service-Center sowie eine Cafeteria (EG). Zudem beinhaltet das Fachcluster zwei große Innenhöfe (eingeschossig abgetreppt) als gestaltete Gartenhöfe mit Aufenthaltszonen auf der oberen Ebene.

– Verwaltungsgebäude („Präsidium")
Büro- und Besprechungsräume für die Hochschulleitung und Administration, kaufmännische und technische Verwaltungen sowie das zentrale Hochschulrechenzentrum (HRZ) der Goethe-Universität. Der unterbaute, mittige Gartenhof ist im Erdgeschoss mit einer eingeschossigen Halle besetzt, die durch großflächige Glas-Oberlichter belichtet wird. Die Halle bildet das repräsentative Zentrum des Gebäudes und ist multifunktional z.B. für Vorträge oder Ausstellungen nutzbar.

– Tiefgarage (zweigeschossig)
Die beiden Untergeschosse unterbauen vollflächig das Fakultäts- und Verwaltungsgebäude und beinhalten eine Tiefgarage mit 600 Pkw-Stellplätzen, die untere Ebene der Fachbereichsbibliothek, die Räume für die Gebäudetechnik, Lagerräume sowie die Server- und Maschinenräume des neuen Hochschulrechenzentrums (HRZ).

Zu den Besonderheiten zählen u.a. Thermisch Aktive Bauteil-Systeme (TABS) – hier als „Betonkernaktivierung" mittels der Geschossdecken –, die Fernwärmeversorgung durch die Müllverbrennungsanlage Nordweststadt, die Natursteinfassaden (Fachcluster: römischer Travertin; Verwaltungsgebäude: Jura-Kalkstein), die Ausgestaltung der Innenhöfe und Terrassen als Gartenhöfe sowie Bau und Installation eines neuen zentralen Hochschulrechenzentrums (HRZ), da durch die mit dem Neubau verbundene Aufgabe des bis-

Öffentliche Bauten

Neubau Exzellenzcluster „Die Herausbildung Normativer Ordnungen": In ihrer Materialität und Farbigkeit lehnt sich die Fassade stark an die Nachbargebäude des Campus an: Über eine Profilierung des hellen Natursteins in zwei Tiefenschichten entsteht ein belebtes Bild eines tektonisch klar gegliederten Kubus   Abb.: Christian Heinz

herigen Standorts auf dem Campus Bockenheim ein Ersatz geschaffen werden musste. Im Herbst 2012 wird das Institutsgebäude für die Gesellschafts- und Erziehungswissenschaften, Psychologie, Humangeografie, einschließlich Bereichsbibliothek und Tiefgarage sowie eines zentralen Gebäudes für die Verwaltung, das Präsidium und das Hochschulrechenzentrum übergeben und im Frühjahr 2013 bezogen. Die Baukosten belaufen sich auf rund 167 Mio. Euro.

NEUBAU EXZELLENZCLUSTER „DIE HERAUSBILDUNG NORMATIVER ORDNUNGEN"

Die wesentlichen Grundlagen der Planung waren die Ergebnisse des städtebaulichen Wettbewerbs für das gesamte Campusgelände aus dem Jahr 2003 und des auf dieser Basis aufgestellten Bebauungsplans und dem Wettbewerbsergebnis des VOF-Verfahrens im Jahr 2008. Der 1. Preis war an Weinmiller Architekten, Berlin, gegangen. Baubeginn war im April 2008.

Das im Sommer 2012 fertiggestellte Fakultätsgebäude versteht sich als eigenständiger Ort mit individuellem Charakter, der gleichzeitig das sich entwickelnde Ensemble des Campus Westend weiter ergänzt. Gemeinsam mit dem Exzellenzcluster „Normative Ordnungen" prägen die Gebäudekomplexe Fachcluster Gesellschaftswissenschaften und Verwaltungsgebäude („Präsidium") zusammen mit dem Max-Planck-Institut für Europäische Rechtsgeschichte die Zufahrts- und Eingangssituation und schließen den Universitätsstandort Campus Westend nach Osten ab. In dem nördlich angrenzenden, noch freien Baufeld ist die dritte Ausbaustufe angelegt.

Das sechsgeschossige Gebäude des Exzellenzclusters „Die Herausbildung Normativer Ordnungen" besetzt jeweils die Baulinien an der Hansaallee und Lübecker Straße. Die Ausdehnung entlang der Hansaallee beträgt ca. 24 m, die an der Lübecker Straße ca. 29 m. Das so entstandene rechtwinklige Trapez besetzt selbstverständlich die Ecke der Hauptzufahrt zum Campus. Der auf der Westseite des 5. Obergeschoss eingeschnittene Patio zeichnet sich in der Gebäudekubatur nur durch den Wegfall der Fensterfüllungen ab – Fassadengliederung und Attika laufen einheitlich um. Der aufgesetzte Technikbereich ist rundum mindestens 3 m zurückgesetzt und ordnet sich der Gebäudekubatur unter. Analog der Nachbargebäude auf dem Campus wird das Gebäude des Exzellenzclusters über die dem Grünzug zugewandte Seite (Westseite) erschlossen. Zunächst gelangt man von der Lübecker Straße über eine Stufe – bzw. an der westlichen Seite durch den Geländeverlauf ebenengleich – auf den ca. 15 cm angehobenen Vorplatz und von da aus ins Innere des Gebäudes. Über ein innenliegendes Sicherheitstreppenhaus bzw. zwei Aufzüge erfolgt die vertikale Erschließung.

Das Gebäude ist in ein etwas überhöhtes Erdgeschoss mit Seminar-, Konferenz-, und Büroräumen, vier Regelgeschossen und ein 5. Obergeschoss mit Konferenz- und Büroräumen, dem Faculty Club, sowie einen eingeschnittenen Außenbereich auf der Westseite gegliedert. Im Gebäude sind 145 Arbeitsplätze eingerichtet.

Als Fassade ist eine Lochfassade mit Fenstern aus Aluminium (eloxiert; Farbton: leicht champagnerfarben) ausgeführt. Der Sonnenschutz erfolgt über außenliegende Alu-Raffstoren in der Fensterleibung. In ihrer Materialität und Farbigkeit lehnt sich die Fassade stark an die Nachbargebäude des Campus an: Über eine Profilierung des hellen Natursteins (Mooser Muschelkalk, gestockt bzw. fein gerollt) in zwei Tiefenschichten entsteht ein belebtes Bild eines tektonisch klar gegliederten Kubus.

Das rund 10 Mio. Euro teure Gebäude erhielt ein druckbelüftetes innenliegendes Sicherheitstreppenhaus, über das der 1. und 2. Rettungsweg sichergestellt werden. An dieses grenzen pro Geschoss jeweils zwei 400 m²-Einheiten an, welche über separate Schleusen erschlossen werden. Im Sinne einer großzügigen und attraktiven Erschließungszone fahren die Aufzüge jeweils direkt in die Nutzungseinheiten. Die geschossweise Rauchübertragung wird durch eine Druckbelüftung der Aufzugsschächte im Brandfall verhindert.

Das Gebäude wurde als Stahlbetonkonstruktion aus Stahlbetonstützen und Flachdecken errichtet. Die Struktur des Gebäudes basiert im Wesentlichen auf einem Grundraster von 1,25 m. Das Bauwerk ist in fugenloser Bauweise erstellt. Die Aussteifung des Stahlbetonskeletts erfolgte durch Stahlbetoninnenwände in Verbindung mit dem Kern der Aufzüge und des Treppenhauses. Nach dem vorliegenden Baugrundgutachten wurde eine Vollunterkellerung mit Flachgründung empfohlen und ausgeführt. Die Bodenplatte ist mit ca. 75 cm dimensioniert. Teilweise wurde ein Bodenaustausch notwendig. Die Außenwände des UG wurden aus WU-Beton erstellt.

Die Büro- und Seminarräume auf der Süd-/Ost- und Nordseite werden aufgrund der viel befahrenen Hansaallee und der damit verbundenen Schallschutzproblematik mechanisch be- und entlüftet. Sie erhalten eine unterstützende Kühlung, z.T. über Betonkernaktivierung. Die etagenweise Einbringung und Absaugung der Luft erfolgt über die abgehängte Decke des Flures zur Büroflurwand. Die Decken der Büroräume sind nicht abgehängt. Das Lüftungsgerät ist auf dem Dach platziert. Von hier aus versorgen vertikale Schächte die einzelnen Etagen. Die Schäch-

Neubau Instituts- und Bibliotheksgebäude Max-Planck-Institut für europäische Rechtsgeschichte: Die drei Funktionsbereiche von Bibliothek, Wohn- und Forscherturm sind in ihrer tektonischen Gestalt eindeutig wahrnehmbar. Blick von Südosten auf den Haupteingang Abb.: Staab Architekten GmbH, Berlin

versitätscampus sucht und sich heute in den urbanen Kontext der benachbarten Fakultätsbauten integriert. Damit ist es gelungen, die baulichen und technischen Vorgaben in eine zeitgemäße, funktionale und klare Form umzusetzen und als eigenständigen Typus eines Instituts- und Bibliotheksgebäudes zu interpretieren.

te wurden nur bis ins EG geführt. Das Gebäude wird über eine Fernheizung der Mainova AG beheizt. Die Heizung erfolgt über Flachheizkörper an den Brüstungen unter den Fenstern.

NEUBAU INSTITUTS- UND BIBLIOTHEKSGEBÄUDE MAX-PLANCK-INSTITUT FÜR EUROPÄISCHE RECHTSGESCHICHTE

Der im Jahr 2006 von der Max-Planck-Gesellschaft ausgelobte Wettbewerb hatte zum Ziel, unter Wahrung des Ensemblecharakters auf dem Campus Westend und als Reaktion auf die städtebaulich herausragende Lage an der Hansaallee eine eigenständige und integrative Entwurfslösung zu finden. An dem Wettbewerb hatten sich neun renommierte Architekturbüros beteiligt. Der Beitrag des Berliner Architekten Volker Staab wurde einstimmig mit dem 1. Preis ausgezeichnet.

Am südöstlichen Ende des Campus markiert der sechsgeschossige Neubau mit einer kraftvollen und skulpturalen Architektursprache die gewünschte stadträumliche Wahrnehmbarkeit. Mit der von der Stadt Frankfurt geforderten Natursteinfassade und einem Fensterflächenanteil von max. 40 Prozent komplettiert der Neubau das Ensemble mit dem benachbarten Präsidialgebäude sowie den Gesellschafts- und Erziehungswissenschaften der Universität in Materialität, Farbe und tektonischem Grundverständnis.

Der Baublock besetzt die Grundstücksgrenzen an drei Seiten und ist nach Westen erweiterbar. Die Spezialbibliothek mit Sammel-, Archiv- und Nachweisfunktionen auf dem Gebiet der Rechtswissenschaften ist aktuell für rund 520.000 Bücher konzipiert.

Das Erdgeschoss umschließt einen begrünten Innenhof in Form eines trapezoiden Sockels, aus dem drei polygonale Kuben auf fünf Geschossen entwickelt werden. Diese drei markanten Türme beinhalten die unterschiedlichen Funktionsbereiche mit Bibliothek, Forscherbüros für ca. 140 Arbeitsplätze und Gästeapartments. Das Untergeschoss ist vollständig unterkellert und besteht zu zwei Dritteln der Flächen aus dem Hauptmagazin. Bedingt durch den hohen Grundwasserstand wird das Magazin als sogenannte „weiße Wanne" aus wasserundurchlässigem Stahlbeton ausgebildet.

Haupteingang, Aufenthalts- und Seminarbereiche sowie der Zeitschriftenlesesaal sind nach Süden zur verkehrsberuhigten Campusstraße ausgerichtet und liegen zum dichten Baumbestand der Parkanlagen. Zur stark befahrenen Hansaallee schirmt die Bibliothek über die gesamte Ostseite auf einer Länge von ca. 50 m den Innenhof ab. Alle Leseplätze sowie die Büros der Bibliotheksverwaltung sind zur Lärm abgewandten Seite nach Südwesten auf den Innenhof ausgerichtet.

Dem zentralen Seminarbereich des Büroturms sind im 1. bis 5. Obergeschoss die beiden wissenschaftlichen Abteilungen zugeordnet.

Die Außenanlagen beschränken sich aufgrund der Parzellengröße auf den Innenhof und die westliche Erweiterungsflächen. Da sämtliche Pkw-Stellplätze des Instituts in der campuseigenen Tiefgarage nachgewiesen werden, bestand die Aufgabe darin, die natürlichen Sickerflächen weitgehend zu erhalten. Die Aufstell- und Anfahrtswege der Feuerwehr werden mit Schotterrasen befestigt.

Das nach Westen ansteigende Geländeniveau wird mit standorttypischen Stauden und Sträuchern bepflanzt. Im Bereich der Erweiterungsfläche wird kostengünstiges Betonpflaster für den Behindertenstellplatz und die Fahrradplätze verwendet.

Nach knapp zweijähriger Bauzeit wird der Neubau im Dezember 2012 fertiggestellt. Die Gesamtbaukosten betragen ca. 16,7 Mio. Euro.

Das Max-Planck-Institut für europäische Rechtsgeschichte wurde als „offenes Gebäude" konzipiert, das den Kontakt zum Uni-

---

Bauherr:
Land Hessen,
vertreten durch
Hessisches Baumanagement

Nutzer:
Goethe-Universität, Frankfurt am Main

Planender Architekt
-Proj. „Neubau GEP – Gesellschafts- und Erziehungswissenschaften, Präsidium":
Müller Reimann Architekten, Berlin

-Proj. „Neubau Exzellenzcluster Normative Ordnungen":
Weinmiller Architekten, Berlin

-Proj. „Max-Planck-Institut für europäische Rechtsgeschichte"
Nutzer:
Max-Planck-Institut für europäische Rechtsgeschichte
Bauherr:
Max-Planck-Gesellschaft zur Förderung der Wissenschaften e.V. Generalverwaltung – Abteilung Forschungsbau-Technik-Immobilien, München
Planender Architekt:
Staab Architekten GmbH, Berlin

Partner am Bau:
- BAL Bauplanungs und Steuerungs GmbH
- Schneider Electric Energy GmbH
- Bosch Sicherheitssysteme GmbH
- Geisel GmbH Ingenieurbüro für Großküchentechnik
- Steuernagel Ingenieure GmbH
- R&P RUFFERT Ingenieurgesellschaft mbH
- Dr. Mühlschwein Ingenieure GmbH
- DEIN GmbH
- CAPAROL Farben Lacke Bautenschutz GmbH
- WeGo Systembaustoffe GmbH
- Dr. Hug Geoconsult GmbH
- Krebs und Kiefer Beratende Ingenieure für das Bauwesen GmbH

B|A|L

© Ferdinand Heide Architekten
Technische Universität Darmstadt
Planung – Ferdinand Heide Architekten Frankfurt am Main | Fertigstellung 2012

© Christoph Kraneburg Ordnungsamt Frankfurt am Main
Planung – Meixner Schlüter Wendt Architekten | Fertigstellung 2009

© Staab Architekten
Max–Planck–Institut Frankfurt am Main
Planung – Staab Architekten – Berlin | Fertigstellung 2012

© Ferdinand Heide Architekten
Campus Westend der Goethe Universität Hörsaalzentrum Frankfurt am Main
Planung – Ferdinand Heide Architekten – Frankfurt am Main | Fertigstellung 2008

© Müller Reimann Architekten
Campus Westend der Goethe Universität GEP Frankfurt am Main
Planung – Müller Reimann Architekten – Berlin | Fertigstellung 2012

24 Jahre Erfahrung
in der Realisierung
von bundesweit mehr
als 100 Großprojekten

Projektmanagement
Projektcontrolling
Projektsteuerung
Generalplanung
Kostenmanagement
Ausschreibung
Objektüberwachung
Dokumentation

BAL
Bauplanungs und
Steuerungs GmbH

Lützowplatz 7
10785 Berlin
Fon 030 – 26 49 59 0
Fax 030 – 26 49 59 12

Lübecker Straße 2
60323 Frankfurt Main
Fon 069 – 710 47 84 36
Fax 069 – 710 47 84 55

bal@bal-berlin.de
www.bal-berlin.de

Mit effizienter Energieversorgung in die Zukunft starten.

Schneider Electric ist Ihr zuverlässiger Partner im Bereich der Energieversorgung von Infrastrukturprojekten. Mit unserer langjährigen Erfahrung in der Energieübertragung und -verteilung bieten wir Ihnen innovative Produkte und Lösungen, um den steigenden Energiebedarf der Zukunft zu meistern.

Zuverlässiger Partner beim Ausbau des Campus Westend der Goethe-Universität Frankfurt am Main

Schneider Electric lieferte im Rahmen der ersten Erweiterungsstufe des Campus Westend elektrotechnische Anlagen für das Casino, das Hörsaalzentrum, das House of Finance sowie die Gebäude der Rechts- und Wirtschaftswissenschaften, der Gesellschafts- und Erziehungswissenschaften und das Präsidium.

Die projektbezogenen Leistungen umfassten u.a. die Lieferung von:
> Mittelspannungsschaltanlagen
> Öl- Verteiltransformatoren
> Gießharz-Verteiltransformatoren

Unser umfassendes Produktportfolio bietet Ihnen eine Vielzahl an zuverlässigen und effizienten Produkten sowie Lösungen:

Luftisolierte MS-Schaltanlage PI

Gießharz-Verteiltransformator Trihal

Öl-Verteiltransformator Minera HE+

Make the most of your energy

Ihr Kontakt:
Schneider Electric Energy GmbH
Niederlassung Rhein-Main
Am Holzweg 26
65830 Kriftel
Tel.: 069/6632-1740   Fax: 069/6632-1744
E-Mail: bernhard.legner@schneider-electric.com
www.schneider-electric.de

Schneider Electric

Ausführende Firmen　　　　　　　　　　　　　　　　　　　　　　　　　　　　　　　　　Anzeige

Sicherheitslösungen mit System.
Individueller Schutz für Menschen, Objekte und Werte.

Wir nehmen die Herausforderung an. Professionelle Sicherheitssysteme auf Basis langjähriger Erfahrung und zukunftsweisender Sicherheitstechnik. Mehr Informationen erhalten Sie unter Bosch Sicherheitssysteme GmbH, Lahnstraße 34–40, 60326 Frankfurt/Main, Telefon 069 9540-10, marketing.frankfurt@de.bosch.com
www.bosch-sicherheitssysteme.de

BOSCH
Technik fürs Leben

GEISEL GMBH

Ingenieurbüro für Großküchentechnik

Die 1964 gegründete Geisel GmbH ist als neutrales Planungsbüro auf alle Fachingenieurplanungen im Bereich der Großküchentechnik spezialisiert. Mit vier Diplom-Ingenieuren der Fachrichtungen Architektur und Maschinenbau und weiteren Beschäftigten werden Planungsleistungen für alle Funktionsbereiche von Küchen – von der Anlieferung über die Lagerung, die Kältetechnik, die Vor- und Zubereitung der Speisen, das Spülen bis zur Speisenausgabe und Entsorgung – vom Vorentwurf bis zur Objektbetreuung und Dokumentation erbracht. Darüber hinaus umfasst das Leistungsspektrum:

- Gutachten zu Verpflegungskonzepten
- Wirtschaftlichkeitsberechnungen
- Arbeitsablaufstudien
- System-Gegenüberstellungen
- Controlling-Aufgaben für Neuanlagen von Verpflegungsbereichen
- Designstudien, Detailkonstruktionen von Bauelementen

Reutlinger Straße 98　　72766 Reutlingen
Tel. 07121/947 91-0　　Fax 07121/947 91-19
geisel@geisel.de　　www.geisel.de

Anzeige

STEUERNAGEL INGENIEURE GmbH

INGENIEUR-VERMESSUNG
LASERSCANNING
GRAPHISCHE DATENVERARBEITUNG
INFORMATIONSSYSTEME

Steuernagel Ingenieure GmbH Tel. 0 69/95 51 35-0
Zeilweg 13 – 15 Fax 0 69/95 51 35-22
60439 Frankfurt am Main info@steuernagel-ing.de
www.steuernagel-ing.de

Bestandsaufnahme · Absteckung · Nivellement · Beweissicherung · Industrievermessung · Bauüberwachung
Laserscanning · Gleisvermessung · Programmentwicklung · CAD-Anwendungen · Tiefbauplanungen

Produktinfo ◀

Feuerwehrschalter trennt Photovoltaik-Anlagen vom Netz

(epr) Ist auf einem Gebäude eine Solaranlage installiert, stehen die Stromleitungen, die ins Haus führen, permanent unter Spannung. Im Brand- und Überflutungsfall sind sie lebensgefährlich. Hier sorgt der Feuerwehrschalter von Eaton für mehr Sicherheit. Wird er in unmittelbarer Nähe der Photovoltaik-Module in die Gleichstromleitung zwischen Panel und Wechselrichter eingebaut, gewährleistet er, dass alle spannungsführenden Leitungen abgeschaltet werden können.

Weil die Leitungen zwischen den Solarmodulen und dem Wechselrichter selbst bei vermindertem Lichteinfall noch mit mehreren hundert Volt unter Spannung stehen, bestünde nämlich beim Löschen im Innenangriff Lebensgefahr. Mehr unter www.feuerwehrschalter.de.

Im Brandfall unterbricht man mit dem Feuerwehrschalter auf Knopfdruck unter Spannung stehende Leitungen zwischen Solarmodulen und Wechselrichter
(Foto: epr/Eaton)

Der Feuerwehrschalter unterbricht die elektrische Spannung zwischen den PV-Modulen und dem Wechselrichter. So können Feuerwehrleute im Brandfall gefahrlos löschen (Foto: epr/Eaton)

Tower 185

Das Tor zum neu entstehenden Europaviertel ist ein neues Wahrzeichen der Frankfurter Skyline

Türme der Friedrich-Ebert-Anlage: Tower 185, Castor und Pollux, Messeturm und Marriot Hotel (von vorne nach hinten)   Abb.: CA Immo; Fotograf: Klaus Helbig

Der große tropfenförmige Platz leitet den Besucher zur knapp 20 m hohen Eingangshalle des Turmes. Umlaufende Arkadengänge mit Läden und Restaurants laden zum Verweilen ein.

Wesentliches Gestaltungsmerkmal der Turmfassade, eine Aluminium-Glas-Konstruktion, ist ihre Gliederung durch Lisenen. Die Einfassung der Fassadenflächen mittels kräftiger Ecklisenen betont die Scheibenarchitektur, schlanke Lisenen innerhalb der Fassadenfläche trennen die einzelnen Fensterachsen voneinander und strecken die Fassade. Vor- und Rücksprünge zwischen der Lisenen-Vorderkante und der Glasebene erzeugen Plastizität und lassen eine Struktur aus Material und Licht entstehen. Die schwarz-bronzenen Diagonalbleche der Brüstungen verstärken den Effekt der Tiefenwirkung der Fassade und tragen zu einer optischen Steigerung der Wertigkeit des Baumaterials bei. Wie in einem fein gewirkten

Das im Frühjahr 2012 fertiggestellte Hochhaus „Tower 185" ist das Tor zum neu entstehenden Europaviertel in Frankfurt am Main und ergänzt als vierthöchstes Bürohochhaus in Deutschland die Silhouette der Stadt.

Das Ensemble des Tower 185 setzt sich aus zwei wesentlichen Bauteilen zusammen – der Blockrandbebauung und dem Turm. Die Blockrandbebauung orientiert sich typologisch am städtebaulichen Gefüge der europäischen Stadt und bildet den Straßenraum. Durch die klare Gliederung, die Übernahme von Höhen, Materialqualitäten und Farben der Nachbarbebauung – beiger Naturstein und Schieferdach – fügt sich der Baukörper in die Abfolge der Friedrich-Ebert-Anlage und der sich anschließenden Gebäude des Viertels ein und bildet mit ihnen ein neues Ensemble. Damit erhält dieser Ort wieder eine klare städtebauliche Identität, die auf seiner Geschichte aufbaut.

Die Öffnung der Blockrandfassade an der Friedrich-Ebert-Anlage wird durch die beiden Torhäuser markiert. Die Teilung der Kubatur in zwei Hochhausscheiben erzeugt eine ausgewogene Proportion des Turmes. Eine gläserne Rotunde verbindet die beiden sich zur Innenstadt öffnenden Hochhausscheiben, die zurückgesetzt von der Straßenkante aus dem Sockelgebäude empor wachsen.

Torhäuser an der Friedrich-Ebert-Anlage
Abb.: CA Immo; Fotograf: Klaus Helbig

Gewerbebauten

Plaza mit Arkadengängen
Abb.: CA Immo; Fotograf: Klaus Helbig

Fassadenrelief Tower 185
Abb.: CA Immo; Fotograf: Klaus Helbig

Stoff erleben wir eine Grafik, die immer wieder zu neuen faszinierenden Eindrücken führt, je nach Sonnenstand und Wetter.

Für eine energetisch optimierte Bauweise steht vor allem die Ausbildung der Fassade in Verbindung mit dem hier gewählten System der Lastabtragung. Der Rohbau ist in Stahlbeton- bzw. Stahlbetonverbundbauweise hergestellt, dessen Stützen in der Fassadenebene der Aluminium-Glas-Fassade der Hochhausscheibe angeordnet sind. Die zu 50 Prozent geschlossene Fläche verhindert einen Großteil der direkten Sonneneinstrahlung. Hochleistungsverglasung und Verschattung der Glasflächen durch die Fassadenvorsprünge der Lisenen leisten einen weiteren Beitrag zur Minderung des Energieeintrags. Die Natursteinfassade der Blockrandbebauung (Jura-Travertin aus dem Altmühltal, Waldstein Granit gelb als Sockelstein) und die Lochfassade des Turmes sparen im Vergleich zu einer Ganzglasfassade einen erheblichen Anteil an Kühlenergie ein und reduzieren die CO_2-Werte maßgeblich. Die für dieses Gebäude gültige EnEV ist um mehr als 20 Prozent unterschritten.

Neben der Betriebskostenminderung durch Energieeinsparung hat das System der Lastabtragung über den mittigen Kern und über Stützen in der Fassadenebene einen weiteren ökonomischen Vorteil. Der Innenraum kann weitestgehend stützenfrei bleiben und problemlos in vier Einheiten geteilt werden. Dadurch ist eine größtmögliche räumliche Flexibilität bei der Grundrissgestaltung gegeben, was die Vermietbarkeit fördert.

Der Tower 185 ist als eines der ersten Bürohochhäuser in Europa mit einem LEED-Zertifikat in Gold ausgezeichnet worden (Leadership in Energy and Environmental Design), ein Zertifikat des US Green Building Council, und hat zudem eine Zertifizierung der Deutschen Gesellschaft für Nachhaltiges Bauen (DGNB) in Silber erhalten.

Einige der wichtigsten Ansätze zum Themenkomplex von Nachhaltigkeit, Umweltschonung und Effizienz: Flächenkühl- und Heizsysteme sind optimale Mittel der Wärmeübertragung, in der sich Menschen am behaglichsten fühlen. Vorteile dieser Systeme – auch „stille Heizung bzw. Kühlung" genannt – sind zugfreie Raumluftströmungen, gleichmäßige Temperaturverteilung und niedrige Geräuschpegel. Der Nutzerkomfort steigt bei sinkenden Betriebskosten. Alle Fenster besitzen Öffnungsklappen, sodass das Bürokühlsystem ausgeschaltet und „freie Kühlung" genutzt werden kann. Durch die Nutzung von Regenwasser im Tower 185, beispielsweise für die Außenanlagenbewässerung (100 Prozent) und für die WC-Spülung, sowie durch den Einsatz Wasser sparender Armaturen werden über 2,3 Mio. l Trinkwasser pro Jahr eingespart. Schon in der Bauphase wurde einer ressourcenschonenden Bauweise Rechnung getragen. Der Einsatz von Baumaterialien mit recycelten Anteilen (15 – 20 Prozent) und der bevorzugte Einsatz regionaler Baustoffe (10 – 20 Prozent), verbunden mit kurzen Transportwegen, verringerten den CO_2-Ausstoß erheblich. Besonderes Augenmerk lag ebenso auf dem Einsatz von schadstofffreien Farben, Beschichtungen und Dichtungsmaterialien. Ein zentrales Abfallmanagement während der Bauphase führte zu einer deutlichen Energieeinsparung. Über 90 Prozent der Baustoffe wurden recycelt.

Planender Architekt:
Prof. Christoph Mäckler Architekten, Frankfurt am Main

Partner am Bau:
- KONE GmbH
- Buse Neon Werbetechnik
- REIF Brandschutz GmbH
- Minimax GmbH & Co. KG
- DEIN GmbH
- Strähle Raum-Systeme GmbH
- Epowit Bautechnik GmbH
- PENELL GmbH
- CAPAROL Farben Lacke Bautenschutz GmbH
- WeGo Systembaustoffe GmbH
- Sehring Sand & Kies GmbH & Co. KG
- Sehring Beton GmbH & Co. KG

Ausführende Firmen Anzeige

Dedicated to People Flow™ **KONE**

HÖHERE EFFIZIENZ.
Geringerer Energieverbrauch im Aufzug.

KONE leistet seit Jahren Pionierarbeit im Bereich der Ökoeffizienz. Maschinenraumlose Aufzüge von KONE sparen seit ihrer Einführung im Jahr 1996 so viel Strom, wie ein 250-MW Kraftwerk erzeugt. Dies entspricht dem Verbrauch von zwei Millionen Barrel Öl oder den CO_2-Emissionen von 100.000 Autos, die einmal um die Welt fahren. Das Geheimnis der Eco-Efficient™ Lösungen von KONE ist der KONE EcoDisc® Antrieb; er verbraucht bis zu 50 % weniger Energie als ein herkömmlicher Getriebemotor und zwei Drittel weniger Energie als ein hydraulischer Antrieb. Weitere Informationen zu energiesparenden Lösungen für Aufzüge und Rolltreppen finden Sie unter: www.kone.de/eco

Anzeige Ausführende Firmen

buse neon
werbetechnik
Ihr Partner für Bauwerbung und mehr...

bgm.-schreiber-str 8
klein-winternheim
55270
0 61 36. 92 21 82 8
www.buse-neon.de

SIMON RWA

REIF Brandschutz GmbH
Spezialbetrieb für Feuerlösch- und Elektrotechnik
Verkauf, Reparatur, Prüf- und Instandhaltungsdienst
Autorisierter General-Vertragshändler der FLN Feuerlöschgeräte

Wir liefern für Ihre Bauvorhaben Brandschutz aus einer Hand!

Feuerlöscher - Wandhydranten - Rauch- und Feuerschutzvorhänge - RWA Rauchabzugsanlagen

Zertifizierter Errichter Rauchabzugsanlagen **ZVEI:**

Kestweg 25, 63825 Sommerkahl
Tel. 0 60 24/6 35 96-0, Fax 0 60 24/6 35 96-29, info@reif-Brandschutz.de, www.reif-brandschutz.de

Innovativ und der Nachhaltigkeit verpflichtet

Neue Konzernzentrale der Fraport AG, Frankfurt / Wohnbau Riedberg Allee 1, Frankfurt (230 WE) / Sanierung und Arrondierung der Heinrich-Lübke-Siedlung, Frankfurt

Das Büro AS&P – Albert Speer & Partner GmbH aus Frankfurt verbindet Innovation in Architektur, Stadt- und Verkehrsplanung mit über vierzigjähriger, internationaler Planungs- und Bauerfahrung. Die Projekte reichen von Hochbau, Stadtplanung, Städtebau und Regionalentwicklung über Freizeit- und Tourismusplanung, konzeptionelle Verkehrsplanung und Projektmanagement bis hin zur planerischen Vorbereitung von Großveranstaltungen sowie Gutachten zur Politikberatung. AS&P Projekte sind von der Örtlichkeit inspiriert, der Nachhaltigkeit verpflichtet und reflektieren die spezifischen Anforderungen einer Planungs- und Bauaufgabe.

Im Folgenden werden beispielhaft drei aktuelle Bauprojekte des Büros vorgestellt.

NEUE KONZERNZENTRALE DER FRAPORT AG, FRANKFURT

Auf dem sogenannten „Baufeld H" auf dem Gelände des Frankfurter Flughafens im Zentralbereich zwischen Terminal 1 und Terminal 2 in unmittelbarer Nähe zu Tor 3 ist seit 2011 ein neues Verwaltungsgebäude in Bau. Zukünftig wird hier die neue Konzernzentrale der Fraport AG ansässig sein. Das „Baufeld H" befindet sich östlich von Tor 3 und ist Teil des sogenannten „Zentralbereichs", eines Areals zwischen Terminal 1 und Terminal 2, welches durch den Hugo-Eckener-Ring begrenzt wird. Der „Zentralbereich" hat sich heterogen entwickelt und ist geprägt durch die PTS (Passagier Transport System Station), das Tor 3, das sehr dominante Gebäude 173, eine Vielzahl an Büro- und Verwaltungsgebäuden sowie den Rückseiten der Terminalbereiche C und D. Dieser Bereich soll in Zukunft durch die Ausbildung von Raumkanten strukturiert und beruhigt werden.

Die Planung für die neue Unternehmenszentrale aus der Feder des Büros AS&P – Albert Speer & Partner GmbH zeichnet sich durch effizient nutzbare Mieteinheiten und große zusammenhängende Geschossflächen aus und ist somit maßgeschneidert auf die Anforderungen eines modernen Verwaltungsgebäudes.

Aufgabe war es, die Bestandsgebäude des „Baufelds H" durch einen zeitgemäßen Neubau mit Tiefgarage zu ersetzen und dabei die Grundstücksausnutzung zu optimieren. Das Gebäude soll sowohl vom öffentlichen als auch vom Betriebsbereich aus genutzt werden können. Der Entwurf von AS&P sieht ein Gebäude vor, dessen Erschließung von Westen und Osten über einen zentralen Zugangsbereich erfolgt. Dieser erlaubt die flexible Zuordnung des Gebäudes zu beiden Bereichen, ohne bauliche Maßnahmen durchführen zu müssen. Das Gebäude erhält eine dreigeschossige Tiefgarage mit ca. 300 Stellplätzen. Auch die Zufahrten zur Tiefgarage sind so angeordnet, dass die Erschließung unabhängig von beiden Bereichen erfolgen kann.

Das Gesamtgebäude für bis zu 700 Arbeitsplätze besteht aus zwei parallelen achtgeschossigen Riegelbaukörpern (sieben Bürogeschosse und ein Technikgeschoss), welche zueinander in einem Abstand von ca. 23 m stehen und in jedem Geschoss jeweils über zwei Stege miteinander verbunden sind. Zwischen diese beiden Riegel spannt sich eine transparente Halle, welche im Norden und Süden durch eine Glasfassade begrenzt ist; als Überdachung ist ein Folienkissendach vorgesehen. Die Gebäudehöhe beträgt 30 m (inklusive Technik), und die Bruttogrundfläche (BGF) gesamt ca. 23.000 m².

Im Erdgeschoss ist ein zentraler Empfang mit

Neue Konzernzentrale der Fraport AG: Die neue Unternehmenszentrale zeichnet sich durch effizient nutzbare Mieteinheiten und große zusammenhängende Geschossflächen aus und ist somit maßgeschneidert auf die Anforderungen eines modernen Verwaltungsgebäudes

Abb.: Entwurf: AS&P – Albert Speer & Partner GmbH; Visualisierung: HHVISION, Köln

Wartebereich konzipiert. Über angegliederte Aufzüge werden die einzelnen Mietflächen direkt erschlossen. Es können alle geforderten Arbeitsplatztypen und gewünschte Sonderflächen individuell auf einem Geschoss abgebildet werden. Die Mittelzone kann u.a. als Bereich für informelle Kommunikation und als Teamablage genutzt werden.

Die Nutzung der zentralen Sonderflächen im Erdgeschoss mit Cafeteria sowie Besprechungs- und Schulungsräumen mit entsprechendem Serviceangebot steht jedem Mieter offen.

Gemäß den Anforderungen an Nachhaltigkeit und Effizienz soll das Gebäude niedrige Betriebs- und Nutzungskosten erzeugen und einen hohen Nutzerkomfort bieten. Hierzu wurden die Fassaden in Abhängigkeit der jeweiligen Umwelteinflüsse unterschiedlich konzipiert. Die äußeren Fassaden, welche neben Fluglärm und dem Verkehrslärm der A3 und B43 insbesondere dem Turbinenlärm des Rollfeldes ausgesetzt sind, enthalten keine Öffnungsflügel. Aufgrund der hohen Verschmutzung durch Abgase und Feinstaub wurde zudem Wert auf eine einfach zu reinigende Geometrie der Fassade, ohne außenliegende Konstruktionen und Vorsprünge, und verschmutzungsresistente Materialien gelegt. So kommt eine elementierte Abluftfassade, bei der der Sonnenschutz auf der Innenseite der Isolierverglasung verläuft und durch eine Einfachverglasung vom Innenraum abgeschirmt wird, zur Ausführung. Die durch solare Einstrahlung erwärmte Luft wird über die Abluft durch den Scheibenzwischenraum abgeführt. Im Zusammenspiel mit einem hochgedämmten Brüstungsbereich und einem Glasflächenanteil von ca. 55 Prozent im Regelgeschoss wird eine hohe Behaglichkeit und die angestrebte Passivhausqualität erzielt, ohne eine klassische Dreischeibenverglasung und einen schwer zu reinigenden außenliegenden Sonnenschutz einsetzen zu müssen. Die Beheizung und Kühlung des Gebäudes erfolgt über Thermoaktivdecken, wobei eine individuelle Regelung über einen TAD-Regelkreis im Deckenrandbereich ermöglicht wird. Die Hoffassaden erhalten grundsätzlich die gleiche Fassade wie die Straßenseiten, wobei hier in jeweils fünf Achsen zwei Öffnungsflügel in Form eines schallgedämpften Komfortlüftungsflügels vorgesehen werden. Die Energieerzeugung des Gebäudes basiert auf zwei Säulen: Die Grundlastdeckung zur direkten Temperierung und Kühlung erfolgt über Grundwasser. Diese Energieressource wird auch zum Grundlast-Heizen über eine Wasserwärmepumpe genutzt, um die Flächensysteme wie TAD und Fußbodenheizung zu betreiben. Für die Spitzenlastversorgung sowie aus Redundanzgründen wird Fernwärme genutzt. In Kombination mit dem Regenrückhaltebecken kann außerdem eine Grauwassernutzung für die Gartenbewässerung vorgesehen werden.

Der Neubau, der 2012 fertiggestellt werden soll und modernste Ausstattung bei Mobiliar, Technik, Raumklima, Akustik und Beleuchtung bereithalten wird, erhielt die Vorzertifizierung in Gold durch die Deutsche Gesellschaft für nachhaltiges Bauen e.V. (DGNB).

WOHNBAU RIEDBERG ALLEE 1, FRANKFURT (230 WE)

Riedberg ist ein neuer Stadtbezirk im Nordwesten von Frankfurt, welcher auf ehemaligen Landwirtschaftsflächen in der Gemarkung Kalbach entsteht. Nach der Fertigstellung, die für das Jahr 2017 prognostiziert wird, sollen auf dem Riedberg ca. 15.000 Einwohner in 6.000 Wohneinheiten leben, 8000 Studenten an den bereits größtenteils fertiggestellten Instituten der Johann Wolfgang von Goethe Universität studieren und 3.000 Berufstätige Ihrer Arbeit nachgehen.

Der Riedberg ist unterteilt in insgesamt sieben Quartiere. Im flächenmäßig größten Quartier, dem Quartier Mitte, realisiert die ABG Frankfurt Holding mit einer BGF von rund 28.000 m² derzeit Europas größtes Passivhaus-Geschosswohnungsbauprojekt. Im

Neue Konzernzentrale der Fraport AG: Das Gesamtgebäude besteht aus zwei parallelen achtgeschossigen Riegelbaukörpern, welche zueinander in einem Abstand von ca. 23 m stehen und in jedem Geschoss jeweils über zwei Stege miteinander verbunden sind
Abb.: Entwurf: AS&P – Albert Speer & Partner GmbH

Wohnbau Riedberg Allee 1: Ein zentrales Ziel war von Beginn an, ein abwechslungsreiches Quartier mit unterschiedlichen architektonischen Ansätzen zu gestalten. In den Fassaden der zehn Gebäude kommen daher drei gestalterische Ansätze zum Tragen
Abb.: AS&P – Albert Speer & Partner GmbH, Frankfurt am Main
Visualisierung: Csaba Horvath

Rahmen eines Gutachterverfahrens im Jahr 2008 war das Büro AS&P – Albert Speer und Partner als Architekt für die Planung von insgesamt zehn Wohngebäuden mit 230 Wohnungen ausgewählt worden.

Das Grundstück umfasst ca. 16.000 m² und liegt in erster Reihe an der Riedberg Allee. Es wird vierseitig von Straßen erschlossen. Im Westen trennt eine streifenförmige Parkanlage das Quartier Mitte vom zukünftig deutlich dünner besiedelten Quartier „Niederurseler Hang".

Sämtliche Gebäude des Quartiers werden den Passivhausstandard erfüllen. Das Konzept von AS&P sieht vor, zu den Straßenseiten einen klar definierten Blockrand auszubilden, während zum Park eine offenere Struktur mit Einzelhäusern vorgesehen wird. Großer Wert wurde auf eine homogene Dichte im Innenbereich gelegt, welche ausreichend Raum für attraktive private und halb öffentliche Freiflächen lässt. Da sich im städtebaulichen Kontext die optimale energetische Ausrichtung der Gebäude nicht für sämtliche Bauteile realisieren lässt, wurde darauf geachtet, dass die Struktur den Passivhausstandard im Einzelnen für sämtliche Gebäude mit einem wirtschaftlich vertretbaren Aufwand darstellen lässt. Zur Energieversorgung sowohl für Raumerwärmung als auch für Warmwasserbereitung steht Fernwärme zur Verfügung. Die Beheizung ist hier über eine Fußbodenheizung mit mehreren Regelkreisen je Wohneinheit geplant. Der Vorteil liegt in der flächigen Übertragung über die gesamte Grundrissfläche, was zu geringeren Vor- und

Wohnbau Riedberg Allee 1: Sämtliche Gebäude des Quartiers werden den Passivhausstandard erfüllen
Abb.: AS&P – Albert Speer & Partner GmbH, Frankfurt am Main
Visualisierung: Csaba Horvath

Sanierung und Arrondierung der Heinrich-Lübke-Siedlung: Die Siedlung in Frankfurt-Praunheim mit ca. 600 Wohneinheiten soll zum Modell für nachhaltige Sanierung nicht mehr zeitgemäßer Großsiedlungen werden
Abb.: AS&P – Albert Speer & Partner GmbH, Frankfurt am Main
Visualisierung: Csaba Horvath

Rücklauftemperaturen führt. Für die Komfortbelüftung wird ein semizentrales System aus Lüftungskaminen vorgeschlagen. Die Lüftungskamine erfüllen die Funktion eines linearen Wärmetauschers und werden mit einem Ventilator ausgestattet. Für den Wandaufbau des Projekts Riedberg Allee 1 wird ein System gewählt, welches die Vorteile einer Holzrahmenkonstruktion mit denen einer klassischen Massivbauweise verbindet. Der gewählte Wandaufbau aus Brettsperrholzplatten stellt eine äußerst wirtschaftliche Lösung bei gleichzeitig optimierten Planungs-, Montage und Nutzerkomfort dar.

Ein zentrales Ziel war von Beginn an, ein abwechslungsreiches Quartier mit unterschiedlichen architektonischen Ansätzen zu gestalten. In den Fassaden der zehn Gebäude kommen daher drei gestalterische Ansätze zum Tragen, welche bei aller Unterschiedlichkeit doch genügend Gemeinsamkeiten aufweisen, um dem Quartier einen architektonischen Zusammenhalt zu verleihen. Während die Häuser zur Riedberg Allee eine durch stehende Fensterformate, gestapelte Loggienanlagen und rhythmische Versprünge in den Staffelgeschossen eine vertikale Gliederung erhalten, werden die Blockränder im Norden und Osten horizontal gegliedert. Sie erhalten durch eine Gliederung mit horizontal verspringenden Putzbändern unterschiedlicher Körnung eine die riegelförmige Gebäudeform betonende Fassadengestaltung. Die Solitäre im Westen und Blockinnenbereich erhalten durch großzügige auskragende Eckloggien und raumhohe großflächige Verglasungen einen villenhaften Charakter verliehen. Die Dachflächen sämtlicher Gebäude werden als fünfte Fassade behandelt und erhalten begrünte Dächer.

Um der sozialen und demografischen Entwicklung Rechnung zu tragen, werden ca. 90 der 230 Wohneinheiten nach dem Frankfurter Förderprogramm für „Familien- und Seniorengerechten Mietwohnungsbau" gebaut.

Die Baumaßnahme wurde im Jahr 2009 begonnen; die Fertigstellung ist für Februar 2013 vorgesehen.

SANIERUNG UND ARRONDIERUNG DER HEINRICH-LÜBKE-SIEDLUNG, FRANKFURT

Die Studie „Frankfurt für alle" der AS&P – Albert Speer & Partner GmbH sieht die qualitative Verbesserung von Wohnquartieren aus den 1950er bis 1970er Jahren vor. Als erstes Projekt der Stadt soll die Heinrich-Lübke-Siedlung der ABG FRANKFURT HOLDING in Frankfurt-Praunheim mit ca. 600 Wohneinheiten zum Modell für nachhaltige Sanierung nicht mehr zeitgemäßer Großsiedlungen werden. Im städtebaulich-architektonischen Realisierungswettbewerb setzte sich das Konzept von AS&P durch. Es legt insbesondere Wert auf die Stärkung der Qualitäten der bestehenden Siedlung. Die Nachbarschaften in den einzelnen Häusergruppen sollen durch individuell gestaltete Gartenhöfe und eine Neuorientierung der Erschließung gestärkt werden. An einigen Stellen wird die städtebauliche Struktur durch Neubauten arrondiert. Die Fassaden der Bestandsgebäude werden durch eine Vergrößerung der Fensterflächen geöffnet und erhalten eine Wärmedämmung sowie einen steinernen Sockel. Thermisch bislang ungedämmte Loggien werden in die Wohnungen integriert und durch vorgestellte Balkone ersetzt. Ergänzt wird die Modernisierung durch ein ganzheitliches Energie- und Gebäudekonzept, das den CO_2-Ausstoß der Heinrich-Lübke-Siedlung um über 90 Prozent senken soll.

Voraussichtliche Fertigstellung: Sanierung 2014, Neubauten bis 2015.

Planender Architekt:
AS&P – Albert Speer & Partner GmbH, Frankfurt

Bauherr
-Proj. „Konzernzentrale Fraport AG":
Fraport AG, Frankfurt

-Proj. „Riedberg Allee 1" und „Heinrich-Lübke-Siedlung":
ABG FRANKFURT HOLDING Wohnungsbau- und Beteiligungsgesellschaft mbH, Frankfurt

Generalunternehmer
-Proj. „Konzernzentrale Fraport AG":
ARGE Lupp, Schmidt, Haskamp

-Proj. „Riedberg Allee 1":
FAAG Frankfurter Aufbau AG, Frankfurt

Partner am Bau:
- Baugrundinstitut Franke-Meißner und Partner GmbH
- Seidl + Partner Gesamtplanung GmbH
- SZG Salathé & Zimmermann Gebäudemanagement GmbH
- Schreinerei Hans Kindinger KG
- KOCHS Fenstertechnik GmbH
- Epowit Bautechnik GmbH
- AMiG Rudi Becker
- PENELL GmbH
- CAPAROL Farben Lacke Bautenschutz GmbH

Anzeige

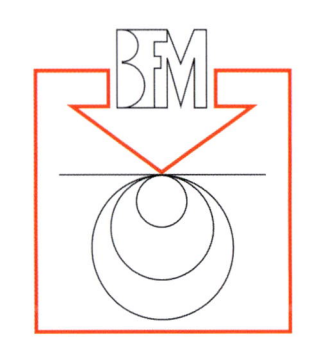

**Baugrundinstitut
Franke-Meißner und Partner GmbH**
Max-Planck-Ring 47
65205 Wiesbaden-Delkenheim
Tel. 06122/9562-0
Fax 06122/5259-1
info@bfm-wi.de
www.bfm-wi.de

Erd- und Grundbau, Spezialtiefbau, Fels- und Tunnelbau, Deponie- und Dammbau, Straßenbau, Geothermie, Umwelttechnik, Altlastensanierung, Gebäuderückbau

Bodenmechanisches Labor, Baugrunduntersuchungen, Grundwasseruntersuchungen, Geotechnische Messungen, Altlastenerkundung, Geotechnische Beratung, Statische Berechnungen, Objektplanung, SiGe-Koordination, Bauüberwachung, Bauschadenanalyse, Beweissicherung

REFERENZEN:
Industriepark Höchst, Flughafen Frankfurt am Main, Großbaustellen in Frankfurt am Main, wie z.B. die Messehalle 11 und die Erweiterung des Städel, Rhein-Main-Halle Wiesbaden

SEiDL + PARTNER
GESAMTPLANUNG GMBH

BOELCKESTRASSE 40 • 93051 REGENSBURG
TELEFON +49 (0) 941 / 920 11- 0
FAX +49 (0) 941 / 920 11-710

ESCHERSHEIMER LANDSTR. 10 • 60322 FRANKFURT
TELEFON +49 (0) 69 / 92 885 85-0
FAX +49 (0) 69 / 92 885 85-11

TRAGWERKSPLANUNG IM HOCH- UND INGENIEURBAU

PLANUNG, LOGISTIK UND QM IM WINDKRAFTWERKSBAU

GRUND- UND SPEZIALTIEFBAU

TECHN. GEBÄUDEAUSRÜSTUNG

TECHNISCHE GENERALPLANUNG

SALATHÉ & ZIMMERMANN
Gebäudemanagement GmbH

Als professioneller Dienstleister in der Gebäudereinigung bietet die Salathé & Zimmermann Gebäudemanagement GmbH ihren Auftraggebern aus dem Bausektor professionelle Baureinigung und Baucontainerreinigung an. Das mittelständische Unternehmen ist seit 2005 im gesamten Rhein-Main-Gebiet tätig. Mit Nähe zu den Kunden und individueller Betreuung und Beratung wird die Basis für eine partnerschaftliche Geschäftsbeziehung geschaffen.

SZG Salathé & Zimmermann
Gebäudemanagement GmbH
Lyoner Straße 44-48
60528 Frankfurt/M
Tel. 0 69/85 00 37 00
Fax 0 69/85 70 28 34
info@salathe-zimmermann.de
www.salathe-zimmermann.de

SCHREINEREI
Hans Kindinger KG

Nibelungenstraße 327
64625 Bensheim/Wilmshausen
Tel. 0 62 51/8 40 30
Fax 0 62 51/6 47 06

info@kindinger-tueren.de
www.kindinger-tueren.de

- Türlieferung und Türmontage
- Eingangstüren und Innentüren
- Spezialtüren für verschiedenste Anforderungen

- Brandschutz
- Rauchschutz
- Schallschutz
- Einbruchschutz
- Strahlenschutz
- Nassraumtüren
- Sonderanfertigungen

KOCHS®

KOCHS Fenstertechnik GmbH

Am Boscheler Berg 5
52134 Herzogenrath-Merkstein

Telefon: 02406 98 55-0
Telefax: 02406 98 55-400

info@kochs.de
www.kochs.de

Kompetenz in Fenster und Türen

Unternehmen
Seit 1955 bürgen wir mit unserem Familiennamen für professionellen, individuellen Service in Verbindung mit qualitativ hochwertigen Fenstern und Haustüren. So ist der Name Kochs zu einer bekannten Marke geworden, die für Qualität, Präzision und Schnelligkeit steht.

Leistung
- umfangreiches Kunststofffenstersortiment für höchste Anforderungen
- passivhausgeeignete und zertifizierte Warmfenster
- Haustüren aus Kunststoff und Aluminium mit den entsprechenden Sicherheitskomponenten
- auf Wunsch: Just-in-time-Lieferung und -Montage

Qualität
- Fenster und Türen mit RAL-Gütezeichen
- CE-Kennzeichnung
- Zertifikate/Prüfzeugnisse für Wärmeschutz, Schallschutz und Sicherheit
- Überwachung der Qualität durch das IFT Rosenheim
- Rundum-Betreuung durch eigene Planungsabteilung und Bauleitung

Die Technische Universität Darmstadt baut für Lehre und Forschung

Neubau der Universitäts- und Landesbibliothek respektiert unter Denkmalschutz stehende Nachbargebäude / Hörsaal- und Medienzentrum bildet ersehnte Campusmitte / Vorlesungen statt Kraftwerksarbeit / Forschungsneubau als Brutstätte für neue Technologien

Universitäts- und Landesbibliothek: die neue Universitäts- und Landesbibliothek vom Campushof aus gesehen
Abb.: Bär, Stadelmann, Stöcker Architekten, Nürnberg

REALISIERUNGSWETTBEWERB MIT INTERNATIONALER BETEILIGUNG

Die Universitäts- und Landesbibliothek (ULB) ist die Zentralbibliothek der Technischen Universität Darmstadt. Darüber hinaus erfüllt sie auch die Funktion einer öffentlichen Regionalbibliothek. Zurzeit verteilt sich das Bibliothekssystem der TU Darmstadt auf den derzeitigen Hauptstandort im Residenzschloss und auf rund 70 weitere dezentrale Bibliotheken auf dem Universitätsgelände. Vor Baubeginn musste das baufällige und seit einigen Jahren nicht mehr genutzte Kraftwerksgebäude aus den 1950er Jahren abgebrochen werden. Der für die Ausführung vorgesehene Entwurf für die ULB sieht von oben betrachtet fast wie ein „kleines b" oder die Ziffern „6" oder „9" aus. Er ist das Ergebnis eines im Jahre 2005 durchgeführten Realisierungswettbewerbs mit internationaler Beteiligung. Das Nürnberger Büro bss – Bär, Stadelmann, Stöckler Architekten BDA überzeugte die Jury mit einer Lösung, die nicht nur eine funktional hervorragende Bibliothek ermöglichen wird, sondern auch eine städtebauliche Arrondierung erreicht. Der Entwurf bindet sich in respektvoller und selbstständiger Weise in den Kontext von charakterstarken, inhomogenen und teilweise unter Denkmalschutz stehenden Gebäuden, wie dem

Universitäts- und Landesbibliothek: Ab diesem Jahr stellt die Bibliothek rund 2,2 Mio. Bücher und sonstige Medien Studierenden und Bürgern rund um die Uhr zur Verfügung
Abb.: Bär, Stadelmann, Stöcker Architekten, Nürnberg

„Alten Hauptgebäude" und dem „Westflügel" ein. Durch den mäandrierenden Baukörper bilden sich zwei unterschiedliche Freiräume – der eine nach Norden zum „Alten

Öffentliche Bauten

Universitäts- und Landesbibliothek: Die Anlese- und Sofortarbeitsplätze sind auf den umlaufenden Galerien angeordnet
Abb.: Bär, Stadelmann, Stöcker Architekten, Nürnberg

Hauptgebäude", als tiefergelegener Lesehof, der andere nach Süden zur Mensa und Otto-Berndt-Halle als „Campusplatz".

Im Innern des Neubaus entsteht ein überdachtes Atrium als kommunikativer Mittelpunkt. Von dort ausgehend entwickeln sich umlaufende Galerien, die der Erschließung und Orientierung dienen. Hier werden auch die Anlese- und Sofortarbeitsplätze angeordnet sein, die den Nutzern unmittelbaren Zugriff auf die Buchbestände ermöglichen. Nach außen zur Fassade, an ruhiger, heller Stelle, orientieren sich die Benutzer- und Einzelarbeitsplätze. Der Neubau hat insgesamt fünf Obergeschosse sowie ein Hanggeschoss im Bereich der etwas tieferliegenden Fläche, die durch zwei unterirdische Geschosse mit Buchmagazinen und einer Tiefgarage ergänzt werden. Unter einem aufgeständerten Gebäudeflügel verbindet eine großzügige Freitreppe den vorhandenen Höhenunterschied der Außenbereiche. Das Foyer öffnet sich zum Campus und in Richtung Schloss, der Haupteingang nutzt somit synergetisch die städtebauliche Lage und die volumetrische Konzeption eines überdachten Zugangsbereichs. Er erschließt über eine Zugangskontrolle die zentrale Halle der Bibliothek und über den nach unten offenen Luftraum das im Hanggeschoss zum Lesehof orientierte Café.

Die ULB wird Heimat für 2,2 Mio. Bücher und sonstige Medien sein. Mehr als 600 Arbeitsplätze sowie 680.000 Bände stehen zukünftig rund um die Uhr den Studierenden und interessierten Bürgern zur Verfügung.

ARCHITEKTONISCHES GELENK

Der Campus Lichtwiese der TU Darmstadt bietet zurzeit Raum für mehr als 8.000 Studierende der Fachbereiche Architektur, Bauingenieurwesen, Chemie, Maschinenbau, Material- und Geowissenschaften sowie für zahlreiche Forschungsbereiche. Nachdem in den 1960er Jahren die Studierendenzahlen auch in Darmstadt stark anstiegen, empfahl der Wissenschaftsrat eine Erweiterung der damaligen Technischen Hochschule Darmstadt um 120.000 m², einem Umfang von mehr als dem Doppelten der damals vorhandenen Fläche in der Innenstadt. Als Gebiet wurde damals die Lichtwiese am südöstlichen Rand Darmstadts ausgewählt. In der Folge entstanden zahlreiche Institutsgebäude sowie eine Mensa; ein zentrales Hörsaalgebäude wurde aber zunächst nicht errichtet. Das neue Hörsaal- und Medienzentrum der Technischen Universität Darmstadt auf dem Campus Lichtwiese füllt diese Lücke und wird nach den Plänen des Architekten und Alumnus der TH Darmstadt Ferdinand Heide aus Frankfurt/Main gebaut. Der Planer ging aus der Überarbeitungsphase von zwei im Dezember 2009 gekürten gleichrangigen ersten Preisen als Sieger hervor und setzte sich damit gegen 117 Konkurrenten durch. Ziel des Entwurfes war es, eine neue Mitte und einen von allen Fachbereichen und Einrichtungen genutzten Ort der Begegnung zu schaffen. Ferdinand Heide hat das Hörsaal- und Medienzentrum als kompakten Solitär konzipiert, in dem sich verschiedene universitäre Nutzungen miteinander verzahnen. Auf rund 7.500 m² Nutzfläche entstehen vier große Hörsäle, in denen zukünftig insgesamt 1.450 Plätze zur Verfügung stehen. Durch mobile Trennwände können bei Bedarf jeweils zwei Hörsäle zusammengelegt werden, wodurch mit rund 1.000 Plätzen der größte Hörsaal der TU entsteht. Der Hörsaalbereich wird durch zwei Multifunktionsräume und 20 Lern- und Seminarräume unterschiedlicher Größe er-

Universitäts- und Landesbibliothek: Der Eingangsbereich der neuen Universitäts- und Landesbibliothek mit dem sich zum Campus öffnenden Foyer
Abb.: Bär, Stadelmann, Stöcker Architekten, Nürnberg

Öffentliche Bauten 197

Hörsaal- und Medienzentrum: Der Entwurf des Neubaus, der einen Ort der Begegnung schaffen möchte, ging aus einem Wettbewerb hervor
Abb.: Architekturbüro Ferdinand Heide, Frankfurt am Main

gänzt. In allen Räumen des Hörsaalbereiches werden die technischen Voraussetzungen geschaffen, um sowohl traditionelle Lehr- und Lernformen als auch das an der TU Darmstadt bereits erfolgreich erprobte E-Teaching und E-Learning anwenden zu können. Die Bibliothek führt alle bisher dezentral zugänglichen Medienbestände der Fachbibliotheken des Campus Lichtwiese zusammen. Der Grundriss sieht vor, die Arbeits- und Leseplätze auf drei Ebenen kranzartig um den Buchbestand in Form eines kompakten zentralen Bücherblocks herum anzuordnen.

GEBÄUDE, ALS DREIDIMENSIONALES NETZWERK

Der architektonische Reiz des neuen Zentrums liegt in den spannungsreichen Blickbeziehungen innerhalb des Gebäudes und aus dem Gebäude heraus zum Campus. Durch ein ausgefeiltes System voneinander unabhängiger Foyertreppen sind die Bibliothek und die Hör- und Seminarsäle zwar räumlich eng miteinander verknüpft, die Bereiche können aber auch eigenständig betrieben und erschlossen werden. Alle Hörsäle erhalten Tageslicht; auf sämtlichen Geschossen sind Durchblicke in benachbarte Nutzungsbereiche möglich. Gleichzeitig ermöglicht der klare rechteckige Grundriss eine gute Orientierung, unterstützt konzentriertes Arbeiten und einen Betrieb ohne Störung in den lei-

Hörsaal- und Medienzentrum: Durch die mobilen Trennwände können bei Bedarf jeweils zwei Hörsäle zusammengelegt werden
Abb.: Architekturbüro Ferdinand Heide, Frankfurt am Main

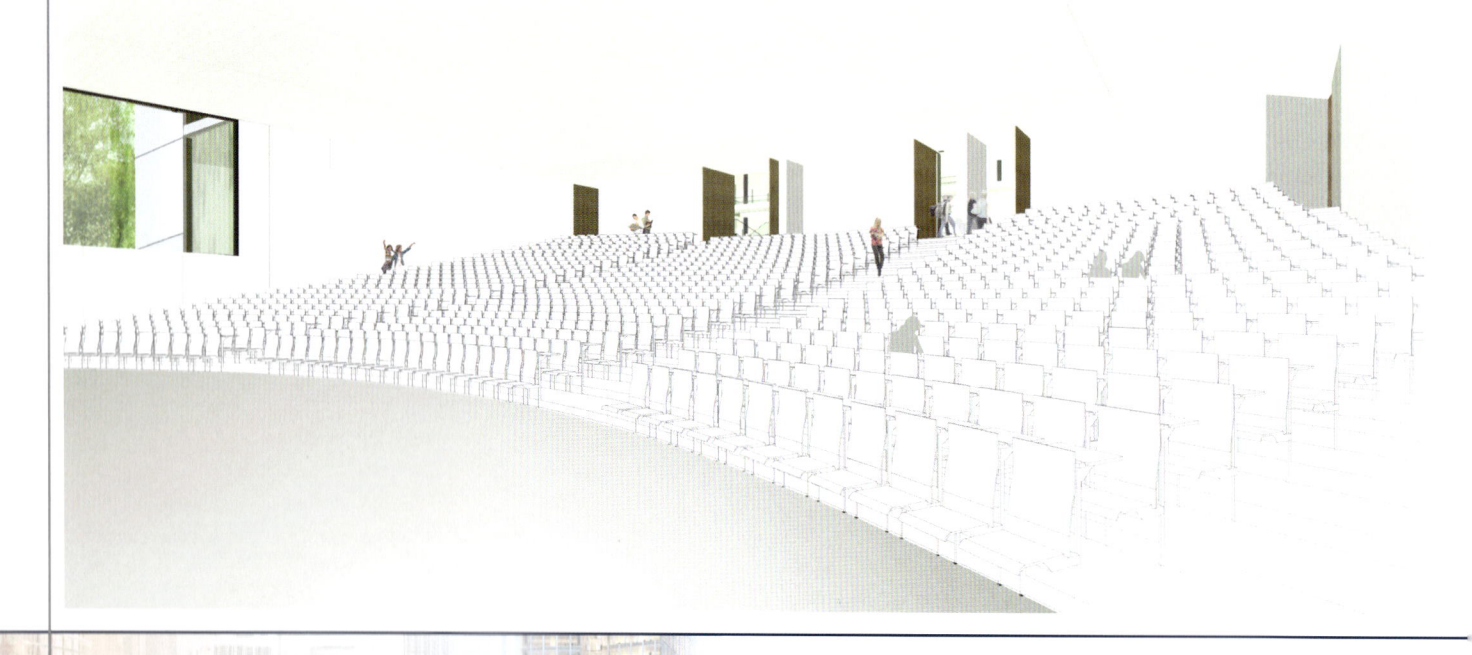

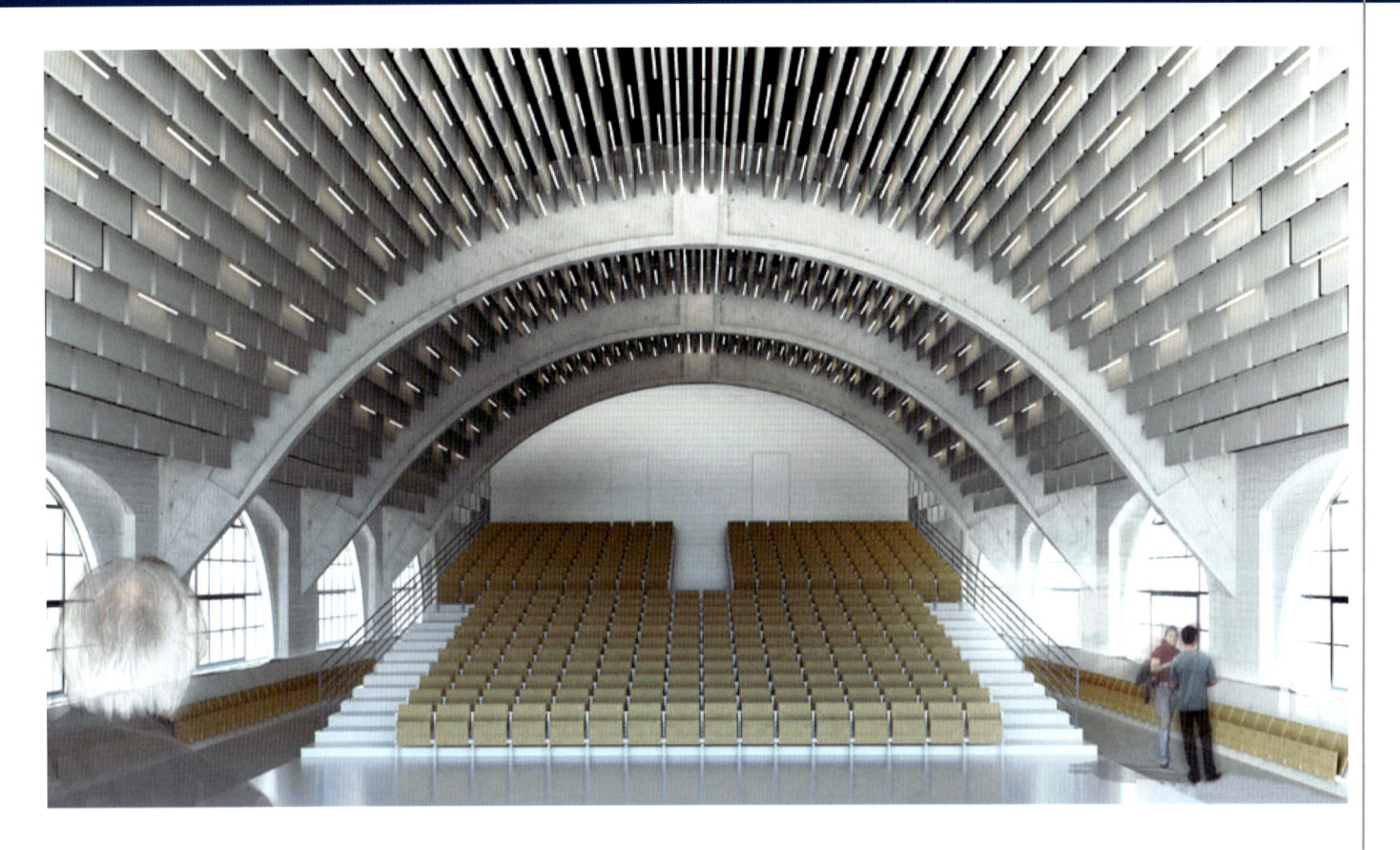

Historische Maschinenhallen: Der Hörsaal mit bis zu 400 Plätzen gehört zu den interessantesten der TU Darmstadt; hier war die ursprüngliche Maschinenhalle untergebracht Abb.: K+H Architekten, Stuttgart

sen Bereichen des Medienzentrums. Der Neubau übernimmt die Funktion eines zentralen Gelenks auf einem neuen Campus-Platz und verbindet die bestehenden Institutsbauten mit dem Hörsaal- und Medienzentrum. Der Platz „fließt" quasi durch das offene Foyer des Neubaus.

HÖRSAAL ZIEHT IN HISTORISCHE MASCHINENHALLE

Das Maschinenhaus entstand 1904 im Zuge der großzügigen Erweiterung des „Alten Hauptgebäudes" als Ersatz für das erste Maschinenhaus von 1895. Architekt war Georg Wickop, ab 1895 Professor für Baukunst an der TH Darmstadt. Er entwarf für das Maschinenhaus eine Eisenkonstruktion aus genieteten Sichelfachwerkbindern, die eine für die damalige Zeit äußerst hohe Spannweite von 18 m aufwiesen. Das Maschinenhaus beherbergte mit der ersten vielstufigen Dampfturbine die modernste Anlage ihrer Zeit in Europa. Ein damals angeschlossener südlicher Anbau wurde im Zweiten Weltkrieg zerstört, ebenso die ursprüngliche Dachkonstruktion. Während das Dach später in vereinfachter Form wieder aufgebaut wurde, bleibt im Süden zunächst eine freie Giebelwand. 1963 zerstört bei Wartungsarbeiten ein Großbrand im Maschinenhaus die gesamte Dachkonstruktion. Die Kraftwerksmaschinen bleiben verschont, da sie für die Wartungsarbeiten abgedeckt wurden. Beton-Fertigteil-Binder und Beton-Fertigteil-Winkelplatten, die im Betonwerk des „Darmstädter Bausystems" auf der Lichtwiese vorgefertigt werden, ersetzen das abgebrannte Dach. Vor zehn Jahren hat die Maschinenhalle mit der Inbetriebnahme des Kraftwerks Lichtwiese ausgedient. Der 80 m hohe, das Darmstädter Stadtbild prägende Schornstein, wurde abgebrochen. Bis heute dient die Maschinenhalle in Teilen immer noch als Verteilstation für Fernwärme, Strom/Starkstrom, EDV, Telefon und Gebäudeleittechnik. Nach der Demontage der Kraftwerksbestandteile in der Halle und dem Abbruch des südlich angrenzenden Kesselhauses zugunsten des Bibliotheksneubaus entwickelte die TU Darmstadt 2010 ein Konzept für die weitere Nutzung. Der Umbau stellt eine Herausforderung dar, denn sowohl der Keller als auch ein Drittel des Hallenbaus beherbergen gewachsene technische Infrastruktur, die den Campus Stadtmitte versorgt und während des Umbaus nicht unterbrochen werden kann. Inzwischen entsteht in der alten Maschinenhalle ein neuer Hörsaal mit bis zu 400 Plätzen. Der Kopfbau mit der barock anmutenden Front prägt maßgeblich in seiner fast idyllischen Urbanität und wertet den städtischen Raum in seiner Aufenthaltsqualität auf. Mit dem neuen Hörsaal zieht zukünftig studentisches Leben in das einstige Technikgebäude ein.

CENTER OF SMART INTERFACES

Mit dem von Bund und Ländern geförderten Exzellenzcluster „Smart Interfaces" ist die Etablierung eines internationalen Zentrums für interdisziplinäre Forschung auf dem Gebiet der Gestaltung und Anwendung von Grenzflächen zwischen Fluiden und Festkörpern in den Natur- und Ingenieurwissenschaften verbunden. Der Forschungsneubau wird somit als Brutstätte für neue Technologien fungieren und nimmt neben den Büroarbeitsplätzen für Direktorium, Professoren und wissenschaftliche Mitarbeiter auch Laborräume und Konferenz- sowie Seminarbereiche auf. Mit dieser Maßnahme wird die Lichtwiese weiter zu einem Campus mit internationaler Ausstrahlung auf dem Gebiet der Ingenieur- und Naturwissenschaften ausgebaut. Das Gebäude für das „Center of Smart Interfaces" gliedert sich in die Hauptbereiche Forschung, labor/wissenschaftliches Arbeiten, Instituts- und Professurbereiche, Konferenz und Direktion. Ein kleiner Ausstellungsbereich dient zur Präsentation aktueller Forschungsergebnisse und Projekte. Er liegt unmittelbar im Eingangs- und Foyerbereich des Gebäudes und gehört damit zu den öffentlichen Zonen. Die Seminar- und Konferenzräume sowie die Geschäftsführung und

Center of Smart Interfaces: Bei dem Neubau handelt es sich um eine Nachverdichtung im südwestlichen Bereich des Campus Lichtwiese   Abb.: IPRO Dresden

die Direktion liegen am nördlichen Ende des Gebäudes im ersten Obergeschoss und orientieren sich zum zentralen Freibereich des Campus. Durch ihre geschosshohe Verglasung sind sie von außen gut ablesbar.
Bei der Bebauung handelt es sich um eine Nachverdichtung innerhalb der vorhandenen Struktur im südwestlichen Bereich des Campus Lichtwiese. Das von IPRO Dresden geplante Gebäude ordnet sich einerseits in den Zusammenhang der Bauten auf dem Campus ein, andererseits setzt es auch einen selbstbewussten und markanten Akzent. Die Erschließung erfolgt über die nördlich gelegene Petersenstraße. Die Ausrichtung des großzügig verglasten Haupteingangs und Foyers nach Nordosten nimmt Bezug auf die Mensa und das östlich dazu gelegene Hörsaal- und Medienzentrum.

-Proj. „Universitäts- und Landesbibliothek"
Bauherr:
Der Präsident der TU Darmstadt, vertreten durch das
Dezernat V Bau und Immobilien, Darmstadt
Planender Architekt:
Bär, Stadelmann, Stöcker Architekten BDA, Nürnberg

-Proj. „Hörsaal- und Medienzentrum"
Bauherr:
Der Präsident der TU Darmstadt, vertreten durch das
Dezernat V Bau und Immobilien, Darmstadt
Planender Architekt:
Ferdinand Heide Architekt BDA, Frankfurt am Main

-Proj. „Historische Maschinenhalle"
Bauherr:
Der Präsident der TU Darmstadt, vertreten durch das
Dezernat V Bau und Immobilien, Darmstadt
Planender Architekt:
K+H Architekten, Stuttgart

-Proj. „Center of Smart Interfaces"
Der Präsident der TU Darmstadt, vertreten durch das
Dezernat V Bau und Immobilien, Darmstadt
Planender Architekt:
IPRO Dresden, Planungs- und Ingenieurgesellschaft mbH

Partner am Bau:
- W. Trautmann GmbH Bauunternehmen
- Optimal Glas- und Gebäudereinigung
- Gg. Walter Feldmann KG
- TÜV Rheinland Industrie Service GmbH
- Geisel GmbH Ingenieurbüro für Großküchentechnik
- PIES Betonsteinwerk GmbH & Co. KG
- Tauber Explosive Management GmbH & Co. KG
- BAL Bauplanungs und Steuerungs GmbH
- Strähle Raum-Systeme GmbH
- GefAS Gesellschaft für Arbeitssicherheit mbH
- Epowit Bautechnik GmbH
- PENELL GmbH
- Buse Neon Werbetechnik
- Reprotec CS
- WeGo Systembaustoffe GmbH
- Bosch Sicherheitssysteme GmbH

Anzeige　　　　　　　　　　　　　　　　　　　　　　　　　　　　　　　　Ausführende Firmen

Bauen ist Vertrauen
www.trautmann-bau.de

TRAUTMANN
Industriebau
Schlüsselfertigbau
Kommunalbau
Wohnbau
Baumeisterhaus
Sanierung
Kanalbau/Spundwände

W. Trautmann GmbH Bauunternehmen
Schafbrückenweg 10 I D-63834 Sulzbach
Fon +49 06028 9700-0 I Fax +49 06028 9700-33
info@trautmann-bau.de

- Infrastrukturelles Gebäudemanagement
- Gebäudereinigung aller Art
- Unterhalts-, Glas-, Bau- und Grundreinigung
- Hausmeister- und Empfangsservice

Das Optimal Sorglos Konzept

Optimale Kundenbetreuung, durch optimalen Standort – dadurch kurze Reaktionszeiten
Optimales Aufmaß und optimale Erstellung eines Leistungsverzeichnisses
Optimales Angebot durch eine jederzeit nachvollziehbare Kalkulation
Optimal geschultes Personal
Optimaler Einsatz umweltfreundlicher Reinigungsmittel
Optimale Schulungen nach Qualitätsmanagementsystem DIN EN ISO 9001:2008

Optimal GmbH Glas- und Gebäudereinigung

Heidelberger Straße 14　　Tel. 0 61 51/96 96-20　　info@optimalreinigung.de
64283 Darmstadt　　　　　Fax 0 61 51/96 96-222　　www.optimalreinigung.de

Optimal Glas- und Gebäudereinigung

Dienstleistungen aus Meisterhand

seit 1880
GG.W. FELDMANN KG
BAUUNTERNEHMEN

Kiesstraße 12 · 64560 Riedstadt · Telefon: (0 61 58) 8 38 33 · Telefax: (0 61 58) 8 67 01
kontakt@feldmannkg.de · www.feldmannkg.de

Hiermit möchten wir uns als qualifizierter eingetragener Fachbetrieb vorstellen:

Über 125 Jahre Erfahrung, verbunden mit ständigen Verbesserungen hinsichtlich Maschinenpark, Anwendungs-Know-How und Ausführungszeiten. Die Beratung zum Vorteil unserer Kunden ist für uns eine Selbstverständlichkeit. Unser Kundenstamm umfasst Privatkunden sowie Kunden der Öffentlichen Hand. Unser Leistungsspektrum erstreckt sich über alle Arten von Bauleistungen.

- Maurerarbeiten
- Stahlbetonbauarbeiten
- Umbauarbeiten
- Altbausanierung
- Instandhaltungsarbeiten
- Entwässerungskanalarbeiten
- Erdbau
- Abbrucharbeiten
- Pflasterarbeiten
- Beratung bei Neu- und Umbauarbeiten

Sollten wir Ihr Interesse ein wenig geweckt haben, so rufen Sie uns für Rückfragen einfach an, wir stehen Ihnen jederzeit gerne zur Verfügung.

GÜTEZEICHEN RAL KANALBAU

Good Bye Army – willkommen naturnahes Wohnen

Zwei Beispiele für gelungene Konversion: „colemanpark" in Gelnhausen und „argonnerpark" in Hanau

GENERATIONENÜBERGREIFENDES WOHNGEBIET MIT CHARME UND FLAIR

Seit Ende 2010 entwickelt sich die ehemalige Housing Area zum „colemanpark Gelnhausen". Die rund 75.000 m² große bisherige US-Liegenschaft wandelt sich dabei zu einem attraktiven Wohn- und Einkaufsstandort am westlichen Entree zur Kernstadt Gelnhausens. Elf der insgesamt 16 ehemaligen Wohnblocks müssen weichen; die verbleibenden fünf Gebäude wurden aufwendig saniert. Parallel zur Freigerichter Straße und der Straße Am Galgenfeld entstehen attraktive, verbrauchernahe Versorgungseinrichtungen mit ca. 7.900 m² Verkaufsfläche. Ein zum Verweilen einladendes Café an ortsbildprägender Stelle und attraktivem Außenbereich rundet das Gesamtangebot ab. Die innerstädtische Lage ermöglicht Einkaufen als Spaziergang; für die Pkw-Fahrer stehen ca. 350 Stellplätze zur Verfügung.

Ein Grünzug umschließt das neue Wohngebiet im Innenbereich. Es entstehen zwölf Neubaugrundstücke von ca. 530 m² bis 700 m², auf denen Einzel- bzw. Doppelhäuser selbst errichtet werden können. In den aus der Housing-Area verbliebenen fünf Mehrfamilienhäusern warten nach der Sanierung ca. 140 Wohneinheiten auf ihre neuen Bewohner. Für die barrierefreien Wohnungen, die teilweise zu mieten und zu kaufen sind, gab es bereits vor Sanierungsbeginn zahlreiche Interessenten. Die exklusiven 2-, 3- und 4-Zimmer-Wohnungen zwischen 90 m² und

colemanpark: Für die Bewohner ein charmantes Wohngebiet, für die Stadt Gelnhausen ein neuer, spannender Blickfang am westlichen Entree zur Kernstadt

120 m² wurden komplett umgebaut und mit großzügigen Tageslichtbädern ausgestattet. Die größeren Wohnungen besitzen bereits im Bestand ein zweites Duschbad bzw. Gäste-WC. Durch die neu installierten Aufzüge sind die Wohnungen nicht komplett barrierefrei erreichbar, der Austritt ist im Zwischenpodestbereich. Die vorhandenen Walmdächer wurden durch Loggien, Dachterrassen oder Gauben individuell gestaltet. Die zeitgemäße Architektur stammt vom Architekturbüro Klaus Heim aus Hanau. Ziel des Entwurfes war es, Wohnraum für alle Generationen zu schaffen. Sowohl ältere Menschen als auch Familien sollen sich im „colemanpark" wohlfühlen und von den gepflegten Grünanlagen und den fußläufig erreichbaren Geschäften profitieren.

Gelnhausen selbst liegt an der Spitze vergleichbarer Städte mit einem hervorragenden und sehr breit gefächerten Bildungsangebot und einer top-medizinischen Versorgung. Die 22.500 Einwohner freuen sich über attraktive Freizeiteinrichtungen und eine schnelle Anbindung an die A66 ins Rhein-Main-Gebiet.

NATURNAH WOHNEN IM „ARGONNERPARK"

Hanau, die Brüder-Grimm-Stadt, gehört mit ihren rund 90.000 Einwohnern zu den größten Wirtschaftsstandorten im östlichen Rhein-

colemanpark: Rund 75.000 m² Fläche warteten nach dem Abzug der Amerikaner auf eine neue Aufgabe

Main-Gebiet. Die ehemalige Residenzstadt ist wirtschaftliches und kulturelles Zentrum der Region Main-Kinzig und ein bedeutender Industrie- und Technologiestandort.

Im Hanauer Stadtteil Wolfgang entwickelt das Architekturbüro Klaus Heim bereits das dritte große Konversionsprojekt in Hanau. Als „New Argonner Housing Area" war der „argonnerpark" lange Zeit das Domizil amerikanischer Offiziere und ihrer Familien. Bei dem Konversionsprojekt handelt es sich nicht um ein klassisches Neubauprojekt, sondern um eine Symbiose aus Alt und Neu, als Teil eines naturverbundenen Gesamtkonzepts. Das Areal besticht durch seine Weitläufigkeit und die großen Grünflächen mit zahlreichen Kinderspielplätzen und altem Baumbestand. Direkt angrenzend liegt das ehemalige Übungsgelände und heutige Naturschutzgebiet Campo Pond, in dem im Jahr 2009 mit der Ansiedlung der Przewalski-Urpferde begonnen wurde.

Auf einer Fläche von ca. 36,5 ha entsteht das neue Wohngebiet inmitten eines höchst attraktiven Landschaftsraumes. Das Areal erhält eine eigene Infrastruktur mit u.a. Drogerie, Apotheke, Lebensmittelvollversorger, Discounter etc. Für Familien mit Kindern ist das Angebot der privaten Paul-Gerhardt-Schule, die im Sommer 2010 in der ehemaligen Middle School ihren Betrieb aufnahm, die Planung eines Kindergartens sowie große Sportflächen besonders interessant. Die Geschosswohnungsbauten werden modernisiert und erhalten eine zeitgemäße Architktursprache. Die 3- und 5-Zimmer-Eigentumswohnungen bieten großzügige Wohnflächen von 94 m² bis 123 m². Die Erdgeschosswohnungen erhalten Gartenanteile, die Wohnungen im Obergeschoss zusätzlich großzügige Balkone. Aufzüge erschließen die Gebäude des 2. und 3. Bauabschnitts (Haus 210 und 211). Durch die Neugestaltung der Dächer und Fassaden wie auch der Außenanlagen erhalten die Häuser ein komplett neues Erscheinungsbild. Die Wohnungen an sich werden z.B. durch Erneuerung der Bäder an moderne Maßstäbe angepasst. Angrenzend an den See (Campo Pond) entsteht ein Wohngebiet mit ca. 50 Einfamilienhäusern.

argonnerpark: Im ersten Leben diente der „argonnerpark" amerikanischen Offizieren und ihren Familien als Housing-Area. Durch die Symbiose aus Alt und Neu wurde daraus im zweiten Leben ein zeitgemäßes Wohnquartier

argonnerpark: Bauphase zwischen den „beiden Leben"

Bauherr
-Proj. „colemanpark"
A.K. Bauträger KG, Hanau
-Proj. „argonnerpark"
K.W. Projektsteuerung GmbH & Bauträger New Argonner KG

Planender Architekt:
Klaus Heim GmbH, Hanau

Partner am Bau:
- Hochbau Engel GmbH
- Daniel Weingärtner
- Sieben IAO Haushahn-Gruppe
- Reprotec CS
- WeGo Systembaustoffe GmbH
- Dr. Hug Geoconsult GmbH

Ausführende Firmen   Anzeige

„Vertrauen als Referenz" – bitte wörtlich nehmen

Baustellen der Hochbau Engel GmbH verteilen sich über das gesamte Rhein-Main-Gebiet, von Mainz bis Darmstadt über den Taunus bis nach Gelnhausen. Bedingt durch den ehemaligen Firmensitz in Bad Orb werden auch Auftraggeber im Main-Kinzig-Kreis betreut. Die Anfänge des traditionellen Familienunternehmens liegen über 140 Jahre zurück, die Gründung der Hochbau Engel GmbH erfolgte im Jahr 2000. Die nunmehr fünfte Generation führt das Spezialistenteam von 40 hervorragend qualifizierten Mitarbeitern an. Durch die meist langjährige Zugehörigkeit im Unternehmen sind effiziente Arbeitsabläufe und hoher Teamgeist garantiert. Bewährte Subunternehmer, die seit Jahrzehnten mit im Boot sind, ergänzen diese Effektivität. Eine kaufmännische und technische Abteilung mit zehn Mitarbeitern unterstützt die tägliche Arbeit auf der Baustelle. Seit Jahren freut sich die Geschäftsleitung über die expandierende Entwicklung und bildet entsprechend kontinuierlich eigenen Nachwuchs aus, um auch zukünftig die gewohnte Qualität zu gewährleisten. Als Rohbauspezialist bestimmen handwerkliches Können und Fachwissen die Ausführungen, die vom kleinen Türdurchbruch bis zum gewerblichen Großprojekt reichen können. Der Betrieb verfügt als eines der ersten zertifizierten Unternehmen über die Präqualifikation für Beton- und Stahlbetonarbeiten sowie für Maurerarbeiten. Als Mitglied im Verband baugewerblicher Unternehmer Hessen e.V. verspricht das Unternehmen, „Ein Spezialist im Hochbau" zu sein.

- Hochbau
- Industriebau
- Abbruch
- Erdarbeiten
- Betonarbeiten
- Maurerarbeiten

Hochbau Engel GmbH
Otto-Hahn-Straße 21
63456 Hanau
Tel. 06181/96957-0, Fax 06181/96957-20
www.hochbau-engel.de, info@hochbau-engel.de

Mehrfamilienhäuser „Bien-Ries" – Frankfurt-Riedberg

„FAAG Ffm" Am Hasensprung in Frankfurt

Frankfurt-Unterliederbach

Frankfurt

Anzeige

Ausführende Firmen

Vielfalt aus einer Hand

Daniel Weingärtner und sein Team sind Fachleute der Elektroinstallation. Das Angebot des 1981 gegründeten Unternehmens umfasst, neben allen Bereichen herkömmlicher Elektroinstallation, auch die Montage von Satellitenanlagen, Telefonanlagen und Computernetzwerken sowie Sicherheitstechnik in den Bereichen Brandmeldeanlagen und Einbruchschutz. Und nach wie vor Beleuchtungs- und Tontechnik – hier liegt der Grundstock des Betriebs. Fast zehn Jahre lang setzte Daniel Weingärtner Veranstaltungen jeder Größe ins rechte Licht und sorgte für besten Sound bei kulturellen Veranstaltungen oder Messen.

1990 begann das Unternehmen bis zur heutigen Belegschaftsgröße mit 20 Beschäftigten zu expandieren. Die Mitarbeiter sind allesamt spezialisiert und die Elektroinstallateure durch Schulungen fortgebildet – beispielsweise für den EDV-Bereich.

So kann man im Umkreis von 200 km den Kunden aus Gewerbe und Industrie sowie privaten Eigentümern Planungsberatung und Umsetzung aus einer Hand bieten. Dass die Angebote des Daniel Weingärtner gut angenommen werden, zeigt auch ein Blick in seine Referenzliste: Dort finden sich öffentliche Projekte wie Sport- und Tischtennishalle Langenselbold, Bildungshaus Main-Kinzig Gelnhausen, Appartmenthaus der Main-Kinzig-Kliniken Gelnhausen ebenso wie das Technische Rathaus der Stadt Hanau und das Schulzentrum Hessen-Homburg, auf dem Gelände der ehemaligen Hessen-Homburg-Kaserne sowie die Wohnanlage Francois-Gärten mit 130 Einfamilienhäusern.

Daniel Weingärtner

Feldstr. 4 · 63594 Hasselroth-Niedermittlau
Tel. 0 60 55/10 05 · Fax. 0 60 55/8 20 69
elektro.weingaertner@t-online.de

Aufzüge für Wohn- und Geschäftsgebäude

Sieben IAO Haushahn Gruppe

Jakob · Anstatt · Str. 15 ▪ 55130 Mainz ▪ Telefon +49 6131 9980-0 Fax +49 6131 81040
www.haushahn-gruppe.de/siebeniao

AUFZÜGE SERVICES

Größtmögliche Flexibilität bei hoher Wirtschaftlichkeit

Sieben IAO Haushahn-Gruppe bietet mit seinem Standardprogramm „Lifeline" maschinenraumlose Aufzüge mit höchster Energieeffizienz und Wirtschaftlichkeit bei gleichzeitig größtmöglicher Planungsflexibilität.
Wollen Sie mehr über dieses Aufzugsprogramm und unsere weiteren Lösungsmöglichkeiten erfahren, so finden Sie dieses unter
www.haushahn-gruppe.de/siebeniao

Produktinfo ◄

Der sichere Rundumschutz

Langlebige Metallzäune mit vielen Vorteilen

(epr) Kinder lassen bei schönem Wetter ihrem Spieltrieb freien Lauf. Doch schnell sind sie auf die gefährliche Straße gelaufen. Für den nötigen Schutz sorgt hier ein Gartenzaun aus Metall, der das Grundstück sicher umrahmt. Gegenüber einem Holz- oder Kunststoffzaun verrottet und verblasst dieses Material nicht. Ein feuerverzinkter Metallzaun ist pflegeleicht, hält jeder Witterung stand und ist besonders langlebig. Ob Gittermatten-, Drahtgitter- oder Maschendrahtzaun – die Gütegemeinschaft Metallzauntechnik bietet für jeden die passende Lösung. RAL-gütegesicherte Metallzäune und -tore gewährleisten eine einwandfreie Nutzungssicherheit sowie eine unabhängige Qualitätskontrolle. Mehr unter www.guetezaun.de.

Rundum abgesichert: Mit einem Gartenzaun aus Metall sind spielende Kinder auch in einem unbeobachteten Moment vor Gefahren außerhalb des Grundstücks geschützt
(Foto: epr/Heras Adronit/RAL)

Metallzäune bringen gegenüber anderen Materialien viele Vorteile mit: Sie verrotten und verblassen nicht. Aufwendiges Auftragen einer Schutzlasur oder jährliches Streichen sind nicht notwendig
(Foto: epr/LEGI/RAL)

Innovationskraft und Tradition

Seit 2007 ist die PORR Deutschland GmbH auch im Rhein-Main-Gebiet vertreten. Mit dem Umzug in das neue Bürogebäude sind die Weichen für die weitere Expansion gestellt

Mainova Umspannwerk Hochstraße, Frankfurt
Abb.: Quelle PORR

Die bedeutenden Gebäude der Wiener Ringstraße und Innenstadt machten die PORR dank ihrer ingenieurtechnischen Kompetenzen schon zurzeit der Wiener Weltausstellung berühmt. Die Erfolgsgeschichte lässt sich demnach bis in das Jahr der Firmengründung im Jahre 1869 zurückverfolgen. In sieben Jahren steht das nächste große Firmenjubiläum an – 150 Jahre PORR.

Und fast sieben Jahre ist es nun auch her, dass die PORR in Frankfurt ihre Niederlassung im Rhein-Main-Gebiet eröffnete. Eines der größten Bauunternehmen Österreichs fügte zu den bestehenden Standorten Berlin, München und Schmölln einen weiteren hinzu und wächst dabei organisch.

Für das große und bedeutende Wirtschaftszentrum konnte die PORR Herrn Diplom-Ingenieur Thomas Keßler als technischen Leiter gewinnen. Ihm, der damals schon mehr als 15 Jahre im Rhein-Main-Gebiet erfolgreich tätig war und sich in dieser Zeit einen hervorragenden Ruf in der Branche erarbeitet hatte, oblag es nun, ein schlagkräftiges Team zusammenzustellen.

Die Kernkompetenz und in der Folge auch die zu bearbeitenden Geschäftsfelder sind die schlüsselfertige Erstellung von Wohn- und Geschäftsobjekten sowie Produktionsanlagen und Sanierungen.

Unter einer weiteren PORR-Prämisse, nämlich Termintreue bei höchster Qualität, startete ein kleines Team, um die hohen und oftmals auch höchsten Ansprüche der Kunden zu erfüllen. Zu den ersten Aufträgen gehörte das IKEA-Einrichtungshaus in Oldenburg und in der Folge das zugleich größte Einrichtungshaus in Deutschland, IKEA Köln, welches in nur neun Monaten als erweiterter Rohbau fertiggestellt werden konnte. Dieser terminlichen und planerischen Höchstleistung folgte der Bau von Europas modernstem Umspannwerk. Das unterirdische Bauwerk in der Hochstraße verschwand komplett in 16 m Tiefe. Derweil wuchs das Team in Frankfurt kontinuierlich. In 2012 wird die Umsatzmarke von 100 Mio. Euro überschritten werden.

Die PORR-Gruppe als global agierender Full-Service-Anbieter mit hervorragenden Kompetenzen in allen Sparten der Bauwirtschaft verfügt über ein breites Leistungsspektrum, das sich über die traditionelle Generalunternehmertätigkeit hinaus auch im Tiefbau, Straßenbau, Tunnelbau, Umwelttechnik, Hochbauten, Gebäuderevitalisierung bis hin zu Projektentwicklungen und Immobilienmanagement erstreckt.

Nachfolgend werden vier Projekte der Zweigniederlassung Frankfurt/M. der PORR Deutschland GmbH vorgestellt.

WOHNANLAGE SANDWEG, FRANKFURT – WOHNEN IM BESONDEREN AMBIENTE

Unweit des Frankfurter Zoos auf der einen Seite und der Flaniermeile Berger Straße auf der anderen Seite entsteht mit dem Neubau einer Wohnanlage mit Tiefgarage im Sandweg 82 – 84 im Frankfurter Osten, dort wo die Stadtteile Ostend/Nordend/Bornheim sich vereinen, ein Wohnbauprojekt der besonderen Art.

Die PORR-Niederlassung Frankfurt arbeitet

Wohnbebauung Sandweg, Frankfurt Abb.: Quelle PORR

Schinkelstraße „Quartier J", Wiesbaden
Abb.: Quelle PORR

hier für einen Investor, mit dem zusammen schon mehrere Projekte bundesweit realisiert werden konnten. Das gemeinsame Ziel und der offene und faire Umgang miteinander stand und steht hierbei stets im Fokus des für beide Partner erfolgreichen Handelns.

Auf dem ca. 1.628 m² großen Grundstück entsteht entlang des Sandweges und der Wingertstraße ein Neubau mit einem Kellergeschoss, fünf oberirdischen Geschossen und einem Staffelgeschoss als Blockrandbebauung. Ein Doppelhaus mit einem oberirdischen Geschoss und einem Staffelgeschoss wird im Innenhof auf der vorhandenen Tiefgarage errichtet. In den Neubau der Tiefgarage, die über den Sandweg erschlossen wird, wird der bereits bestehende Altbauteil integriert.

Das Gebäudeensemble besteht somit aus einem Haus 1 mit 31 hochwertigen Eigentumswohnungen, die durch großzügige, lichtdurchflutete Grundrisse begeistern, sowie einer kleinen Gewerbeeinheit im Erdgeschoss und zwei Gartenmaisonettewohnungen im Haus 2. Jeder Wohnung ist mindestens ein Freibereich zugeordnet, entweder als Balkon, Loggia oder Terrasse. Die abgerundeten Balkonbrüstungen tragen zum ästhetischen Erscheinungsbild des Gebäudekomplexes bei. Die helle Klinkerfassade steht mit dem Gebäude und der Nachbarbebauung in harmonischem Einklang.

Die schlüsselfertige Erstellung von Projekten wie z.B. Bürobauten, Gewerbe- und Produktionsbauten, Lager- und Logistikeinrichtungen sowie der Wohnungsbau gehört zum Kerngeschäft der PORR. Mit hohem technischen und kaufmännischen Know-how werden diese Projekte vom PORR-Team realisiert. Bei dem Projekt Sandweg kommt noch ein weiterer Aspekt hinzu. Durch die, bei diesem Projekt im Vorfeld schon bekannten, jedoch nicht zu beeinflussenden, geringen Platzverhältnisse gilt der Baustellenlogistik ein sehr hohes Augenmerk. Aus dem logistischen Blickwinkel gesehen, stellt dieses Projekt sehr hohe Ansprüche, da bei dieser innerstädtischen Bebauung und Ausnutzung der Grundstücksfläche keinerlei Platz für die Materiallagerung und auch für die Baustelleneinrichtung vorhanden ist. Die betriebsnotwendige Baustelleneinrichtung und die Versorgung mit Baustoffen müssen somit zwangsläufig nach genauen Vorgaben erfolgen. So sind für die Tagesunterkünfte, wie in früheren Zeiten, Einachsbauwagen gewählt worden, um diese, dem Bauablauf angepasst, auf dem Grundstück verschieben zu können. Für die Anlieferung der Baustoffe gibt es tägliche Taktpläne, die es einzuhalten gilt, um den reibungslosen Bauablauf zu gewährleisten. Strategische Bauablaufplanung, die ständig auf deren Umsetzbarkeit hin überprüft werden muss und striktes Einhalten und Umsetzen der logistischen Planung sind bei diesem Projekt einer der Erfolgsgaranten, sowohl in technischer als auch in wirtschaftlicher Sicht. Hierzu bedarf es neben der Planung vor allem aber die vielen Menschen in der Produktionskette, die dieses Projekt erfolgreich und zum Gefallen des Auftraggebers und der späteren Eigentümer „leben" und umsetzen. Der Umgang der Investoren, der PORR-Niederlassung Frankfurt, der Nachunternehmer und Lieferanten miteinander zeigt, dass dies durchaus möglich ist.

SCHINKELSTRASSE „QUARTIER J", WIESBADEN

Im Rahmen der Gebietsgestaltung Weidenborn errichtete die PORR-Niederlassung Frankfurt für die Wiesbadener Wohnbaugesellschaft GWW auf einer der größten Nutzflächen des Areals zehn Wohnhäuser mit 90 Wohnungen und insgesamt 9.900 m² Wohnfläche nach modernsten ökologischen Standards. Das „Quartier J" befindet sich im Südosten von Wiesbaden. Das Grundstück umfasst eine Gesamtfläche von mehr als 9.000 m² und grenzt an die Schinkel- und Hauberrisserstraße an.

Neben den hohen Ausstattungsstandards

DOMICIL-Seniorenpflegeheime Offenbach und Hanau   Abb.: Quelle PORR

wie große, teils bodentiefe Fenster, Parkettböden und Tageslichtbäder zeichnet sich die Anlage durch eine besonders gelungene Umgebungsgestaltung aus. So befindet sich die Mehrzahl der Pkw-Stellplätze in den Tiefgaragen unter den Gebäuden. Flachdachbereiche, die nicht als Dachterrassen genutzt werden, wurden begrünt. Diese gestalterischen Maßnahmen verbessern einerseits das Wohnklima und sorgen andererseits für optimale Wärmedämmung.

Der Zugang zu den Häusern erfolgt stufenlos. Mit den Aufzügen ist jede Etage und somit jede Wohneinheit mühelos erreichbar. Zudem wurde ein überdurchschnittlich großer Anteil der Wohnungen barrierefrei gestaltet. Für die zukünftigen Bewohner standen drei Ausstattungsvarianten zur Auswahl. Die Linien „Trend", „Natura" und „Premium" waren von der GWW vorgegeben. Das Wohnprojekt wurde nach dem strengen Energieeffizienz-Standard KfW-55 der deutschen Kreditanstalt für Wiederaufbau realisiert. Hochwertige Isolierungen unter Verwendung begrünter Flachdächern und ein modernes Energieversorgungs-System mit Solarenergie für die Warmwasseraufbereitung und Holzpellets- oder Biogas-Heizungen sorgen für hohen ökologischen Mehrwert und geringe Energiekosten. Die KfW-55-Zertifizierung ermöglicht den Käufern zudem zinsgünstige Darlehenskonditionen.

Die Übergabe der Wohnungen erfolgte schlüsselfertig. Alle Mietwohnungen waren bereits vor der Projektübergabe vergeben, sämtliche Eigentumswohnungen kurz nach Fertigstellung verkauft.

DOMICIL-SENIORENPFLEGEHEIM, OFFENBACH

Direkt in der Innenstadt von Offenbach, auf dem ehemaligen Gelände der Kaiser-Wilhelm-Quelle, erstellte die PORR-Niederlassung Frankfurt schlüsselfertig ein modernes Seniorenpflegeheim für die HBB. Der fünfgeschossige Bau entspricht allen Standards einer optimalen Pflege und Betreuung von Senioren. Insgesamt bietet das knapp 10.000 m² BGF große Haus Platz für 180 Bewohner. Eine historisierende Architektur mit vielen Giebeln, Gründerzeitelementen und Stuckverzierungen integriert das Haus in die Villenumgebung. Ebenso passend ist die eigene, besonders exklusive Gartenanlage. Der hauseigene Festsaal steht auch den Nachbarn im Westend zur Kontaktpflege offen.

Das professionelle Leistungsspektrum des Hauses umfasst alle Pflegestufen sowie eine eigene Demenzabteilung und bietet über 80 neue Arbeitsplätze. Mit dem KfW-Standard-70 erfüllt der Bau hohe Energieeffizienz-Richtlinien.

Im Sommer 2011 wurde das Pflegeheim eröffnet.

DOMICIL-SENIORENPFLEGEHEIM, HANAU

In der Brüder-Grimm-Stadt Hanau entstand von Januar 2010 bis April 2011 das zweite Seniorenpflegeheim, das die Frankfurter Niederlassung der PORR Deutschland GmbH schlüsselfertig für die HBB errichtete. Der Standortwahl wurde auch hier größte Beachtung geschenkt: Das DOMICIL-Seniorenpflegeheim „Am Schlossgarten" liegt in einer begehrten Wohnlage, direkt am wunderschönen Schlossgarten und in kürzester Distanz zur Fußgängerzone der Stadt mit ihren zahlreichen Geschäften. Ein weitläufiger Garten mit Wasserspiel, ein exklusiver Festsaal und eine eigene Abteilung für demenziell Erkrankte sind weitere Kernpunkte des Projekts. Das Seniorenpflegeheim fügt

DOMICIL-Seniorenpflegeheime, Offenbach und Hanau
Abb.: Quelle PORR

sich architektonisch nahtlos in sein Umfeld ein und wertet das gesamte Stadtgebiet deutlich auf.

Der erste Spatenstich erfolgte im Januar 2010; bereits im September konnte das Richtfest gefeiert werden. Auf dem ehemaligen Grundstück einer Gewerbebrache entstand ein hochwertiger Neubau mit modernster, seniorengerechter Ausstattung, der sich dennoch gut in die Nachbarschaft aus der Jahrhundertwende einfindet. Die Teilunterkellerung des Neubaus wurde als „Weiße Wanne" ausgeführt.

Energieeffizienz ist auch hier ein Top-Thema: Das Gebäude mit eigenem BHKW erfüllt die hohen Anforderungen des KfW-Standards 70. Auf einer BGF von 9.630 m² wurde Wohnraum für 163 Bewohner geschaffen, und die Region erhielt 80 neue Arbeitsplätze.

Generalunternehmer:
PORR Deutschland GmbH
Zweigniederlassung Frankfurt/M.,
Frankfurt/M.

Partner am Bau:
- MEC Engineering & Consulting GmbH
- KuBuS freiraumplanung
- Mayland Aufzüge
- CFS-Baudekoration GmbH
- IN-AUSBAU GMBH
- Tauber Explosive Management GmbH & Co. KG
- Carl Stahl GmbH
- Adolf Würth GmbH & Co. KG
- PENELL GmbH
- Buse Neon Werbetechnik
- WeGo Systembaustoffe GmbH

Altenpflegeheim Hofheim   Abb.: Quelle PORR

Wohnungsbau / Gewerbebauten

TECHNISCHE GEBÄUDEAUSRÜSTUNG AUS EINEM GUSS

Die MEC Engineering & Consulting GmbH ist ein unabhängiges, überregional tätiges, planendes und beratendes Ingenieurbüro. Das Team hat langjährige Erfahrung sowohl bei der Realisierung von Neubauten, als auch bei der Modernisierung bzw. Sanierung bestehender Gebäude.

Technik
- Klima/Lüftung
- Heizung/Kälte
- Fernheizung/Fernkälte
- MSR-Technik
- Sanitärtechnik
- Bädertechnik
- Labortechnik
- Selbsttätiger Feuerschutz

Ingenieurleistungen
- Studien/Systemanalyse
- Gutachten
- Beratung
- Alternativen/Optimierung
- Planung
- Ausschreibung
- Angebotsauswertung
- Koordination
- Objektüberwachung
- Abnahmen
- Abrechnungen
- Leistungsmessungen
- Funktionsprüfungen
- Wirtschaftlichkeitsberechnungen
- Wartungsplanung

Der Projektleitung werden Teams auf allen notwendigen Ebenen zur Seite gestellt. Das Projektteam „Ingenieure" übernimmt die technische Bearbeitung der Aufgabenstellung, einschließlich der Erstellung komplexer Berechnungen zur Lösung der Aufgabe und Simulation verschiedener Szenarien. Das Projektteam „CAD" übernimmt die zeichnerische Darstellung von Planunterlagen auf den CAD Arbeitsstationen nach projektspezifischen CAD-Anforderungen an Software und Richtlinien auch hinsichtlich einer CAFM gerechten Planung. Das Projektteam „Sekretariat" setzt die Dokumentationen um, verfasst Berichte, formuliert Ausschreibungen und koordiniert alle Projektteams.

Siemensstraße 1, 61239 Ober-Mörlen
Tel. 06002/501-0, Fax 06002/ 501-15
info@mec-ingenieurplanung.de, www.mec-ingenieurplanung.de

MEC ENGINEERING & CONSULTING GMBH
INGENIEURPLANUNG · TECHNISCHE GEBÄUDEAUSRÜSTUNG

Anzeige

Ausführende Firmen

KuBuS freiraumplanung
info@kubus-freiraum.de
www.kubus-freiraum.de

Wetzlar
Altenbergerstr. 5
D-35576 Wetzlar
fon 06441 948599

Berlin
Falckensteinstr. 18
D-10997 Berlin
fon 030 62983790

Zeitgemäße Landschaftsarchitektur als Markenzeichen

Die funktional-innovative Gestaltung von Freianlagen durch Schaffung von Grün- und Erlebnisräumen unter den Vorzeichen von Identität, Signifikanz und Unverwechselbarkeit ist ebenso selbstverständlich für dieses Unternehmen wie ein kostenbewusster Ansatz, ein sorgfältiges Zeit- und Terminmanagement sowie die enge inhaltlich-gestalterische Zusammenarbeit im interdisziplinären Bereich. Hochmotiviert, erfahren und mit modernsten Arbeitsmitteln (z. B. einem eigenen Visualisierungsstudio) ausgestattet, konnten in den vergangenen Jahren eine ganze Reihe spannender und anspruchsvoller Aufgaben erfolgreich bearbeitet werden.

MAYLAND AUFZÜGE
Beuerbacher Landstraße 8 | 65520 Bad Camberg
Telefon 0 64 34 / 9 09 22-0 | Fax 0 64 34 / 9 09 22-10
info@mayland-aufzuege.de
www.mayland-aufzuege.de

Neubau | Modernisierung
Umbau | Reparatur | Wartung
Aufzüge für Behinderte
Sonderanlagen | Glasaufzüge
Beratung | Planung
Lieferung | Montage

Produktinfo ◀

Massivholzdielen heben sich ausdrucksstark von der Masse ab

(epr) Der Werkstoff Holz kommt nirgendwo bedeutungsvoller zum Einsatz als in Form eines Holzdielenbodens. Das Original und der Ursprung aller Dielen ist die Massivholzdiele. Sie wird aus einem einzigen Stück Rohholz gefertigt. Sie präsentiert sich außergewöhnlich, facettenreich und authentisch und schafft dauerhafte Werte in jeder Wohnumgebung. Handwerklich individuelle Oberflächenbearbeitungen – wie beispielsweise farbig geölt, geschliffen, gebürstet, eingewischt oder gealtert – ergeben wunderschöne und natürliche Farbgebungen und Strukturen, die den Massivholzdielen aus Edelholz einen unvergleichlichen Ausdruck verleihen. Mehr unter www.bembe.de.

Exklusivität so weit das Auge reicht: Massivholzdielen setzen persönliche Akzente und unterstreichen die Individualität der eigenen vier Wände
(Foto: epr/Bembé Parkett)

Handwerklich individuelle Oberflächenveredelungen bringen die wunderschönen Strukturen des Holzes noch mehr zur Geltung
(Foto: epr/Bembé Parkett)

211

Riedberg „Living Affairs"

Moderne Eigentumswohnungen in eleganten Stadtvillen in Frankfurt-Riedberg

Die Münchner Grund Immobilien Bauträger AG realisiert in Frankfurt-Riedberg insgesamt 117 Wohneinheiten, davon 75 Mietwohnungen für das Versorgungswerk der Landesärztekammer Hessen in drei Gebäuden und 42 als Eigentumswohnungen in drei Stadtvillen.

KLARE UND ELEGANTE FORMENSPRACHE

Die drei eleganten Stadtvillen „Living Affairs" integrieren sich harmonisch in sehr großzügige Grünflächen und bieten ausreichend Freiraum zu den Nachbarhäusern. Das Architekturbüro ARCTEC GmbH, Frankfurt, steht mit seinem Gestaltungswillen für eine

Kubisch klar prägende Gebäudekörper, der Rhythmus gleicher Fensterformate, bewusste Akzente in der Fassade sowie die gelungene harmonische Lichtarchitektur der Freiräume bestimmen die unverwechselbare Architektur der drei zeitlos eleganten Stadtvillen mit je 14 Wohnungen Abb.: Quelle CSMG Riedberg GmbH

klare und elegante Formensprache. Kubisch klar prägende Gebäudekörper, der Rhythmus gleicher Fensterformate, bewusste Akzente in der Fassade sowie die gelungene harmonische Lichtarchitektur der Freiräume bestimmen die unverwechselbare Architektur der drei zeitlos eleganten Stadtvillen mit je 14 Wohnungen.

Interessenten können sich für eine der schönen Etagenwohnungen mit großen Balkonen oder ein neues Wohndomizil in einer der Erdgeschosswohnungen mit eigenen Privatgärten in teilweise beeindruckender Größe entscheiden. Oder ist doch eine der schicken Penthousewohnungen mit Dachterrasse das Richtige? Alle Gärten, Balkone und Terrassen sind nach Süden oder Westen ausgerichtet.

Alle Wohnungen im Wohnkonzept „Living Affairs" sind verkauft. Die Münchener Grund Bauträger AG wird in Kürze ein weiteres Neubauvorhaben mit Eigentumswohnungen in eleganten Stadtvillen in direkter Nachbarschaft von „Living Affairs" bauen

Abb.: Quelle CSMG Riedberg GmbH

Es stehen verschiedene Grundrissvarianten und -größen von 49 bis 140 m² zur Verfügung, und die Ausstattung namhafter Markenhersteller kann sich sehen lassen. Echtholzparkettböden in allen Wohn- und Schlafräumen sind eine Selbstverständlichkeit, hochwertige Fliesenbeläge in Küche, Bad und WC runden das Angebot ab. Alle Wohnungen sind mit einem Tageslichtbad konzipiert oder auch mit einem zweiten Duschbad. Die Fußbodenheizung garantiert eine individuelle Möblierung ohne störende Heizkörperinstallationen. Überwiegend bodentiefe Fenster, die mit Rollläden ausgestattet sind, sorgen für viel Licht.

Jeder Wohnung ist ein Kellerraum zugeordnet. Weiterhin stehen auch Trocken-, Fahrrad- und Kinderwagenabstellräume zur Verfügung. Selbstverständlich verfügen alle Gebäude über einen Aufzug, mit dem die zukünftigen Bewohner ihre Wohnetage stufenlos von der Tiefgarage aus erreichen.

„Living Affairs" wird in energieeffizienter Bauweise (Energieeffizienzhaus 70 EnEV 2009) inklusive Solarthermieanlage und kontrollierter, dezentraler Wohnraumlüftung errichtet und sorgt somit für einen sparsamen Verbrauch und eine Reduzierung der Energiekosten.

NEUES ENTWICKLUNGSGEBIET „RIEDBERG"

Im Zuge der städtebaulichen Entwicklung hat die Stadt Frankfurt im Norden vor ca. zehn Jahren ein neues Entwicklungsgebiet „Riedberg" ausgewiesen. Der Stadtteil Frankfurt-Riedberg gehört zu den attraktivsten Wohngebieten Frankfurts. Genau in dessen Mitte entsteht bis Anfang 2013 das neue Wohnkonzept „Living Affairs" in drei sehr eleganten Stadtvillen mit insgesamt 42 Eigentumswohnungen. Diese integrieren sich in ein eigenständiges Quartier. In diesem ruhigen Umfeld muss dennoch niemand auf ein lebendiges und aktives Leben verzichten.

Riedberg ist umgeben von Grünflächen und Parkanlagen, die ein Drittel der Gesamtfläche ausmachen. Der Bonifatius- und der Kätcheslachpark als auch die in der Planung befindlichen Gebiete „Topografischer Weg" und „Römische Straße" garantieren auf einer Gesamtfläche von ca. 25 ha einen hohen Freizeitwert. Und die Naherholungsgebiete des Taunus liegen direkt vor der Tür. Die Bildungsangebote reichen von der Grundschule Riedberg über das bis 2013 fertiggestellte Gymnasium bis zur Johann W. Goethe Universität. Für die Kleinen gibt es zahlreiche Kindergärten und Kindertagesstätten. Sämtliche Einkaufsmöglichkeiten für den täglichen Bedarf findet man im fünf Minuten entfernten Riedbergzentrum. Der Stadtplatz bietet zahlreiche Möglichkeiten, es sich in Cafés oder Restaurants gut gehen zu lassen.

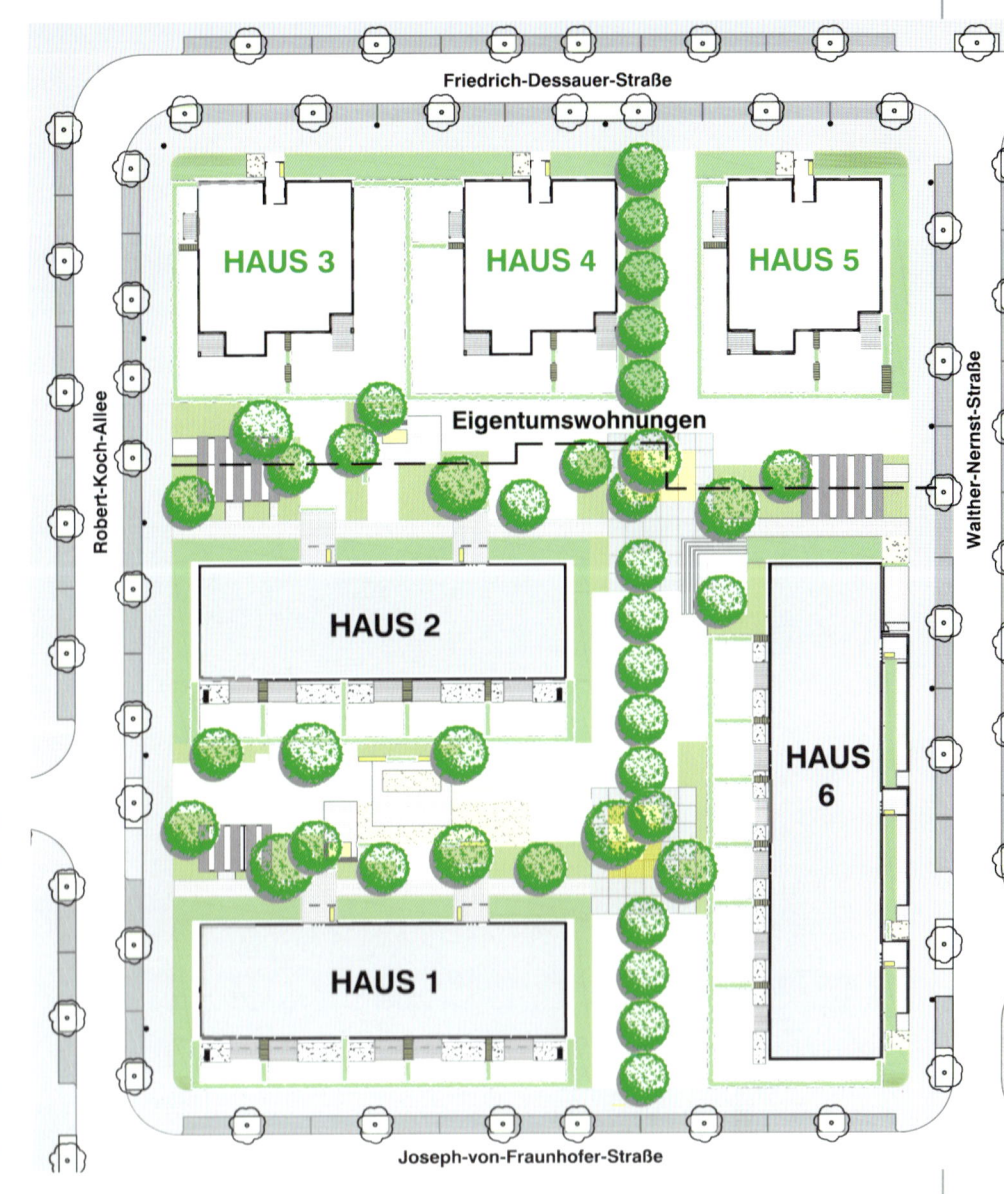

Damit aber nicht genug: Am Ostrand von Riedberg befindet sich eine großzügige Reitsportanlage mit einer modernen Reithalle, und auf der Anlage des Golf-Clubs in Kalbach, direkt neben dem Riedberg gelegen, ist es möglich, mit Blick auf die Frankfurter Skyline zu golfen. Der gepflegte Platz ist sowohl für ambitionierte Spieler als auch für Anfänger geeignet.

Zudem werden beste Verkehrsanbindung geboten: Mittels U-Bahn Linien U8 (Haltestelle „Riedberg") und U9 (Haltestelle „Uni-Campus Riedberg") ist die Frankfurter City in 20 Minuten zu erreichen. Die Buslinien 29 und 251 verbinden Riedberg mit dem Nordwestzentrum und den benachbarten Stadtteilen. Mit dem Auto gelangt man über die BAB 661 oder BAB 66 und über die A5 in alle Richtungen und in 25 Autominuten zum Flughafen Frankfurt.

Lageplan Abb.: Quelle CSMG Riedberg GmbH

Bauherr:
Münchner Grund Immobilien Bauträger AG, Frankfurt
vertreten durch die CSMG Riedberg GmbH, München

Verkauf:
Select Immobilien GmbH, Frankfurt

Planender Architekten:
ARC TEC GmbH, Frankfurt

Generalunternehmer:
PORR Deutschland GmbH, Zweigniederlassung Frankfurt

Partner am Bau:
- PIES Betonsteinwerk GmbH & Co. KG
- WeGo Systembaustoffe GmbH
- Krebs und Kiefer Beratende Ingenieure für das Bauwesen GmbH

Wir bauen Zukunft

www.porr-group.com

PORR Deutschland GmbH
Hanauer Landstraße 523 | 60386 Frankfurt
T +49 (0)69 904318-0 | F +49 (0)69 904318-10
frankfurt@a-porr.de

Ihr Partner im Hochbau

Die PORR Deutschland verfügt über langjährige Erfahrung und umfassende technische Expertise in allen Bereichen des Hochbaus – im traditionellen Rohbau und bei Schlüsselfertigbauten ebenso wie als Generalübernehmer oder in der Projektentwicklung.

Darüber hinaus ist das Unternehmen aber auch im Grund- und Spezialtiefbau tätig. Als Teil der PORR-Gruppe hat die PORR Deutschland bereits zahlreiche internationale Großprojekte erfolgreich realisiert.

powered by **PORR**

Von der Terrasse Aussicht auf die Frankfurter Skyline

Auf Bad Sodens Wilhelmshöhe wohnt man so idyllisch wie in manch einem Urlaubsort

Der Charme des Doppelhaustyps I liegt im offenen Wohn-Essbereich mit einer Fläche von rund 46 m²

EHEMALIGES HOFGUT MACHT PLATZ FÜR WOHNBEBAUUNG

Im vergangenen Jahr startete der 1. Bauabschnitt auf der Bebauung Bad Sodener Wilhelmshöhe. Mit zwölf Doppel- und sieben frei stehenden Einfamilienhäusern fiel der Startschuss. Bis 2013 soll das Baugebiet unter dem Motto „Leben und wohnen, wo andere Urlaub machen" abgeschlossen sein. Die Lage gehört zu den Top-Standorten im Rhein-Main-Gebiet. Das ehemalige Kurstadt-Flair Bad Sodens weht noch durch die Region, die gute Erreichbarkeit zu Arbeitsplätzen, Schulen und der Verkehrsinfrastruktur ergänzen die Annehmlichkeiten der Wilhelmshöhe. In nur 15 Minuten sind die Frankfurter Innenstadt oder der Flughafen Rhein-Main erreichbar.

Das Areal war ursprünglich mit einem Hofgut überbaut, das in unmittelbarer Nachbarschaft neu angelegt wurde. Die Projektgesellschaft Horn GmbH übernahm im Auftrag der Stadt die gesamte Erschließung der sehr ruhigen Stadtrandlage am Taunus. Mit der neuen Reitsporthalle und dem umgesiedelten Hofgut entsteht ein Stück weit ländliche Atmosphäre mit gleichzeitigem Blick auf die Frankfurter Skyline. Viele verträumte Rad- und Wanderwege laden zur Naherholung ein. Verschiedene Einfamilienvillen und Doppelhäuser stehen auf großzügigen Grundstücken von ca. 300 m² bis über 650 m² zur Verfügung. Die massiv erbauten Häuser mit Hausbreiten von bis zu 10 m bieten Wohn- und Nutzflächen von rund 230 m² bis über 300 m². Teilweise bodentiefe, einbruchshemmende und abschließbare Fenster-Elemente lassen viel Licht in die knapp 2,70 m hohen Räume. Die durchgängig hochwertige Ausstattung beinhaltet u.a. eine Verkabelung für den schnellen Internetzugang, fertige Außenanlagen mit Rollrasen und Regenwasserzisternen.

Die Gebäude erfüllen KfW-70-Standard. Ihr Jahres-Primärenergiebedarf liegt bei 60 kWh pro m² und beträgt damit maximal 70 Prozent der nach EnEV 2009 zulässigen Werte. Die zukünftigen Bauherren haben die Möglichkeit der Mitgestaltung sowohl beim Grundriss als auch bei Ausstattungsdetails. Aktuell sind über 75 Prozent der geplanten Häuser verkauft und größtenteils bereits fertiggestellt und bezogen. Vor Ort kann man sich im exklusiv ausgestatteten Musterhaus ein sehr gutes Bild über die Qualität der Häuser und des Wohngebietes machen.

Die Architektursprache spricht klare Worte

Bauherr:
Projektgesellschaft Horn GmbH, Kelkheim

Planender Architekt:
Projektgesellschaft Horn GmbH, Kelkheim und Architekturbüro Thees

Vertrieb:
Helmut Christmann Immobilien GmbH, Kelkheim

Partner am Bau:
- CAPAROL Farben Lacke Bautenschutz GmbH

Energieeffizient wohnen in Frankfurt und Darmstadt

Stadtwohnungen im Grünen im Frankfurter Mertonviertel / 24 Hochenergieeffiziente Neubauwohnungen in Kalbach / Effizienzhaus 70 folgt in guter Tradition dem energiesparenden Bauen in Darmstadt-Kranichstein

Mertonviertel Projekt „A-Ost": Die Lage des Projektes beeindruckt durch die unmittelbare Nähe zum Urselbach

TOP-STANDORT ZUM ARBEITEN UND LEBEN

Das Merton-Viertel Frankfurt am Main gehört zu den jüngsten Büroimmobilien-Arealen im Rhein-Main-Gebiet – trotzdem zählt der Standort zu den traditionsreichsten in der Main Metropole. Sein Name geht auf den gebürtigen Frankfurter Wilhelm Merton zurück, der 1881 eine Metallgesellschaft gründete. Nach der Schließung des Stammwerks der Vereinigten Deutschen Metallwerke, einem späteren Tochterunternehmen der Metallgesellschaft, auf dem Gebiet des heutigen Mertonviertels begannen Anfang der 1990er Jahre die Baumaßnahmen der ersten Büroimmobilien. Nach und nach entstanden so insgesamt 20 Büroobjekte auf dem Areal, in denen sich heute rund 150 Unternehmen und Organisationen niedergelassen haben. Einer der wichtigsten Meilensteine für die Entwicklung des Quartiers wurde 2004 mit dem eigenen Autobahnanschluss an die A661 gelegt. Seitdem sind die wichtigsten Verkehrsknotenpunkte Deutschlands und des Rhein-Main-Gebiets innerhalb weniger Minuten erreichbar.

Mit dem Wohnareal Riedberg und der Science City Frankfurt entsteht im Norden des Mertonviertels ein prosperierender Stadtteil, der das direkte Umfeld des Standorts nachhaltig bereichert. Mit seiner ästhetischen Architektur, der hervorragenden Lage und einem hohen Work-Life-Faktor gehört das rund 60 ha große Merton-Viertel zu einem der dynamischsten Bürostandorten Deutschlands. Das Besondere des Viertels ist das direkte Nebeneinander von Wohnen und Arbeiten sowie die unmittelbare Nähe zum Naherholungsgebiet der Nidda-Auen.

Mertonviertel Projekt „V": Die beiden Mehrfamilienhäuser teilen sich auf 32 Wohneinheiten auf

Wohnungsbau

Mertonviertel Projekt „O": Die drei Mehrfamilienhäuser präsentieren sich in einer klaren Architektur im KfW-Effizienzstandard 55

Drei Projekte der Merton Wohnprojekt GmbH, einem Joint Venture von GEA Real Estate GmbH und ABG FRANKFURT HOLDING Wohnungsbau- und Beteiligungsgesellschaft mbH, waren die Bebauung von „A-Ost", „V" und „O". Nach Plänen des Architekturbüros Dudler aus Frankfurt erstellte das Generalunternehmen Karl König Bau & Consult die Mehrfamilienhäuser.

Projekt „A-Ost" – Die beiden Mehrfamilienhäuser mit Tiefgarage beeindrucken, ebenso wie das Projekt „O", durch ihre exklusive Lage direkt am Urselbach. Architektonisch ähnlich gestaltet, gibt es hier ebenfalls jeweils zehn Wohneinheiten bei gleicher Aufteilung und Größe. Die beiden Gebäude unterscheiden sich jedoch in ihrem Energieverbrauch. Das Projekt „A-Ost" wurde im KfW-Standard 70 realisiert. Der Jahres-Primärenergiebedarf darf bei diesen Gebäuden nicht mehr als 70 Prozent des Höchstwertes der EnEV für das Referenzhaus 100 betragen. Zudem muss der Transmissionswärmeverlust den Höchstwert der EnEV um mindestens 15 Prozent unter-

Urban 38: In Darmstadt wurde vor gut 20 Jahren das erste Passivhaus in Deutschland gebaut. In dieser Tradition sind die Gebäude des Projektes Urban 38 als KfW-Effizienzhaus-70 erstellt

schreiten. Diese Gebäudeausführung war früher als KfW-Haus 60 bekannt.

Projekt „V" – In den beiden Mehrfamilienhäusern mit Tiefgarage befinden sich 32 Wohneinheiten. Auch hier wurde das Konzept der 3- bis 5-Zimmer-Wohnungen übernommen. Die Wohnungen in den Obergeschossen sind als Maisonetten ausgebaut. Wie das Projekt „A-Ost" wurden diese Gebäude in kfw-70 nach EnEV 2009 erstellt. Das Besondere bei den Projekten „A-Ost" und „V" ist ihre Erstellung in Ziegelbauweise.

Projekt „O" – Die drei Mehrfamilienhäuser mit Tiefgarage verfügen jeweils über zehn Wohneinheiten. Die Gebäude sind als KfW-40-Häuser nach EnEV 2007 erstellt. Diese Bezeichnung wurde inzwischen in KfW-Effizienzhaus-55 umgewandelt. Sie besagt, dass

Mehrfamilienhaus Kallbach: Trotz der Hanglage entstand in Kallbach ein Gebäude in Passivbauweise

der Energiebedarf pro Quadratmeter Wohnfläche und Jahr im Bezug zum Standard nur 55 Prozent betragen darf. Das führt zu einem maximalen Jahres-Primärenergieverbrauch von 40 kWh/m² Nutzfläche, daher die ehemalige Bezeichnung KfW-40-Haus. Die Wohneinheiten sind in 3- bis 5-Zimmer-Wohnungen unterteilt und teilweise im Maisonettestil über zwei Geschosse ausgeführt.

URBAN 38

Zwischen Frankfurt und Mannheim liegt die Wissenschaftsstadt Darmstadt ohne Wolkenkratzer, Stadtautobahnen oder großen Büro- und Verwaltungskomplexen. Viel Flair mit Hundertwasser-Architektur, zahlreichen Parks und Gärten, dem Residenzschloss am historischen Marktplatz und der Mathildenhöhe als Stadtkrone zeichnen die Stadt aus. Neben diesen Vorzügen machen die ausgezeichneten Anbindungen an die BAB67 und 5, zum Rhein-Main-Airport und zur Metropolregion Frankfurt/Darmstadt lebenswert.

Vor über 40 Jahren wurde der Grundstein für den Wohnort Darmstadt-Kranichstein gelegt: Das nahegelegene Jagdschloss war Namensgeber. Der Stadtteil selbst verfügt über eine Stadtbibliothek, Schulen, Kindertagesstätten und zahlreiche Freizeitmöglichkeiten. Neben dem Brentanosee und dem Kästnersee liegen die Bachauen des Ruthsenbaches. Am südlichen und westlichen Stadtteilrand gibt es außerdem Wohngebiete mit modellhaften Baukomplexen und Reihenhäusern in Niedrigenergie- und Passivbauweise. Energetisches Bauen hat dort Tradition, die in Kranichstein 1991 mit der Errichtung des ersten Passivhauses in Deutschland ihren Anfang nahm.

Diesem Ansatz folgend entwickelte das Architekturbüro Eismann und Partner aus Frankfurt mit dem Urban 38, einem Neubau von zwei Wohnhäusern mit je 19 Eigentumswohnungen. Im Auftrag der ES Wohnungsbaugesellschaft nach der neuesten Energieeinsparverordnung gebaut, erhielten die im Sommer 2012 fertiggestellten Gebäude das Prädikat Effizienzhaus 70. Der Primärenergiebedarf reduziert sich um 30 Prozent gegenüber dem gesetzlichen Standard. Der überwiegende Teil wurde als 3- bis 4-Zimmer-Wohnungen konzipiert. Generalunternehmer war die Karl König Bau & Consult aus Ober-Mörlen. Die Ausrichtung der Balkone und Terrassen bietet viel Licht und Sonne. Viele Erdgeschosswohnungen besitzen einen eigenen Garten, die Etagenwohnungen sonnenverwöhnte Balkone und die Penthousewohnungen großzügige Dachterrassen.

HOCHENERGIEEFFIZIENTE NEUBAUWOHNUNGEN

Im Frankfurter Stadtteil Kalbach plante das Architekturbüro Karl Dudler neuen familienfreundlichen Wohnraum. Im Auftrag der ABG FRANKFURT HOLDING errichtete Karl König Bau & Consult in drei Gebäuden 24 hochenergieeffiziente Neubauwohnungen an der Bergstraße. Die Häuser verfügen über eine Tiefgarage mit 24 Stellplätzen. Das Besondere hier ist die Passivbauweise in Hanglage. Die Häuser wurden mit 2- bis 4-Zimmer-Wohnungen geplant und erstellt.

Der Ortsbezirk Kalbach hat sich in den letzten Jahren sehr positiv entwickelt. Die Frankfurter Innenstadt oder das nahe gelegene Nordwestzentrum sind sowohl per Auto als auch über eine gute Nahverkehrsanbindung gut erreichbar. Der Stadtteil eignet sich besonders gut für junge Familien und Senioren. Zahlreiche Vereine und gute schulische Bildungsangebote bieten Wohnen auf hohem Niveau in ruhiger Lage. Die Infrastruktur des

Stadtteils gilt als gut erschlossen. Kalbach verfügt über ein großes Gewerbegebiet sowie das 2004 eröffnete Frischezentrum Frankfurts für Obst und Gemüse. Eine neue große Sport- und Freizeitanlage mit Wettkampfmöglichkeiten entstand ebenfalls in dem Stadtteil.

-Proj. „Mertonviertel A-Ost"
Bauherr:
Merton Wohnprojekt, Frankfurt am Main
Planender Architekt:
Karl Dudler Architekten, Frankfurt am Main
Generalunternehmer:
Karl König Bau & Consult GmbH, Ober-Mörlen

-Proj. „Mertonviertel V"
Bauherr:
Merton Wohnprojekt, Frankfurt am Main
Planender Architekt:
Karl Dudler Architekten, Frankfurt am Main
Generalunternehmer:
Karl König Bau & Consult GmbH, Ober-Mörlen

-Proj. „Mehrfamilienhaus Kalbach"
Bauherr:
ABG Frankfurt Holding, Frankfurt am Main
Planender Architekt:
Karl Dudler Architekten, Frankfurt am Main
Generalunternehmer:
Karl König Bau & Consult GmbH, Ober-Mörlen

-Proj. „Urban 38"
Bauherr:
ES Wohnungsbaugesellschaft mbH, Ober-Mörlen
Planender Architekt:
Eismann + Partner, Frankfurt
Generalunternehmer:
Karl König Bau & Consult GmbH, Ober-Mörlen

Partner am Bau:
- A/B/T Jöckel & Gutjahr GmbH
- Reprotec CS
- Mexner GmbH

Anzeige

Karl Dudler Architekten

Moderne Architektur der Zukunft kann nur in gutem Licht erscheinen, wenn sie die Vergangenheit und Erinnerung mit einbezieht. Zukünftige Bauwerke sind daher als Fortsetzung und Transformation der Geschichte von aufgehobenen Bildern zu sehen.

Ein Haus zu entwerfen bedeutet deshalb, aus den fundamentalen Prinzipien des Städtebaus, der Architektur und den Bedürfnissen der Benutzer heraus ein Konzept zu entwickeln und innerhalb dessen permanent Lösungen zu hinterfragen, um ein Höchstmaß an Qualität zu erzeugen.

Körper und Raum - die Bildung von Räumen und die Gestaltung von Körpern, die diese Räume begrenzen sind die Grundvoraussetzung des Bauens. Unser Ziel ist die Betonung einer körperlichen, klar artikulierten Typologie und deren Umsetzung in höchster Qualität. Diese Qualität entsteht in der Fortsetzung des Entwurfsprozesses bis zur „letzten Schraube" und durch die Geduld ein stimmiges Detail zu entwickeln.

Karl Dudler Architekten   Schwanthalerstrasse 59, 60596 Frankfurt am Main   e-mail: info@karldudler.de   www.karldudler.de

- Wir stellen für Sie Qualitätsmöbel in unserer modern eingerichteten Werkstatt her
- gestalten Ihren Wohnraum mit neu angebrachten Decken- und Wandverkleidungen, neuen Böden und neu montierten Innentüren um
- montieren Fenster und Haustüren aus Kunststoff, Holz, Aluminium oder Holz Aluminiumkombination
- fertigen und montieren Geländer, Handläufe und Holzböden im Aussenbereich

Bildquelle: Meister
Wir sind Ihr Spezialist in Sachen Möbelbau, Innenausbau, Bauelementen und Arbeiten im Außenbereich!

A|B|T
Jöckel & Gutjahr GmbH

Taunusstraße 17
61239 Ober-Mörlen
Tel.: 06002 / 93 05 10
Fax: 06002 / 93 05 11
JoeckelGutjahr@AOL.com
www.wir-sind-online.net

MEISTER

Name ist Programm

Beim mit dem Deutschen Bauherrenpreis ausgezeichneten „Haus der Senioren" in Wiesbaden steht neben der guten städtebaulichen Einbindung auch eine klare Formensprache im Vordergrund

Das in Massivbauweise (Energieeffizienzhaus 55) errichtete Haus ist hochwertig gedämmt und wird mit einer Pelletsheizung beheizt. Der Zugang zum Gebäude ist barrierefrei. Alle Wohnungen sind hell und freundlich und haben einen großzügigen Balkon oder eine großzügige Loggia
Abb.: Quelle Gemeinnütziges Siedlungswerk GmbH Frankfurt/Main (GSW)

Die Gemeinnütziges Siedlungswerk GmbH Frankfurt/Main (GSW) hat bei der Verleihung des Deutschen Bauherrenpreises 2012 in der Kategorie „Neubau-innovative Projekte im Wohnungsneubau" eine Besondere Anerkennung für das „Haus der Senioren" in Wiesbaden erhalten. Das zukunftweisende, multifunktional genutzte Wohnhaus mit 1.856 m² Wohnfläche und 14 Seniorenwohnungen (48 m² und 80 m²) auf dem 1.692 m² großen Baugrundstück Christa-Moering-Platz 1 entstand 2011 im Rahmen eines Nachbarschaftsmodells. Es bietet eine ambulant betreute Wohngruppe, eine Pflegewohngruppe mit Tagespflege sowie ein Informationsbüro und ein Begegnungstreff mit Café. Durch die zentrale Lage im Wiesbadener Künstlerviertel wird die Integration der Senioren in die urbane Struktur gefördert.

Aus dem Votum der Jury: „Die städtebauliche Einbindung an den Quartiersplatz ist durch klare Grenzziehung gut gelungen und akzentuiert darüber hinaus in vorbildlicher Weise die Wegeführung. Die sich zum Platz hin öffnende Arkade mit den dahinterliegenden Gemeinschaftsräumen und die in den oberen Geschossen angeordneten Laubengänge schaffen Übergangsbereiche und plastisch-räumliche Verbindungen zum öffentlichen Raum. Das Projekt besticht durch eine klare Formensprache, die ein Stück weit an die klassische Moderne erinnert. Staffelung, Terrassierung und Rücksprünge einzelner Bauteile tragen ebenso zur Rhythmisierung wie auch zur Beruhigung bei. Die großen Fenster und Fensteranlagen schaffen ein lichtes Inneres, was zur atmosphärischen Befriedigung der Bewohner entscheidend beiträgt. Das im Seniorenwohnhaus integrierte Café mit einem Informations- und Begegnungstreff ist für alle Bewohner des Quartiers geöffnet. Dies unterstreicht den konzeptionellen Ansatz das Wohnen für Senioren nicht am Rand, sondern weiter in der Mitte der Gesellschaft zu verorten."

Eine Besonderheit war die Mieterbeteiligung am Planungsprozess und an der Finanzierung. Während der Planungsphase gab es regelmäßige Projektgespräche mit den Wiesbadener Architekten Kissler + Effgen Architekten BDA und den späteren Mietern. Die Bewohner der barrierefreien Wohnungen bringen sich auch bei der Finanzierung des besonderen Wohnprojektes ein. Mit einem Mietdarlehen, das der Miete angerechnet wird, konnte eine Festschreibung der Miethöhe über 15 Jahre erreicht und das insgesamt 4.8 Mio. Eure teure Bauvorhaben finanziert werden. Die Verwendung von Fertigbauteilen, Einzelgewerkeausschreibung sowie konsequente Kostenkontrolle während der Bauzeit waren besondere Maßnahmen zur Kostensenkung. Die laufenden Energiekosten werden durch eine Heizanlage mit Holzpellets niedrig gehalten. Der Primärenergiebedarf beträgt nur 26 kWh/m² p.a.

Begegnungstreff mit Café
Abb.: Quelle Gemeinnütziges Siedlungswerk GmbH Frankfurt/Main (GSW)

Bauherr und Eigentümer:
Gemeinnütziges Siedlungswerk GmbH
Frankfurt/Main (GSW)

Entwurf und Planung:
Kissler + Effgen Architekten BDA,
Wiesbaden

Partner am Bau:
- **Architekturbüro
  Prof. Alfred Jacoby
  Dipl.-Arch. ETH/BDA**
- **GefAS
  Gesellschaft für
  Arbeitssicherheit mbH**

Anzeige

Architekturbüro
Prof. Alfred Jacoby

Falkensteiner Straße 77
60322 Frankfurt am Main

T: 069-955 233-0
F: 069-555 601

info@jacoby-architects.de

Wohnungsbau 221

Gastautoren

Peter Feldmann 6
Oberbürgermeister der Stadt
Frankfurt am Main
Römerberg 32
60311 Frankfurt
Tel. 069/21234640

Olaf Cunitz 7
Bürgermeister und Planungsdezernent der Stadt Frankfurt am Main
Kurt-Schumacher-Straße 10
60311 Frankfurt
Tel. 069/21236304

Dipl.-Ing. Jochen Ludewig 8
Vorsitzender des VBI-Landesverbandes Hessen
Budapester Straße 31
10787 Berlin
Tel. 030/260620

Bernd Ebers 121+177
Rechtsanwalt und Notar
Walderdorffstraße 20
65549 Limburg
Tel. 06431/981310

Redaktionelle Mitarbeit

Stadt Frankfurt am Main 46
Der Magistrat - Hochbauamt -
Gerbermühlstraße 48
60594 Frankfurt am Main
Tel. 069/21233264

HA Stadtentwicklungsgesellschaft mbH 64
Abraham-Lincoln-Straße 38-42
65189 Wiesbaden
Tel. 069/95118718832

Ed. Züblin AG 72
Direktion Mitte, Bereich SF 2
Robert-Bosch-Straße 11
64293 Darmstadt
Tel. 06151/3303842

Schneider + Schumacher 124
Bau- und Projektmanagement
GmbH
Poststraße 20A
60329 Frankfurt am Main
Tel. 069/25626233

W. Markgraf 136
GmbH & Co. KG
Bauunternehmung
Dieselstraße 9
95448 Bayreuth
Tel. 0921/297135

G&O Gateway Gardens 136
Zweite GmbH & Co. KG
Frankfurter Straße 1-5
65760 Eschborn
Tel. 069/91732116

Projektteam für 148
das Bauwesen
Dipl.-Ing. P. Biskupek
Friedensplatz 12
64283 Darmstadt
Tel. 06151/790224

Fraport 160
**Immobilienservice und-
entwicklungs GmbH & Co. KG**
Schieferstein 8
65439 Flörsheim
Tel. 06145/59860

MBN Bau 170
Aktiengesellschaft
Beekebreite 2-8
49124 Georgsmarienhütte
Tel. 05401/4950

Johann Wolfgang 178
Goethe Universität
Frankfurt am Main
Campus Bockenheim, Senckenberganlage 31
60054 Frankfurt am Main
Tel. 069/79823935

Prof. Christoph Mäckler 186
Architekten
Platz der Republik 6
60325 Frankfurt am Main
Tel. 069/50508000

AS&P Albert Speer 190
& Partner GmbH
Architekten, Planer
Hedderichstraße 108-110
60596 Frankfurt am Main
Tel. 069/605011188

Technische Universität 196
**Darmstadt Das Präsidium -
Der Kanzler**
Dezernat V - Bau und Immobilien
Karolinenplatz 5
64289 Darmstadt
Tel. 06151/163128

Klaus Heim GmbH 202
Architektur und Stadtplanung
Friedrichstraße 35
63450 Hanau
Tel. 06181/93710

PORR Deutschland GmbH 206
Zweigniederlassung Frankfurt/M.
Hanauer Landstraße 523
60386 Frankfurt/M.
Tel. 069/9043180

CSMG Riedberg GmbH 212
c/o Münchner Grund
Immobilien AG
Destouchesstraße 68
80796 München
Tel. 069/904318160

Helmut Christmann 215
Immobilien GmbH
Königsteiner Straße 39
65779 Kelkheim
Tel. 06195/97790

Karl König Bau 216
& Consult GmbH
Siemensstraße 1
61239 Ober-Mörlen
Tel. 06002/9393590

GSW Gemeinnütziges 220
Siedlungs-Werk GmbH
Frankfurt/Main
Blumenstraße 14-16
60318 Frankfurt/Main
Tel. 069/1544165

Architekten

Romig GmbH & Co. KG 96
Bauconsult
Karlstraße 110
64285 Darmstadt
Tel. 06151/60910

exitecture architekten 129
Matthias Hohl - Friedrich Keller
Senckenberganlage 10-12
60325 Frankfurt am Main
Tel. 069/78988180

Reiß & Schreyer GmbH 144
Abbrucharbeiten - Fugenschneiden
- Bohr- und Sägetechnik
Ebnather Straße 13
95682 Brand
Tel. 09236/6352

KLEINUNDARCHITEKTEN 168
GMBH
Hamburger Allee 45
60486 Frankfurt am Main
Tel. 069/97776910

Wölk 175
Baubetreuungs GmbH
Friedrichstraße 50a
63450 Hanau
Tel. 06181/9399270

BAL Bauplanungs- 182
und Steuerungs GmbH
Lützowplatz 7
10785 Berlin
Tel. 030/2649590

Karl Dudler Architekten 219
Schwanthalerstraße 59
60596 Frankfurt/Main
Tel. 069/622864

Architekturbüro 221
Prof. Alfred Jacoby
Falkensteiner Straße 77
60322 Frankfurt am Main
Tel. 069/9552330

Landschaftsarchitekten

Keller & Keller 59
Landschaftsarchitekten BDLA
Gartenarchitekten
Auf der Heide 15
61476 Kronberg/Ts
Tel. 06173/70940

KuBuS Freiraumplanung 211
Altenberger Straße 5
35576 Wetzlar
Tel. 06441/948599

Ingenieurbüros

KREBS UND KIEFER NS 2+54
Beratende Ingenieure für das
Bauwesen GmbH
Hilpertstraße 20
64295 Darmstadt
Tel. 06151/8850

VBI Verband 8
Beratender Ingenieure
Budapester Straße 31
10787 Berlin
Tel. 030/260620
www.vbi.de / vbi@vbi.de

R&P RUFFERT 44
Ingenieurgesellschaft mbH
Beratende Ingenieure
Parkstraße 14-16
65549 Limburg
Tel. 06431 91430

ibb 57
Ingenieurgesellschaft mbH
Staudinger Straße 6
64293 Darmstadt
Tel. 06151/8127750

Dr. Mühlschwein 58
Ingenieure GmbH
Waldstraße 47
63303 Dreieich
Tel. 06103/34026

SakostaCAU GmbH 58
Ingenieur- und
Sachverständigenleistungen
Im Steingrund 2
63303 Dreieich
Tel. 06103/9830

TP Ingenieure GbR 58
Beratende Ingenieure IngKH VBI
Savignystraße 55
60325 Frankfurt am Main
Tel. 069/9757340

Ing. A. Neumeister 59
& Schnierle GmbH
Sanitär - Heizung - Klima - Lüftung
Zeißelstraße 13
60318 Frankfurt
Tel. 069/9596670

Ingenieurbüro 61
Fischer + Werle
Dipl.-Ing. Marc Werle Beratender
Ingenieur IngKH
Franziusstraße 8-14
60314 Frankfurt
Tel. 069/9514140

Wagner Zeitter 61
Ingenieurbüro
Adolfsallee 57
65185 Wiesbaden
Tel. 0611/9010610

ISK 61
Ingenieurgesellschaft für
Bau- und Geotechnik mbH
Ferdinand-Porsche-Ring 1
63110 Rodgau-Jügesheim
Tel. 06106/269930

ist EnergiePlan GmbH 67
Gebäude- und Umwelttechnik
Werderstraße 34
79379 Müllheim
Tel. 07631/936370

Raible + Partner 67
GmbH & Co. KG
Planungsbüro für Elektro- &
Kommunikationstechnik
Arbachtalstraße 1
72800 Eningen u. A.
Tel. 07121/94780

B + G Ingenieure 68
Bollinger und
Grohmann GmbH
Westhafenplatz 1
60327 Frankfurt/Main
Tel. 069/2400070

CSZ Ingenieurconsult 70
CORNELIUS-SCHWARZ-
ZEILTER GmbH
Marienburgstraße 27
64297 Darmstadt-Eberstadt
Tel. 06151/94150

Romig GmbH & Co. KG 96
Bauconsult
Karlstraße 110
64285 Darmstadt
Tel. 06151/60910

Ingenieurbüro P. Meyer 101
Planung und Bauleitung
Gebäudeautomation
In den Nußgärten 27a
61231 Bad Nauheim
Tel. 06032/921550

Schmitt + Thielmann 109
und Partner
Ingenieurbüro für
Tragwerksplanung
Hubertusstraße 13
65203 Wiesbaden
Tel. 0611/4118730

Geotechnisches 110
Umweltbüro Lehr
Am Taubenbaum 25
61231 Bad Nauheim
Tel. 06032/32343

HAAG Ingenieur GmbH 110
Beratende Ingenieure im
Bauwesen IngKH
Spreestraße 3A
64295 Darmstadt
Tel. 06151/5045900

Institut für 110
Schweißtechnik und
Ingenieurbüro Dr. Möll GmbH
An der Schleifmühle 6
64289 Darmstadt
Tel. 06151/97129510

Dr. Hug Geoconsult GmbH 116
Beratende Ingenieure
und Geologen
In der Au 25
61440 Oberursel
Tel. 06171/70400

Ingenieursoziatät 122
Professor Dr.-Ing.
Katzenbach GmbH
Vereidigte und nach Bauordnungsrecht anerkannte Sachverständige
für Geotechnik
Pfaffenwiese 14A
65931 Frankfurt am Main
Tel. 069/9362230

exitecture architekten 129
Matthias Hohl - Friedrich Keller
Senckenberganlage 10-12
60325 Frankfurt am Main
Tel. 069/78988180

Lemon Consult GmbH 130
Energy Efficiency Engineering
Sumatrastraße 10
CH-8006 Zürich
Tel. +41/44/2007744

TPG® Technische 133
Prüfgesellschaft mbH
Carnotstraße 7
10587 Berlin
Tel. 030/3992860

GefAS Gesellschaft für 135
Arbeitssicherheit mbH
Büro Frankfurt
Gaugrafenstraße 34
60489 Frankfurt am Main
Tel. 069/78808830

Ingenieurbüro 140
Klöffel GmbH
Fliederstraße 1
63486 Bruchköbel
Tel. 06181/978319

Ingenieurbüro 145
Reincke GmbH
Planungsbüro für Fassadentechnik
August-Bebel-Straße 89
18055 Rostock
Tel. 0381/4444470

PP Pahnke + Partner 152
Ingenieurgesellschaft mbH
Technische Gebäudeausrüstung
Die Mauergärten 2
61184 Karben
Tel. 06039/92040

Braun GmbH 157
Heizung-Kälte-Klima-
Lüftung-Sanitär
Magnolienweg 17
63741 Aschaffenburg
Tel. 06021/84760

Björnsen Beratende 168
Ingenieure GmbH
Maria Trost 3
56070 Koblenz
Tel. 0261/88510

BAL Bauplanungs- 182
und Steuerungs GmbH
Lützowplatz 7
10785 Berlin
Tel. 030/2649590

Geisel GmbH 184
Ingenieurbüro für
Großküchentechnik
Reutlinger Straße 98
72766 Reutlingen
Tel. 07121/947910

Steuernagel 185
Ingenieure GmbH
Zeilweg 13-15
60439 Frankfurt am Main
Tel. 069/9551350

Ingenieurbüro für Aufzugsplanung

AMiG Rudi Becker 129
Aufzugsplanung
Heiligenbergstraße 45
66763 Dillingen
Tel. 06831/7610424

Ingenieurbüro für Bau- und Geotechnik

ISK 61
Ingenieurgesellschaft für
Bau- und Geotechnik mbH
Ferdinand-Porsche-Ring 1
63110 Rodgau-Jügesheim
Tel. 06106/269930

Ingenieurbüro für Bau, Immobilien und Umwelt

SakostaCAU GmbH 58
Ingenieur- und Sachverständigen-
leistungen
Im Steingrund 2
63303 Dreieich
Tel. 06103/9830

Ingenieurbüro für Baugrundgutachten und Geotechnik

Ingenieursozietät 122
Professor Dr.-Ing.
Katzenbach GmbH
Vereidigte und nach Bauordnungs-
recht anerkannte Sachverständige
für Geotechnik
Pfaffenwiese 14A
65931 Frankfurt am Main
Tel. 069/9362230

Ingenieurbüro für Bauphysik

CSZ Ingenieurconsult 70
CORNELIUS-SCHWARZ-
ZEILTER GmbH
Marienburgstraße 27
64297 Darmstadt-Eberstadt
Tel. 06151/94150

Ingenieurbüro für Baustatik + Bauphysik

Dr. Mühlschwein 58
Ingenieure GmbH
Waldstraße 47
63303 Dreieich
Tel. 06103/34026

Ingenieurbüro für Brandschutz

Romig GmbH & Co. KG 96
Bauconsult
Karlstraße 110
64285 Darmstadt
Tel. 06151/60910

Ingenieurbüro für das Bauwesen

KREBS UND KIEFER NS 2+54
Beratende Ingenieure für das
Bauwesen GmbH
Hilpertstraße 20
64295 Darmstadt
Tel. 06151/8850

Ingenieurbüro für Energieeffizienz und Nachhaltigkeit

Lemon Consult GmbH 130
Energy Efficiency Engineering
Sumatrastraße 10
CH-8006 Zürich
Tel. +41/44/2007744

Ingenieurbüro für Fassadentechnik

Ingenieurbüro 145
Reincke GmbH
Planungsbüro für Fassadentechnik
August-Bebel-Straße 89
18055 Rostock
Tel. 0381/44 4470

Ingenieurbüro für Gebäudeautomation

Ingenieurbüro P. Meyer 101
Planung und Bauleitung Gebäude-
automation
In den Nußgärten 27a
61231 Bad Nauheim
Tel. 06032/921550

Ingenieurbüro für Gebäudetechnik

Ingenieurbüro 140
Klöffel GmbH
Fliederstraße 1
63486 Bruchköbel
Tel. 06181/978319

Ingenieurbüro für Generalplanung +LPH 2.3(Kosten)+6-9 HOAI §33

BAL Bauplanungs- 182
und Steuerungs GmbH
Lützowplatz 7
10785 Berlin
Tel. 030/2649590

Ingenieurbüro für Geo- und Umwelttechnik

Dr. Hug Geoconsult GmbH 116
Beratende Ingenieure und
Geologen
In der Au 25
61440 Oberursel
Tel. 06171/70400

Ingenieurbüro für Geothermie

Geotechnisches 110
Umweltbüro Lehr
Am Taubenbaum 25
61231 Bad Nauheim
Tel. 06032/32343

Ingenieurbüro für Großküchentechnik

Geisel GmbH 184
Ingenieurbüro für
Großküchentechnik
Reutlinger Straße 98
72766 Reutlingen
Tel. 07121/947910

Ingenieurbüro für Grundbau, Geotechnik

Baugrundinstitut 194
Franke-Meißner und
Partner GmbH
Max-Planck-Ring 47
65205 Wiesbaden-Delkenheim
Tel. 06122/95620

Ingenieurbüro für HKLS

Ing. A. Neumeister 59
& Schnierle GmbH
Sanitär - Heizung - Klima - Lüftung
Zeißelstraße 13
60318 Frankfurt
Tel. 069/9596670

Braun GmbH 157
Heizung-Kälte-Klima-Lüftung-
Sanitär
Magnolienweg 17
63741 Aschaffenburg
Tel. 06021/84760

Ingenieurbüro für Planung

Wagner Zeitter   61
Ingenieurbüro
Adolfsallee 57
65185 Wiesbaden
Tel. 0611/9010610

Ingenieurbüro für Projektmanagement

GFP Goldschmidt +   55
Fischer, Diplom-Ingenieure
Projektmanagementgesell-
schaft mbH
Kolpingstraße 20
63150 Heusenstamm
Tel. 06104/96240

BAL Bauplanungs-   182
und Steuerungs GmbH
Lützowplatz 7
10785 Berlin
Tel. 030/2649590

Ingenieurbüro für Projektsteuerung

exitecture architekten   129
Matthias Hohl - Friedrich Keller
Senckenberganlage 10-12
60325 Frankfurt am Main
Tel. 069/78988180

BAL Bauplanungs-   182
und Steuerungs GmbH
Lützowplatz 7
10785 Berlin
Tel. 030/2649590

Ingenieurbüro für Prüfingenieure

TP - Ingenieur GbR   58
Beratende Ingenieure IngKH VBI
Savignystraße 55
60325 Frankfurt am Main
Tel. 069/9757340

Ingenieurbüro für SiGeKoordination

GefAS Gesellschaft für   135
Arbeitssicherheit mbH
Büro Frankfurt
Gaugrafenstraße 34
60489 Frankfurt am Main
Tel. 069/78808830

Ingenieurbüro für Statik

Schmitt + Thielmann   109
und Partner
Ingenieurbüro für
Tragwerksplanung
Hubertusstraße 13
65203 Wiesbaden
Tel. 0611/4118730

Ingenieurbüro für Technische Gebäudeausrüstung

ist EnergiePlan GmbH   67
Gebäude- und Umwelttechnik
Werderstraße 34
79379 Müllheim
Tel. 07631/936370

CSZ Ingenieurconsult   70
CORNELIUS-SCHWARZ-
ZEILTER GmbH
Marienburgstraße 27
64297 Darmstadt-Eberstadt
Tel. 06151/94150

PP Pahnke + Partner   152
Ingenieurgesellschaft mbH
Technische Gebäudeausrüstung
Die Mauergärten 2
61184 Karben
Tel. 06039/92040

MEC Engineering   210
& Consulting GmbH
Ingenieurplanung - Technische
Gebäudeausrüstung
Siemensstraße 1
61239 Ober-Mörlen
Tel. 06002/5010

Ingenieurbüro für Tragwerksplanung

Ingenieurbüro   61
Fischer + Werle
Dipl.-Ing. Marc Werle Beratender
Ingenieur IngKH
Franziusstraße 8-14
60314 Frankfurt
Tel. 069/9514140

CSZ Ingenieurconsult   70
CORNELIUS-SCHWARZ-
ZEILTER GmbH
Marienburgstraße 27
64297 Darmstadt-Eberstadt
Tel. 06151/94150

Schmitt + Thielmann   109
und Partner
Ingenieurbüro für
Tragwerksplanung
Hubertusstraße 13
65203 Wiesbaden
Tel. 0611/4118730

Ingenieurbüro für Vermessung

Steuernagel   185
Ingenieure GmbH
Zeilweg 13-15
60439 Frankfurt am Main
Tel. 069/9551350

Unternehmen

A

Abbruch

GPS Gesellschaft für   43
Projektmanagement +
Sanierung mbH
Moselstraße 15
60329 Frankfurt am Main
Tel. 069/40158751

Robert Zeller Abbruch   60
GmbH & Co. KG
Abbruch-Baggerbetrieb
Bieberer Straße 263
63071 Offenbach
Tel. 069/851087

Mexner GmbH   70
Erdbau - Abbruch -
Containerdienst - Recycling
Chattenring 2
65428 Rüsselsheim
Tel. 06142/97440

CSZ Ingenieurconsult   70
CORNELIUS-SCHWARZ-
ZEILTER GmbH
Marienburgstraße 27
64297 Darmstadt-Eberstadt
Tel. 06151/94150

J. Maul GmbH   113
Entkernung & Abbruch
Oberriethstraße 17 b
65187 Wiesbaden
Tel. 0611/4090372

Peter Kolb GmbH   169
Recycling - Abbruch - Erdbau
Mühlweg 15a
63743 Aschaffenburg-Obernau
Tel. 06028/97520

Trageser GmbH   176
Containerdienst - Erd- u. Abbrucharbeiten
Kopernikusstraße 22
63579 Freigericht-Altenmittlau
Tel. 06055/2372

Abdichtungen

BHG Hessia   114
Baustoffe GmbH
An den Nahewiesen 2
55450 Langenlonsheim
Tel. 06704/930129

A. L. Fliesenprofi AG   145
Fliesenhandel + Verlegung
Industriestraße 15b
63517 Rodenbach
Tel. 06184/90990

Akustik

IN-Ausbau GmbH   92
Steinmühlstraße 12 b
61352 Bad Homburg
Tel. 06172/959040

Lemon Consult GmbH   130
Energy Efficiency Engineering
Sumatrastraße 10
CH-8006 Zürich
Tel. +41/44/2007744

Strähle Raum-   133
Systeme GmbH
Gewerbestraße 6
71332 Waiblingen
Tel. 07151/17140

Altlasten

SakostaCAU GmbH 58
Ingenieur- und Sachverständigen-
leistungen
Im Steingrund 2
63303 Dreieich
Tel. 06103/9830

Geotechnisches 110
Umweltbüro Lehr
Am Taubenbaum 25
61231 Bad Nauheim
Tel. 06032/32343

Bodenmechanisches 117
Labor Gumm
Darmstädter Landstraße 85a
60598 Frankfurt am Main
Tel. 069/963762880

Baugrundinstitut 194
Franke-Meißner und
Partner GmbH
Max-Planck-Ring 47
65205 Wiesbaden-Delkenheim
Tel. 06122/95620

Anlagenbau

Kieback&Peter VS 3+40
GmbH & Co. KG
Technologie für Gebäude-
Automation
Eisenstraße 9b
65428 Rüsselsheim
Tel. 06142/2080090

FREYLER Stahlbau GmbH 111
Draisstraße 4
79341 Kenzingen
Tel. 07644/8050

SAG GmbH 167
Pittlerstraße 44
63225 Langen
Tel. 06103/48580

Schneider Electric 183
Energy GmbH
Niederlassung Rhein-Main
Am Holzweg 26
65830 Kriftel
Tel. 069/66321740

Arbeitsbühnen

EISELE AG VS 4+89
Crane & Engineering Group
Gutenbergstraße 5
63477 Maintal
Tel. 06109/764102

Arbeitssicherheit

DEKRA Industrial GmbH 10
Standort Frankfurt
Borsigallee 24 b
60388 Frankfurt
Tel. 069/42083300

Architekten
(s. Verzeichnisbeginn)

Architekturfotografie

Klaus Helbig Fotografie 133
Bornheimer Landstraße 52
60316 Frankfurt am Main
Tel. 069/430226

Aufzüge

TÜV Rheinland NS 1+39
Industrie Service GmbH
An der Krimm 23
55124 Mainz
Tel. 06131/4654219

Schindler Aufzüge und 91
Fahrtreppen GmbH
Region Mitte
Wächtersbacher Straße 82
60386 Frankfurt/Main
Tel. 069/420930

OTIS GmbH & Co. OHG 128
Otisstraße 33
13507 Berlin
Tel. 030/43040

KONE GmbH 188
Gerbermühlstraße 7
60594 Frankfurt
Tel. 069/420040

Sieben IAO, 205
Haushahn Gruppe
Aufzüge für Wohn- und
Geschäftsgebäude
Jakob-Anstatt-Straße 15
55130 Mainz
Tel. 06131/99800

Mayland Aufzüge 211
Beuerbacher Landstraße 8
65520 Bad Camberg
Tel. 06434/909220

Automatiktüren

KONE GmbH 188
Gerbermühlstraße 7
60594 Frankfurt
Tel. 069/420040

Sieben IAO, 205
Haushahn Gruppe
Aufzüge für Wohn- und
Geschäftsgebäude
Jakob-Anstatt-Straße 15
55130 Mainz
Tel. 06131/99800

B

Bäder

ist EnergiePlan GmbH 67
Gebäude- und Umwelttechnik
Werderstraße 34
79379 Müllheim
Tel. 07631/936370

H. & M. Fries 134
Fliesenfachgeschäft GmbH
Kreuzdelle 9
63872 Heimbuchenthal
Tel. 06092/1844

A. L. Fliesenprofi AG 145
Fliesenhandel + Verlegung
Industriestraße 15b
63517 Rodenbach
Tel. 06184/90990

Baubeschläge

Wilhelm Marx 111
GmbH + Co. KG
Niederlassung Frankfurt
Gutleutstraße 341
60327 Frankfurt a.M.
Tel. 069/272830

Baudekorationen

CFS Baudekoration GmbH 107
Wiesbadener Straße 72
55252 Mainz-Kastel
Tel. 06134/640571

Baudekor Rohls GmbH 134
Am Schloßberg 5A
63667 Nidda-Fauerbach
Tel. 06043/4494

F. J. Riegel GmbH 142
Malerbetrieb
Hauptstraße 58
63927 Bürgstadt
Tel. 09371/1281

Bau-Dienstleistung

B & K 97
Reinigungsdienst GmbH
Wurzelstraße 2
60327 Frankfurt am Main
Tel. 069/230505

Baudokumentation

Klaus Helbig Fotografie 133
Bornheimer Landstraße 52
60316 Frankfurt am Main
Tel. 069/430226

Bauelemente

WeGo U2+88
Systembaustoffe GmbH
Niederlassung Hanau
Voltastraße 11
63457 Hanau
Tel. 06181/67140

Wilhelm Marx 111
GmbH + Co. KG
Niederlassung Frankfurt
Gutleutstraße 341
60327 Frankfurt a.M.
Tel. 069/272830

Bauendreinigung

B & K 97
Reinigungsdienst GmbH
Wurzelstraße 2
60327 Frankfurt am Main
Tel. 069/230505

Baufeinreinigung

B & K 97
Reinigungsdienst GmbH
Wurzelstraße 2
60327 Frankfurt am Main
Tel. 069/230505

Bau-Grobreinigung

B & K 97
Reinigungsdienst GmbH
Wurzelstraße 2
60327 Frankfurt am Main
Tel. 069/230505

Bauleitung

KREBS UND KIEFER NS 2+54
Beratende Ingenieure für das
Bauwesen GmbH
Hilpertstraße 20
64295 Darmstadt
Tel. 06151/8850

Björnsen Beratende 168
Ingenieure GmbH
Maria Trost 3
56070 Koblenz
Tel. 0261/88510

BAL Bauplanungs- 182
und Steuerungs GmbH
Lützowplatz 7
10785 Berlin
Tel. 030/2649590

Bauschilder

Buse Neon Werbetechnik 189
Bgm.-Schreiber-Straße 8
55270 Klein-Winternheim
Tel. 06136/9221828

Bauschlosserei

Ralf Malkewitz 131
Technische Lösungen - Umwelt-
technik - Montage
Rosenstraße 3
55270 Schwabenheim
Tel. 06130/270

Bausicherheit

WS Frankfurt GmbH 108
Mainzer Landstraße 176
60327 Frankfurt/Main
Tel. 069/97358303

Bauspezialartikel

Haberstroh 114
Baubedarf GmbH
Odenwaldstraße 74
63322 Rödermark
Tel. 06074/89500

Baustellenlogistik

Adolf Würth U3+87
GmbH & Co. KG
Baustellen-Projekt-Management
Reinhold-Würth-Straße 12-17
74650 Künzelsau-Gaisbach
Tel. 07931/913700

Baustoffe

TÜV Rheinland NS 1+39
Industrie Service GmbH
An der Krimm 23
55124 Mainz
Tel. 06131/4654219

Raab Karcher U4+41
Niederlassung
Eyssenstraße 14
60314 Frankfurt am Main
Tel. 069/40505260

WeGo U2+88
Systembaustoffe GmbH
Niederlassung Hanau
Voltastraße 11
63457 Hanau
Tel. 06181/67140

Wetterauer Lieferbeton 38
GmbH & Co. KG
Frankfurter Landstraße 153-155
61231 Bad Nauheim
Tel. 06032/93060

BHG Hessia 114
Baustoffe GmbH
An den Nahewiesen 2
55450 Langenlonsheim
Tel. 06704/930129

quick-mix Stockstadt 118
GmbH & Co. KG
Vogesenstraße 5
63811 Stockstadt
Tel. 06027/417113

Bauunternehmen

Jean Bratengeier 56
Baugesellschaft mbH
Im Steingrund 6
63303 Dreieich
Tel. 06103/833590

GROSSMANN Bau 71
GmbH & Co. KG
Äußere Münchener Straße 20
83026 Rosenheim
Tel. 08031/44010

Bonus Bau GmbH 104
Bauorganisation
Eschersheimer Landstraße 275
60320 Frankfurt am Main
Tel. 069/97766585

Handke 106
Brunnenbau GmbH
Am Altbach 3-5
67246 Dirmstein
Tel. 06238/920490

BT Bau GmbH 132
Anne-Frank-Straße 15
63225 Langen
Tel. 06103/502763

Reiß & Schreyer GmbH 144
Abbrucharbeiten - Fugenschneiden
- Bohr- und Sägetechnik
Ebnather Straße 13
95682 Brand
Tel. 09236/6352

MBN Bau AG 173
Beekebreite 2-8
49124 Georgsmarienhütte
Tel. 05401/4950

Gg. W. Feldmann KG 201
Bauunternehmen
Kiesstraße 12
64560 Riedstadt
Tel. 06158/83833

W. Trautmann GmbH 201
Bauunternehmen
Schafbrückenweg 10
63834 Sulzbach
Tel. 06028/97000

Hochbau Engel GmbH 204
Otto-Hahn-Straße 21
63456 Hanau
Tel. 06181/969570

PORR Deutschland GmbH 214
Niederlassung Frankfurt
Hanauer Landstraße 523
60386 Frankfurt
Tel. 069/9043180

Bauwerksab-
dichtungen

HTS GmbH 62
Hoch- und Tiefbau
Marxheimer Platz 20
60326 Frankfurt/Main
Tel. 069/7393679

Gutachterbüro 94
Beutler und Sohn
Sachverständiger und Gutachter
Mittelstraße 19
65614 Beselich
Tel. 06484/8916438

Bedachungen

SIPAK GmbH 60
Dachdeckermeister
Wittelsbacherallee 103
60385 Frankfurt/M.
Tel. 069/448027

Gottlieb 102
Bedachung GmbH
Am Roten Berg 1
65329 Hohenstein
Tel. 06120/906969

Die Bauspezialisten 227

Befestigungsmaterial

Adolf Würth U3+87
GmbH & Co. KG
Baustellen-Projekt-Management
Reinhold-Würth-Straße 12-17
74650 Künzelsau-Gaisbach
Tel. 07931/913700

Beleuchtungen

Raible + Partner 67
GmbH & Co. KG
Planungsbüro für Elektro- &
Kommunikationstechnik
Arbachtalstraße 1
72800 Eningen u. A.
Tel. 07121/94780

PENELL GmbH 100
Elektro-Großhandel
Bahnhofstraße 32
64372 Ober-Ramstadt
Tel. 06154/62510

DEIN GmbH 107
Daten - Energie - Installation -
Netzwerke
Im Prüfling 12
60389 Frankfurt am Main
Tel. 06007/917245

EGH Elektro- 112
gesellschaft Hartha GmbH
Leipziger Straße 10
04746 Hartha
Tel. 034328/7340

Henry Witt KG 118
Elektroanlagen
Hauptstraße 21
03253 Tröbitz
Tel. 035326/9820

Elektro Ehinger GmbH 135
Leerbachstraße 26
60322 Frankfurt/Main
Tel. 069/7140040

Elektro Müller 157
GmbH & Co.
Elektro-Installationen KG
Staudingerstraße 2
64293 Darmstadt
Tel. 06151/893939

Beschichtung

Epowit Bautechnik GmbH 132
Industriepark Rhön
Bürgermeister-Ebert-Straße 17
36124 Eichenzell
Tel. 06659/86410

Beton

Wetterauer Lieferbeton 38
GmbH & Co. KG
Frankfurter Landstraße 153-155
61231 Bad Nauheim
Tel. 06032/93060

Sehring Sand & Kies 141
GmbH & Co. KG
Sehring Beton GmbH & Co. KG
Sehringstraße 1
63225 Langen
Tel. 069/697010

Betonarbeiten

HTS GmbH 62
Hoch- und Tiefbau
Marxheimer Platz 20
60326 Frankfurt/Main
Tel. 069/7393679

Sprute GmbH 146
Beton-Natursteinwerk
Katschenreuth 6
95326 Kulmbach
Tel. 09221/74172

Sara-Vertriebs- 175
und Bau GmbH
Strahlenbergerstraße 123-125
63067 Offenbach am Main
Tel. 069/85095497

Hochbau Engel GmbH 204
Otto-Hahn-Straße 21
63456 Hanau
Tel. 06181/969570

Beton-Fertigteile

Betonwerk 103
Spittwitz GmbH
Rosenweg 5
02633 Göda
Tel. 035930/55630

Betonsanierung

Peper & Co 108
Anstrich- und Spritzindustrie
Heiligkreuzweg 112
55130 Mainz-Weisenau
Tel. 06131/92990

Epowit Bautechnik GmbH 132
Industriepark Rhön
Bürgermeister-Ebert-Straße 17
36124 Eichenzell
Tel. 06659/86410

Blitzschutz

ibb 57
Ingenieurgesellschaft mbH
Staudinger Straße 6
64293 Darmstadt
Tel. 06151/8127750

PENELL GmbH 100
Elektro-Großhandel
Bahnhofstraße 32
64372 Ober-Ramstadt
Tel. 06154/62510

EGH Elektrogesellschaft 112
Hartha GmbH
Leipziger Straße 10
04746 Hartha
Tel. 034328/7340

GBF GmbH 144
Blitzschutzanlagenbau
Freitaler Straße 12
09623 Frauenstein
Tel. 037326/85953

M. Appel & Sohn GmbH 176
Blitzschutztechnik
Kalbacher Stadtpfad 1-5
60437 Frankfurt/Main
Tel. 069/502826

Bodenbeläge

Maler Süd GmbH 143
Markersdorfer Straße 52
09123 Chemnitz
Tel. 0371/281840

Weber Wohnideen GmbH 158
Dieburger Straße 40
63322 Rödermark
Tel. 06074/865430

Brandschutz

TÜV Rheinland NS 1+39
Industrie Service GmbH
An der Krimm 23
55124 Mainz
Tel. 06131/4654219

WeGo U2+88
Systembaustoffe GmbH
Niederlassung Hanau
Voltastraße 11
63457 Hanau
Tel. 06181/67140

DEKRA Industrial GmbH 10
Standort Frankfurt
Borsigallee 24 b
60388 Frankfurt
Tel. 069/42083300

Minimax GmbH & Co. KG 36
Region Mitte, Büro Frankfurt
Heinrich-Hertz-Straße 1
63303 Dreieich
Tel. 06103/58800

ibb 57
Ingenieurgesellschaft mbH
Staudinger Straße 6
64293 Darmstadt
Tel. 06151/8127750

CEE Communication 59
& Energy Engineering GmbH
Black-und-Decker-Straße 26
65510 Idstein
Tel. 06126/94160

Wagner Zeitter 61
Ingenieurbüro
Adolfsallee 57
65185 Wiesbaden
Tel. 0611/9010610

IN-Ausbau GmbH 92
Steinmühlstraße 12 b
61352 Bad Homburg
Tel. 06172/959040

Kidde Brand- und   **105**
Explosionsschutz GmbH
Harkortstraße 3
40880 Ratingen
Tel. 02102/57900

DEIN GmbH   **107**
Daten - Energie - Installation -
Netzwerke
Im Prüfling 12
60389 Frankfurt am Main
Tel. 06007/917245

Dressler   **112**
Brandschutz GmbH
Stockhausenstraße 9
64546 Mörfelden-Walldorf
Tel. 06105/320822

Bauelemente Bensheim   **119**
Vertriebs GmbH
Robert-Bosch-Straße 32b
64625 Bensheim
Tel. 06251/8667002

TPG® Technische   **133**
Prüfgesellschaft mbH
Carnotstraße 7
10587 Berlin
Tel. 030/3992860

Baudekor Rohls GmbH   **134**
Am Schloßberg 5A
63667 Nidda-Fauerbach
Tel. 06043/4494

Corall Ingenieure GmbH   **174**
Ingenieure und Sachverständige
für den vorbeugenden Brandschutz
Hochstraße 18
40670 Meerbusch
Tel. 02159/696290

REIF Brandschutz GmbH   **189**
Kestweg 25
63825 Sommerkahl
Tel. 06024/635960

Brückenbau

Institut für   **110**
Schweißtechnik und
Ingenieurbüro Dr. Möll GmbH
An der Schleifmühle 6
64289 Darmstadt
Tel. 06151/97129510

C

Cafeteria

Rech Großküchen-   **118**
Cafeteria-Einrichtungen
Gartenstraße 51
61440 Oberursel
Tel. 06171/582888

Containerdienst

Mexner GmbH   **70**
Erdbau - Abbruch -
Containerdienst - Recycling
Chattenring 2
65428 Rüsselsheim
Tel. 06142/97440

D

Dachdecker

SIPAK GmbH   **60**
Dachdeckermeister
Wittelsbacherallee 103
60385 Frankfurt/M.
Tel. 069/448027

Gottlieb   **102**
Bedachung GmbH
Am Roten Berg 1
65329 Hohenstein
Tel. 06120/906969

Dachverglasung

Eberspächer   **102**
Glasbau GmbH
Wilhelm-Maier-Straße 10
73257 Köngen
Tel. 07024/80900

Dämmungen

WeGo   **U2+88**
Systembaustoffe GmbH
Niederlassung Hanau
Voltastraße 11
63457 Hanau
Tel. 06181/67140

Malermeister   **106**
Steffen Köhler
Opalstraße 21
04319 Leipzig
Tel. 0341/4637853

Andreas Hensel   **114**
Akustik und Trockenbau
Zweinig 3
04741 Roßwein
Tel. 03431/574920

E

EDV

ibb   **57**
Ingenieurgesellschaft mbH
Staudinger Straße 6
64293 Darmstadt
Tel. 06151/8127750

MEDIZINTECHNIK   **93**
St. Egidien GmbH
Im Technologiezentrum
Lichtenstein
Am Eichenwald 15
09350 Lichtenstein
Tel. 037204/50200

Elektro Ehinger GmbH   **135**
Leerbachstraße 26
60322 Frankfurt/Main
Tel. 069/7140040

Elektro Müller   **157**
GmbH & Co.
Elektro-Installationen KG
Staudingerstraße 2
64293 Darmstadt
Tel. 06151/893939

Daniel Weingärtner   **205**
Elektroinstallation-
Tontechnik -
Beleuchtungsanlagenverleih
Feldstraße 4
63594 Hasselroth-Niedermittlau
Tel. 06055/1005

Einrichtungen

Rech Großküchen-   **118**
Cafeteria-Einrichtungen
Gartenstraße 51
61440 Oberursel
Tel. 06171/582888

Elektro

TÜV Rheinland   **NS 1+39**
Industrie Service GmbH
An der Krimm 23
55124 Mainz
Tel. 06131/4654219

Kieback&Peter   **VS 3+40**
GmbH & Co. KG
Technologie für
Gebäude-Automation
Eisenstraße 9b
65428 Rüsselsheim
Tel. 06142/2080090

ibb   **57**
Ingenieurgesellschaft mbH
Staudinger Straße 6
64293 Darmstadt
Tel. 06151/8127750

CEE Communication &   **59**
Energy Engineering GmbH
Black-und-Decker-Straße 26
65510 Idstein
Tel. 06126/94160

Raible + Partner   **67**
GmbH & Co. KG
Planungsbüro für Elektro- &
Kommunikationstechnik
Arbachtalstraße 1
72800 Eningen u. A.
Tel. 07121/94780

PENELL GmbH   **100**
Elektro-Großhandel
Bahnhofstraße 32
64372 Ober-Ramstadt
Tel. 06154/62510

DEIN GmbH   **107**
Daten - Energie -
Installation - Netzwerke
Im Prüfling 12
60389 Frankfurt am Main
Tel. 06007/917245

EGH Elektro- 112
gesellschaft Hartha GmbH
Leipziger Straße 10
04746 Hartha
Tel. 034328/7340

Henry Witt KG 118
Elektroanlagen
Hauptstraße 21
03253 Tröbitz
Tel. 035326/9820

Elektro Ehinger GmbH 135
Leerbachstraße 26
60322 Frankfurt/Main
Tel. 069/7140040

Elektro Müller 157
GmbH & Co.
Elektro-Installationen KG
Staudingerstraße 2
64293 Darmstadt
Tel. 06151/893939

Mainova AG 166
Solmsstraße 38
60623 Frankfurt
Tel. 0800/1166688

SAG GmbH 167
Pittlerstraße 44
63225 Langen
Tel. 06103/48580

M. Appel & Sohn GmbH 176
Blitzschutztechnik
Kalbacher Stadtpfad 1-5
60437 Frankfurt/Main
Tel. 069/502826

Daniel Weingärtner 205
Elektroinstallation-
Tontechnik -
Beleuchtungsanlagenverleih
Feldstraße 4
63594 Hasselroth-Niedermittlau
Tel. 06055/1005

Energieberatung

Ingenieurbüro 140
Klöffel GmbH
Fliederstraße 1
63486 Bruchköbel
Tel. 06181/978319

Entkernungen

GPS Gesellschaft für 43
Projektmanagement +
Sanierung mbH
Moselstraße 15
60329 Frankfurt am Main
Tel. 069/40158751

Robert Zeller Abbruch 60
GmbH & Co. KG
Abbruch-Baggerbetrieb
Bieberer Straße 263
63071 Offenbach
Tel. 069/851087

J. Maul GmbH 113
Entkernung & Abbruch
Oberriethstraße 17 b
65187 Wiesbaden
Tel. 0611/4090372

Entsorgung

WS Frankfurt GmbH 108
Mainzer Landstraße 176
60327 Frankfurt/Main
Tel. 069/97358303

Erdarbeiten

GPS Gesellschaft für 43
Projektmanagement +
Sanierung mbH
Moselstraße 15
60329 Frankfurt am Main
Tel. 069/40158751

Handke 106
Brunnenbau GmbH
Am Altbach 3-5
67246 Dirmstein
Tel. 06238/920490

Trageser GmbH 176
Containerdienst - Erd-
u. Abbrucharbeiten
Kopernikusstraße 22
63579 Freigericht-Altenmittlau
Tel. 06055/2372

Hochbau Engel GmbH 204
Otto-Hahn-Straße 21
63456 Hanau
Tel. 06181/969570

Erdbau

Mexner GmbH 70
Erdbau - Abbruch -
Containerdienst - Recycling
Chattenring 2
65428 Rüsselsheim
Tel. 06142/97440

Peter Kolb GmbH 169
Recycling - Abbruch - Erdbau
Mühlweg 15a
63743 Aschaffenburg-Obernau
Tel. 06028/97520

Estrich

WeGo U2+88
Systembaustoffe GmbH
Niederlassung Hanau
Voltastraße 11
63457 Hanau
Tel. 06181/67140

Wetterauer Lieferbeton 38
GmbH & Co. KG
Frankfurter Landstraße 153-155
61231 Bad Nauheim
Tel. 06032/93060

F

Fahrtreppen

OTIS GmbH & Co. OHG 128
Otisstraße 33
13507 Berlin
Tel. 030/43040

KONE GmbH 188
Gerbermühlstraße 7
60594 Frankfurt
Tel. 069/420040

Fassaden

Peter Deibert GmbH 60
Baudekoration - Malerfachbetrieb
Duisbergstraße 12
60320 Ffm/Westend-Nord
Tel. 069/5602320

Carl Stahl GmbH 90
Tobelstraße 2
73079 Süssen
Tel. 07162/40072100

B & K Reinigungsdienst 97
GmbH
Wurzelstraße 2
60327 Frankfurt am Main
Tel. 069/230505

Gottlieb 102
Bedachung GmbH
Am Roten Berg 1
65329 Hohenstein
Tel. 06120/906969

Sebnitzer 113
Fensterbau GmbH
Hohnsteinerstraße 6
01855 Sebnitz
Tel. 035971/5940

Lenhart Metallbau GmbH 117
Haystraße 23
55566 Bad Sobernheim
Tel. 06751/93600

Lindner Group KG 130
Kaiserstraße 63
60329 Frankfurt
Tel. 069/9500554831

Kochs® 195
Fenstertechnik GmbH
Am Boscheler Berg 5
52134 Herzogenrath-Merkstein
Tel. 02406/98550

Fassadenbeleuchtung

Turk Industriedesign 145
Schweizer Straße 75
60594 Frankfurt
Tel. 069/613843

Fenster

Sebnitzer 113
Fensterbau GmbH
Hohnsteinerstraße 6
01855 Sebnitz
Tel. 035971/5940

Lenhart Metallbau GmbH 117
Haystraße 23
55566 Bad Sobernheim
Tel. 06751/93600

Kochs® Fenstertechnik GmbH 195
Am Boscheler Berg 5
52134 Herzogenrath-Merkstein
Tel. 02406/98550

Fertigteile

PIES Betonsteinwerk GmbH & Co. KG 99
An der B 256
56626 Andernach/OT Miesenheim
Tel. 02632/5038

BHG Hessia Baustoffe GmbH 114
An den Nahewiesen 2
55450 Langenlonsheim
Tel. 06704/930129

Bauelemente Bensheim Vertriebs GmbH 119
Robert-Bosch-Straße 32b
64625 Bensheim
Tel. 06251/8667002

Sprute GmbH 146
Beton-Natursteinwerk
Katschenreuth 6
95326 Kulmbach
Tel. 09221/74172

Feuerlöscher

Dressler Brandschutz GmbH 112
Stockhausenstraße 9
64546 Mörfelden-Walldorf
Tel. 06105/320822

Flachdachabdichtungen

Gottlieb Bedachung GmbH 102
Am Roten Berg 1
65329 Hohenstein
Tel. 06120/906969

Flachdächer

SIPAK GmbH 60
Dachdeckermeister
Wittelsbacherallee 103
60385 Frankfurt/M.
Tel. 069/448027

Gottlieb Bedachung GmbH 102
Am Roten Berg 1
65329 Hohenstein
Tel. 06120/906969

Fliesen

Raab Karcher Niederlassung U4+41
Eyssenstraße 14
60314 Frankfurt am Main
Tel. 069/40505260

Ried und Sohn GmbH 61
Fliesenfachbetrieb seit 1919
Wingertstraße 21 – 23
60316 Frankfurt am Main
Tel. 069/439177/78

Fugerservice Selmani 113
Dannenbütteler Weg 64
38518 Gifhorn
Tel. 05371/71411

H. & M. Fries 134
Fliesenfachgeschäft GmbH
Kreuzdelle 9
63872 Heimbuchenthal
Tel. 06092/1844

A. L. Fliesenprofi AG 145
Fliesenhandel + Verlegung
Industriestraße 15b
63517 Rodenbach
Tel. 06184/90990

Fliesen-Bernhard GmbH 156
Rheinallee 62
55294 Bodenheim
Tel. 06135/2538

Flucht- und Rettungswegtechnik

Wilhelm Marx GmbH + Co. KG 111
Niederlassung Frankfurt
Gutleutstraße 341
60327 Frankfurt a.M.
Tel. 069/272830

Fugenarbeiten

Fugerservice Selmani 113
Dannenbütteler Weg 64
38518 Gifhorn
Tel. 05371/71411

G

Garten- und Landschaftsbau

Benden GmbH 62
Gebäudedienste GmbH
Luthmerstraße 5
65934 Frankfurt a. M.
Tel. 069/67867480

Toriello GmbH 95
Landschaftspflege
Werner-von-Siemens-Straße 12
72202 Nagold
Tel. 07452/93166

quick-mix Stockstadt GmbH & Co. KG 118
Vogesenstraße 5
63811 Stockstadt
Tel. 06027/417113

Gebäudereinigungen

Benden GmbH 62
Gebäudedienste GmbH
Luthmerstraße 5
65934 Frankfurt a. M.
Tel. 069/67867480

Salathé & Zimmermann 195
Gebäudemanagement GmbH
Lyoner Straße 44-48
60528 Frankfurt/Main
Tel. 069/85003700

Optimal GmbH 201
Glas- und Gebäudereinigung
Heidelberger Straße 14
64283 Darmstadt
Tel. 06151/969620

Geländer

Carl Stahl GmbH 90
Tobelstraße 2
73079 Süssen
Tel. 07162/40072100

Wittenberger Stahl- und Anlagenbau GmbH 120
Am Heideberg 38
06886 Lutherstadt Wittenberg
Tel. 03491/64610

Generalunternehmen

Reiß & Schreyer GmbH 144
Abbrucharbeiten - Fugenschneiden
- Bohr- und Sägetechnik
Ebnather Straße 13
95682 Brand
Tel. 09236/6352

PORR Deutschland GmbH 214
Niederlassung Frankfurt
Hanauer Landstraße 523
60386 Frankfurt
Tel. 069/9043180

Geophysik

Get Geo Exploration Technologies 116
Dr. Arnim Kaus, Wolf Boening & Partner GbR
Körnerstraße 2
55120 Mainz
Tel. 06131/690499

Gerüstbau

PHK Gerüstbau GmbH 115
Affenstein 37b
67246 Dirmstein
Tel. 06238/920006

Ruck-Zuck-Gerüstbau und Verleih GmbH 115
Dorfstraße 15 c
09217 Burgstädt
Tel. 03724/15086

Gerüstbau Paul GmbH 119
Graebestraße 9
60488 Frankfurt am Main
Tel. 069/74229950

Hühn Gerüstbau GmbH 134
Gutenbergring 8
35463 Fernwald
Tel. 06404/91400

Uhle Gerüstbau GmbH 173
Hauptstraße 30
74382 Neckarwestheim
Tel. 07133/98730

Gipser

Bernd Sommer 120
Akustik- und Trockenbau -
Gipsdielen
Bahnhofstraße 14
07768 Orlamünde
Tel. 036423/20339

F. J. Riegel GmbH 142
Malerbetrieb
Hauptstraße 58
63927 Bürgstadt
Tel. 09371/1281

Glasdach

Eberspächer 102
Glasbau GmbH
Wilhelm-Maier-Straße 10
73257 Köngen
Tel. 07024/80900

Glasfassaden

Eberspächer 102
Glasbau GmbH
Wilhelm-Maier-Straße 10
73257 Köngen
Tel. 07024/80900

Glasreinigung

B & K Reinigungsdienst 97
GmbH
Wurzelstraße 2
60327 Frankfurt am Main
Tel. 069/230505

Großküchen-einrichtungen

Rech Großküchen- 118
Cafeteria-Einrichtungen
Gartenstraße 51
61440 Oberursel
Tel. 06171/582888

Gutachter

KREBS UND KIEFER NS 2+54
Beratende Ingenieure für das
Bauwesen GmbH
Hilpertstraße 20
64295 Darmstadt
Tel. 06151/8850

DEKRA Industrial GmbH 10
Standort Frankfurt
Borsigallee 24 b
60388 Frankfurt
Tel. 069/42083300

Gutachterbüro Beutler 94
und Sohn
Sachverständiger und Gutachter
Mittelstraße 19
65614 Beselich
Tel. 06484/8916438

Geotechnisches 110
Umweltbüro Lehr
Am Taubenbaum 25
61231 Bad Nauheim
Tel. 06032/32343

Bodenmechanisches 117
Labor Gumm
Darmstädter Landstraße 85a
60598 Frankfurt am Main
Tel. 069/963762880

Ingenieurbüro 145
Reincke GmbH
Planungsbüro für Fassadentechnik
August-Bebel-Straße 89
18055 Rostock
Tel. 0381/4444470

H

Hausmeisterservice

Optimal GmbH 201
Glas- und Gebäudereinigung
Heidelberger Straße 14
64283 Darmstadt
Tel. 06151/969620

Haustechnik

Kieback&Peter VS 3+40
GmbH & Co. KG
Technologie für Gebäude-
Automation
Eisenstraße 9b
65428 Rüsselsheim
Tel. 06142/2080090

ibb 57
Ingenieurgesellschaft mbH
Staudinger Straße 6
64293 Darmstadt
Tel. 06151/8127750

ist EnergiePlan GmbH 67
Gebäude- und Umwelttechnik
Werderstraße 34
79379 Müllheim
Tel. 07631/936370

Lemon Consult GmbH 130
Energy Efficiency Engineering
Sumatrastraße 10
CH-8006 Zürich
Tel. +41/44/2007744

TPG® Technische 133
Prüfgesellschaft mbH
Carnotstraße 7
10587 Berlin
Tel. 030/3992860

Seidl + Partner 194
Gesamtplanung GmbH
Boelckestraße 40
93051 Regensburg
Tel. 0941/920110

Heizung

Ing. A. Neumeister 59
& Schnierle GmbH
Sanitär - Heizung - Klima - Lüftung
Zeißelstraße 13
60318 Frankfurt
Tel. 069/9596670

Klum GmbH 104
Heizung-Lüftung-Sanitär
Liebigstraße 4
65520 Bad Camberg
Tel. 06434/2040

Braun GmbH 157
Heizung-Kälte-Klima-
Lüftung-Sanitär
Magnolienweg 17
63741 Aschaffenburg
Tel. 06021/84760

Hochbau

Wagner Zeitter 61
Ingenieurbüro
Adolfsallee 57
65185 Wiesbaden
Tel. 0611/9010610

HTS GmbH 62
Hoch- und Tiefbau
Marxheimer Platz 20
60326 Frankfurt/Main
Tel. 069/7393679

GROSSMANN Bau 71
GmbH & Co. KG
Äußere Münchener Straße 20
83026 Rosenheim
Tel. 08031/44010

Advance 120
Baugesellschaft und
Baumanagement mbH
Daimlerstraße 12
61352 Bad Homburg
Tel. 06172/6719813

BT Bau GmbH 132
Anne-Frank-Straße 15
63225 Langen
Tel. 06103/502763

Sara-Vertriebs- **175**
und Bau GmbH
Strahlenbergerstraße 123-125
63067 Offenbach am Main
Tel. 069/85095497

W. Trautmann GmbH **201**
Bauunternehmen
Schafbrückenweg 10
63834 Sulzbach
Tel. 06028/97000

Hochbau Engel GmbH **204**
Otto-Hahn-Straße 21
63456 Hanau
Tel. 06181/969570

Holzbau

Wagner Zeitter **61**
Ingenieurbüro
Adolfsallee 57
65185 Wiesbaden
Tel. 0611/9010610

GROSSMANN Bau **71**
GmbH & Co. KG
Äußere Münchener Straße 20
83026 Rosenheim
Tel. 08031/44010

Hydrantenanlagen/ mobiler Brandschutz

Minimax GmbH & Co. KG **36**
Region Mitte, Büro Frankfurt
Heinrich-Hertz-Straße 1
63303 Dreieich
Tel. 06103/58800

I

Industriebau

FREYLER Stahlbau GmbH **111**
Draisstraße 4
79341 Kenzingen
Tel. 07644/8050

MSA Metall- und **119**
Stahlbau GmbH
An der alten Leimfabrik 4
01616 Strehla
Tel. 035264/9820

Advance **120**
Baugesellschaft und
Baumanagement mbH
Daimlerstraße 12
61352 Bad Homburg
Tel. 06172/6719813

KLEINUNDARCHITEKTEN **168**
GMBH
Hamburger Allee 45
60486 Frankfurt am Main
Tel. 069/97776910

Ingenieure (s. Verzeichnisbeginn)

Innen- und Außenisolationen

Andreas Hensel **114**
Akustik und Trockenbau
Zweinig 3
04741 Roßwein
Tel. 03431/574920

Innenausbau

R&M Ausbau **34**
Frankfurt GmbH
Carl-Zeiss-Straße 10/3
63322 Rödermark
Tel. 06074/920042

IN-Ausbau GmbH **92**
Steinmühlstraße 12 b
61352 Bad Homburg
Tel. 06172/959040

CAPAROL Farben Lacke **111**
Bautenschutz Gmbh
Roßdörfer Straße 50
64372 Ober-Ramstadt
Tel. 06154/717771

Bauelemente **119**
Wagner GmbH
Zum Stadtwald 2
01877 Bischofswerda
Tel. 03594/77120

Bernd Sommer **120**
Akustik- und Trockenbau -
Gipsdielen
Bahnhofstraße 14
07768 Orlamünde
Tel. 036423/20339

Lindner Group KG **130**
Kaiserstraße 63
60329 Frankfurt
Tel. 069/9500554831

Strähle Raum- **133**
Systeme GmbH
Gewerbestraße 6
71332 Waiblingen
Tel. 07151/17140

Baudekor Rohls GmbH **134**
Am Schloßberg 5A
63667 Nidda-Fauerbach
Tel. 06043/4494

A|B|T Jöckel & **219**
Gutjahr GmbH
Bau & Möbelschreinerei
Taunusstraße 17
61239 Ober-Mörlen
Tel. 06002/930510

Inneneinrichtungen

Tischlerei **103**
Habermehl GmbH
Industriestraße 8
36251 Bad Hersfeld-Asbach
Tel. 06621/74525

Johannes Staudt **131**
Creative Inneneinrichtungen
Im Eichwald 1
65599 Dornburg
Tel. 06436/91510

Weber Wohnideen GmbH **158**
Dieburger Straße 40
63322 Rödermark
Tel. 06074/865430

Isolierungen

WeGo **U2+88**
Systembaustoffe GmbH
Niederlassung Hanau
Voltastraße 11
63457 Hanau
Tel. 06181/67140

Lindner Group KG **130**
Kaiserstraße 63
60329 Frankfurt
Tel. 069/9500554831

K

Kampfmittel- sondierung

Tauber Explosive **42**
Management GmbH & Co. KG
Riedstraße 36
64331 Weiterstadt
Tel. 06151/397270

Kanalbau

Trageser GmbH **176**
Containerdienst - Erd- u.
Abbrucharbeiten
Kopernikusstraße 22
63579 Freigericht-Altenmittlau
Tel. 06055/2372

Gg. W. Feldmann KG **201**
Bauunternehmen
Kiesstraße 12
64560 Riedstadt
Tel. 06158/83833

Kanalverbau

TBH GmbH **116**
Tiefbau-, Beratungs- und Handels-
gesellschaft mbH
Robert-Hofmann-Straße 53
63820 Elsenfeld
Tel. 06022/623713

Kies

Sehring Sand & Kies **141**
GmbH & Co. KG
Sehring Beton GmbH & Co. KG
Sehringstraße 1
63225 Langen
Tel. 069/697010

Klima

TÜV Rheinland **NS 1+39**
Industrie Service GmbH
An der Krimm 23
55124 Mainz
Tel. 06131/4654219

Die Bauspezialisten **233**

Ing. A. Neumeister 59
& Schnierle GmbH
Sanitär - Heizung - Klima - Lüftung
Zeißelstraße 13
60318 Frankfurt
Tel. 069/9596670

Klum GmbH 104
Heizung-Lüftung-Sanitär
Liebigstraße 4
65520 Bad Camberg
Tel. 06434/2040

Braun GmbH 157
Heizung-Kälte-Klima-
Lüftung-Sanitär
Magnolienweg 17
63741 Aschaffenburg
Tel. 06021/84760

Klinikeinrichtungen

NWD Südwest 98
Motorstraße 45
70499 Stuttgart
Tel. 0711/989770

Kommunikation und Sicherheit

Plättner 118
Communicationssysteme GmbH
Pittlerstraße 33
04159 Leipzig
Tel. 0341/467560

Kommunikations-Einrichtungen

MEDIZINTECHNIK 93
St. Egidien GmbH
Im Technologiezentrum Lichtenstein
Am Eichenwald 15
09350 Lichtenstein
Tel. 037204/50200

Krane

EISELE AG VS 4+89
Crane & Engineering Group
Gutenbergstraße 5
63477 Maintal
Tel. 06109/764102

Kunststoffbeschichtung

Peper & Co 108
Anstrich- und Spritzindustrie
Heiligkreuzweg 112
55130 Mainz-Weisenau
Tel. 06131/92990

L

Lackierer

C. S. 105
Baudekoration GmbH
Offenbacher Landstraße 80
60599 Frankfurt am Main
Tel. 069/61993443

Maler Süd GmbH 143
Markersdorfer Straße 52
09123 Chemnitz
Tel. 0371/281840

Ladenbau

Tischlerei 103
Habermehl GmbH
Industriestraße 8
36251 Bad Hersfeld-Asbach
Tel. 06621/74525

Leichtbauwände

IN-Ausbau GmbH 92
Steinmühlstraße 12 b
61352 Bad Homburg
Tel. 06172/959040

Strähle Raum- 133
Systeme GmbH
Gewerbestraße 6
71332 Waiblingen
Tel. 07151/17140

Leuchtreklame

Werbetechnik 109
Grasemann
Inh. Rudolf Heise
Ober-Saulheimer-Straße 71
55291 Saulheim
Tel. 06732/62477

Turk Industriedesign 145
Schweizer Straße 75
60594 Frankfurt
Tel. 069/613843

Buse Neon Werbetechnik 189
Bgm.-Schreiber-Straße 8
55270 Klein-Winternheim
Tel. 06136/9221828

Licht

PENELL GmbH 100
Elektro-Großhandel
Bahnhofstraße 32
64372 Ober-Ramstadt
Tel. 06154/62510

Henry Witt KG 118
Elektroanlagen
Hauptstraße 21
03253 Tröbitz
Tel. 035326/9820

Elektro Ehinger GmbH 135
Leerbachstraße 26
60322 Frankfurt/Main
Tel. 069/7140040

Logistik

WS Frankfurt GmbH 108
Mainzer Landstraße 176
60327 Frankfurt/Main
Tel. 069/97358303

Löschwassertechnik

Dressler 112
Brandschutz GmbH
Stockhausenstraße 9
64546 Mörfelden-Walldorf
Tel. 06105/320822

Lüftung

Ing. A. Neumeister 59
& Schnierle GmbH
Sanitär - Heizung - Klima - Lüftung
Zeißelstraße 13
60318 Frankfurt
Tel. 069/9596670

Klum GmbH 104
Heizung-Lüftung-Sanitär
Liebigstraße 4
65520 Bad Camberg
Tel. 06434/2040

Braun GmbH 157
Heizung-Kälte-Klima-Lüftung-
Sanitär
Magnolienweg 17
63741 Aschaffenburg
Tel. 06021/84760

Seidl + Partner 194
Gesamtplanung GmbH
Boelckestraße 40
93051 Regensburg
Tel. 0941/920110

M

Maler

Peter Deibert GmbH 60
Baudekoration - Malerfachbetrieb
Duisbergstraße 12
60320 Ffm/Westend-Nord
Tel. 069/5602320

C. S. 105
Baudekoration GmbH
Offenbacher Landstraße 80
60599 Frankfurt am Main
Tel. 069/61993443

Malermeister 106
Steffen Köhler
Opalstraße 21
04319 Leipzig
Tel. 0341/4637853

CFS 107
Baudekoration GmbH
Wiesbadener Straße 72
55252 Mainz-Kastel
Tel. 06134/640571

Maler Süd GmbH 143
Markersdorfer Straße 52
09123 Chemnitz
Tel. 0371/281840

Marmor

A. L. Fliesenprofi AG 145
Fliesenhandel + Verlegung
Industriestraße 15b
63517 Rodenbach
Tel. 06184/90990

Maurer

Advance Baugesellschaft 120
und Baumanagement mbH
Daimlerstraße 12
61352 Bad Homburg
Tel. 06172/6719813

Medizin- und Röntgentechnik

MEDIZINTECHNIK 93
St. Egidien GmbH
Im Technologiezentrum
Lichtenstein
Am Eichenwald 15
09350 Lichtenstein
Tel. 037204/50200

Metallbau

F. W. Stiebich 71
Metallbau GmbH
Zur Gänsweide 9
35447 Reiskirchen-Ettingshausen
Tel. 06401/903246

Carl Stahl GmbH 90
Tobelstraße 2
73079 Süssen
Tel. 07162/40072100

Barthel Metallbau 115
Elektronstraße 39
65933 Frankfurt
Tel. 069/384926

Lenhart Metallbau GmbH 117
Haystraße 23
55566 Bad Sobernheim
Tel. 06751/93600

Jürgen Griedelbach 135
Metallbau
In der Laubach 8
61191 Rosbach
Tel. 06003/3267

SK-Creativ 175
Metallbau GmbH
Querfurter Straße 35
06268 Querfurt OT Ziegelroda
Tel. 034672/60442

Mineralölvertrieb

Mineralölvertrieb 57
Rhein-Main GmbH & Co. KG
Hauptsitz Frankfurt
Carl-Benz-Straße 4-6
60314 Frankfurt/Main
Tel. 069/409328

Möbel

Tischlerei 103
Habermehl GmbH
Industriestraße 8
36251 Bad Hersfeld-Asbach
Tel. 06621/74525

Weber Wohnideen GmbH 158
Dieburger Straße 40
63322 Rödermark
Tel. 06074/865430

A|B|T Jöckel & 219
Gutjahr GmbH
Bau & Möbelschreinerei
Taunusstraße 17
61239 Ober-Mörlen
Tel. 06002/930510

N

Naturstein

H. & M. Fries 134
Fliesenfachgeschäft GmbH
Kreuzdelle 9
63872 Heimbuchenthal
Tel. 06092/1844

A. L. Fliesenprofi AG 145
Fliesenhandel + Verlegung
Industriestraße 15b
63517 Rodenbach
Tel. 06184/90990

O

Objektmanagement

Benden GmbH 62
Gebäudedienste GmbH
Luthmerstraße 5
65934 Frankfurt a. M.
Tel. 069/67867480

Salathé & Zimmermann 195
Gebäudemanagement GmbH
Lyoner Straße 44-48
60528 Frankfurt/Main
Tel. 069/85003700

P

Parkett

A|B|T Jöckel & 219
Gutjahr GmbH
Bau & Möbelschreinerei
Taunusstraße 17
61239 Ober-Mörlen
Tel. 06002/930510

Personenschutz

ATLAS 120
Sicherheitsdienst GmbH
Steinweg 16
61462 Königstein im Taunus
Tel. 0800/4982008

Praxiseinrichtungen

NWD Südwest 98
Motorstraße 45
70499 Stuttgart
Tel. 0711/989770

Projektdienstleistung

Reprotec CS 52
Frankfurter Straße 144
61231 Bad Nauheim
Tel. 06032/92800

Projektentwicklung

Björnsen Beratende 168
Ingenieure GmbH
Maria Trost 3
56070 Koblenz
Tel. 0261/88510

MBN Bau AG 173
Beekebreite 2-8
49124 Georgsmarienhütte
Tel. 05401/4950

Projektmanagement

Björnsen Beratende 168
Ingenieure GmbH
Maria Trost 3
56070 Koblenz
Tel. 0261/88510

KLEINUNDARCHITEKTEN 168
GMBH
Hamburger Allee 45
60486 Frankfurt am Main
Tel. 069/97776910

Schneider Electric 183
Energy GmbH
Niederlassung Rhein-Main
Am Holzweg 26
65830 Kriftel
Tel. 069/66321740

Projektsteuerung

KREBS UND KIEFER NS 2+54
Beratende Ingenieure für das
Bauwesen GmbH
Hilpertstraße 20
64295 Darmstadt
Tel. 06151/8850

Björnsen Beratende 168
Ingenieure GmbH
Maria Trost 3
56070 Koblenz
Tel. 0261/88510

Putz

C. S. 105
Baudekoration GmbH
Offenbacher Landstraße 80
60599 Frankfurt am Main
Tel. 069/61993443

CFS **107**
Baudekoration GmbH
Wiesbadener Straße 72
55252 Mainz-Kastel
Tel. 06134/640571

CAPAROL Farben Lacke **111**
Bautenschutz Gmbh
Roßdörfer Straße 50
64372 Ober-Ramstadt
Tel. 06154/717771

R

Rauch- und Feuer-schutzvorhänge

REIF Brandschutz GmbH **189**
Kestweg 25
63825 Sommerkahl
Tel. 06024/635960

Rauchabzugsanlagen

REIF Brandschutz GmbH **189**
Kestweg 25
63825 Sommerkahl
Tel. 06024/635960

Recycling

Mexner GmbH **70**
Erdbau - Abbruch - Containerdienst - Recycling
Chattenring 2
65428 Rüsselsheim
Tel. 06142/97440

Peter Kolb GmbH **169**
Recycling - Abbruch - Erdbau
Mühlweg 15a
63743 Aschaffenburg-Obernau
Tel. 06028/97520

Reinigungen

Benden GmbH **62**
Gebäudedienste GmbH
Luthmerstraße 5
65934 Frankfurt a. M.
Tel. 069/67867480

B & K Reinigungsdienst **97**
GmbH
Wurzelstraße 2
60327 Frankfurt am Main
Tel. 069/230505

Salathé & Zimmermann **195**
Gebäudemanagement GmbH
Lyoner Straße 44-48
60528 Frankfurt/Main
Tel. 069/85003700

Optimal GmbH **201**
Glas- und Gebäudereinigung
Heidelberger Straße 14
64283 Darmstadt
Tel. 06151/969620

Reprodienstleistung

Reprotec CS **52**
Frankfurter Straße 144
61231 Bad Nauheim
Tel. 06032/92800

Rohbau

Hochbau Engel GmbH **204**
Otto-Hahn-Straße 21
63456 Hanau
Tel. 06181/969570

Rolltreppen

KONE GmbH **188**
Gerbermühlstraße 7
60594 Frankfurt
Tel. 069/420040

Rückbau

SakostaCAU GmbH **58**
Ingenieur- und Sachverständigenleistungen
Im Steingrund 2
63303 Dreieich
Tel. 06103/9830

Robert Zeller **60**
Abbruch GmbH & Co. KG
Abbruch-Baggerbetrieb
Bieberer Straße 263
63071 Offenbach
Tel. 069/851087

S

Sachverständige

DEKRA Industrial GmbH **10**
Standort Frankfurt
Borsigallee 24 b
60388 Frankfurt
Tel. 069/42083300

Sandstrahltechnik

Peper & Co **108**
Anstrich- und Spritzindustrie
Heiligkreuzweg 112
55130 Mainz-Weisenau
Tel. 06131/92990

Sanierungen

HTS GmbH **62**
Hoch- und Tiefbau
Marxheimer Platz 20
60326 Frankfurt/Main
Tel. 069/7393679

Fugerservice Selmani **113**
Dannenbütteler Weg 64
38518 Gifhorn
Tel. 05371/71411

BT Bau GmbH **132**
Anne-Frank-Straße 15
63225 Langen
Tel. 06103/502763

Baudekor Rohls GmbH **134**
Am Schloßberg 5A
63667 Nidda-Fauerbach
Tel. 06043/4494

A. L. Fliesenprofi AG **145**
Fliesenhandel + Verlegung
Industriestraße 15b
63517 Rodenbach
Tel. 06184/90990

Mayland Aufzüge **211**
Beuerbacher Landstraße 8
65520 Bad Camberg
Tel. 06434/909220

Sanitär

Ing. A. Neumeister **59**
& Schnierle GmbH
Sanitär - Heizung - Klima - Lüftung
Zeißelstraße 13
60318 Frankfurt
Tel. 069/9596670

Klum GmbH **104**
Heizung-Lüftung-Sanitär
Liebigstraße 4
65520 Bad Camberg
Tel. 06434/2040

Braun GmbH **157**
Heizung-Kälte-Klima-Lüftung-Sanitär
Magnolienweg 17
63741 Aschaffenburg
Tel. 06021/84760

Schadstoffe

DEKRA Industrial GmbH **10**
Standort Frankfurt
Borsigallee 24 b
60388 Frankfurt
Tel. 069/42083300

Schallschutz

WeGo **U2+88**
Systembaustoffe GmbH
Niederlassung Hanau
Voltastraße 11
63457 Hanau
Tel. 06181/67140

IN-Ausbau GmbH **92**
Steinmühlstraße 12 b
61352 Bad Homburg
Tel. 06172/959040

Strähle Raum- **133**
Systeme GmbH
Gewerbestraße 6
71332 Waiblingen
Tel. 07151/17140

Schaltanlagen

PENELL GmbH **100**
Elektro-Großhandel
Bahnhofstraße 32
64372 Ober-Ramstadt
Tel. 06154/62510

SAG GmbH 167
Pittlerstraße 44
63225 Langen
Tel. 06103/48580

Schneider Electric 183
Energy GmbH
Niederlassung Rhein-Main
Am Holzweg 26
65830 Kriftel
Tel. 069/66321740

Schilder

Werbetechnik Grasemann 109
Inh. Rudolf Heise
Ober-Saulheimer-Straße 71
55291 Saulheim
Tel. 06732/62477

Turk Industriedesign 145
Schweizer Straße 75
60594 Frankfurt
Tel. 069/613843

Schließanlagen

Bauelemente 119
Wagner GmbH
Zum Stadtwald 2
01877 Bischofswerda
Tel. 03594/77120

Schlosserei

F. W. Stiebich 71
Metallbau GmbH
Zur Gänsweide 9
35447 Reiskirchen-Ettingshausen
Tel. 06401/903246

Wittenberger Stahl- 120
und Anlagenbau GmbH
Am Heideberg 38
06886 Lutherstadt Wittenberg
Tel. 03491/64610

Schlosserei - Kunstschmiede

Sauer GmbH 112
Schlosserei -Kunstschmiede
Hauptstraße 4
64521 Groß-Gerau/Dornberg
Tel. 06152/57116

Schlüsselfertigbau

GROSSMANN Bau 71
GmbH & Co. KG
Äußere Münchener Straße 20
83026 Rosenheim
Tel. 08031/44010

MBN Bau AG 173
Beekebreite 2-8
49124 Georgsmarienhütte
Tel. 05401/4950

PORR Deutschland GmbH 214
Niederlassung Frankfurt
Hanauer Landstraße 523
60386 Frankfurt
Tel. 069/9043180

Schlüsselverwaltung

KEMAS GmbH 117
Wüstenbrander Straße 9
09353 Oberlungwitz
Tel. 03723/69440

Schreinerei

Johannes Staudt 131
Creative Inneneinrichtungen
Im Eichwald 1
65599 Dornburg
Tel. 06436/91510

A|B|T Jöckel & 219
Gutjahr GmbH
Bau & Möbelschreinerei
Taunusstraße 17
61239 Ober-Mörlen
Tel. 06002/930510

Service

WS Frankfurt GmbH 108
Mainzer Landstraße 176
60327 Frankfurt/Main
Tel. 069/97358303

Sicherheitsdienste

ATLAS 120
Sicherheitsdienst GmbH
Steinweg 16
61462 Königstein im Taunus
Tel. 0800/4982008

Optimal GmbH 201
Glas- und Gebäudereinigung
Heidelberger Straße 14
64283 Darmstadt
Tel. 06151/969620

Sicherheitssysteme

KEMAS GmbH 117
Wüstenbrander Straße 9
09353 Oberlungwitz
Tel. 03723/69440

Bosch 184
Sicherheitssysteme GmbH
Lahnstraße 34-40
60326 Frankfurt/Main
Tel. 069/954010

Sicherheitstechnik

TÜV Rheinland NS 1+39
Industrie Service GmbH
An der Krimm 23
55124 Mainz
Tel. 06131/4654219

CEE Communication 59
& Energy Engineering GmbH
Black-und-Decker-Straße 26
65510 Idstein
Tel. 06126/94160

DEIN GmbH 107
Daten - Energie - Installation -
Netzwerke
Im Prüfling 12
60389 Frankfurt am Main
Tel. 06007/917245

Elektro Müller 157
GmbH & Co.
Elektro-Installationen KG
Staudingerstraße 2
64293 Darmstadt
Tel. 06151/893939

Solartechnik

TÜV Rheinland NS 1+39
Industrie Service GmbH
An der Krimm 23
55124 Mainz
Tel. 06131/4654219

PENELL GmbH 100
Elektro-Großhandel
Bahnhofstraße 32
64372 Ober-Ramstadt
Tel. 06154/62510

Gottlieb 102
Bedachung GmbH
Am Roten Berg 1
65329 Hohenstein
Tel. 06120/906969

Spengler

Gottlieb 102
Bedachung GmbH
Am Roten Berg 1
65329 Hohenstein
Tel. 06120/906969

Spundwand

TBH GmbH 116
Tiefbau-, Beratungs- und
Handelsgesellschaft mbH
Robert-Hofmann-Straße 53
63820 Elsenfeld
Tel. 06022/623713

Stahlbau

Ingenieurbüro 101
Jauch-Sielaff GmbH
Warschauer Straße 59a
10243 Berlin
Tel. 030/74078730

Institut für 110
Schweißtechnik und Inge-
nieurbüro Dr. Möll GmbH
An der Schleifmühle 6
64289 Darmstadt
Tel. 06151/97129510

FREYLER Stahlbau GmbH 111
Draisstraße 4
79341 Kenzingen
Tel. 07644/8050

MSA Metall- und 119
Stahlbau GmbH
An der alten Leimfabrik 4
01616 Strehla
Tel. 035264/9820

Advance 120
Baugesellschaft und
Baumanagement mbH
Daimlerstraße 12
61352 Bad Homburg
Tel. 06172/6719813

Wittenberger Stahl- 120
und Anlagenbau GmbH
Am Heideberg 38
06886 Lutherstadt Wittenberg
Tel. 03491/64610

Stahlrohre

TBH GmbH 116
Tiefbau-, Beratungs- und
Handelsgesellschaft mbH
Robert-Hofmann-Straße 53
63820 Elsenfeld
Tel. 06022/623713

Stahlträger

TBH GmbH 116
Tiefbau-, Beratungs- und
Handelsgesellschaft mbH
Robert-Hofmann-Straße 53
63820 Elsenfeld
Tel. 06022/623713

Stationäre Brandmeldeanlagen

Minimax GmbH & Co. KG 36
Region Mitte, Büro Frankfurt
Heinrich-Hertz-Straße 1
63303 Dreieich
Tel. 06103/58800

Stationäre Gaslöschanlagen

Minimax GmbH & Co. KG 36
Region Mitte, Büro Frankfurt
Heinrich-Hertz-Straße 1
63303 Dreieich
Tel. 06103/58800

Stationäre Wasserlöschanlagen

Minimax GmbH & Co. KG 36
Region Mitte, Büro Frankfurt
Heinrich-Hertz-Straße 1
63303 Dreieich
Tel. 06103/58800

Straßenbau

Jean Bratengeier 56
Baugesellschaft mbH
Im Steingrund 6
63303 Dreieich
Tel. 06103/833590

thomas GmbH 169
Bauunternehmung
Emil-Thomasstraße 1
55481 Kirchberg / Hunsrück
Tel. 06763/3060

Gg. W. Feldmann KG 201
Bauunternehmen
Kiesstraße 12
64560 Riedstadt
Tel. 06158/83833

Systemprofile

Wilhelm Marx 111
GmbH + Co. KG
Niederlassung Frankfurt
Gutleutstraße 341
60327 Frankfurt a.M.
Tel. 069/272830

T

Tapezierer

C. S. 105
Baudekoration GmbH
Offenbacher Landstraße 80
60599 Frankfurt am Main
Tel. 069/61993443

Telekommunikation

Raible + Partner 67
GmbH & Co. KG
Planungsbüro für Elektro- &
Kommunikationstechnik
Arbachtalstraße 1
72800 Eningen u. A.
Tel. 07121/94780

FFM-Media GbR 117
Radilostraße 9
60489 Frankfurt am Main
Tel. 069/90745235

Daniel Weingärtner 205
Elektroinstallation-
Tontechnik - Beleuchtungsanlagenverleih
Feldstraße 4
63594 Hasselroth-Niedermittlau
Tel. 06055/1005

Tiefbau

Jean Bratengeier 56
Baugesellschaft mbH
Im Steingrund 6
63303 Dreieich
Tel. 06103/833590

HTS GmbH 62
Hoch- und Tiefbau
Marxheimer Platz 20
60326 Frankfurt/Main
Tel. 069/7393679

thomas GmbH 169
Bauunternehmung
Emil-Thomasstraße 1
55481 Kirchberg / Hunsrück
Tel. 06763/3060

W. Trautmann GmbH 201
Bauunternehmen
Schafbrückenweg 10
63834 Sulzbach
Tel. 06028/97000

Tischlerei

Tischlerei 103
Habermehl GmbH
Industriestraße 8
36251 Bad Hersfeld-Asbach
Tel. 06621/74525

A|B|T Jöckel & 219
Gutjahr GmbH
Bau & Möbelschreinerei
Taunusstraße 17
61239 Ober-Mörlen
Tel. 06002/930510

Tore

SK-Creativ 175
Metallbau GmbH
Querfurter Straße 35
06268 Querfurt OT Ziegelroda
Tel. 034672/60442

Transportbeton

Wetterauer Lieferbeton 38
GmbH & Co. KG
Frankfurter Landstraße 153-155
61231 Bad Nauheim
Tel. 06032/93060

Transporte

EISELE AG VS 4+89
Crane & Engineering Group
Gutenbergstraße 5
63477 Maintal
Tel. 06109/764102

Treppen

F. W. Stiebich Metallbau 71
GmbH
Zur Gänsweide 9
35447 Reiskirchen-Ettingshausen
Tel. 06401/903246

MSA Metall- und 119
Stahlbau GmbH
An der alten Leimfabrik 4
01616 Strehla
Tel. 035264/9820

Sprute GmbH 146
Beton-Natursteinwerk
Katschenreuth 6
95326 Kulmbach
Tel. 09221/74172

SK-Creativ 175
Metallbau GmbH
Querfurter Straße 35
06268 Querfurt OT Ziegelroda
Tel. 034672/60442

Trockenbau

WeGo U2+88
Systembaustoffe GmbH
Niederlassung Hanau
Voltastraße 11
63457 Hanau
Tel. 06181/67140

R&M 34
Ausbau Frankfurt GmbH
Carl-Zeiss-Straße 10/3
63322 Rödermark
Tel. 06074/920042

Peter Deibert GmbH 60
Baudekoration - Malerfachbetrieb
Duisbergstraße 12
60320 Ffm/Westend-Nord
Tel. 069/5602320

IN-Ausbau GmbH 92
Steinmühlstraße 12 b
61352 Bad Homburg
Tel. 06172/959040

C. S. 105
Baudekoration GmbH
Offenbacher Landstraße 80
60599 Frankfurt am Main
Tel. 069/61993443

Bernd Sommer 120
Akustik- und Trockenbau - Gipsdielen
Bahnhofstraße 14
07768 Orlamünde
Tel. 036423/20339

F. J. Riegel GmbH 142
Malerbetrieb
Hauptstraße 58
63927 Bürgstadt
Tel. 09371/1281

AIT Ausbau + Fassade 155
GmbH & Co. KG
Am Göckel 22
96188 Stettfeld
Tel. 09522/304980

Tür- und Torautomation

Wilhelm Marx 111
GmbH + Co. KG
Niederlassung Frankfurt
Gutleutstraße 341
60327 Frankfurt a.M.
Tel. 069/272830

Türen

WeGo U2+88
Systembaustoffe GmbH
Niederlassung Hanau
Voltastraße 11
63457 Hanau
Tel. 06181/67140

Sebnitzer 113
Fensterbau GmbH
Hohnsteinerstraße 6
01855 Sebnitz
Tel. 035971/5940

Bauelemente Bensheim 119
Vertriebs GmbH
Robert-Bosch-Straße 32b
64625 Bensheim
Tel. 06251/8667002

Bauelemente 119
Wagner GmbH
Zum Stadtwald 2
01877 Bischofswerda
Tel. 03594/77120

Strähle Raum- 133
Systeme GmbH
Gewerbestraße 6
71332 Waiblingen
Tel. 07151/17140

AIT Ausbau + Fassade 155
GmbH & Co. KG
Am Göckel 22
96188 Stettfeld
Tel. 09522/304980

Hans Kindinger KG 195
Schreinerei
Nibelungenstraße 327
64625 Bensheim/Wilmshausen
Tel. 06251/84030

Türsysteme, automatische

Symatic Türsysteme 143
Deutschland GmbH
Ohmstraße 3
96129 Strullendorf bei Bamberg
Tel. 09543 443300

U

Umbauten

Baudekor Rohls GmbH 134
Am Schloßberg 5A
63667 Nidda-Fauerbach
Tel. 06043/4494

Umweltschutz

Bodenmechanisches 117
Labor Gumm
Darmstädter Landstraße 85a
60598 Frankfurt am Main
Tel. 069/963762880

Unterhaltsreinigung

B & K Reinigungsdienst 97
GmbH
Wurzelstraße 2
60327 Frankfurt am Main
Tel. 069/230505

V

Vermessungsbüro

Vermessungsbüro 116
Michael Müller Dipl.-Ing. (FH)
Gürtlerstraße 78
55128 Mainz-Bretzenheim
Tel. 06131/4981673

Vermietung und Montage von Produktionseinrichtungen

Ralf Malkewitz 131
Technische Lösungen - Umwelttechnik - Montage
Rosenstraße 3
55270 Schwabenheim
Tel. 06130/270

Vollwärmeschutz

WeGo U2+88
Systembaustoffe GmbH
Niederlassung Hanau
Voltastraße 11
63457 Hanau
Tel. 06181/67140

Vormontage der Haustechnikbefestigung

Adolf Würth U3+87
GmbH & Co. KG
Baustellen-Projekt-Management
Reinhold-Würth-Straße 12-17
74650 Künzelsau-Gaisbach
Tel. 07931/913700

W

Wärme-Dämm-Verbund-System

WeGo U2+88
Systembaustoffe GmbH
Niederlassung Hanau
Voltastraße 11
63457 Hanau
Tel. 06181/67140

C. S. 105
Baudekoration GmbH
Offenbacher Landstraße 80
60599 Frankfurt am Main
Tel. 069/61993443

Malermeister 106
Steffen Köhler
Opalstraße 21
04319 Leipzig
Tel. 0341/4637853

CFS 107
Baudekoration GmbH
Wiesbadener Straße 72
55252 Mainz-Kastel
Tel. 06134/640571

CAPAROL Farben Lacke 111
Bautenschutz Gmbh
Roßdörfer Straße 50
64372 Ober-Ramstadt
Tel. 06154/717771

Andreas Hensel 114
Akustik und Trockenbau
Zweinig 3
04741 Roßwein
Tel. 03431/574920

quick-mix Stockstadt 118
GmbH & Co. KG
Vogesenstraße 5
63811 Stockstadt
Tel. 06027/417113

Wasserversorgung

Mainova AG 166
Solmsstraße 38
60623 Frankfurt
Tel. 0800/1166688

Werbeplanen

Buse Neon Werbetechnik 189
Bgm.-Schreiber-Straße 8
55270 Klein-Winternheim
Tel. 06136/9221828

Werbung

Klaus Helbig Fotografie 133
Bornheimer Landstraße 52
60316 Frankfurt am Main
Tel. 069/430226

Werkschutz

ATLAS 120
Sicherheitsdienst GmbH
Steinweg 16
61462 Königstein im Taunus
Tel. 0800/4982008

Werkzeuge

Wilhelm Marx 111
GmbH + Co. KG
Niederlassung Frankfurt
Gutleutstraße 341
60327 Frankfurt a.M.
Tel. 069/272830

Z

Zimmerei

GROSSMANN Bau 71
GmbH & Co. KG
Äußere Münchener Straße 20
83026 Rosenheim
Tel. 08031/44010

Die Eintragungen im Verzeichnis die „Bauspezialisten" erfolgen auf Wunsch des Kunden/Beitragstellers und sind somit kostenloser Service in der Publikation. Der Verlag übernimmt keine Gewähr für die Vollständigkeit und Richtigkeit der Eintragungen.

Impressum

Wirtschafts- und
Verlagsgesellschaft mbH

Küferstraße 9 – 11
D-67551 Worms
Tel. 0 62 47/ 9 08 90-0
Fax 0 62 47/9 08 90-10
E-Mail info@wv-verlag.de

www.wv-verlag.de
www.bauenundwirtschaft.com

Geschäftsführer:
Uwe Becker

Organisation/Verkauf:
WV Wirtschafts- und
Verlagsgesellschaft mbH

Chefredakteur:
Christian Heinz (v.i.S.d.P.)

Herstellungsleiter:
Andreas Lochinger

Gastautoren:

Peter Feldmann –
Oberbürgermeister der
Stadt Frankfurt am Main

Olaf Cunitz –
Bürgermeister und
Planungsdezernent der
Stadt Frankfurt am Main

Dipl.-Ing. Jochen Ludewig –
Vorsitzender des VBI-
Landesverbandes Hessen

Bernd Ebers –
Rechtsanwalt und Notar
in Limburg/Lahn

(Anschriften: siehe Seite 222)

Redaktion:
Brigitte Freitag, Hans Wolfrum, Sabine Renz, Anette Sommer

Herstellung:
Michaela Schaalo, Ilka Becker

Kundenbetreuung/
Anzeigenverwaltung:
Ute Zbawiony, Petra Butty, Irina Peters, Wolfgang Frenzel

Druck:
ABT Print Medien GmbH
Bruchsaler Straße 5
D-69469 Weinheim
Tel. 0 62 01/18 90-0
Fax 0 62 01/18 90-90

Titelfotos (von links oben nach rechts unten):
„Konzernzentrale Fraport AG, Frankfurt" (AS&P – Albert Speer & Partner; Abb.: HHVision, Köln); „Neubau Friedensplatz, Darmstadt" (Biskupek-Scheinert Investorengruppe); „Tower 185, Frankfurt" (Prof. Christoph Mäckler Architekten; Abb.: CA Immo, Klaus Helbig); „Stadtquartier Hafen Offenbach" (Hafen Offenbach)

Fotonachweis:
Architekten, Beitragsteller u.a. (siehe Urheberrechtshinweise).

Autorenbeiträge geben nicht in jedem Fall die Meinung der Redaktion wider.

19. Jahrgang S 250
ISBN 978-3-939824-85-5

Verkaufs-/Einzelpreis bei Nachbestellungen:
19,90 Euro, zzgl. Verpackung/Versand

Alle Rechte vorbehalten:
© 2012 WV Wirtschafts- und Verlagsgesellschaft mbH,
D-67551 Worms

Diese Publikation ist in ihrer Gesamtheit urheberrechtlich geschützt. Jede Verwendung, die die Grenzen des Urheberrechts überschreitet, ist ohne schriftliche Genehmigung des Verlages unzulässig und strafbar. Dies gilt insbesondere für Vervielfältigungen, Übersetzungen, Mikroverfilmung und die Einspeicherung und Verbreitung in elektronischen Medien. Die in dieser Publikation zusammengestellten Fakten erheben keinen Anspruch auf Vollständigkeit, wurden jedoch mit größtmöglicher Sorgfalt recherchiert. Aus diesem Grund können weder an die Autoren noch an den Verlag rechtliche Ansprüche gestellt werden.

Aus Liebe zur Sicherheit.

Wir von TÜV Rheinland begleiten Sie während des gesamten Lebenszyklus Ihrer Bauprojekte – von der Standortevaluierung bis zum umweltgerechten Rückbau. Für Immobilien, Ingenieurbauwerke, im Tiefbau und im Denkmalschutz. Wir unterstützen Sie als neutrale Gutachter, Bausachverständige und Planungsexperten. Bundesweit präsent finden Sie bei uns immer einen Ansprechpartner in Ihrer Nähe.

Full Service.
Unsere Kompetenzen.

- Hochbau
- Ingenieurbauwerke
- Baustoffe und Bauprodukte
- Verkehrswegebau
- Geotechnik

TÜV Rheinland Industrie Service GmbH · Tel. +49 1803 252535-1500* · bautechnik@de.tuv.com · www.tuv.com

140 anniversary
1872 – 2012

TÜVRheinland®
Genau. Richtig.

®TÜV, TUEV und TUV sind eingetragene Marken. Eine Nutzung und Verwendung bedarf der vorherigen Zustimmung. *0,09 €/Min. aus dem deutschen Festnetz, Mobilfunk max. 0,42 €/Min.

BAUINGENIEURE GESTALTEN LEBENSWELTEN

KREBS UND KIEFER

LEISTUNGSSPEKTRUM:

- Gesamtplanung
- Objektplanung
- Tragwerksplanung
- Bautechnische Prüfung
- Baumanagement
- Bauüberwachung und SiGeKo
- EBA-Sachverständige
- Sanierung und Begutachtung

www.kuk.de

KREBS UND KIEFER Beratende Ingenieure für das Bauwesen GmbH

- Berlin 030 217342-0 ▪ Bitterfeld 03493 77326 ▪ Darmstadt 06151 885-0 ▪ Dresden 0351 250968-0 ▪ Erfurt 0361 42064-11 ▪ Freiburg 0761 29666-0
- Karlsruhe 0721 3508-0 ▪ Leipzig 0341 5830430 ▪ Mainz 06131 21770-0 ▪ Nordbayern +49 6026 99889-0 ▪ Algier ▪ Kiew ▪ Moskau ▪ Skopje ▪ Tunis

Abbildungen: Krebs und Kiefer; Stephan Braunfels Architekten BDA, München/Berlin; Friedemann Steinhausen Architekturphotographie, Potsdam; Krebs und Kiefer